COMO
APRENDEMOS?

R934c Ruiz Martín, Héctor.
         Como aprendemos? Uma abordagem científica
      da aprendizagem e do ensino / Héctor Ruiz Martín ;
      tradução: Luciane Alves Schein ; revisão técnica: Luciana
      Vellinho Corso. – 3. ed. – Porto Alegre : Penso, 2024.
         x, 326 p. : il. ; 25 cm.

         ISBN 978-65-5976-047-3

         1. Educação. 2. Didática. 3. Aprendizagem. I. Título.

                                                    CDU 37.02

Catalogação na publicação: Karin Lorien Menoncin – CRB 10/2147

HÉCTOR **RUIZ MARTÍN**

COMO APRENDEMOS?

Uma **abordagem científica** da aprendizagem e do ensino

3ª EDIÇÃO

Tradução
Luciane Alves Schein

Revisão técnica
Luciana Vellinho Corso
Professora associada da Faculdade de Educação da Universidade Federal do Rio Grande do Sul (Faced/UFRGS) e do Programa de Pós-graduação em Educação da Faced/UFRGS.
Mestra em Educação pela Flinders University – Austrália.
Doutora em Educação pela UFRGS.

Porto Alegre
2024

Obra originalmente publicada sob o título
Como aprendemos? Una aproximación científica al aprendizaje y la ensenãnza
ISBN 9788418058059

Copyright © 2021 Editorial Graó de IRIF, SL, Barcelona.

Gerente editorial
Letícia Bispo de Lima

Colaboraram nesta edição:
Coordenadora editorial
Cláudia Bittencourt

Editor
Lucas Reis Gonçalves

Capa
Paola Manica | Brand&Book

Preparação de original
Luísa Branchi Araújo

Leitura final
Marcela Bezerra Meirelles

Editoração
Ledur Serviços Editoriais Ltda.

Reservados todos os direitos de publicação, em língua portuguesa, ao
GA EDUCAÇÃO LTDA.
(Penso é um selo editorial do GA EDUCAÇÃO LTDA.)
Rua Ernesto Alves, 150 – Bairro Floresta
90220-190 – Porto Alegre – RS
Fone: (51) 3027-7000

SAC 0800 703 3444 – www.grupoa.com.br

É proibida a duplicação ou reprodução deste volume, no todo ou em parte, sob quaisquer formas ou por quaisquer meios (eletrônico, mecânico, gravação, fotocópia, distribuição na Web e outros), sem permissão expressa da Editora.

IMPRESSO NO BRASIL
PRINTED IN BRAZIL

AUTOR

Héctor Ruiz Martín é diretor da International Science Teaching Foundation, onde promove pesquisas na área da psicologia cognitiva da memória e da aprendizagem em contextos educativos para desenvolver recursos didáticos baseados em evidência científica. Desde 2002, impulsiona diversos projetos a fim de contribuir com a melhora da educação no ensino básico, proporcionando a professores e estudantes ferramentas e metodologias fundamentadas em pesquisas sobre como as pessoas aprendem. Foi consultor de diversas escolas, instituições educacionais e governos da Europa, da Ásia e das Américas. É autor de livros como *Conoce tu cerebro para aprender a aprender*, *Aprendiendo a aprender* e *Los secretos de la memoria*. Atualmente, é membro do Grupo de Investigación en Ciencias del Aprendizaje y la Enseñanza da Universidad Autónoma de Madrid. Seu trabalho se concentra em construir pontes entre a pesquisa científica sobre como as pessoas aprendem e a prática educativa.

A quem dedica sua vida à educação

SUMÁRIO

Introdução 1

PARTE 1   A CIÊNCIA DE COMO APRENDEMOS 7

1   Estudo científico da aprendizagem e do ensino 9

PARTE 2   PROCESSOS COGNITIVOS DA APRENDIZAGEM 27

2   Componentes da memória 29

3   Organização da memória 41

4   Processos da memória 53

5   Reorganização da memória 73

6   Transferência de aprendizagem 85

7   Memória de trabalho 101

8   Aprendizagem profunda 115

PARTE 3   FATORES SOCIOEMOCIONAIS DA APRENDIZAGEM 131

9   O papel das emoções na aprendizagem 133

10   Motivação 151

11   Crenças 167

	12	Dimensão social da aprendizagem	189
PARTE 4		**AUTORREGULAÇÃO DA APRENDIZAGEM**	201
	13	Metacognição	203
	14	Autocontrole	213
	15	Autorregulação emocional	223
	16	Resiliência e *grit*	233
PARTE 5		**PRINCIPAIS PROCESSOS DE ENSINO**	243
	17	Instrução	245
	18	*Feedback*	257
	19	Avaliação	271
Apêndice		Mitos pseudocientíficos sobre a aprendizagem	287
		Referências	301

INTRODUÇÃO

> *A aprendizagem é resultado do que o aluno faz e pensa e somente do que o aluno faz e pensa. O professor só pode promover a aprendizagem influenciando o que o aluno faz e pensa.*
> **Herbert A. Simon** (1916-2001)
> PESQUISADOR EM POLÍTICA E CIÊNCIAS COGNITIVAS

Certa vez, um jornalista me perguntou se aprender era um instinto. Devolvi a pergunta: "Ver é um instinto?". Sem dúvida, aprender, assim como ver, é algo que nosso cérebro faz continuamente, queiramos ou não. Com a evolução, fomos dotados de um órgão que nos possibilita estabelecer relações com as coisas que nos rodeiam, além de adaptar e otimizar nossas respostas, aprendendo com cada uma de nossas experiências.

A aprendizagem acontece no cérebro do sujeito que aprende. Por isso, no contexto escolar, o protagonista da aprendizagem é o aluno. De maneira efetiva, a aprendizagem acontece sem a necessidade de ensino. Ainda assim, no que se refere aos tipos de conhecimentos e habilidades oferecidos na escola (literatura, matemática, história, ciências, leitura, redação, etc.), o ensino é o modo mais efetivo de promover a aprendizagem (Geary, 2007). Esta acontece quando o docente dispõe de condições e proporciona ou facilita experiências que estimulam a aprendizagem em seus alunos, sempre relacionada a objetivos específicos. No entanto, o docente não "gera" a aprendizagem; a ele cabe oferecer as melhores condições para que ela seja produzida e incentivar os alunos para que se envolvam em ações que os direcionem ao objetivo. Por isso, ensinar é ajudar a aprender.

Embora o cérebro aprenda com todas as suas experiências, nem tudo o que experimentamos é lembrado da mesma maneira. A forma como o cérebro evoluiu condiciona o tipo de experiência ou ação mais efetiva para produzir aprendizagens duradouras. Não nascemos sabendo como o cérebro aprende. Fazemos isso de modo espontâneo com ajuda de, no máximo, alguns instintos. Por exemplo, a curiosidade nos leva a prestar atenção e explorar o novo, mas não temos consciência de quais ações otimizam a aprendizagem. Além disso, o que deduzimos a partir de nossa experiência pessoal não é necessariamente o ideal (Karpicke; Butler; Roediger, 2009). Seria possível citar muitas coisas que podemos fazer, mas não sabemos como realizar da melhor maneira. Por exemplo, todos nós sabemos pular, mas foram necessárias décadas de atletismo profissional para descobrir que, para saltar o mais alto possível, é preciso fazê-lo utilizando uma técnica específica (de costas), que não é nada intuitiva. De forma similar, saber como o cérebro aprende pode nos permitir desenvolver técnicas ou métodos que otimizem nossa capacidade de aprender. Também pode nos tornar muito mais eficientes como educadores.

É evidente que este livro parte da premissa de que os processos de aprendizagem e ensino podem ser analisados à luz do método científico e que podemos empregar as evidências geradas por esses estudos para fundamentar as decisões que tomamos, a fim de melhorar a prática educativa. Sem dúvida, o ensino, como a medicina, tem muita arte, mas, também como a medicina, tem uma parte científica, que até o momento foi pouco desenvolvida e levada para a sala de aula. Certamente, há fatores organizacionais e econômicos dos sistemas educativos que condicionam o sucesso de sua missão (como acontece com a saúde). No entanto, este livro se concentra nos processos de ensino e aprendizagem: o que acontece dentro da sala de aula e está, em maior ou menor grau, nas mãos de alunos e professores.

Nas últimas décadas, a ciência fez progressos significativos na compreensão dos processos de aprendizagem, tanto neurológicos quanto psicológicos. Além disso, a pesquisa educacional obteve inúmeras evidências de que transferir o conhecimento científico sobre como o cérebro aprende aos processos de ensino e aprendizagem beneficia a educação. Essas investigações analisam as práticas educativas que proporcionam melhores resultados e buscam padrões que podem ser reproduzidos.

Meu objetivo com este livro é justamente ajudar a divulgar, sobretudo entre os professores, o que as pesquisas revelaram sobre como se produz a aprendizagem e quais fatores têm maior impacto nesse processo, de forma a promovê-los no contexto acadêmico. Meu compromisso foi fazer isso de modo agradável e acessível, mas também da maneira mais rigorosa possível, com base nas evidências que os estudos forneceram até o momento, alinhado ao consenso científico e enfatizando a cautela que uma ciência tão imprecisa como essa sempre exige que adotemos. Por isso, quero alertar que este não é um livro destinado a proclamar mensagens inequívocas, positivistas e exageradas em detrimento da realidade — mensagens que vendem livros simplesmente porque dizem o que gostaríamos de ouvir.

Com a recente moda da neuroeducação, a ciência que estuda rigorosamente a aprendizagem tem sido distorcida por oportunistas que propagam, em seu nome, mensagens que nada têm a ver com suas conclusões. A pseudociência sempre supera a ciência quando se trata de divulgação, provavelmente porque as explicações científicas em geral são mais complexas e cheias de nuanças. E porque a ciência duvida e precisa de inúmeras evidências para afirmar algo com alguma certeza, enquanto a pseudociência está sempre certa de tudo. Seja como for, este livro pretende contribuir para o espaço da divulgação científica com o rigor duplamente exigido por uma disciplina tão crucial como a educação. É claro que ninguém está isento de parcialidade, e é possível que, em mais de uma ocasião, não tenhamos alcançado a objetividade que pretendíamos. Portanto, peço desculpas se, de alguma forma, sem perceber, me excedi em alguma afirmação. Procurei me alinhar às evidências e transmitir as ideias de outros pesquisadores com a maior fidelidade possível. Também incluí referências a artigos científicos que sustentam cada afirmação. Um texto que visa a fornecer uma abordagem baseada em evidências para o ensino e a aprendizagem não seria coerente se não fornecesse tais evidências. O leitor perceberá que muitas dessas referências não são recentes, uma vez que optei por citar principalmente os artigos fundamentais de cada área e, assim, mostrar que a pesquisa educacional não é novidade. A novidade não está tanto no que sabemos cientificamente sobre a aprendizagem, mas, sobretudo, em levar esse conhecimento para a sala de aula.

O fato de evitar o sensacionalismo não significa que este livro não contenha ideias inspiradoras. Muito pelo contrário: não consigo pensar em nada mais fascinante do que reunir respostas científicas que possam ter impacto real na educação. Sendo assim, ainda que em alguns casos eu tenha ousado traduzir certas conclusões de pesquisa em ações concretas para alunos e professores otimizarem a aprendizagem (ações apoiadas por evidências empíricas), este não é um livro de receitas. E certamente não pode ser. Se a pesquisa educacional nos ensinou alguma coisa, é que não existe receita infalível. Nenhum método educativo é sempre eficaz para todos os alunos, todos os fins ou todos os contextos. Por exemplo, a aprendizagem baseada em projetos é eficaz? Realizar provas é benéfico? A resposta, obviamente, é "depende". Os métodos de ensino podem depender de muitas variáveis, e não parece razoável agrupá-los apenas porque compartilham algumas delas. Por exemplo, o ensino *on-line* é eficaz? O ensino *on-line* é caracterizado pelo aprendizado remoto dos alunos por meio de um programa de computador, mas não é isso que determina se esse método é eficaz ou não. Existem programas *on-line* muito eficazes, e outros que são insuficientes. Se equipararmos dois cursos *on-line* pelo simples fato de serem *on-line*, será uma comparação absurda do ponto de vista educacional.

Por isso, este livro foca os fundamentos, ou seja, as variáveis específicas que tornam eficazes os métodos que acabam sendo eficazes, com base no que sabemos sobre como as pessoas aprendem. O que faz uma atividade em equipe acabar promovendo aprendizagem significativa? Em quais circunstâncias as provas podem ser benéficas? O que torna um curso *on-line* eficaz? Meu principal objetivo é, portanto, aproximar os professores dos modelos científicos que explicam o fenômeno da aprendizagem, para que possam basear suas decisões neles, mas sempre de acordo com seus próprios critérios, que devem considerar seus alunos e seu contexto. A transferência entre teoria e prática em um campo como esse não costuma ser simples ou direta, mas felizmente contamos com disciplinas científicas que estudam os fenômenos da aprendizagem de forma relativamente próxima do contexto real, até mesmo dentro da própria sala de aula.

É importante deixar claro que este não é um livro sobre neurobiologia. Essa disciplina é, sem dúvida, apaixonante e, nos últimos anos, realizou grandes avanços no que diz respeito à nossa compreensão dos processos biológicos, que são o substrato físico da aprendizagem. No entanto, a neurobiologia dificilmente pode nos dizer algo a respeito do que fazer na sala de aula (Anderson; Della Sala, 2012). O abismo entre o conhecimento gerado por essa ciência e a prática educacional é muito grande. O cérebro é apaixonante, e certamente é muito interessante saber como ele funciona. Porém, não nos iludamos: saber como os neurônios se comportam ou quais regiões do cérebro estão envolvidas em uma ou outra tarefa não nos ajudará a decidir como organizar uma experiência educacional de forma que contribua para atingir os objetivos de aprendizagem.

Uma das disciplinas científicas que está em melhor condição de contribuir para a análise e a melhoria dos processos de aprendizagem e ensino é a psicologia cognitiva. Trata-se de um ramo da psicologia, com tradição profundamente empírica, que estuda a forma como o cérebro obtém, manipula, armazena e utiliza a informação que recebe em primeira instância por meio dos sentidos. A psicologia cognitiva é sustentada principalmente por pesquisas realizadas em laboratório, mas também por estudos em ambientes cotidianos (como a sala de aula). Nos últimos anos, foi impulsionada pelo apoio fornecido pelas descobertas da neurobiologia, que ajudaram a validar seus modelos de como a mente opera ao lidar com informações. Isso inclui, é claro, os mecanismos envolvidos na aprendizagem.

Neste livro, ofereço uma perspectiva cognitivista do fenômeno da aprendizagem, pois esta é precisamente a abordagem que a maioria dos cientistas considera mais adequada para apoiar as decisões metodológicas que professores e alunos tomam diariamente. Também me baseio amplamente na psicologia educacional, um ramo multidisciplinar que se apoia na psicologia cognitiva, na psicologia do desenvolvimento e em outras ciências afins para estudar a aprendizagem em seu contexto real. Talvez o mais interessante dessa disciplina seja que ela realiza grande parte de suas pesquisas em sala de aula, o que permite testar, da forma mais direta possível, hipóteses sobre quais métodos ou medidas produzirão impacto no desempenho dos estudantes, ainda que isso possa reduzir a capacidade de generalização. Digamos que seja o caminho mais direto entre a pesquisa básica e seu contexto real de aplicação.

Por último, considero importante enfatizar que este livro não pretende definir quais devem ser os objetivos da educação. A ciência jamais poderá responder a uma pergunta assim, pois essa não é uma pergunta que pode ser respondida pelo método científico. Cada comunidade educativa deve estabelecer os seus objetivos com base nos critérios que considere adequados. No entanto, uma vez estabelecidos os objetivos, a ciência pode nos ajudar a revelar os métodos com os quais teremos mais possibilidades de alcançá-los.

Neste livro, por razões históricas, tudo gira em torno de como os alunos podem alcançar uma aprendizagem significativa, duradoura e transferível em qualquer área do conhecimento e como podem melhorar seu desempenho acadêmico (as duas coisas não são necessariamente iguais). Não em vão, esses são os dois grandes temas que a ciência tem investigado com maior profundidade. Suas conclusões, como veremos ao longo do livro, confirmam a eficácia de algumas práticas que realizamos há décadas, mas também revelam outras que podem contribuir significativamente para melhorar os processos de ensino e aprendizagem.

Para finalizar, quero apenas expressar o meu mais humilde desejo de que este livro seja de alguma utilidade para professores e alunos e, em geral, para todas as pessoas interessadas em aprender a aprender. Afinal, nunca deixamos de ser alunos.

Héctor Ruiz Martín

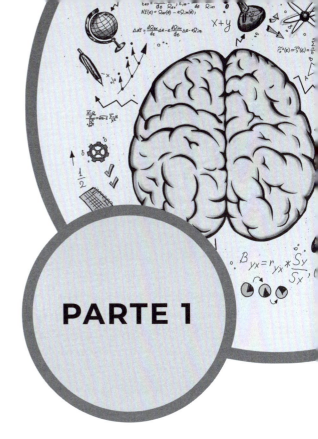

PARTE 1

A CIÊNCIA DE COMO APRENDEMOS

Antes de entrar no tema sobre o que se sabe a respeito de como as pessoas aprendem e o que podemos fazer para promover a aprendizagem à luz dessas ideias, dedicarei um primeiro capítulo para abordar como a ciência obteve esse conhecimento e quais cuidados devemos ter ao usá-lo.

Nesta parte inicial do livro, explicarei como a pesquisa é realizada no campo dos processos de aprendizagem e ensino e por que essa pesquisa fornece informações únicas para apoiar as decisões que tomamos diariamente como professores e alunos. Alertarei também para a natureza e as limitações do conhecimento científico, sobretudo em um domínio tão complexo como o que estamos tratando, e destacarei a importância da interpretação correta dos resultados de pesquisa, com a prudência e o espírito crítico que isso exige.

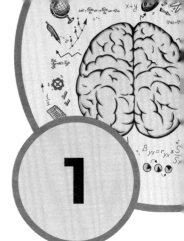

ESTUDO CIENTÍFICO DA APRENDIZAGEM E DO ENSINO

> *É incrível tudo que não sabemos sobre o jogo que estivemos jogando a vida toda.*
> **Mickey Mantle** (1931-1995)
> JOGADOR DE BEISEBOL

EXPERIÊNCIA PESSOAL E VIESES COGNITIVOS

Como professores, tomamos inúmeras decisões diariamente, com a intenção de que nossas ações e as de nossos alunos tenham impacto positivo em sua aprendizagem, em todas as suas dimensões. Além das pequenas decisões do dia a dia, também fazemos escolhas importantes, de maior impacto, quando fazemos o planejamento de ensino do próximo ano letivo, quando escolhemos os materiais didáticos que utilizaremos ou quando participamos de resoluções que definirão o projeto pedagógico da nossa instituição de ensino.

Normalmente, baseamos todas essas decisões em nossa intuição, que se alimenta de conhecimentos e crenças sobre educação construídos a partir de um enorme acúmulo de experiências pessoais. A origem dessas experiências que moldam nossas concepções de ensino e aprendizagem remonta a nossa passagem como alunos pelo sistema de ensino e, para muitos docentes, estende-se ininterruptamente até o estágio profissional como educadores. Ao longo dessa jornada vital pelo sistema educacional, primeiro como alunos e depois como professores, é normal que aceitemos a validade de muitos dos seus pressupostos e, ao contrário, questionemos outros, baseados em nossa experiência pessoal.

No entanto, quão confiáveis são as intuições que desenvolvemos sobre a educação a partir de nossa experiência pessoal? Se a experiência pessoal é a melhor maneira de determinar o que é melhor para nossos alunos, por que nem todos os professores (com o mesmo nível de experiência) concordam sobre quais métodos fornecem os melhores resultados? Para começar, cada um de nós passa por experiências pessoais diferentes, o que pode dificultar a comparação. Porém, o que realmente compromete a confiabilidade de nossas experiências pessoais é a maneira que as interpretamos, condicionada por como nosso cérebro opera. E aí surge o problema: o cérebro humano tem inúmeros "defeitos" que distorcem sua forma de entender a realidade quando ela se baseia apenas na experiência pessoal. São os vieses cognitivos.

Para entender o problema dos vieses cognitivos, peço ao leitor que olhe para as imagens a seguir. Você acreditaria se eu dissesse que as linhas horizontais na Figura 1.1 são retas e paralelas? Elas são. Vá em frente, pegue uma folha de papel ou algo semelhante e coloque em cima para conferir.

FIGURA 1.1

Agora, observe a Figura 1.2. Você diria que, na imagem à direita, a torre está mais inclinada? A verdade é que ambas são idênticas, inclusive em sua inclinação.

FIGURA 1.2

E a Figura 1.3? Você acreditaria se eu dissesse que os quadros marcados com as letras A e B são exatamente da mesma cor? E são mesmo.

FIGURA 1.3

Essas situações (e muitas outras) provam que nosso cérebro opera, habitualmente, manipulando informações sensoriais e modificando-as. Ou seja, não percebemos as coisas como elas são: o cérebro processa informações sensoriais e as "ajusta" antes de colocá-las em nossa consciência. Esses mecanismos que alteram as informações sensoriais obviamente evoluíram ao longo de milhões de anos para nos tornar mais eficazes na relação com o ambiente em que nossa espécie se desenvolveu — um ambiente bem diferente daquele que a maioria de nós habita hoje, diga-se de passagem.

O fato é que o cérebro nos "engana" quanto ao que percebemos. Da mesma forma que modifica nossa percepção, ele também tem mecanismos para "ajustar" a maneira que pensamos e lembramos (Kahneman; Tversky, 1972). Em outras palavras, nosso raciocínio e nossas memórias estão sujeitos a mecanismos cerebrais que operam fora da nossa consciência e nos condicionam quando tentamos analisar a realidade. Sem sequer nos darmos conta da sua existência, esses mecanismos intervêm nos processos que nos permitem interpretar o mundo ao redor e tomar decisões. O problema é que eles não evoluíram para podermos apreciar o mundo como ele é, mas para, de forma prática, facilitar nossa sobrevivência nele e permitir a perpetuação da nossa espécie. Esses mecanismos permitem a emissão imediata de julgamentos e respostas a situações que exigem decisões rápidas, quando não é possível processar toda a informação disponível ou nos faltam informações. Eles nos afastam do pensamento lógico e nos levam a tomar decisões baseadas em nossas emoções (mesmo quando pensamos que estamos sendo racionais); dificultam a apreciação do significado prático da probabilidade estatística (por que temos mais medo de viajar de avião do que de carro, sendo que morrem muito mais pessoas em acidentes de trânsito do que em aviões?) e nos tornam especialmente vulneráveis a falácias, isto é, certos raciocínios que parecem corretos, mas não são.

> **NOTA** Falácias
>
> Os vieses nos tornam propensos a considerar válidos alguns raciocínios que, calmamente avaliados sob a ótica da lógica, não são realmente válidos. Esses raciocínios são chamados de "falácias", armas dialéticas muito eficazes para persuadir os demais e, por isso, muitos políticos não hesitam em usá-las em seus discursos. Elas também são eficazes para convencermos a nós mesmos ou reafirmarmos nossas próprias ideias. Explico a seguir as três mais importantes.
>
> **Falácia *ad hominem***: ocorre quando um argumento não refuta a posição ou as afirmações do interlocutor, mas busca desqualificar o próprio interlocutor, com o objetivo de desacreditar sua posição. Por exemplo, há uma falácia *ad hominem* quando dizemos: "Você diz que esse método é melhor, mas não aplica ele nas suas aulas", pois se destina a refutar a proposição, o método proposto, por um ataque ao proponente. Que os atos de uma pessoa não sejam coerentes com suas próprias palavras não significa que o que ela propõe não seja válido ("faça o que eu digo, não faça o que eu faço"). Também cometemos falácias desse tipo quando desqualificamos as afirmações do interlocutor aludindo à sua formação ou sua profissão: "Você não é professor, então o que você diz não me serve de nada."
>
> **Falácia *ad verecundiam***: é o argumento que apela ao prestígio ou à autoridade de alguém ou de alguma instituição para sustentar uma afirmação, apesar de não apresentar provas ou razões que a justifiquem. Por exemplo: "Piaget, o principal psicólogo educacional e pai do construtivismo, afirmava isso que acabei de dizer." Claro que é interessante Piaget ter afirmado (seja lá o que for), mas isso não significa que seja verdade. De fato, diversas ideias de Piaget sobre o desenvolvimento conceitual em crianças foram refutadas por décadas de pesquisa em psicologia do desenvolvimento.
>
> **Falácia *ad populum***: ocorre quando atribuímos nossa opinião à da maioria e argumentamos que, se a maioria pensa tal coisa, deve ser verdade. No século XVII, a maioria das pessoas acreditava que o Sol girava em torno da Terra, mas não é verdade. Da mesma forma, embora a maioria dos professores acredite que a memória em geral possa ser exercitada por meio da memorização de conteúdos acadêmicos, essa crença não está correta.

Em suma, como resultado de certos mecanismos de "ajuste" cognitivo que nosso cérebro realiza espontaneamente, todos os seres humanos têm vários vieses que influenciam sua maneira de entender o mundo, raciocinar e tomar decisões. Esses vieses não têm nada a ver com nossas preferências ou nossos gostos, ou com nossas ideias éticas e morais. Os vieses cognitivos são fenômenos psicológicos involuntários que distorcem nosso processamento de informações: como as percebemos, como as interpretamos e como nos lembramos delas. Por exemplo, os vieses cognitivos nos influenciam quando avaliamos que o preço de R$ 4,99 é muito mais atraente do que o de R$ 5,00, quando estimamos que um objeto preto pesa mais do que um objeto igual de cor branca, entre outras situações. Eles também agem quando nos apressamos em estabelecer relações de causa e efeito a partir de uma única experiência.

VIÉS DE CONFIRMAÇÃO E DISSONÂNCIA COGNITIVA

Psicólogos cognitivos identificaram dezenas de vieses que influenciam a maneira que raciocinamos sobre a realidade. Um dos mais proeminentes, que pode claramente influenciar nossas decisões como professores, é o viés de confirmação. É a tendência a perceber, atender e lembrar preferencialmente as informações que confirmam as próprias crenças, em detrimento de uma informação que as contradiz (Oswald; Grosjean, 2004). Esse viés faz com que interpretemos a mesma informação de forma totalmente diferente do que outras pessoas fariam, vendo-a mais alinhada com nossas convicções. Leva-nos, inclusive, a ignorar as evidências que estão diante de nós e a perceber apenas aquelas que provam que estamos certos (Lord; Ross; Lepper, 1979). Para percebê-lo em ação, basta observar dois torcedores de times de futebol rivais acompanhando a mesma partida pela televisão.

Esse viés nos faz esquecer as informações que não condizem com nossas ideias em favor das que condizem (Stangor; McMillan, 1992). Desse modo, o viés de confirmação age quando nos lembramos de situações que confirmam nossa hipótese, mas ignoramos ou esquecemos todas as situações em que não aconteceu. Por exemplo, uma pessoa que acredita que o uso da tecnologia em sala de aula é contraproducente para a aprendizagem se lembrará preferencialmente dos comentários que os alunos fizeram sobre as desvantagens dessas ferramentas e esquecerá os comentários positivos. Também não se questionará se as queixas têm fundamento ou se têm solução, já que estão alinhadas com suas ideias. Na verdade, é quando nossas crenças são desafiadas que o viés de confirmação nos leva a buscar informações que nos provem que estamos certos. Somente as que nos deem razão. Raramente pesquisamos mais sobre a posição oposta e, de fato, quando, em nossa busca, nos deparamos com informações que sustentam a hipótese oposta, as descartamos sem pudor para continuar procurando as que desejamos (Nickerson, 1998). Como apontou a psicóloga Ziva Kunda (1990, p. 493), "[...] as pessoas geralmente chegam às conclusões que querem chegar." De fato, Francis Bacon, em 1620, já havia notado isso quando escreveu que "as pessoas preferem acreditar no que preferem que seja verdade."

Assim, o viés de confirmação atua de maneira mais evidente quando nossas crenças estão comprometidas. Nessa situação, chegamos ao ponto de nos sentirmos pessoalmente atacados. Afinal, quanto mais arraigadas nossas crenças sobre como o mundo ao nosso redor é e como ele funciona, mais elas se tornam parte da nossa própria identidade. Essa situação de conflito interno que ocorre quando nossas ideias colidem com informações ou experiências que as contradizem é um fenômeno conhecido como "dissonância cognitiva" (Festinger, 1957).

A dissonância cognitiva é geralmente acompanhada por uma sensação desagradável. Portanto, quando experimentamos dissonância cognitiva, muitas vezes reagimos tentando recuperar o "equilíbrio" por meio de um viés de confirmação que nos ajuda a reafirmar nossas convicções, levando-nos até a ignorar as evidências. Poderíamos dizer que o viés de confirmação é uma resistência inconsciente à mudança de nossas ideias, um sistema automático de proteção de nossa identidade.

O viés de confirmação é reforçado por outros vieses, como o chamado "efeito adesão", a tendência de fazer ou acreditar em algo simplesmente porque muitas outras pessoas fazem ou acreditam (Leibenstein, 1950). De fato, há uma tendência psicológica involuntária de seguir ou imitar as ações e os pensamentos dos outros para nos conformarmos com o grupo do qual fazemos parte. Esse viés, sem dúvida, também influencia nossa forma de entender a educação.

Esses e muitos outros vieses cognitivos nos tornam, sem perceber, muito ineficazes na hora de analisar a realidade. Portanto, no que diz respeito aos processos de ensino e aprendizagem, é necessário ir além da experiência pessoal, com estratégias que ajudem a nos libertar de nossos vieses e discernir entre o que realmente "funciona" e o que "não funciona", baseados em evidências empíricas não alteradas por nossa mente. Para isso, não há remédio melhor do que o método científico.

O MÉTODO CIENTÍFICO COMO ANTÍDOTO CONTRA VIESES

O método científico seria como óculos que a humanidade construiu para corrigir nossos vieses cognitivos quando olhamos para o mundo ao nosso redor. Convida-nos a coletar dados metodicamente e analisá-los de maneira lógica e sistemática. Desse modo, nos permite estabelecer relações de causa e efeito com mais precisão do que nossa experiência pessoal. Como disse Carl Sagan, pode não ser um método perfeito, mas é o melhor que temos para tais propósitos.

É importante destacar que o método científico não se reduz a aprender com a experiência direta. Nesse sentido, diferencia-se da experiência pessoal justamente por coletar e analisar dados, usando-os para tirar conclusões lógicas. Somente assim a experiência direta pode libertar-se de nossos vieses cognitivos.

Por exemplo, uma pessoa pode estar convencida de que apresentar um conceito de determinada forma no Ensino Fundamental pode gerar equívocos, o que dificulta o aprendizado posterior no ensino médio. Essa seria sua hipótese. Ela pode ter chegado a essa ideia por intuição e, depois, confirmado observando alguns casos em suas aulas (dos quais vai preferir se lembrar). Mas como saber o quanto essas ideias equivocadas são difundidas ou anedóticas em sala de aula? E, acima de tudo, como saber se a causa dessas ideias é realmente a apresentação do conceito de forma inadequada no Ensino Fundamental? Se nos limitarmos a observar espontaneamente e fazer avaliações intuitivas, nosso viés de confirmação será responsável por nos fazer ver e lembrar do que já estamos convencidos. Em contrapartida, se optarmos por analisar a situação cientificamente, podemos iluminar a questão de forma mais objetiva.

Isso não significa que toda vez que nos deparamos com uma decisão como docentes devemos fazer experimentos e analisá-la de maneira científica em busca de evidências para sustentá-la. Felizmente, inúmeros pesquisadores (muitos deles também professores) já fizeram isso por nós e publicaram seus resultados. Mesmo assim, não é necessário pesquisar a literatura científica a cada passo que queremos dar. No entanto, quando são decisões transcendentes, especialmente aquelas que exigem investimentos significativos de dinheiro, tempo, esforço, entusiasmo e oportunidade (investimento em oportunidade acontece pelo fato de que, se alguém faz uma coisa, perde a oportunidade de fazer outra que poderia ser melhor), então seria aconselhável se informar sobre o que os estudos nos dizem... E não apenas para buscar evidências a favor das nossas hipóteses! Não esqueçamos, porém, que a ciência nunca nos dirá o que fazer ou o que não fazer; só pode nos dizer o que é mais provável acontecer se fizermos isso ou aquilo.

NÍVEIS DE PESQUISA DA APRENDIZAGEM E DO ENSINO

Várias disciplinas científicas estudam os processos de ensino ou de aprendizagem a partir de diferentes perspectivas, focando sua atenção em diferentes aspectos complementares.

Primeiramente, a neurobiologia investiga como o aprendizado ocorre nos níveis molecular, celular e de sistemas orgânicos. Em outras palavras, estuda como o sistema nervoso atua como suporte físico para fenômenos relacionados à aprendizagem. Em seus estudos, utiliza modelos animais e, quando possível, também trabalha com seres humanos, seja em situações *post-mortem*, aproveitando intervenções cirúrgicas, seja em culturas celulares. Nas últimas décadas, essa disciplina se beneficiou muito da possibilidade de "ver" o cérebro de uma pessoa saudável em funcionamento, enquanto realiza as ações mentais ou motoras que lhe são solicitadas. Esse marco foi possível graças ao desenvolvimento de tecnologias de neuroimagem, como a ressonância magnética funcional, que nos permite apreciar quais regiões do cérebro são ativadas acima do habitual quando fazemos uma coisa ou outra. A Figura 1.4 mostra dois exemplos desse tipo de imagem (embora em preto e branco).

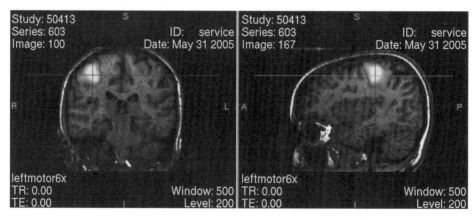

FIGURA 1.4 Exemplos de imagens obtidas por ressonância magnética funcional.
Fonte: M.R.W.HH, Wikipedia.

Em outro nível de estudo, se situaria a psicologia cognitiva, um ramo profundamente empírico da psicologia que investiga como o cérebro obtém, manipula e armazena informações. No entanto, a psicologia cognitiva não estuda a fisiologia do cérebro, mas modela seu funcionamento a partir da avaliação das mudanças que certas experiências sensoriais ou motoras causam no comportamento e nas habilidades das pessoas. Por exemplo, um experimento nessa disciplina poderia consistir em comprovar se as pessoas se lembram melhor de uma história quando a leem ou quando ela é explicada. Portanto, a psicologia cognitiva está muito mais qualificada para nos orientar na prática educativa do que a neurobiologia. De fato, a psicologia cognitiva se apoia nos avanços da neurobiologia para sustentar seus modelos e teorias e, assim, funciona como uma ponte entre os avanços científicos sobre como o cérebro funciona e a educação.

> **NOTA** Psicologia cognitiva e neurobiologia
>
> Embora o cérebro não funcione como um computador, podemos usar uma analogia computacional para entender a diferença entre a abordagem proposta pela psicologia cognitiva e aquela oferecida pela neurobiologia no que diz respeito ao estudo dos processos de aprendizagem.
>
> Vamos imaginar que queremos descobrir como funciona um programa de computador que não tem manual de instruções. A abordagem da psicologia cognitiva consistiria em tocar botões e tentar combinações entre eles para tomar nota do que acontece. Em vez disso, a neurobiologia escolheria abrir o computador, estudar seus circuitos e analisar o que acontece neles ao usar o programa.
>
> Embora essa seja uma analogia um tanto forçada, ela reflete bem qual das duas abordagens está mais próxima de nos orientar sobre o que fazer em sala de aula para promover a aprendizagem, ou seja, sobre como tirar o máximo proveito do programa de computador metafórico.

A psicologia cognitiva, de fato, fornece dados e modelos importantes para a chamada *psicologia educacional*, uma especialidade multidisciplinar que se apoia nesta última e em outras disciplinas afins, como a psicologia do desenvolvimento e a psicologia evolucionista, para estudar os processos de aprendizagem e ensino em contextos reais. Seria a disciplina mais próxima da sala de aula. Seu principal trunfo é levar a pesquisa diretamente para a sala de aula. Quando a psicologia educacional se limita ao ensino e à aprendizagem de áreas específicas do conhecimento, ela fica à deriva nas diversas "didáticas", como a didática da matemática, a didática da linguagem ou a didática das ciências.

Obviamente, há muitas outras disciplinas que contribuem para o estudo dos processos de ensino e aprendizagem, da sociologia à ciência da computação, mas preferi me limitar àquelas que predominam na abordagem deste livro.

Além disso, é necessário esclarecer onde, nesse panorama, estaria localizada a disciplina denominada "neurociência educacional". A rigor, o termo "neurociência" sempre se referiu à investigação da estrutura e do funcionamento do sistema nervoso do ponto de vista fisiológico e, portanto, equivaleria ao ramo neurobiológico. Por essa razão, em seus primórdios, o conceito de neurociência educacional apelava apenas para estudos neurológicos sobre o funcionamento do cérebro que estivessem relacionados à aprendizagem e à memória. No entanto, nos últimos anos, as evidências científicas de como o cérebro aprende mais relevantes para a prática educacional vêm, sobretudo, da psicologia cognitiva e de disciplinas relacionadas. Por isso, o termo "neurociência educacional" tem sido cada vez mais usado em sentido mais amplo do que o original, agrupando essas disciplinas sob o mesmo guarda-chuva. Em outras palavras, o termo tornou-se sinônimo de qualquer disciplina que utilize o método científico para analisar como aprendemos (Anderson; Della Sala, 2012).

EXPERIMENTOS EM SALA DE AULA

A pesquisa educacional realizada diretamente em sala de aula costuma fazer dois tipos de abordagens: descritivas ou experimentais. No primeiro caso, limita-se a obter dados, numéricos ou qualitativos, que permitam descrever objetivamente como as coisas são. Esse tipo de pesquisa permite detectar correlações, ou seja, a coincidência entre duas ou mais variáveis. Um exemplo seria observar que as crianças com autoestima mais alta tendem a coincidir com as que obtêm melhores resultados acadêmicos. Por sua vez, a pesquisa experimental tem como objetivo analisar a relação entre diferentes variáveis e identificar relações de causa e efeito. Por exemplo, a autoestima mais alta é a causa de os alunos tirarem melhores notas? A forma de se realizar uma pesquisa desse tipo seria agir sobre a variável que assumimos ser a causa (autoestima) e ver se, modificando-a, a variável que assumimos ser o efeito (resultados acadêmicos) também se modifica. As demais variáveis que poderiam afetar os resultados acadêmicos devem permanecer fixas durante o experimento.

Desse modo, para realizar o experimento que respondesse à questão anterior, poderíamos escolher dois grupos de alunos muito parecidos em suas características médias, ou seja, proporção entre meninos e meninas, nível socioeconômico, nota média do grupo, etc. A partir daí, um grupo seria exposto a um programa de promoção da autoestima (que já soubéssemos que funciona), já o outro receberia sessões sobre qualquer outra coisa (p. ex., neurociência). Após as intervenções, coletaríamos novos dados sobre suas notas acadêmicas e mediríamos a melhora obtida em cada grupo em relação às suas notas anteriores ao experimento. Em seguida, compararíamos a melhora acadêmica de cada grupo para verificar se a do grupo que recebeu uma intervenção em sua autoestima é diferente da do grupo que não recebeu. Se assim fosse, poderíamos concluir que nosso experimento teria fornecido evidências sobre o suposto efeito da autoestima nos resultados acadêmicos.

É assim que funciona fundamentalmente a pesquisa sobre como as pessoas aprendem no contexto escolar. É importante ressaltar que qualquer experimento, para ser rigoroso, sempre requer um grupo-controle, que idealmente se diferenciará do grupo experimental por não estar submetido à condição que queremos analisar. Também é muito importante entender que os experimentos não provam nem deixam de provar nada. A pesquisa só pode fornecer evidências: evidências que mostrem se uma variável pode ter efeito sobre a aprendizagem. No entanto, é muito comum que os resultados de uma pesquisa sejam negativos, que as evidências do suposto efeito não apareçam. Portanto, quando os cientistas dizem que não há evidências disso ou daquilo, não estamos dizendo que ninguém pesquisou. Na verdade, na maioria das vezes, queremos dizer que houve pesquisas, mas não apareceram evidências do seu suposto efeito. Obviamente, isso não significa que não possam aparecer no futuro, mas, enquanto as evidências não aparecem, não podemos considerá-las. Para afirmar algo cientificamente, é preciso fornecer evidências. Não vale a falácia de dizer que, se não foi possível provar o oposto, então deve ser assim (falácia *ad ignorantiam*).

UM FENÔMENO QUE DEPENDE DE MUITAS VARIÁVEIS

Há quem acredite que a aprendizagem dos nossos alunos no contexto escolar não pode ser estudada de maneira científica. Ela realmente não é fácil de estudar, pois depende de inúmeras variáveis ao mesmo tempo, talvez até mais variáveis do que aquelas envolvidas nos processos fisiológicos estudados pela medicina, que também são muitas. Na educação, uma variável seria qualquer característica dos nossos alunos (variáveis internas) ou do seu ambiente de aprendizagem, incluindo suas experiências (variáveis externas). Portanto, os métodos de ensino que aplicamos ou as atividades que desenvolvemos em sala de aula seriam variáveis do processo educacional. Entre toda a infinidade de variáveis que existem, apenas algumas têm efeitos na aprendizagem e, destas, umas têm efeito maior do que outras.

Quando estudamos algo que depende de infinitas variáveis, a estatística se torna uma das nossas melhores aliadas, pois, em primeiro lugar, não podemos simplesmente tirar conclusões de apenas um caso ou de alguns. Em cada caso (p. ex., cada aluno), os efeitos de cada variável se misturam e interagem ao produzir um resultado, e isso dificulta saber se uma variável específica foi realmente responsável por determinado efeito, ou se de fato foi outra ou uma combinação de várias. Uma única observação (ou algumas) não será suficiente para determinar se uma variável causou o efeito. É preciso analisar um número significativo de casos e determinar o resultado médio.

Em segundo lugar, graças às técnicas estatísticas, podemos determinar se uma diferença nos resultados médios de dois grupos de alunos (que podem ser o mesmo grupo em duas situações diferentes, por exemplo, antes e depois de uma atividade) pode ser explicada sem recorrer ao acaso. Quando os cientistas dizem que uma diferença entre dois grupos é estatisticamente significativa, eles querem dizer exatamente isso. Em estatística, a palavra "significativa" não significa que a diferença é importante ou grande, mas que essa diferença dificilmente poderia ser devida ao acaso. O mais provável é que algum fator diferente entre os grupos provoca tal diferença em seus resultados.

Por exemplo, imagine que tenho uma moeda e digo a você que, por conta de um defeito nessa moeda, toda vez que jogo "cara ou coroa" sai "cara". Para demonstrar, jogo a moeda uma vez e, realmente, sai "cara". Você acreditaria? Certamente não. O resultado poderia ter sido simplesmente fruto do acaso (resultado da combinação de todas as variáveis cuja intervenção não podemos controlar no momento de lançamento e queda da moeda). E se eu jogasse duas vezes e em ambas saísse "cara"? Ainda assim você desconfiaria do suposto defeito da moeda. Quantas vezes seria necessário jogar a moeda e obter o mesmo resultado para que você acreditasse que o resultado não depende do acaso? Dez? Cem? Mil? Note que, em qualquer caso, não seria impossível que o acaso fizesse com que todas as vezes saísse "cara", mesmo que a moeda não estivesse viciada. O que sabemos é que, quanto mais vezes jogássemos a moeda, mais improvável seria que em todas elas saísse "cara", a menos que houvesse algo que causasse o resultado (Veja a Tab. 1.1).

Quando nós cientistas analisamos de maneira estatística os resultados de um experimento e dizemos que eles são significativos, o que queremos dizer é que a relação entre duas variáveis (no caso, o defeito e o resultado "cara") não poderia ser explicada pelo acaso, pelo menos em uma alta porcentagem de ocasiões, que geralmente fica entre 95 e 99% das vezes (ou seja, a probabilidade de acontecer por acaso seria de 5 ou 1%, respectivamente). Se um resultado dificilmente pode ser explicado pelo acaso, então presume-se que há uma relação ou um efeito. Em contrapartida, como é relativamente fácil aceitar que dez "caras" seguidas são

TABELA 1.1 Probabilidade de que sempre saia "cara" ao jogar uma moeda várias vezes

NÚMERO DE LANÇAMENTOS DE UMA MOEDA	PROBABILIDADE DE QUE SAIA "CARA" EM TODAS AS VEZES
1	0,5 (50%)
2	0,25 (25%)
3	0,125 (12,5%)
4	0,0625 (6,25%)
5	0,03125 (3,125%)
6	0,015625 (1,5625%)
7	0,0078125 (0,78125%)

casuais, mas é muito mais difícil acreditar que cem sejam, é importante que o tamanho da amostra seja grande para melhorar nossa capacidade de distinguir entre um resultado do acaso e um efeito real.

Ao jogar uma moeda normal, a probabilidade que saia "cara" é de 50%. Se esperamos que algum fator (p. ex., um defeito) afete esse resultado positivamente, deveríamos esperar que esse percentual aumentasse. Por exemplo, se jogássemos a moeda cem vezes e, em 65 ocasiões, saísse "cara" (65% das vezes), poderíamos acreditar que algo está afetando a forma de a moeda cair. Além disso, seria diferente se o defeito aumentasse a probabilidade de sair "cara" em 95%, por exemplo, em vez de 65% das vezes. A influência de uma variável (neste caso, o defeito da moeda) sobre um resultado (que saia "cara") pode ser de intensidade diferente. Em estatística, o tamanho do efeito é o valor que determina quão importante é a influência de uma variável sobre o resultado que medimos. Assim, o resultado pode ser estatisticamente significativo, o que apenas significa que existe um efeito, mas esse efeito pode ser pequeno, médio ou grande.

Se fizermos uma analogia entre o exemplo da moeda anterior e um estudo no campo educacional, o defeito da moeda corresponderia à variável que queremos estudar (uma característica dos alunos, um tipo de intervenção pedagógica, uma mudança na organização da turma, etc.), e o resultado de cada lançamento seria o efeito que queremos medir em cada aluno (p. ex., uma aprendizagem específica). Desse modo, nessa analogia, o número de alunos analisados equivaleria ao número de lançamentos da moeda (o número de provas). No entanto, o fato de que os efeitos de uma variável só podem ser apreciados quando a analisamos estatisticamente tem consequência importante, que devemos considerar: o resultado será observado no nível do grupo, não em todos e cada um dos indivíduos.

Ao jogar nossa moeda viciada, às vezes sairá "coroa", pois além do defeito, há outras variáveis que influenciam como ela cairá. Ao interpretar um resultado científico, devemos sempre pensar nos efeitos em nível de grupo, e não nos guiar por casos (alunos) específicos.

CORRELAÇÃO NÃO IMPLICA CAUSALIDADE

Como sabemos se é o defeito da moeda que faz com que saia sempre ou quase sempre "cara"? É muito importante distinguir correlação e causalidade. Duas coisas geralmente acontecerem juntas (correlação) não implica que uma seja a causa da outra. Pode haver uma terceira variável que cause ambas. Por exemplo, há correlação positiva entre o número de sorvetes consumidos por mês e o número de crimes cometidos (Salkind, 2016). Por acaso o sorvete causa essa tendência criminosa? Não, o que acontece é que, quando faz calor, é quando se consome mais sorvete, o que coincide com os meses em que mais crimes ocorrem por motivos diversos (em especial, os efeitos do calor sobre o comportamento e o aumento das oportunidades de crimes que acontecem na época de férias) (Field, 1992; Anderson *et al.*, 2000).

Às vezes, as correlações são inclusive resultado do acaso. Há uma página *web* que mostra todo tipo de correlações absurdas, como a que correlaciona o número de divórcios no estado do Maine e o consumo *per capita* de margarina (Fig. 1.5).

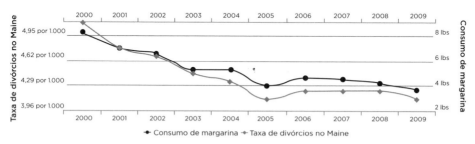

FIGURA 1.5 Gráfico mostrando a curiosa correlação entre as taxas de divórcio no Maine e o consumo de margarina entre os anos 2000 e 2009.
Fonte: National Vital Statistics Reports (2009).

É óbvio que essas variáveis não estão relacionadas, o que mostra claramente o perigo de se pensar que uma correlação implique causalidade. A causalidade implica correlação, mas o inverso não é necessariamente correto.

Em contrapartida, se houvesse de fato uma relação de causa e efeito entre dois fenômenos, a correlação não pode nos informar sobre o sentido em que essa relação ocorre, não pode nos dizer qual é a causa e qual é o efeito. Por exemplo, nas décadas de 1970 e 1980, vários estudos mostraram que estudantes com autoestima mais alta costumavam ter melhor desempenho acadêmico. Com base nessa observação, o governo do estado da Califórnia lançou um programa multimilionário para aumentar a autoestima dos seus alunos e, assim, promover melhoria no desempenho escolar. O resultado foi um fracasso (Baumeister *et al.*, 2003). Não ocorreu a ninguém (por assim dizer) que talvez bons resultados acadêmicos favorecessem a autoestima elevada. Além disso, parece que a autoestima e os resultados acadêmicos são influenciados ao mesmo tempo por terceiras variáveis, como a capacidade de autorregulação dos alunos — sobre a qual falaremos neste livro — ou um ambiente familiar reconfortante (além de variáveis socioeconômicas).

O caso anterior, sobre o fiasco de uma medida educacional que foi aplicada nos Estados Unidos, é um bom exemplo da importância que pode ter não apenas consultar a pesquisa educacional mas também interpretá-la de maneira adequada, na tomada de decisões, ainda mais considerando o número de variáveis que podem determinar o sucesso dos alunos. Essa enorme quantidade de variáveis muitas vezes torna as pesquisas realizadas em sala de aula, por exemplo, para avaliar a eficácia de um método de ensino, difíceis de se comparar. Quando um estudo afirma que o uso de dispositivos móveis (celulares ou *tablets*) em sala de aula tem efeito negativo sobre os resultados acadêmicos, é óbvio que seria necessário considerar como outras variáveis foram controladas: em que nível educacional a pesquisa foi feita? Que uso educacional foi dado aos dispositivos? Que recursos pedagógicos e infraestrutura estavam disponíveis para utilizá-los? Que formação os professores receberam nesse sentido? Qual a motivação dos professores com a ideia de usar esses dispositivos em sala de aula? Quando tantas variáveis entram em jogo, os detalhes são importantes.

Além disso, é muito necessário ter cautela com o que lemos. Nem todos os estudos publicados são de qualidade. Algumas revistas científicas têm sistemas de revisão mais exigentes do que outras (sistemas que avaliam a qualidade dos estudos com base na aplicação adequada do método científico). Há também muitas publicações sem qualquer sistema de revisão. Na verdade, os livros são grande fonte de pseudociência, pois a maioria das editoras não está comprometida com a ciência, mas com seu próprio negócio (o que não nos cabe criticar). Para vender livros, o que há de melhor do que oferecer o que nossos vieses cognitivos querem encontrar? Em suma, por tudo isso, não podemos dar a mesma validade científica a tudo que está disponível para ler.

Como se não bastasse, cientistas também são pessoas e, portanto, temos nossos vieses cognitivos. *É chamada de* "viés do pesquisador" a tendência a acreditar, valorizar e supervalorizar os dados que concordam com as próprias expectativas ou as hipóteses em relação ao resultado de um experimento, descartando, desacreditando ou subestimando os dados que as contrariam (Jeng, 2006). O método científico tenta libertar os cientistas dos seus vieses, mas não é infalível. Portanto, é muito importante que os experimentos sejam replicados, que outros cientistas os repitam, a fim de verificar se resultados semelhantes são obtidos ou, ao contrário, não se obtêm evidências a favor da hipótese de trabalho. Somente as pesquisas que puderam ser replicadas, quanto mais vezes melhor, deveriam merecer a plena confiança das pessoas que queiram tomá-las como base para estabelecer mudanças em suas aulas.

ENSINO BASEADO EM EVIDÊNCIAS

Na literatura científica da área em questão, é muito comum encontrar resultados díspares, com estudos que mostram a eficácia de um método, e outros que refletem o oposto (Clark; Mayer, 2016). Na introdução deste livro, sugeri que, muitas vezes, é infrutífero comparar métodos educacionais, pois tudo depende dos detalhes, das múltiplas variáveis que entram em jogo em cada método. No entanto, costumamos classificar os métodos de ensino conforme uma de suas variáveis, e geralmente não é essa variável que determina sua efetividade. Por exemplo, o trabalho com projetos é caracterizado por estudantes que acabam desenvolvendo um produto ou organizando um evento que resolve uma necessidade, mas não é exatamente isso que pode tornar esse método eficaz. A resposta está nos detalhes, e esses detalhes devem se ajustar aos alunos, ao propósito (os objetivos de aprendizagem) e ao contexto, pois nenhuma receita específica é sempre eficaz para tudo. Portanto, na pesquisa educacional, devemos diferenciar os estudos que nos informam sobre a suposta eficácia de alguns métodos em relação a outros e as pesquisas que tentam diretamente descobrir quais fatores compartilhados pelos métodos acabam sendo eficazes. Muitos desses fatores têm a ver com como o cérebro aprende.

De qualquer forma, o que indica que não há receitas infalíveis para tudo é que o professor sempre terá a última palavra ao ajustar os métodos para alcançar os melhores resultados. Para isso, é fundamental conhecer os princípios da aprendizagem respaldada por evidências — os ingredientes que não podem faltar nas receitas. Mais do que falarmos de ensino baseado em evidências, deveríamos estar falando de ensino informado por evidências. Não se trata de aplicar estritamente métodos específicos que a ciência analisou (em situações concretas), mas de planejar e ajustar os métodos segundo as particularidades da situação, com a ajuda do que a ciência pode nos dizer sobre quais fatores levam a melhor aprendizagem. Ensinar nunca deixará de ser uma arte, mas pode ser uma arte que baseia boa parte de sua prática no conhecimento científico.

MITOS PSEUDOCIENTÍFICOS

Para concluir, gostaria de alertar para o perigo de confundir ciência e pseudociência. Desde que os avanços científicos sobre como o cérebro se desenvolve e aprende chegaram ao público em geral, vários mitos pseudocientíficos invadiram a educação. São ideias difundidas que parecem ser apoiadas pela ciência, mas que, na verdade, surgiram da deturpação ou da má interpretação dos achados científicos (Geake, 2008).

Por exemplo, o mito de que a atenção dura apenas 30 minutos provavelmente se deve a má interpretação dos estudos de vigilância, um tipo de atenção muito intensa que deve ser mantida por profissionais como os salva-vidas ou os agentes que inspecionam minuciosamente o conteúdo das malas nos raios X de aeroportos. Na verdade, o conceito de atenção trabalhado pela ciência é bem diferente do significado que damos cotidianamente.

Os mitos pseudocientíficos são um problema, pois nos confundem e nos levam a tomar decisões e dedicar esforços em favor de práticas que não têm nenhuma evidência, enquanto acreditamos que têm. Em geral, os mitos pseudocientíficos carregam custo de oportunidade (perdemos um tempo valioso que poderíamos ter dedicado a atividades mais eficazes). Também podem levar a perdas econômicas e, na pior das hipóteses, podem ter impacto negativo na aprendizagem. O último seria o caso de alguns métodos de ensino de leitura, que são pouco eficazes e atrasam as crianças com menos oportunidades de aprender a ler (Castles; Rastle; Nation, 2018).

Ao longo deste livro, alguns desses mitos pseudocientíficos aparecerão contextualizados. Além disso, incluí um apêndice ao final, que analisa alguns dos mitos mais difundidos entre a comunidade educativa. Desde já peço desculpas pelas dissonâncias cognitivas que este livro possa causar.

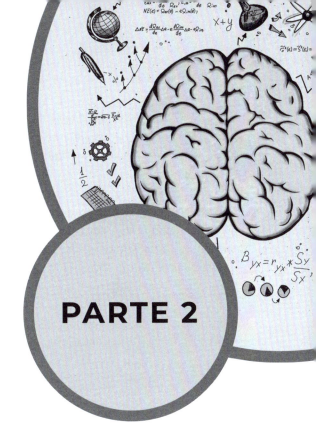

PARTE 2

PROCESSOS COGNITIVOS DA APRENDIZAGEM

A psicologia cognitiva nasceu em meados do século XX, inspirada pela analogia que as ciências da computação e da informação sugeriam sobre o funcionamento do cérebro. Motivados pela possibilidade de modelar o cérebro como um órgão capaz de codificar, manipular e conservar informações, os psicólogos cognitivos deram os primeiros passos para entender cientificamente como funciona a memória humana.

Se um computador podia armazenar palavras e imagens na forma de uns e zeros, que tipo de símbolos o cérebro usaria para representar as informações que recebe? Se os computadores usavam algoritmos para manipular informações, que processos a mente humana realizaria? Embora hoje a analogia do computador tenha sido abandonada pelas enormes diferenças que foram reveladas entre o funcionamento do cérebro e o de um computador, não há dúvida de que a memória opera sob mecanismos decifráveis e modeláveis, comuns a todos os seres humanos.

Os processos cognitivos de aprendizagem são justamente os mecanismos envolvidos no processamento da informação que chega ao cérebro por meio dos sentidos e, sobretudo, aqueles relacionados à maneira como essa informação é codificada, armazenada e recuperada posteriormente. Nesta parte, vamos nos aprofundar em como funciona a memória humana e suas implicações no contexto educacional. Portanto, além dos fundamentos da psicologia cognitiva (e da neurobiologia, na qual ela se baseia), os capítulos seguintes também serão alimentados por pesquisas em psicologia do desenvolvimento, psicologia evolucionista e, claro, psicologia educacional.

COMPONENTES DA MEMÓRIA

MÚLTIPLAS MEMÓRIAS

Embora seja comum dizer que "decoramos" algo para se referir a um tipo muito específico de aprendizagem (sem compreensão), a verdade é que tudo o que aprendemos o fazemos com a memória. De fato, nossas experiências sensoriais, percepções e ações modificam nosso cérebro continuamente e, assim, determinam o que mais tarde seremos capazes de perceber, recordar, entender e fazer. Essa propriedade do cérebro é o que se denomina "memória".

A memória é, portanto, a faculdade que nos permite aprender. No entanto, não aprendemos tudo da mesma maneira. Existem diferentes objetos de aprendizagem que envolvem diferentes tipos de aprendizagem. Por exemplo, não aprendemos da mesma forma habilidades como andar de bicicleta e as causas da Revolução Francesa. Guardar informações por toda a vida é diferente de manter as informações na mente por apenas alguns segundos para usá-las em um momento específico. Em consonância com isso, as pesquisas revelaram que temos tipos de memórias diferentes, que permitem aprendizagens e usos da informação diferentes. A memória não é uma habilidade única, mas um conjunto de habilidades que dependem de processos e estruturas neurais diversos. Não há uma memória, mas vários sistemas de memória (Squire, 2004). Para começar, as evidências nos permitem fazer uma distinção entre memória sensorial, memória de curto prazo e memória de longo prazo.

A memória sensorial representa a porta de entrada da mente para todos os estímulos externos que captamos através dos sentidos (Cowan, 2008). De forma automática e ininterrupta, a memória sensorial codifica todas as informações recebidas e as mantém por apenas alguns instantes, de frações de segundo a alguns segundos, em um lugar na mente estranho à percepção consciente. Desse modo, possibilita que o cérebro colete o máximo de informações que os sentidos possam captar, para analisá-las e decidir qual parte delas valerá a pena processar conscientemente e qual parte podemos descartar. Consequentemente, a memória sensorial nos permite reduzir o custo operacional que implicaria sermos conscientes de tudo o que acontece ao nosso redor. Tenhamos em mente que, como veremos, tudo o que acessa o plano consciente produzirá traços na memória de longo prazo, por isso, não faria sentido desperdiçar seus recursos coletando estímulos irrelevantes.

Em suma, nossos sentidos estão constantemente recebendo uma grande quantidade de informação e enviando-a para o cérebro, embora percebamos apenas uma pequena parte. Por exemplo, talvez o leitor não esteja percebendo agora a força que o chão ou o lugar onde esteja sentado está exercendo sobre seus pés ou nádegas, em oposição à gravidade (talvez tenha se dado conta disso agora). Enquanto você está lendo, os receptores sensoriais registram os estímulos na memória sensorial e não param de captá-los. Ao direcionar a atenção para eles, leva-os da memória sensorial para a memória de curto prazo, que, como veremos adiante, é o lugar onde ocorre o primeiro processamento totalmente consciente.

Uma função importante da memória sensorial, portanto, é permitir que nosso cérebro analise o máximo de informações externas possíveis, em busca de estímulos excepcionais que mereçam uma resposta imediata e que exijam nossa atenção, para o nosso próprio bem. Isso torna possível que, embora estejamos totalmente imersos na leitura deste livro, se de repente alguém gritasse "Fogo!", nosso cérebro captaria e nos forçaria a prestar atenção a esse estímulo, parte do qual estaríamos a tempo de ouvir, porque estaria disponível em nossa memória sensorial. Certamente, leitor, você já passou por alguma situação em que alguém falou enquanto você estava concentrado em algo e, no entanto, um ou dois segundos depois, foi capaz de recuperar o que lhe foi dito e responder.

Outra situação em que podemos perceber as necessidades da memória sensorial ocorre quando movemos uma labareda no escuro e percebemos um rastro de luz fugaz desenhando sua trajetória. Na verdade, graças à memória sensorial, podemos assistir a filmes sem perceber o espaço vazio entre cada quadro e podemos gerar uma breve imagem de uma sala escura quando ela é instantaneamente iluminada por um relâmpago.

Cabe dizer que a memória sensorial não é uma só; contamos com sistemas de memória sensorial para cada um dos nossos sentidos. Os mais estudados são aqueles relacionados à visão (memória icônica) e à audição (memória ecoica).

No entanto, apesar dessas curiosidades e sem desmerecer seu papel como passo prévio à memória consciente, a memória sensorial não recebe muita atenção da pesquisa educacional, por isso, não me aprofundarei mais sobre ela. Para o tema em questão, a memória de curto prazo e a memória de longo prazo são muito mais relevantes.

MEMÓRIA DE CURTO PRAZO E MEMÓRIA DE LONGO PRAZO

Diferentemente do que podemos pensar a priori, a memória de curto prazo não é aquela que contém as memórias que esquecemos logo, como o que comemos no café da manhã de hoje. De fato, a memória de curto prazo, hoje mais conhecida como "memória de trabalho", constitui o processo mental com que mantemos e manipulamos a informação a qual estamos prestando atenção a cada momento (Gathercole, 2008). Embora formalmente se considere um processo, é útil imaginá-la como um espaço mental onde colocamos a informação que estamos conhecendo e onde trabalhamos com ela. Para se ter uma ideia, quando alguém nos pergunta "O que você está pensando?" ou "No que você está prestando atenção?", tecnicamente estariam nos perguntando "Que informação está ocupando sua memória de trabalho agora?".

A memória de trabalho é crucial para a aprendizagem, uma vez que é o prelúdio da memória de longo prazo: todas as informações que aprendemos conscientemente devem passar por ela. Além disso, quando recuperamos alguma memória ou conhecimento de nossa memória de longo prazo, o que fazemos é justamente levá-la de volta à memória de trabalho. Se eu pedir ao leitor que pense em uma girafa, aquelas imagens de uma girafa que estavam estacionadas em algum lugar no inconsciente — na memória de longo prazo — entraram na memória de trabalho e, portanto, se tornaram conscientes. A memória de trabalho é o espaço mental onde colocamos a informação em que pensamos, seja ela proveniente do ambiente, de nossas memórias e conhecimentos, ou de ambos ao mesmo tempo.

Se uma informação do entorno abandona nossa memória de trabalho, pois prestamos atenção em outra coisa, mas depois conseguimos lembrar dela sem consultar novamente, é porque "entrou" na memória de longo prazo. Na realidade, quase tudo o que experimentamos conscientemente deixa rastros na memória de longo prazo, possibilitando que percebamos uma continuidade em nossas vidas.

A memória de longo prazo é a que nos permite recuperar uma informação que percebemos anteriormente e a qual deixamos de prestar atenção (Baddeley; Eysenck; Anderson, 2015). Não importa quanto tempo a informação permaneça disponível, anos, dias ou apenas minutos: a memória de longo prazo se manifesta sempre que a informação pode ser recuperada de nossa mente depois que paramos de pensar sobre ela, ou seja, depois que ela deixou a memória de trabalho. Por exemplo, certamente agora poderíamos lembrar o que fizemos nesta manhã, mas, dentro de alguns dias, provavelmente esqueceremos. Embora essas memórias estejam disponíveis apenas por algumas horas, a capacidade de preservá-las durante esse tempo se deve à memória de longo prazo. Afinal, esse é o tipo de memória que cotidianamente chamamos de "memória".

Quando dizemos coisas como "tenho uma memória muito boa" ou "minha memória falha", geralmente estamos nos referindo à memória de longo prazo: a capacidade de armazenar informações sobre os eventos de nossas vidas, bem como fatos e ideias sobre o mundo ao nosso redor, por períodos mais ou menos longos, até mesmo para toda a vida.

No entanto, estritamente falando, o termo "memória de longo prazo" não se refere apenas à nossa capacidade de manter memórias e conhecimento do que experimentamos conscientemente mas também inclui nossa capacidade de aprender habilidades motoras (como caminhar, amarrar cadarços ou andar de bicicleta) e procedimentos cognitivos (como ler ou resolver equações), bem como a capacidade de gerar inconscientemente associações entre objetos e eventos ou, inclusive, para reduzir ou aumentar nossa sensibilidade aos estímulos do ambiente.

De fato, a memória de longo prazo é composta por vários sistemas bem diferenciados, que, por sua vez, são compostos por vários subsistemas. Não há uma única memória de longo prazo (Squire, 2004).

> **NOTA** Modelo modal de memória (atualizado)
>
> O modelo modal é uma forma de representar o fluxo e o processamento da informação através dos diversos componentes da memória. Mesmo que várias características desse modelo, originalmente proposto por Atkinson e Shiffrin (1968), tenham sido refutadas, sua arquitetura básica com algumas mudanças (o que é mostrado na figura) continua sendo influente e muito útil para a compreensão dos processos de aprendizagem no contexto educacional. É nessa arquitetura que vamos nos basear neste livro. Cabe dizer que existem outros modelos de memória igualmente válidos.

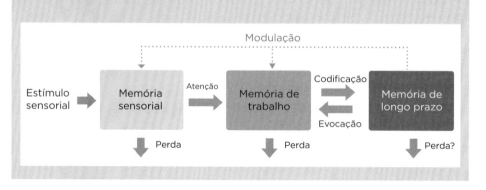

SISTEMAS DE MEMÓRIA DE LONGO PRAZO

Em 1953, Henry Molaison, um jovem de 27 anos, se submeteu a uma cirurgia experimental na esperança de aliviar as terríveis e contínuas crises epilépticas que o afligiam desde a adolescência. O cirurgião removeu grande parte dos lobos temporais do cérebro do paciente (Fig. 2.1), pois essas regiões pareciam estar relacionadas à origem das convulsões. No que diz respeito à epilepsia, a operação foi um sucesso, e Henry não sofreu mais com as convulsões. Além disso, apesar da agressividade da intervenção, não parecia ter sofrido qualquer alteração de suas funções cognitivas ou motoras: falava de forma correta e coerente, mantinha o conhecimento, e sua coordenação motora era normal. Tudo parecia bem, mas... Henry não conseguia gerar nenhuma memória nova (Scoville; Milner, 1957).

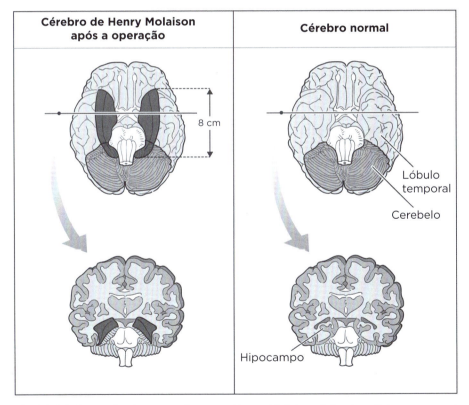

FIGURA 2.1 Extensão da operação a que Henry Molaison foi submetido, comparado a um cérebro completo.

A pesquisadora Brenda Milner trabalhou com Henry por muitos anos após a operação (Squire, 2009). Apesar de atendê-lo quase diariamente, toda vez que saía de seu posto, mesmo que por alguns minutos, ela tinha que se apresentar novamente e explicar por que estava lá. Henry vivia preso no presente. Em linguagem técnica, isso é conhecido como "amnésia anterógrada".

Henry conservava muitas lembranças do passado, embora tivesse esquecido principalmente o que aconteceu nos dois anos anteriores à operação. Ou seja, também sofria uma amnésia retrógrada, apesar de parcial. Em contrapartida, conservava seus conhecimentos sobre o mundo e, de fato, seu vocabulário não parecia afetado. Além disso, podia usar a memória de trabalho normalmente. O problema era que, assim que deixava de prestar atenção em algo, esquecia de tê-lo visto ou ouvido. Aparentemente nada ficava registrado em sua memória de longo prazo, e ele era incapaz de recuperar informações dessa memória. Em suma, Henry não podia gerar novas memórias.

Ainda assim, os estudos de Milner e de outros pesquisadores revelaram que Henry ainda podia aprender certas coisas, como novas habilidades motoras.

Durante dias, Henry fez uma tarefa que consistia em seguir o contorno de uma estrela com o lápis observando sua mão e o papel através de um espelho (Fig. 2.2). No início, a tarefa foi complicada, mas, com a prática, pode-se melhorar essa habilidade, e Henry respondeu ao teste como qualquer pessoa de sua idade. É claro que, toda vez que iniciava um novo teste, não se lembrava de ter feito algo parecido antes (Corkin, 1968).

FIGURA 2.2 Tarefa de desenho no espelho.

O fato de Henry não conseguir gerar novas memórias e ainda assim poder aprender novas habilidades confirma a existência de pelo menos dois tipos de memória, que dependem de estruturas anatômicas diferentes. E o caso de Henry não é único. De fato, são muitos os estudos que têm lançado luz sobre a existência de diferentes tipos de memórias de longo prazo, realizados com a colaboração de pessoas que, como Henry, sofreram lesões em áreas específicas de cérebro (Squire, 2004). Além disso, nos últimos 30 anos, o acesso a técnicas de neuroimagem, que permitem visualizar em pessoas saudáveis a ativação relativa das diferentes regiões do cérebro dependendo das tarefas que realizam, também tem contribuído para esse conhecimento (Poldrack, 2012).

Consequentemente, hoje os psicólogos cognitivos distinguem basicamente dois tipos de memória de longo prazo: a memória que nos permite armazenar as informações que capturamos conscientemente por meio dos sentidos, referente às características do nosso entorno e aos eventos de nossa vida, e a memória que modifica a forma como respondemos aos estímulos. A primeira é um sistema de memória que existe explicitamente para armazenar informações, enquanto a segunda é composta por múltiplos sistemas que derivam da capacidade de modular, a partir da experiência, os circuitos neurais que controlam nossas respostas. Esses dois tipos de memória são conhecidos como "memória explícita" e "memória implícita", respectivamente. A seguir vou me aprofundar um pouco mais neles.

MEMÓRIA EXPLÍCITA

A memória explícita é responsável por criar e preservar representações do mundo que nos rodeia, na forma de memórias e conhecimentos (Roediger; Zaromb; Goode, 2008). É uma memória gerada conscientemente, a partir da informação que entra na nossa memória de trabalho através dos sentidos. Isso é importante, porque esse tipo de memória não pode existir sem que prestemos atenção às informações sensoriais recebidas (colocar fones de ouvido e ouvir a lição enquanto dormimos não é eficaz). Além disso, a maneira de verificar se conservamos o que foi aprendido é levá-lo de volta à memória de trabalho (como antes, quando pedi ao leitor que pensasse em uma girafa).

Diversas evidências permitem distinguir dois subtipos de memória explícita (Squire; Zola, 1998; Tulving, 2002): episódica e semântica. A primeira, também conhecida como "memória autobiográfica", é aquela que registra as recordações do nosso cotidiano, informações associadas às nossas experiências, sejam elas rotineiras, como o que, onde e com quem tomamos café da manhã hoje, sejam elas lembranças de experiências mais relevantes. Esse tipo de memória sempre inclui referências contextuais, no sentido de que as memórias estão sempre vinculadas aos lugares e tempos em que a pessoa vivenciou tais eventos, e são acompanhadas por uma sensação de "ter estado lá". Já a memória semântica corresponde àquela que mantém nosso conhecimento sobre como o mundo é e como ele funciona. Essa é uma informação que normalmente não inclui referências a quando ou onde as obtivemos. Por exemplo, podemos saber o que é DNA, mas não necessariamente lembrar quando ou onde aprendemos.

Tanto a memória episódica quanto a semântica contêm associações de fatos específicos e informações sensoriais, especialmente imagens, sons, cheiros, etc. Mas a memória semântica também contém informações na forma de significados. De fato, para uma pergunta como "O que é música?", sabemos instantaneamente a resposta, sem ter que verbalizá-la de forma alguma. Na verdade, pode ser difícil verbalizá-la e, no entanto, sabemos o que é. Muito do que armazenamos em nossa memória semântica está na forma de significados. Ideias e conceitos são território da memória semântica, e são o resultado de como a informação é organizada na memória (veremos no próximo capítulo).

A divisão entre memória episódica e semântica não é tão clara quanto a divisão entre memória explícita e implícita. Na verdade, dificilmente uma consegue operar sem a outra (Greenberg; Verfaellie, 2010). As memórias episódicas são carregadas de informações semânticas, e as informações semânticas foram primeiro informações episódicas. Apesar disso, há ampla evidência de que a memória semântica e a memória episódica não são exatamente as mesmas do ponto de vista funcional. Por exemplo, pessoas que, como resultado de uma lesão no cérebro, sofrem de amnésia retrógrada (esquecer coisas anteriores à lesão), tendem a ter a memória episódica mais afetada do que a memória semântica (Bayley; Hopkins; Squire, 2006; Manns; Hopkins; Squire, 2003). Em contrapartida, foram descritas pessoas com um quadro inverso, isto é, com uma memória episódica razoavelmente intacta, mas perdas severas de conhecimento conceitual, o que é conhecido como "demência semântica" (Hodges; Patterson, 2007).

MEMÓRIA IMPLÍCITA

Do ponto de vista evolutivo, aprender é uma habilidade extraordinária. Nos permite adaptar o comportamento a ambientes diversos e em mudança, fazer previsões para orientar nossas decisões, desenvolver habilidades úteis para nosso benefício e intervir no ambiente com soluções criativas. A capacidade de aprender nos oferece vantagens óbvias. Não em vão, todos os animais têm algum tipo de capacidade de aprendizagem. Temos, inclusive, evidências de que organismos unicelulares, como as amebas, são capazes de associar estímulos (De la Fuente *et al.*, 2019). Sem dúvida, os seres humanos desenvolveram uma capacidade única de aprender, que se destaca pela excepcionalidade de nossa memória explícita.

No entanto, também temos outros sistemas de memória de origem mais primitiva. Esses sistemas de memória estão englobados sob o que chamamos de "memória implícita" e incluem todos aqueles aprendizados que podemos colocar em prática por meio da experiência, sem ter que estar cientes disso. Isso significa que a memória implícita não segue o modelo modal, porque não requer coleta consciente, ao contrário da memória explícita.

Os sistemas de memória implícita são os que nos permitem modular nossas respostas automáticas a estímulos. Assim como a memória explícita requer um esforço cognitivo voluntário para sua evocação, a memória implícita age de forma alheia à nossa vontade quando os estímulos apropriados a ativam. Em outras palavras, quando esses sistemas de memória aprendem algo, dificilmente podemos deixar de agir ou reagir conforme eles aprenderam. Entre os sistemas de memória implícita que conhecemos, o que tem maior relevância para os objetivos e perspectivas deste livro é a memória processual*. O condicionamento clássico e o condicionamento emocional também são interessantes. Falarei sobre eles a seguir.

MEMÓRIA PROCESSUAL

A memória processual explica nossa capacidade de aprender todos os tipos de habilidades (Foerde; Poldrack, 2009). É um tipo de memória implícita, pois, como Henry Molaison e outros pacientes incapazes de gerar novas memórias nos ensinaram, ela opera mesmo quando não há uma coleta consciente das experiências que nos levam a desenvolvê-la. Também não requer esforço consciente para ser evocada. Na realidade, quando andamos de bicicleta ou quando amarramos os cadarços, não precisamos recordar explicitamente o que devemos fazer. Apenas fazemos. Na verdade, seria muito difícil explicar como coordenamos os músculos do corpo para fazer todos os movimentos que essas habilidades exigem. A melhor maneira de ensiná-las é mostrando como fazemos isso, e a melhor maneira de aprendê-las é praticando-as.

Bater em uma bola que vem em nossa direção com uma raquete requer realizar uma enorme quantidade de cálculos que claramente não estamos cientes de realizar quando jogamos tênis. Nosso encéfalo cuida deles e, por meio da prática, refina sua precisão. Isso não quer dizer que o desempenho em uma habilidade não possa ser melhorado por estratégias conscientes. Na verdade, muitas vezes, partimos de instruções explícitas que aplicamos conscientemente para desenvolver certas habilidades (como quando aprendemos a dirigir). No entanto, essas estratégias não são suficientes sem nossa capacidade implícita de aprendizagem,

---

* N. de R.T. Também chamada de memória procedimental ou procedural.

que progressivamente consegue torná-las automáticas e inconscientes. Às vezes, estratégias conscientes podem ser contraproducentes: às vezes, é melhor não pensar em como fazemos o que fazemos.

A aprendizagem de habilidades também é implícita pelo fato de não podermos afirmar que conservamos esse conhecimento até colocarmos em prática. Se faz muito tempo que você não pratica algo (p. ex., andar de bicicleta), como pode saber se continua fazendo bem? A única maneira de saber é fazendo. Isso porque esse tipo de conhecimento se manifesta por meio da modificação de nosso desempenho e de nosso comportamento. E, como disse anteriormente, elas acontecem mesmo que não queiramos, quando o estímulo certo é apresentado no ambiente. Por exemplo, tente olhar para a seguinte palavra sem lê-la:

IMPOSSÍVEL

De fato, a leitura é um conhecimento processual e, como tal, é impossível evitar fazê-lo quando vemos palavras.

O exemplo anterior também mostra que a memória processual não se limita apenas ao aprendizado de habilidades motoras, como andar de bicicleta, dançar ou jogar tênis, mas também inclui habilidades cognitivas, como ler ou jogar xadrez. Na verdade, os dois tipos de habilidades costumam ser necessários simultaneamente, em maior ou menor grau, para realizar qualquer ação.

Uma das diferenças importantes entre a memória processual e a memória explícita é que a segunda pode gerar aprendizagem imediatamente, enquanto a primeira é lenta e gradual (Ullman, 2016). Para desenvolver uma habilidade, precisamos de uma boa quantidade de sessões práticas. Para aprender uma nova informação explícita, uma única exposição costuma ser suficiente.

CONDICIONAMENTO CLÁSSICO E CONDICIONAMENTO EMOCIONAL

Outro tipo de memória implícita que interessa é o condicionamento clássico. Certamente o leitor já ouviu falar dos cães de Pavlov. Em seus famosos — e terríveis — experimentos, Ivan Pavlov (1927) mostrou que um estímulo, *a priori*, sem significado para um indivíduo (o som de um sino) pode desencadear a mesma reação de outro estímulo que o tem de forma inata (um prato de comida) quando ambos os estímulos são apresentados simultaneamente em várias ocasiões. Por exemplo, se tocarmos uma campainha pouco antes de alimentar um cão e repetirmos esse procedimento várias vezes, o cão acabará identificando a campainha com a hora da refeição e salivará assim que ouvir, como se já tivesse visto o prato de comida.

Os seres humanos também apresentam esse tipo de aprendizado, e sabemos que ele independe da coleta consciente, pois ocorre mesmo quando não nos lembramos por que determinado estímulo nos causa determinada reação. De fato, uma variante do condicionamento clássico é o condicionamento emocional, em que um estímulo está associado a uma reação emocional (a mais estudada é o medo), pois fez parte de uma experiência que gerou essas emoções (Phelps, 2006). Diferentemente do condicionamento clássico, neste caso a ligação entre estímulo e resposta pode ser estabelecida a partir de uma única experiência, se a emoção experimentada for muito intensa. Em contrapartida, para extinguir essa associação, é preciso seguir um processo lento e gradual, como aquele necessário para perder o medo de dirigir após ter sofrido um acidente, por exemplo (Hofmann, 2008).

Algo que temos conhecimento desde o início do século XX é que a aprendizagem condicionante opera fora da aprendizagem explícita, embora ambas interajam em condições normais. Especificamente, as primeiras evidências vêm de um pequeno experimento um tanto cruel (impensável hoje), relatado pelo neurologista suíço Édouard Claparède em 1911. Claparède trabalhou com uma paciente que sofria de amnésia anterógrada, como Henry Molaison. Ela conservava conhecimentos e a maior parte de suas memórias, mas era incapaz de gerar novas memórias. Por esse motivo, Claparède tinha que se apresentar toda vez que a visitava, algo que sempre fazia apertando a mão dela. Em uma ocasião, o neurologista escondeu um alfinete em sua mão e, ao cumprimentá-la, a machucou. No dia seguinte, Claparède a visitou novamente e, embora ela não o reconhecesse, quando o médico lhe ofereceu a mão, a paciente, pela primeira vez, hesitou. Ao ser questionada sobre seu receio, a paciente não soube explicar exatamente por que hesitava em apertar sua mão, mas sentia que isso a machucaria.

Outros estudos mais elaborados e respeitosos com as pessoas envolvidas corroboraram que nosso cérebro tem mecanismos dedicados ao aprendizado dos estímulos que devem provocar reações emocionais quando os reencontramos (p. ex., Bechara *et al.* (1995). Esses mecanismos independem da coleta consciente, embora em pessoas saudáveis operem de forma coordenada. Hoje sabemos que o aprendizado por condicionamento emocional permite que nosso cérebro ative respostas fisiológicas e motoras alguns décimos de segundo antes de percebermos conscientemente o estímulo que as causou. Esse é um mecanismo crucial de autopreservação quando se trata de situações que ameaçam nosso bem-estar e exigem uma resposta rápida (LeDoux, 2000).

Existem outros sistemas de memória implícita, mas os mais relevantes para os objetivos deste livro já foram apresentados e, por isso, este capítulo termina aqui. A partir de agora, vamos nos concentrar nos componentes da memória que mais nos interessam como professores. Primeiro, dedicarei quatro capítulos para

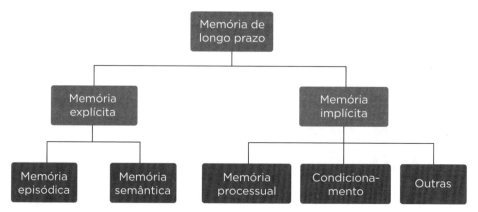

FIGURA 2.3 Tipos de memória de longo prazo.

descrever como a memória semântica é organizada e os processos que implicam aprender o tipo de conhecimento que ela detém. A seguir, dedicarei um capítulo à memória de trabalho, pois é um processo fundamental para a aprendizagem. Por fim, o último capítulo deste módulo tratará da aprendizagem de competências, sobretudo das cognitivas, que são o objetivo da educação, como a resolução de problemas, a análise crítica ou a criatividade. O resto do livro seguirá discorrendo sobre os tipos de memória descritos aqui. Por isso, tive que começar por apresentá-los antes de convidar o leitor a mergulhar nos fascinantes meandros da aprendizagem, que continuam a seguir.

ORGANIZAÇÃO DA MEMÓRIA

ANALOGIAS DA MEMÓRIA HUMANA

Platão descreveu a memória como uma tábua de cera na qual nossas experiências deixam marcas inscritas em maior ou menor profundidade. Nos séculos posteriores, a memória foi comparada a outros sistemas de armazenamento de dados, desde uma imensa biblioteca até o disco rígido de computadores que surgiram em meados do século XX. Ao longo da história, várias analogias foram propostas para explicar o funcionamento de nossa memória. No entanto, todas elas divergem muito do que sabemos hoje sobre como a memória realmente funciona.

Para começar, nossa memória não seria parecida com as prateleiras vazias de uma biblioteca, que podem ser preenchidas com novos livros. As prateleiras, na verdade, seriam formadas pelos próprios livros. Em outras palavras, o conhecimento que já temos é o substrato sobre o qual podemos colocar novos conhecimentos. As evidências nos permitem acreditar que a memória se organiza de tal forma que nossas memórias e nossos conhecimentos formam redes nas quais cada elemento está conectado àqueles com que mantém relação de sentido. Para incorporar novos conhecimentos, ele deve estar conectado às estruturas de conhecimento existentes com as quais tem relação semântica.

UM MODELO DE MEMÓRIA

Esse modelo teórico de como a memória de longo prazo se organiza é apoiado por inúmeras pesquisas nos campos da psicologia cognitiva e do desenvolvimento e da neurobiologia (Carpenter, 2001). É realmente uma forma de entender a memória muito útil para compreender os fenômenos relacionados à aprendizagem.

No entanto, essa não é uma ideia recente. Já no início do século XX, o psicólogo russo Lev Vygotsky (1896-1934) sugeriu que as pessoas conectam o que aprendem com o que já sabem, interpretando novas informações pela ótica de seus conhecimentos prévios. Por sua vez, o psicólogo suíço Jean Piaget (1896-1980) desenvolveu, em meados do século, sua teoria construtivista da aprendizagem, segundo a qual as pessoas se valem de conhecimentos prévios para adquirir novos conhecimentos e, ao fazê-lo, os adaptam às estruturas formadas por conhecimentos preexistentes.

Em 1932, o psicólogo britânico Frederic Bartlett (1886-1969) publicou um famoso trabalho experimental em seu livro *Remembering*, em que descreveu como o conhecimento prévio das pessoas determina a maneira como elas se lembram das coisas novas que aprendem. Especificamente, ele analisou como um grupo de estudantes de origem inglesa (Bartlett era professor da Universidade de Cambridge) lembrava de uma história do folclore indígena norte-americano depois de tê-la lido e tentado memorizá-la. Os participantes do estudo, em vez de lembrarem a história como ela era, reconstruíram a história ajustando-a aos seus pressupostos culturais e esquecendo os aspectos que não condiziam com seus conhecimentos. Como resultado desse e de muitos outros estudos, Bartlett desenvolveu sua teoria sobre os chamados "esquemas": as estruturas mentais que organizam nosso conhecimento conectando-os por meio de relações de significado e que determinam o ajuste de novos conhecimentos. Em suma, Bartlett criou a hipótese de que nossos esquemas constituem o substrato sobre o qual incorporamos novos conhecimentos, deformando-os para acomodá-los às estruturas.

CONHECIMENTOS PRÉVIOS

É fácil trazer à tona como nossos conhecimentos prévios influenciam nossa capacidade de aprender. Por exemplo, peço ao leitor que leia a seguinte lista de cidades uma vez e, depois, feche os olhos e tente lembrar o máximo que puder, não importa em que ordem.

Paris, Roma, Berlim, Londres, Madrid, Amsterdã, Bruxelas

Agora, peço que faça o mesmo com essas outras cidades:

Honiara, Iamussucro, Nepiedó, Vientiane, Lilongwe, Melequeoque, Bloemfontein

Seu conhecimento prévio sobre as primeiras cidades terá permitido lembrá-las facilmente, até mesmo usar relações significativas entre elas, como o fato de que são todas capitais da Europa Ocidental. Em vez disso, a segunda lista de cidades terá sido muito difícil de lembrar, embora também sejam capitais de estados do mundo. Esses nomes podem ser completamente novos para você, que talvez nem saiba onde se localizam geograficamente. Se não sabe nada sobre, terá mais dificuldade de se lembrar delas. Não ser capaz de relacionar novas informações com conhecimentos prévios torna muito difícil lembrá-los. Na verdade, você pode ter tentado vincular o estranho nome de uma cidade a alguma palavra mais familiar, na esperança de lembrar melhor. A maioria das estratégias mnemônicas (estratégias de memorização) consiste em vincular novas informações com conhecimentos prévios. Assim, baseiam-se justamente no modelo que usamos para explicar como nossa memória é organizada e construída.

A tudo isso, emerge imediatamente uma consequência muito importante desse modelo na aprendizagem, baseado na vinculação de novos conhecimentos aos já existentes: cada elemento que incorporamos em uma rede ou um esquema torna-se um novo substrato para ligar mais elementos relacionados com aquele esquema. Isso significa que, quanto mais conhecimentos significativos (conectados por relações com significado) temos sobre algo, mais novos conhecimentos podemos adquirir relacionados a eles. Quanto mais sabemos, mais podemos aprender. Por isso, uma das diferenças mais importantes entre os alunos é o conhecimento com que chegam às aulas.

Vários estudos mostram evidências sobre como pessoas com amplo conhecimento sobre alguma área são capazes de se lembrar de muito mais coisas novas relacionadas a esse campo após certo tempo de estudo. Por exemplo, jogadores de xadrez especialistas podem se lembrar de todas as posições das peças em um tabuleiro de jogo após visualizá-lo por cinco segundos, já os amadores geralmente não se lembram de mais do que oito peças (Chase; Simon, 1973). Da mesma forma, os especialistas em eletrônica podem se lembrar melhor da estrutura dos circuitos eletrônicos do que os não especialistas após examiná-los (Egan; Schwartz, 1979), e os fãs de beisebol podem se lembrar de mais informações sobre um texto informativo sobre esse esporte do que de pessoas que não têm muito conhecimento sobre ele (Spilich *et al.*, 1979).

CRIANDO CONEXÕES

Em suma, aprendemos conectando a nova informação aos nossos conhecimentos prévios. As conexões que podemos fazer são semânticas: são relações de significado que surgem a partir da experiência, quando percebemos que o objeto de aprendizagem compartilha propriedades, contextos ou relações de causa e efeito, entre outras, com nossos conhecimentos prévios. Por exemplo, se eu explicar ao leitor que Bloemfontein, uma das cidades da segunda lista do exercício anterior, é uma das três capitais da África do Sul (que tem três capitais), que é famosa por seu festival de rosas e que é a cidade natal de J. R. R. Tolkien, autor de *O senhor dos anéis*, as chances de você se lembrar disso da próxima vez são muito maiores. No entanto, se o que você quer não é apenas reconhecer a palavra em uma lista, mas também ser capaz de evocar seu nome, você certamente procurará relações entre o nome da cidade e outras palavras que conhece.

Uma vez que os conhecimentos prévios são o substrato sobre o qual aprendemos coisas novas, é infrutífero tentar aprender algo sem antes ter aprendido seus "fundamentos". Quando nos explicam algo que não entendemos, o que acontece é que não encontramos os conhecimentos prévios relacionados àquela informação para conectá-los a ela. Às vezes, simplesmente não os temos, mas, em outros casos, podemos tê-los, mas não os ativamos, pois não identificamos a relação que eles têm com o objeto de aprendizagem. Por exemplo, leia agora o seguinte texto apenas uma vez, feche os olhos e tente lembrar o máximo de detalhes que puder.

> Primeiro, vamos separá-la em dois grupos. Procederemos com um e depois com o outro, para evitar problemas irreversíveis. Os produtos a serem utilizados variam conforme o grupo. Também é importante que a temperatura seja a adequada. O tempo escolhido definirá os resultados. No final, é essencial retirá-la imediatamente, pois se deixamos, teremos que começar de novo.
>
> (Bransford; Johnson, 1972)

É possível que você tenha tido dificuldade para se lembrar dos detalhes do texto, mas e se eu dissesse que o título desse parágrafo é "Lavar roupa"? Agora você certamente será capaz de se lembrar de muitas outras coisas sobre ele, pois pode usar seus conhecimentos anteriores, conectá-los com o texto estabelecendo relações de significado e, assim, lembrá-lo melhor. Como pode ver, neste caso, o problema que você tinha para lembrar do texto quando desconhecia o título não era que não tivesse conhecimentos prévios sobre ele. O problema é que não os tinha ativado, pois não via a relação deles com o texto. Ativar conhecimentos prévios relevantes é fundamental para criar as conexões que levam ao aprendizado.

Aprendemos quando ativamos os conhecimentos prévios relevantes e os conectamos com o objeto de aprendizagem e, quanto mais conexões fizermos, mais forte será o aprendizado e mais fácil será recuperá-lo quando necessário, pois mais contextos diferentes o ativarão. Portanto, a pergunta que se coloca a seguir é: de que forma podemos promover conexões entre conhecimentos prévios e novos?

TEORIA DOS NÍVEIS DE PROCESSAMENTO

Em 1973, Thomas Hyde e James Jenkins analisaram se a vontade explícita de lembrar de algo tinha algum efeito sobre nossa capacidade de lembrá-lo. Isto é, se pelo fato de querer lembrar de algo, e sem utilizar estratégias de memorização voluntariamente, nosso cérebro se lembra melhor. Eles leram uma lista de palavras para dois grupos de voluntários. Um grupo foi informado de que, após serem apresentados às palavras, haveria um teste para ver quantas se lembrariam. O outro grupo não foi informado de nada, então o teste seria uma surpresa. No entanto, para evitar que o grupo informado do teste de memória subsequente implementasse estratégias de memorização, eles pediram a todos os participantes que, conforme escutassem as palavras, fizessem vários exercícios mentais com elas: identificar se continham determinadas letras ou avaliar o grau de satisfação que o significado dessas palavras lhes dava (Hyde; Jenkins, 1973).

Os resultados do estudo mostraram que não havia diferenças significativas entre o grupo que sabia que sua memória seria testada e o grupo que não sabia. Ambos se lembraram do mesmo número de palavras em média. Porém, os pesquisadores observaram algo muito interessante: em ambos os grupos, os participantes se lembraram de muito mais palavras do conjunto que processaram em termos de significado (aquelas cujo significado avaliaram para atribuir um grau de satisfação) do que daquele que analisaram sem pensar em seu significado, procurando se continham determinadas letras.

O que aconteceu nesse experimento não foi excepcional. Ele já havia sido observado por outros pesquisadores e, desde então, foi replicado em inúmeros experimentos (na verdade, é muito fácil replicá-lo em situações informais). Esse fenômeno notável levou Fergus Craik e Robert Lockhart a propor sua teoria sobre os níveis de, que seria resumida da seguinte forma: quanto mais profundamente processamos a informação em termos de significado, mais solidamente ela se enraíza em nossa memória de processamento (Craik; Lockhart, 1972). Dito de outra forma: aprendemos o que pensamos em termos de significado. Ou, como diz mais poeticamente Daniel Willingham (2009), a memória é o resíduo do pensamento.

No fundo, a ideia de Craik e Lockhart está intimamente relacionada com o modelo de memória e de aprendizagem da psicologia cognitiva: pensar sobre algo em termos de seu significado implica vincular a nova informação aos nossos conhecimentos prévios. Afinal, dar sentido a algo envolve conectá-lo aos conhecimentos que já temos. As ideias só fazem sentido para nós à luz de nossos conhecimentos prévios. Quanto maiores forem as relações que estabelecermos com nossos conhecimentos prévios, ao refletirmos sobre o objeto de aprendizagem, mais forte será sua assimilação.

> **NOTA** Aprender pensando
>
> Um exemplo muito evidente do que significa pensar sobre o objeto de aprendizagem para melhorar sua assimilação, obtemos com o seguinte exercício:
>
> *Desenhe, de memória, uma nota de 10 reais.*
>
> A maioria das pessoas que já viram uma nota de 10 reais milhares de vezes não são capazes de desenhar mais de dois ou três detalhes dela corretamente. A justificativa costuma ser: "Já vi centenas de vezes, mas não prestei atenção". "Prestar atenção" significa que a pessoa nunca pensou no aspecto da nota buscando relações entre os elementos que a compõem, bem como entre estes e seus conhecimentos prévios. Logicamente não o fizeram porque, para usar uma nota de 10 reais, só precisam ver o 10 e, no máximo, lembrar a cor ou o tamanho aproximado do bilhete.
>
> De qualquer forma, esse é um bom exemplo de que ver ou ouvir algo, mesmo várias vezes, não significa que vamos lembrar. Em contrapartida, pensar e refletir sobre algo melhora nossa capacidade de lembrar.
>
> Outro bom exemplo é quando tentamos manter um número de telefone na memória. O que geralmente fazemos é repeti-lo para nós mesmos muitas vezes, mas, por mais que repitamos, depois que usamos o número, geralmente o esquecemos. Não basta a mera repetição. Se o que queremos é que o número fique em nossa memória, mesmo após termos parado de prestar atenção nele, então devemos pensar ativamente sobre o número, procurando padrões que nos são familiares ou estabelecendo relações entre os dígitos.

Esse processamento da informação que leva a um melhor aprendizado pode até ser observado ao vivo com técnicas de ressonância magnética funcional, que mostram as partes do cérebro que se ativam acima do normal quando realizamos certas ações mentais. Nesse caso, observou-se que, quando processamos palavras em termos de significado (como no experimento relatado anteriormente), há ativação marcante na região frontal do cérebro e, quando as palavras são processadas superficialmente, para determinar, por exemplo, quantas letras elas contêm, a ativação é muito menor (Buckner; Koutstaal, 1998). É possível prever a probabilidade de que um estímulo seja lembrado posteriormente pelo grau de ativação da região frontal do cérebro (Brewer *et al.*, 1998).

APRENDIZAGEM ATIVA

A base da chamada "aprendizagem ativa" é a ideia simples, mas poderosa, de que é importante o aluno buscar ativamente um significado para o objeto de aprendizagem, tentando relacioná-lo com seus conhecimentos prévios, refletindo sobre suas consequências em relação ao que já sabe e, em última instância, pensando sobre ele.

A aprendizagem ativa muitas vezes se confunde com práticas educativas em que o aluno faz coisas, identificando-se com o chamado "*learning by doing*" (aprender fazendo). No entanto, a aprendizagem ativa não é bem isso. Ela é definida como "*learning by thinking*" (aprender pensando), incluindo qualquer experiência de aprendizagem em que o estudante pensa ativamente sobre o objeto de aprendizagem, buscando significado e contrastando-o com seus conhecimentos prévios (Prince, 2004).

Uma aula expositiva ou a leitura de um livro podem ser métodos de aprendizagem ativa se o aluno pensa ativamente sobre o que é explicado ou lido. No entanto, já que esses métodos não garantem ao professor que isso aconteça (pois, nesses casos, depende quase exclusivamente do aluno), não se consideram formalmente métodos de aprendizagem ativa. Da mesma forma, as atividades em que os alunos fazem coisas, como quando realizam experiências no laboratório, podem também não ser aprendizagem ativa se os alunos podem se permitir não pensar sobre o que estão fazendo. Isso ocorre quando simplesmente seguem um roteiro de práticas que não exige entender o que estão fazendo. Nesse caso, não estão aprendendo nada.

Portanto, qualquer prática de aprendizagem ativa realizada por iniciativa do professor deve incluir atividades que garantam que os alunos reflitam sobre o que estão aprendendo. Essa é uma diferença importante entre ensinar e ajudar a aprender.

A superioridade dos métodos de aprendizagem ativa está bem documentada na pesquisa educacional, e os melhores resultados são obtidos quando é o professor quem guia as experiências (que certamente podem incluir explicações explícitas ou demonstrativas) e orienta o raciocínio e a reflexão dos alunos. Quando essa reflexão é feita em grupo, dando aos alunos a oportunidade de compartilhar, contrastar e discutir suas ideias com seus colegas e com o professor, em um ambiente descontraído, os efeitos positivos na aprendizagem também são muito significativos.

Resumidamente, para aprender mais e melhor, devemos nos envolver em atividades que nos levem a relacionar o que estamos aprendendo com nossos conhecimentos prévios.

NOTA Construtivismo

O construtivismo não é uma metodologia de ensino e aprendizagem. É uma teoria psicológica (e anteriormente filosófica) sobre como as pessoas aprendem, que afirma que, para aprender, nos apoiamos em nossos conhecimentos prévios, e estes determinam a maneira como integramos novos conhecimentos. Essa teoria, nas últimas décadas, acumulou uma grande base de evidências

> científicas que a respaldam e constitui um modelo básico da psicologia cognitiva sobre como aprendemos. No entanto, o construtivismo não define métodos de ensino, apenas explica como nossa mente se comporta diante de uma experiência, seja ela qual for, da qual acabamos obtendo um aprendizado.
>
> Portanto, o construtivismo como teoria da aprendizagem não deve ser confundido com as metodologias de ensino construtivistas, infelizmente denominadas assim, que afirmam que o aluno deve construir o conhecimento por meio da descoberta, e não a partir do ensino explícito (Mayer, 2009). Isso nada tem a ver com o construtivismo teórico, que apenas diz o que deve acontecer na mente do aluno para a aprendizagem ocorrer, ou seja, uma conexão entre conhecimentos prévios e novas informações, promovida pelo esforço de dar-lhe sentido.
>
> No entanto, fica claro que, ao compreendermos o caráter construtivista da aprendizagem, podemos orientar nossas práticas de ensino visando a melhorar sua efetividade. Para começar, devemos assumir que nossos alunos não são uma *tabula rasa*, mas chegam às nossas aulas com conhecimento sobre o que aprenderão e, na melhor das hipóteses, usarão isso para tentar dar sentido aos novos conhecimentos. Para ser coerente com a natureza da aprendizagem, devemos promover justamente isto: que os alunos relacionem o que aprendem com o conhecimento que já têm e é relevante para o objeto de aprendizagem. Quando conseguem conectar o que estão aprendendo com o que já sabem, eles aprendem de maneira mais eficaz (Bransford; Johnson, 1972).

ATIVAÇÃO DE CONHECIMENTOS PRÉVIOS

Para que o aluno relacione o que aprende com o que já sabe, é necessário ativar seus conhecimentos prévios, especificamente aqueles que são mais adequados para a tarefa de aprendizagem em questão. No entanto, embora alguns alunos façam isso espontaneamente antes de qualquer tipo de atividade, mesmo em uma aula puramente expositiva, a maioria deles não costuma trazer espontaneamente seus conhecimentos prévios para a tarefa de aprendizagem. Por isso, é muito importante realizar atividades que os ajudem a ativar os conhecimentos prévios, para que possam construir novos conhecimentos sobre eles (Gick; Holyoak, 1980).

Por exemplo, fazer perguntas que mobilizem seu conhecimento prévio ajuda os alunos a usar esse conhecimento para aprenderem melhor (Martin; Pressley, 1991). No entanto, não basta começar a aula com uma ou duas perguntas sobre o que eles sabem a respeito do que vão aprender. Vale a pena ir mais longe e apresentar-lhes alguma situação familiar ou algum contexto real em que o objeto de aprendizagem esteja implicado, embora eles possam ainda não estar cientes disso. Essa situação pode ser usada para pedir a eles que, por meio de perguntas ou problemas, apresentem suas ideias, idealmente para compartilhá-las e discuti-las com seus pares. É importante que as perguntas não sejam meramente factuais, mas forcem os alunos a aplicarem suas ideias para respondê-las.

Dedicar uma aula inteira a um exercício como esse pode parecer perda de tempo, mas as evidências mostram que dedicar tempo mobilizando conhecimentos prévios promove a integração de novos conhecimentos de forma muito mais eficaz (Peeck; Bosch van Den; Kruepeling, 1982). Em sala de aula, podemos dedicar o tempo que temos ensinando aos alunos o máximo possível, ou podemos dedicar tempo ajudando-os a aprender o máximo possível.

AVALIAÇÃO DO CONHECIMENTO PRÉVIO

Uma vez que os conhecimentos prévios são a base sobre a qual os alunos construirão novos conhecimentos, é óbvio que sondar de quais conhecimentos eles partem ao iniciar a unidade é crucial para alcançar uma aprendizagem significativa. Isso estaria relacionado ao que chamamos frequentemente de "nos ajustar ao nível dos alunos", mas, como veremos nos próximos capítulos, é muito mais importante do que parece a priori.

Verificar se os alunos têm o conhecimento necessário para iniciar uma unidade didática é diferente de mobilizar seus conhecimentos prévios sobre o que aprenderão. Uma coisa é ativar o entendimento sobre o que vão aprender, para facilitar a conexão de novas ideias. Outra coisa é garantir que tenham os conhecimentos que vamos considerar que eles já têm. Por exemplo, se vamos iniciar uma unidade sobre o conceito de densidade, provavelmente usaremos o conceito de matéria repetidamente, pensando que os alunos já o conheçam. No entanto, é provável que muitos estudantes não considerem os gases uma matéria e tenham dificuldade em entender que os gases podem ter massa ou densidade (Séré, 1986). Da mesma forma, os alunos têm sérias dificuldades em compreender e lembrar corretamente o mecanismo da fotossíntese, pois sua concepção imaterial dos gases dificulta a assimilação do papel crucial do dióxido de carbono como substrato para a produção de açúcar pela planta (Simpson; Arnold, 1982).

Portanto, é extremamente benéfico realizar uma análise prévia dos objetivos de aprendizagem e do plano de atividades previstas, para identificar os conhecimentos que consideraremos aprendidos e que serão cruciais para a construção de novas aprendizagens. Uma vez identificados, podemos realizar testes diagnósticos que nos permitam avaliar se nossos alunos já têm esse conhecimento e, caso não, realizar atividades prévias para saná-lo ou, pelo menos, atingir um nível de comprometimento para enfrentar a unidade.

APRENDIZAGEM COM COMPREENSÃO

Quando os alunos não têm conhecimento prévio adequado, ou quando não lhes é dado tempo para ativá-los ou relacioná-los com o objeto de aprendizagem, sua reação mais natural à inevitável prova no final da unidade é memorizá-los sem dar sentido a eles, ou seja, sem conectá-los. Como, em geral, as provas tradicionais permitem que tenham sucesso memorizando mecanicamente as definições ou procedimentos descritos no livro didático, os alunos desenvolvem essa cultura sobre o aprendizado escolar e se acostumam a memorizar dados ou algoritmos com um nível muito baixo de compreensão. Esse conhecimento dificilmente está vinculado aos conhecimentos prévios do aluno, mas sim apenas a elementos do contexto escolar e da unidade didática (ou da prova). Por isso, torna-se um conhecimento inerte, impossível de ser ativado em outros contextos e cujo destino acaba sendo o esquecimento. Não sabemos se ele desaparece da memória de longo prazo ou simplesmente se perde nela para sempre porque não têm boas conexões com o resto do conhecimento existente. O fato é que dificilmente o aluno conseguirá utilizá-lo novamente, mesmo em situações em que seria relevante.

Por isso, é essencial dedicar tempo para aprofundar o objeto de aprendizagem. Porém, é importante destacar que aprofundar não significa dar cada vez mais detalhes sobre o objeto de aprendizagem — isso não é profundidade, mas amplitude. Aprofundamento significa dedicar tempo a raciocinar sobre o mesmo conceito em diferentes contextos e dar ao aluno a possibilidade de passar do concreto para o abstrato, de um fato específico para múltiplas situações em que o objeto de aprendizagem está implicado ou é aplicável. Significa conectá-lo a inúmeros esquemas de conhecimento prévio. Quanto mais conhecimentos prévios vincularmos ao objeto de aprendizagem, mais fortes serão suas raízes na memória e mais fácil será recuperá-lo no futuro, pois mais contextos diferentes o ativarão.

É evidente que fazer isso requer mais tempo do que costumamos dedicar, seja por motivos de pressão curricular, administrativas ou outros. Porém, vale a pena refletir, especialmente considerando estudos como o que Schwartz e outros pesquisadores publicaram em 2008, com uma amostra de mais de 8 mil alunos. O grupo de estudantes que, nas aulas de ciências, estudaram menos temas, mas com maior profundidade (não amplitude) obteve melhores resultados acadêmicos nas disciplinas de ciências de seu primeiro ano na universidade. As bases que os conhecimentos bem estabelecidos proporcionam para a construção de novos conhecimentos sobre ele são mais fortes quanto mais conectado esses conhecimentos estiverem. Não surpreende que os autores desse trabalho concluam recomendando que os professores usem seu próprio julgamento para reduzir a cobertura curricular em favor de um maior domínio de alguns temas.

PLANEJAMENTO DAS ATIVIDADES

Se aprendemos sobre o que pensamos, ao planejar atividades de aprendizagem, devemos considerar sobre o que nossos alunos pensarão por mais tempo. Muitas vezes, planejamos atividades sem perceber isso. Por exemplo, nos meus primeiros anos como professor, propus aos meus alunos a criação de apresentações em PowerPoint para explicar ao resto da turma a existência de grupos sanguíneos, sua base biológica e suas implicações nas doações de sangue. Não me dei conta, até que fosse tarde, que meus alunos dedicaram poucos minutos pesquisando e copiando informações da internet. Eles passaram horas projetando apresentações, procurando imagens marcantes e adicionando efeitos, animações, transições e marcas d'água a cada *slide*. Sem dúvida, aprenderam muito sobre PowerPoint e pouquíssimo sobre tipos sanguíneos, como minhas perguntas durante as apresentações revelaram. Se meu objetivo fosse que aprendessem a usar o PowerPoint, eu estaria de parabéns, mas não era o caso.

Quando planejamos uma aula ou uma atividade, é aconselhável começar definindo bem os objetivos de aprendizagem, ou seja, o que queremos que os alunos tenham aprendido ao final dela. Em seguida, devemos determinar como verificaremos se os alunos alcançaram esses objetivos, ou seja, como avaliaremos a aprendizagem. Com tudo isso, já podemos planejar como será a aula ou atividade que permitirá que os alunos atinjam esses objetivos. A concepção da atividade deve garantir que os alunos passem mais tempo pensando nos objetivos de aprendizagem, de forma análoga à forma como os avaliaremos mais tarde, e não tanto perdendo-se com pormenores supérfluos que apenas pretendem dar contexto ou estrutura à atividade. Ter isso em mente pode fazer a diferença entre realizar uma atividade com sucesso ou falhar na tentativa. As melhores atividades serão aquelas que, ao longo de seu desenvolvimento, levarem o aluno a pensar sobre o objeto de aprendizagem, seja porque deve utilizá-lo, analisá-lo, compará-lo, interpretá-lo, discuti-lo, explicá-lo com suas próprias palavras, ou realizar qualquer outra ação que exija dar-lhe sentido.

PROCESSOS DA MEMÓRIA

UM ARMAZÉM POTENCIALMENTE INFINITO

Em 1968, o ilustre psicólogo russo Alexander Luria descreveu o caso de Solomon Shereshevsky, um homem com memória prodigiosa que Luria estudou por 30 anos. Aparentemente, Shereshevsky era capaz de se lembrar literalmente e com detalhes de tudo o que viveu. Em seus estudos, Luria o testou utilizando listas aleatórias de mais de 70 palavras, números, sílabas sem sentido, sons, etc. Shereshevsky escutava apenas uma vez e era capaz de repetir as palavras sem esforço aparente. Além disso, se Luria lhe pedisse para repeti-las dias, meses ou até anos depois, ele o fazia sem qualquer problema. Nas palavras de Luria (1968), sua memória parecia não ter limites, nem de espaço nem de tempo.

A capacidade da nossa memória de longo prazo é infinita na prática. Ela provavelmente está preparada para preservar as memórias de todas as nossas experiências na vida. Se esse não é o caso da maioria das pessoas, é provavelmente uma questão de eficiência biológica. De maneira franca, não é necessário se lembrar de tudo para sobreviver, então a evolução pode ter selecionado indivíduos com uma memória, digamos, suficiente. Deve-se dizer que Shereshevsky sofria de vários problemas cognitivos derivados de sua condição.

Além disso, embora poder acumular muitas informações pareça uma grande vantagem, também tem um lado negativo: quanto mais informações guardamos, mais difícil pode ser encontrar um detalhe específico e recuperá-lo quando necessário. Podemos afirmar que aprendemos algo se não tivermos a capacidade de recuperá-lo da memória? Na prática, não.

EVOCAR O QUE FOI APRENDIDO

O grau de facilidade com que podemos resgatar uma memória de nossa mente nos permite expor diferentes níveis de consolidação de informações na memória.

- O nível provavelmente mais baixo ocorreria em situações de **familiaridade**, que acontece quando dizemos que algo nos soa familiar. Achamos que já vimos antes, mas não sabemos quando ou onde. Não temos lembrança do evento em que ocorreu o primeiro contato.
- Em grau mais elevado, encontraríamos o **reconhecimento**, que acontece quando temos consciência de que sabemos algo, mas não somos capazes de evocar de maneira espontânea. Por exemplo, às vezes, não conseguimos nos lembrar do nome de um ator, mas, se alguém nos diz, podemos confirmar se é ele ou não.
- O próximo nível é a **memória mediada por pistas** e ocorre quando podemos evocar uma recordação se nos forem dados indícios adequados que nos permitam encontrá-la na memória. Por exemplo, às vezes, para nos lembrarmos do nome de um ator, basta alguém nos dizer a letra com que começa.
- Por fim, o nível de maior dificuldade é a **recordação livre**, aquela em que podemos evocar informações a partir de uma única pista, como uma pergunta. Por exemplo: "Quem é o seu ator favorito?"

Essa gradação não é válida em todos os casos, mas permite perceber a diferença entre ter algo na memória e ser capaz de trazer à tona.

Curiosamente, é possível que uma recordação esteja bem consolidada em nossa memória, de modo que possamos recuperá-la muitos anos depois de tê-la gerado e, ainda assim, seja muito difícil de evocar. Também é comum que aconteça o oposto, que seja fácil evocar a recordação mesmo que ela não esteja bem consolidada, o que acontece quando acabamos de gerá-la, por exemplo (Björk; Björk, 1992). Isso significa que consolidação e evocação são processos distintos. A consolidação se prolonga por minutos ou horas após termos parado de prestar atenção ao estímulo que gerou a memória. Já a evocação é um ato consciente, que geralmente requer esforço voluntário, embora, como veremos, possa ser facilitada (até mesmo automatizada) por meio de seu exercício.

Em suma, quando falamos em aprendizagem, é muito importante compreender que ela envolve necessariamente três processos (Fig. 4.1): devemos obter a informação (codificação), devemos conservá-la (consolidação e armazenamento) e devemos ser capazes de recuperá-la (evocação).

FIGURA 4.1 Três processos fundamentais da memória.

Na escola, avaliamos a capacidade de recuperar e manifestar o que aprendemos — poderíamos avaliar a aprendizagem de outra maneira? No entanto, em sala de aula, quase não dedicamos tempo a esse processo. A maior parte do tempo é destinada à codificação, ou seja, para que os alunos obtenham informações.

PRATICAR A EVOCAÇÃO

É óbvio para todos nós que, para aprender a andar de bicicleta, é necessário praticar andando de bicicleta. Isso vale para a maioria dos conhecimentos processuais. Para aprender, é preciso praticar. No entanto, costumamos achar que os conhecimentos semânticos podem ser simplesmente "absorvidos", que, prestando atenção, assimilaremos esses conhecimentos e poderemos evocá-los mais tarde. Grande erro. Normalmente, nas provas, pedimos aos alunos não que mostrem que podem absorver conhecimentos, mas que podem recuperá-los de sua memória de longo prazo. No entanto, essa parte não se costuma praticar.

O mais interessante de tudo é que a pesquisa cognitiva e educacional tem evidenciado que praticar a evocação do que aprendemos nos faz aprender melhor (Karpicke; Roediger, 2008) ou, pelo menos, melhora nossa capacidade de recuperar conhecimentos, portanto, demonstrar que sabemos.

Diversos estudos mostram que, se após uma sessão de estudos, realizarmos outra sessão em que testamos nossa memória, melhores resultados são obtidos em um exame subsequente do que se a segunda sessão for dedicada ao reestudo (Rowland, 2014). Estudar e depois evocar é muito mais benéfico para a memória do que estudar e reestudar. A Figura 4.2 mostra um exemplo da diferença que ocorre em um caso ou outro, extraído de um dos inúmeros estudos que replicaram esse fenômeno.

Entretanto, poucos alunos praticam a evocação espontaneamente e menos ainda acreditando que ela reforçará seu aprendizado. A maioria a utiliza para verificar se sabe. Infelizmente, pesquisas indicam que a maioria dos estudantes não emprega essa estratégia (Karpicke; Butler; Roediger, 2009), e é compreensível que não o façam. Em primeiro lugar, ninguém lhes ensinou que essa prática é mais eficaz (em geral, ninguém ensina os alunos a estudar). Desse modo, sem saber, os alunos que a desenvolveram espontaneamente têm uma enorme vantagem. Em segundo lugar, praticar a evocação requer muito mais esforço do que simplesmente reler a lição. Cognitivamente, custa muito mais explicar o que foi aprendido do que lê-lo novamente. Não é tanto uma questão de tempo, mas de esforço mental.

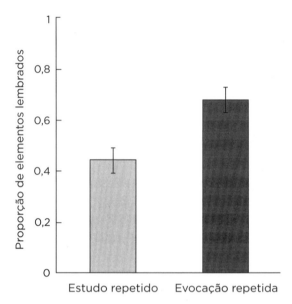

FIGURA 4.2 Resultados de um teste de questões dedutivas realizado uma semana após as sessões de aprendizagem. Nessas sessões, um grupo estudou o material uma vez e depois o examinou repetidamente, já o outro apenas releu o material várias vezes (figura adaptada do experimento de Butler 3 [2010]).

Em terceiro lugar, quando praticamos a evocação, sobretudo nas primeiras vezes, podemos ficar com um sentimento de frustração: percebemos rapidamente o quão pouco sabemos. Ao contrário, a releitura da lição nos causa um sentimento complacente de conhecê-la (Karpicke, 2012), embora isso não passe de uma ilusão: trata-se de um fenômeno de familiaridade ou, no máximo, reconhecimento. E esses são talvez os níveis mais baixos possíveis de conhecimento consciente. Entre isso e poder evocar o que foi aprendido para responder às questões de uma prova, há um grande abismo. Com razão, há muitos estudantes que, ao terminar uma prova ou receber as notas, não entendem por que se saíram tão mal "se sabiam". Ter a sensação de saber algo é muito diferente de poder explicá-lo ou colocá-lo em prática.

Por fim, alinhado ao exposto, verifica-se que a prática de estudar e reestudar é mais eficaz a curtíssimo prazo. Quando verificamos o que os alunos aprenderam imediatamente após uma sessão de trabalho, aqueles que estudaram e reestudaram obtêm melhores resultados do que aqueles que estudaram e evocaram o que aprenderam. No entanto, se a verificação for feita apenas dois dias ou uma semana depois, os resultados se invertem (Fig. 4.3). Esse fato alimenta as ilusões do saber que a prática do reestudo provoca, ao contrário da prática da evocação, já que, a curto prazo, a primeira parece mais eficaz. Conseguir se lembrar bem de algo logo depois de estudar não significa ser capaz de lembrar mais tarde. Trabalhar na evocação aumentará a probabilidade de que isso aconteça.

DIFICULDADES DESEJÁVEIS

Praticar a evocação é mentalmente mais custoso (e frustrante) do que repetir a assimilação, mas a verdade é que quanto mais custoso é o esforço que fazemos para tentar lembrar o que aprendemos, mais forte é o impacto dessa prática em nossa memória de longo prazo (Björk, 1994). Em contrapartida, métodos baseados em reler, sublinhar ou copiar enganam, pois, a curto prazo, nos deixam com uma sensação gratificante de ter aprendido (Karpicke, 2012). No entanto, o problema é precisamente este: trata-se de uma aprendizagem a curto prazo. A evocação é uma prática de aprendizagem custosa, mas leva a uma aprendizagem duradoura. Já estratégias mais confortáveis, como reler a lição, só levam ao aprendizado de curto prazo.

Esse princípio faz parte do que Robert e Elizabeth Björk, principais pesquisadores de memória e aprendizagem, chamaram de "dificuldades desejáveis". Em poucas palavras, a ideia é que, quando colocamos em prática alguma coisa que aprendemos, o fato de nos depararmos com uma série de circunstâncias que cognitivamente a tornam mais difícil — mas não impossível — repercutirá em melhor consolidação da aprendizagem de longo prazo (Björk; Björk, 2011). A evocação apresenta uma série de desafios cognitivos que não enfrentamos se simplesmente "reestudarmos". Além disso, quando o esforço que fazemos para evocar é maior, seu efeito na aprendizagem também é maior (Fig. 4.3). É como se o cérebro percebesse que o que estamos tentando lembrar é realmente importante (porque nos esforçamos para evocar) e, assim, reforça nossa capacidade de evocar mais rápido e com menos esforço da próxima vez.

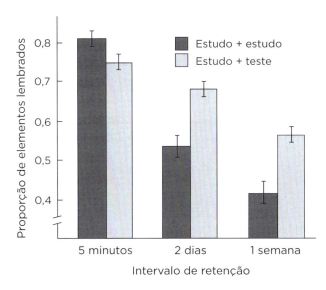

FIGURA 4.3 Resultados de um experimento em que três grupos de alunos estudaram um texto por sete minutos e depois o reestudaram ou tentaram evocá-lo por meio de um teste. Em seguida, cada grupo fez uma prova do que foi estudado cinco minutos, dois dias ou uma semana após a atividade de aprendizagem, respectivamente (Roediger; Karpicke, 2006).

Vamos pensar por um momento sobre aprender um novo idioma. Pessoas de nível médio, muitas vezes, acham mais fácil ler e ouvir do que escrever ou falar. A fluência desenvolvida durante a leitura pode levar a falsa sensação de fluência geral, sentimento que se transforma em frustração quando a pessoa tenta se expressar oralmente. No entanto, da mesma forma que a melhor maneira de consolidar a aprendizagem não é repetindo sua assimilação, mas esforçando-se para evocá-la, é provável que a maneira mais eficaz de aprender um idioma não seja lendo ou ouvindo. Obviamente, é preciso começar por aí para aprender, mas, quando podemos começar a gerar o idioma escrevendo ou falando, acontecem avanços importantes. Praticar a escrita e, sobretudo, a fala é mais custoso e pode ser frustrante, mas esse tipo de prática gerativa é muito eficaz para melhorar vários aspectos do aprendizado de um novo idioma (Ullman; Lovelett, 2016).

O QUE ACONTECE QUANDO EVOCAMOS UMA MEMÓRIA OU UM CONHECIMENTO?

Embora a analogia da biblioteca ou do disco rígido de um computador seja muitas vezes usada para explicar como a memória funciona, a verdade é que essas analogias têm muitas limitações. Entre outras coisas, a memória humana não armazena ou reproduz memórias tão fielmente quanto um livro ou um computador. Nossa memória guarda apenas alguns detalhes e depois usa tudo o que tem (de muitas outras memórias) para reconstruir memórias completas. A memória não é reprodutiva, mas reconstrutiva.

Pare por um momento e imagine um carro esportivo branco. Agora, passe cinco segundos imaginando o mesmo carro em outras cores, como vermelho, preto, amarelo, verde... É fácil, não? Essa capacidade de combinar vários elementos para criar uma única imagem em sua mente é uma propriedade de nossa memória. E não só podemos fazê-lo voluntariamente por meio do que chamamos de imaginação, mas também o fazemos involuntariamente o tempo todo com nossas memórias.

Para que a analogia biblioteca-memória fosse um pouco mais fiel à realidade, deveríamos supor que seus livros não são memórias ou conhecimentos completos; ao contrário, seriam documentos com apenas um dado cada. Portanto, para evocar uma memória completa precisaríamos consultar vários livros ao mesmo tempo e reconstruí-la com todos esses dados. O padrão de conexões entre esses livros é o que realmente constituiria a memória.

Entretanto, acontece que o conjunto de livros que compõem uma memória não estaria todo agrupado no mesmo canto da biblioteca. Nós os encontraríamos espalhados em diferentes seções de acordo com o tipo de dados que contêm (visuais, auditivos, etc.), e não apenas manteriam conexões entre eles, como já indicamos, novos dados devem estar ligados a conhecimentos ou memórias anteriores. Assim, cada livro estaria ligado a muitos outros livros cujo conteúdo estivesse relacionado.

O fato de que, para recuperar uma recordação, segundo nosso modelo, seja necessário ativar apenas um conjunto de fragmentos espalhados pela memória e conectados por relações de significado a outros fragmentos (procedentes de experiências anteriores ou posteriores) tem uma consequência esperada: o conjunto de dados que podemos ativar ao evocar uma recordação em diferentes ocasiões pode mudar espontaneamente, de modo que nossa lembrança varia sem que percebamos. Na verdade, toda vez que evocamos uma recordação, a submetemos à possibilidade de introduzir novos elementos de outras recordações e perder outros fragmentos que a compunham.

Toda vez que ativamos uma recordação, todos os outros dados da memória que estão ligados a ela por relações de significado também podem ser ativados e levar a uma reconstrução diferente. Esses novos elementos da recordação, além disso, podem ser reforçados pelo efeito de mera evocação conjunta e tornar-se parte consolidada da lembrança. Isso é o que geralmente acontece com qualquer uma de nossas memórias e conhecimentos. Por isso, é muito importante que a prática da evocação seja sempre contrastada com uma fonte mais fidedigna do que a nossa memória. Os alunos devem garantir (com a ajuda do professor, de um livro, das suas anotações, etc.) que a evocação da sua aprendizagem, visando à consolidação, é fiel à original. Receber esse tipo de *feedback* aumenta o efeito positivo da prática de evocação (Roediger; Butler, 2011).

A EVOCAÇÃO NÃO MELHORA APENAS A APRENDIZAGEM FACTUAL

Uma das coisas mais fascinantes sobre a prática da evocação é que ela não se limita a melhorar apenas a aprendizagem factual (fatos e dados), como se poderia pensar. Logicamente, se o que praticamos é a evocação de conhecimentos desse tipo — como quais são as capitais dos países da Europa ou quais são as partes de uma célula —, vamos melhorar esses aprendizados, mas a prática da evocação pode ir muito além.

Evocar o que foi aprendido engloba ampla variedade de práticas, que podem ir desde recitar um poema até usar um novo conceito ou ideia para resolver um problema em um novo contexto. A prática da evocação pode promover a aprendizagem com compreensão e capacidade de transferência, ou seja, a capacidade de utilizar o que foi aprendido em uma nova situação (Karpicke, 2012;

Karpicke; Blunt, 2011; Mordomo, 2010; Carpenter, 2012), pois, quando os alunos precisam evocar o que aprenderam explicando com suas próprias palavras (não apenas repetindo) ou usando para resolver problemas, são forçados a dar estrutura e significado, o que implica conectar o que aprenderam a outros conhecimentos. Em cada ato de evocação desse tipo, se produz uma nova oportunidade para integrar o que aprendemos em nossos esquemas de conhecimentos significativos.

Evidentemente, a prática da evocação também traz outras vantagens, como o fato de permitir que o aluno perceba os pontos fracos de sua aprendizagem, além de ajudar o professor a detectar os aspectos a serem melhorados.

MÉTODOS PARA PRATICAR A EVOCAÇÃO

Várias formas de praticar a evocação foram analisadas cientificamente, e todas elas produziram resultados benéficos. A regra geral seria: quanto mais esforço cognitivo a evocação implicar, maior será o seu impacto na aprendizagem. Isso significa que, em geral, a evocação baseada na recordação livre tem maior impacto do que a evocação baseada no reconhecimento (Carpenter; DeLosh, 2006). Quanto mais o aluno mobilizar seus conhecimentos em busca de uma resposta, maior será o benefício. Mesmo assim, a prática baseada no reconhecimento, como a que pode proporcionar um exercício de seleção de múltipla escolha, é suficiente para proporcionar melhorias significativas (Smith; Karpicke, 2014).

Realizar um pequeno exercício para revisar o que foi aprendido no final de cada aula é uma prática simples que tem um impacto relevante, mas ainda mais se o exercício for feito no início da próxima lição. Embora pareça contraintuitivo, a prática da evocação é mais eficaz quando o que foi aprendido começa a ser esquecido. Na verdade, quando isso acontece, a evocação é mais custosa, e já mencionamos que quanto mais custosa, mais eficaz.

Se o que queremos é melhorar a compreensão e a transferência, a prática da evocação pode consistir em atividades em que os alunos basicamente tentem aplicar, em novas situações, o que aprenderam. Nesse caso, o papel de guia do professor será muito importante, pois fornecerá pistas, quando necessário, que os ajudarão a perceber as conexões entre o que sabem e a nova situação a ser abordada. Em geral, aplicar o que foi aprendido é uma das práticas mais eficazes quando se trata de consolidar a aprendizagem, especialmente se ela pode ser feita em vários contextos diferentes. No caso da aprendizagem conceitual e procedimental, esse método promove significativamente a compreensão e a capacidade de transferência (Markant *et al.*, 2016; Perkins; Salomon, 1992).

No entanto, uma das práticas mais eficazes para fortalecer a aprendizagem, que costumamos utilizar, mas quase nunca para esse fim, são os testes de avaliação (Roediger; Karpicke, 2006). Em geral, atribuímos duas funções aos testes avaliativos: uma função somativa, de julgar e certificar o grau de realização dos objetivos de aprendizagem pelos alunos, e uma formativa, de obter informações sobre a situação do aluno em relação aos objetivos de aprendizagem para tomar decisões subsequentes e ajudá-lo a melhorar. A primeira é a função mais comum, embora pouco contribua para o aprendizado. A segunda, por sua vez, desempenha um papel muito relevante para a aprendizagem, pois oferece a possibilidade de fornecer *feedback* aos alunos. Também costumamos falar de uma terceira função, a formadora (diferente da formativa), que se refere à utilidade de o aluno tomar as rédeas de sua própria avaliação. No entanto, os testes avaliativos também acabam tendo outra função direta na aprendizagem, que geralmente ignoramos. Os testes avaliativos ajudam a aprender porque se baseiam na evocação. São, na verdade, uma das melhores ferramentas para aprender, se forem devidamente aplicadas.

Antes de assumir essa última afirmação literalmente, deve-se considerar que certos fatores dos testes avaliativos podem arruinar seu potencial como promotores da aprendizagem. Em primeiro lugar, se os testes avaliativos têm peso importante nas notas dos alunos, o nível de ansiedade que isso pode provocar é capaz de eclipsar os benefícios didáticos que a prova poderia ter. Também é verdade que, se os alunos se arriscam pouco, seu nível de atenção e envolvimento (ou esforço) pode não ser o ideal. Por isso, pode ser aconselhável aumentar o número e a diversidade de testes avaliativos, para que sejam integrados como práticas rotineiras de aprendizagem que incorporem de maneira cumulativa o que foi trabalhado em sala de aula e recaiam nos pontos fracos dos testes anteriores. Sendo muitos, cada um terá peso relativamente baixo nas notas acadêmicas. Desse modo, os alunos levam esses testes a sério, pois contribuem para a sua nota final, mas eles não causam altos níveis de ansiedade nem concentram a atenção dos alunos apenas na nota.

Em relação ao último ponto, é importante que esses testes sejam usados para ajudar os alunos a verem onde precisam melhorar e, por isso, o *feedback* deve se concentrar em como evitar os mesmos erros no próximo teste. A consequência disso é importante: os alunos devem saber e comprovar que as provas são cumulativas, ou seja, que os mesmos objetivos de aprendizagem (principalmente aqueles que acarretam maior dificuldade) serão reavaliados em diversas provas e que, por isso, valerá a pena prestar atenção nos erros para não os cometer novamente na próxima oportunidade. Nos capítulos sobre *feedback* e avaliação, aprofundarei esses aspectos.

EVOCAÇÃO ESPAÇADA

Peço ao leitor que me permita repetir novamente: quanto maior for a dificuldade cognitiva envolvida na evocação do que foi aprendido, maior será o seu efeito na memória, no sentido de que melhor será a nossa capacidade de evocá-la da próxima vez. Esse grau de dificuldade com que a evocação é praticada pode ser modulado de acordo com o que se baseia: na recordação livre, na recordação com pistas ou no reconhecimento. No entanto, há também outros fatores que afetam o nível de dificuldade que a evocação exige.

Por exemplo, já mencionei que a evocação se torna mais difícil quando o que aprendemos foi um pouco esquecido. Espaçar a prática da evocação ao longo do tempo traz grandes benefícios na aprendizagem a longo prazo (Karpicke; Roediger, 2007). Na realidade, espaçar as sessões de aprendizagem, sejam elas de evocação, sejam elas de reestudo, já tem em si efeitos positivos. Curiosamente, quanto maior o tempo transcorrido entre cada prática de uma mesma aprendizagem, maior a sua eficácia a longo prazo. Na Figura 4.4, podemos ver os resultados de um estudo em que três grupos de alunos realizaram seis sessões de aprendizagem (com um teste no início de cada uma) antes de realizar uma prova um mês após a última sessão. A diferença entre cada grupo foi o tempo entre cada sessão de aprendizagem: menos de um dia, um dia ou 30 dias.

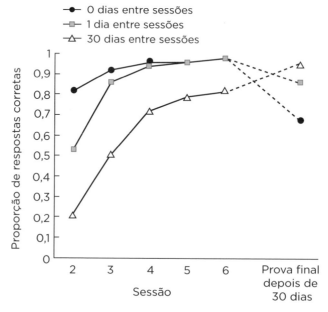

FIGURA 4.4 Proporção de questões respondidas corretamente no teste antes de cada sessão de aprendizagem (seis sessões) e no exame final realizado 30 dias após a última sessão de cada grupo. As sessões de aprendizagem foram espaçadas entre menos de um dia, um dia ou 30 dias (Bahrick, 1979).

Outros estudos, como o de Budé *et al.* (2011), mostram que turmas de mesmo número e mesmo tipo distribuídas mais espaçadamente produzem resultados de aprendizagem melhores. A Figura 4.5 mostra os pontos obtidos por dois grupos de alunos em um teste ao final de um curso de estatística, que só foi diferenciado pela distribuição temporal das turmas: ao longo de 6 meses ou concentrado em 8 semanas.

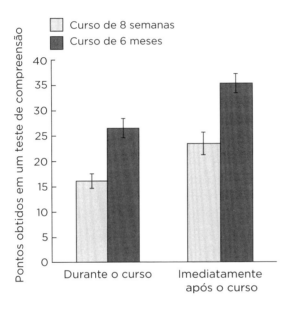

FIGURA 4.5 Pontos obtidos em um teste de compreensão ao final de um curso de estatística distribuído ao longo de seis meses ou oito semanas.
O número de aulas e o tipo de atividades realizadas foram os mesmos (Budé *et al.*, 2011).

Embora a prática espaçada tenha em si efeito benéfico, a pesquisa também mostra que, se sessões de prática espaçadas consistirem em evocação, seu efeito será muito maior na aprendizagem do que se forem dedicadas ao reestudo (Carpenter; Pashler; Cepeda, 2009).

Obviamente, a prática espaçada se beneficia da repetição que pressupõe, mas seu efeito está relacionado ao fato de que é muito mais eficaz espaçar as sessões de estudo ou de prática do que fazê-las em sequência. Em outras palavras, é melhor estudar uma hora por dia durante cinco dias do que estudar cinco horas seguidas, por exemplo, ou, igualmente, é melhor realizar sessões mais curtas, porém mais periódicas, do que massificar a prática em uma ou poucas sessões. Mesmo que não haja mais de uma repetição, é melhor deixar algum tempo entre a sessão de aprendizagem e a sessão de revisão do que prosseguir com a revisão imediatamente. Portanto, é muito mais eficaz tentar evocar o que foi aprendido no início da próxima aula (ou na próxima sessão de estudo) do que no final da mesma sessão de aprendizado. Na verdade, esta última opção tende a nos enganar (Soderstrom; Björk, 2015).

Sem dúvida, não são muitos os alunos incentivados a espaçar a prática por conta própria. A maioria deixa o estudo para o último momento e o "massificam" em uma ou algumas sessões pouco antes da prova. A verdade é que esse hábito é eficaz para passar na prova em questão, mas o aprendizado não dura. Assim como o reestudo, a prática massiva é eficaz no curtíssimo prazo, mas péssima para o longo prazo. Na Figura 4.6, podemos ver os resultados de um experimento que refletem esse fato (Keppel, 1964). Os alunos que massificaram o estudo obtiveram melhor resultado em relação aos que o espaçaram quando o teste ocorreu, 24 horas depois, mas seu desempenho foi muito pior em um teste que ocorreu dias depois.

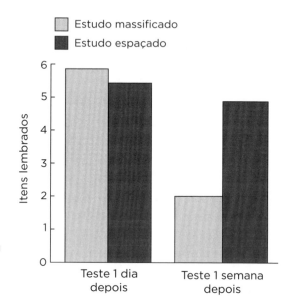

FIGURA 4.6 Quantidade de itens lembrados após uma sessão de estudo massificada ou espaçada em um teste realizado um dia ou uma semana após o estudo (Keppel, 1964).

EVOCAÇÃO INTERCALADA

Outro fator pouco intuitivo que aumenta o poder da prática da evocação, segundo uma sólida base de evidências, é a chamada "prática intercalada" (Kang, 2016). Embora pareça estranho, para aprender coisas diferentes, é melhor combiná-las do que se concentrar em dominar uma antes de passar para a próxima. Claro que isso só é possível quando, para aprender uma, não é essencial ter aprendido a outra antes, ou seja, quando se trata de uma aprendizagem de forma independente e em paralelo.

Por exemplo, se os alunos estão aprendendo a resolver problemas matemáticos (recomendo que com compreensão), é melhor combinar diferentes tipos de problemas (envolvendo procedimentos diferentes), do que concentrar a prática de cada tipo de problema antes de prosseguir com o próximo. Novamente, a prática intercalada é contraintuitiva, pois, a curto prazo, parece que aprendemos menos. Um aluno que pratica de forma intercalada ao longo de uma sessão de estudo terá a sensação de ter aprendido menos do que aquele que massificou cada objetivo de aprendizagem. No entanto, as evidências refletem claramente que isso é mera ilusão. Como a prática intercalada produz aprendizado mais flexível e duradouro, a médio-longo prazo, intercalar a prática é muito mais eficaz do que concentrá-la de uma vez só.

Rohrer e Taylor (2007) submeteram seus estudantes a duas sessões de aprendizagem sobre o cálculo do volume de quatro figuras sólidas. Para cada figura, a atividade incluiu um tutorial de como calcular seu volume e quatro exercícios práticos. Um grupo de alunos trabalhou as figuras uma a uma, primeiro assistindo ao tutorial correspondente e depois fazendo os exercícios. O outro grupo assistiu aos quatro tutoriais seguidos e, na sequência, realizou todos os 16 exercícios aleatoriamente. Uma semana depois, os alunos fizeram um exame sobre o que haviam aprendido. Na Figura 4.7, podemos ver os resultados dos exercícios realizados durante as sessões de aprendizagem e o resultado da prova final.

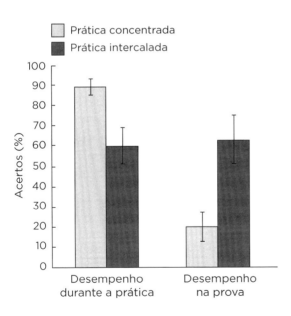

FIGURA 4.7 Resultados durante as sessões de aprendizagem e na prova final de dois grupos de alunos que trabalharam intercalando as aprendizagens ou distribuindo-as por partes (Rohrer; Taylor, 2007).

Como se pode notar no gráfico da Figura 4.7, concentrar a prática produz melhores resultados a curto prazo, mas seus resultados a longo prazo são decepcionantes. Nesse caso, o efeito benéfico da prática intercalada poderia estar relacionado ao grau de flexibilidade que essa estratégia proporciona à aprendizagem, no sentido de que facilita a abstração e reduz a fixação do que foi aprendido a um único contexto. No caso de intercalar a evocação, o benefício viria de não permitir que o aluno se baseasse em contextos irrelevantes para evocar o que foi aprendido. Explico: quando o aluno pratica repetidamente exercícios que são feitos da mesma forma, ele não precisa considerar qual estratégia ou conhecimento utilizará. Se os exercícios forem mistos, em vez disso, deve raciocinar sobre qual estratégia ou conhecimento será apropriado. De fato, como expliquei no capítulo anterior, raciocinar sobre o que aprendemos também ajuda a fortalecer o aprendizado (Willingham, 2008ab).

O entrelaçamento da prática acrescenta complexidade, aumentando o esforço necessário para realizá-la e, consequentemente, pode melhorar a consolidação no médio prazo conforme o referencial teórico das dificuldades desejáveis. Então, novamente, estaríamos diante de um caso de aprendizagem mais difícil, mas mais duradoura.

Em suma, tanto a eficácia da prática espaçada quanto a da prática intercalada não são muito intuitivas, pois, precisamente, a curto prazo, parece que não estamos aprendendo tanto quanto se concentrarmos a prática no tempo. Entretanto, mais uma vez, essa é uma ilusão produzida pelo fato de que, realmente, a prática concentrada produz melhores resultados a curto prazo, mas apenas a curto prazo. A longo prazo, os aprendizados obtidos por episódios de prática intensiva desaparecem. Em contrapartida, práticas espaçadas e intercaladas podem nos frustrar inicialmente, mas, a longo prazo, produzem aprendizados muito mais sólidos e permanentes.

Tudo isso nos leva a perceber o que acontece quando o desempenho acadêmico é medido por provas que ocorrem em determinado momento do curso e representam o fim de um aprendizado específico. Os alunos tendem a se preparar para elas estudando intensamente nas horas anteriores e, de fato, seu desempenho pode ser bom, mas, estudando assim, o que se aprende é esquecido logo depois.

REPETIÇÃO

Mencionei anteriormente que a prática espaçada se beneficia da repetição que ela acarreta de maneira implícita. Certamente, o leitor concordará que uma forma de consolidar o aprendizado e fazê-lo durar é por meio da repetição. É intuitivo. Mas será que é assim? A repetição gera aprendizado mais duradouro? A resposta rápida para essa pergunta é: depende. Já vimos, no capítulo anterior, que ter visto muitas vezes uma nota de 10 reais não significa que conseguimos nos lembrar bem de como ela é.

Em primeiro lugar, falar sobre a repetição em si não faz muito sentido. A questão é repetir o quê? Sim, repetir as ações que tornam nosso aprendizado mais forte tem efeitos adicionais sobre a memória. Mas, então, que ações são essas?

Como sempre, tudo depende do que queremos aprender. Quando se trata de aprendizagem processual (habilidades motoras ou cognitivas), nós praticamos, pois fomos ensinados a isso (e melhor receber *feedback*). Isso é óbvio. No entanto, quando se trata de adquirir conhecimento factual (dados, fatos) e conceitual (ideias, conceitos), a ação a ser repetida que os consolida na memória não é seu reestudo, mas sua evocação: recuperá-los da memória uma vez que os aprendemos. Além disso, é mais eficaz não apenas evocá-los, mas também empregá-los.

O que isso significa? Como vimos, segundo o que sabemos sobre como ocorre a aprendizagem, para aprender, precisamos conectar a nova informação com o conhecimento que já temos, por relações de significado. A maneira prática de fazer isso é pensando sobre o que aprendemos. Afinal, pensar é interpretar a nova informação à luz de nossos conhecimentos prévios.

Pensamos sobre o que aprendemos sugerindo exemplos próprios ou imaginando as consequências desse conhecimento sobre outros fatos ou ideias, bem como comparando-o com outros conceitos ou objetos, analisando suas diferenças e semelhanças. Também pensamos sobre o que aprendemos quando imaginamos aplicações ou tentamos resolver problemas com base nesses novos conhecimentos, quando procuramos padrões e, em suma, tentamos dar sentido ao que aprendemos.

Pensar sobre o que estamos aprendendo, em termos de significado, é o que, no âmbito acadêmico, se conhece como "elaborar" (Cornford, 2002). Portanto, a evocação e a elaboração são ações mais efetivas para aprender do que a exposição ou o estudo de forma repetida. É claro que evocar e elaborar repetidamente são ainda mais eficazes.

No entanto, também não é útil repetir demais a evocação ou a elaboração. Estudos indicam que repetir essas ações durante a mesma sessão de estudo, após ter conseguido realizá-las com sucesso, não fortalece mais a memória. Por exemplo, em um estudo de Rohrer e Taylor (2006), 216 alunos aprenderam um conceito matemático. Depois, metade deles fez três exercícios, e a outra metade fez esses três e mais seis. Em ambos os grupos, 90% dos alunos demonstraram que sabiam resolver esse tipo de exercício após a realização do terceiro. Portanto, aqueles que fizeram mais seis exercícios na mesma sessão "superestudaram".

Uma semana depois, todos os alunos fizeram um teste baseado em exercícios do mesmo tipo. Resultado: não houve diferenças significativas entre o grupo que praticou apenas com três exercícios e o grupo que praticou com nove. Quatro semanas depois, fizeram outro teste, e aconteceu a mesma coisa. Realizar seis exercícios adicionais sobre o mesmo conceito durante a mesma sessão de estudo e de forma ininterrupta não ajudou. A repetição massiva é pouco eficaz, sobretudo quando já foi demonstrado que se aprendeu.

Entretanto, a repetição é efetiva quando é espaçada no tempo (prática espaçada). Se nos permitirmos esquecer um pouco do que aprendemos e depois praticarmos novamente, o aprendizado se tornará mais duradouro. Isso, em parte, por um motivo semelhante: a prática durante a mesma sessão também é mais eficaz quando intercalada, ou seja, alternando objetos de aprendizagem em vez de insistir em cada um persistentemente até dominar, antes de passar para a próxima.

Não podemos negar, portanto, que a repetição é importante para consolidar a aprendizagem, mas não vale a pena repetir nem é necessário repetir nada massivamente, pois é melhor dosar, espaçar e intercalar. Além disso, não podemos nos esquecer de que, embora a repetição seja eficaz para a aprendizagem, ela pode ser terrível para a motivação (Willingham, 2014).

ESQUECIMENTO: PERDA DE INFORMAÇÃO OU INCAPACIDADE DE EVOCÁ-LA?

Nosso cérebro aprende a todo momento, querendo ou não. É por isso que, embora não tenhamos a intenção de nos lembrar, podemos recordar o que tomamos no café desta manhã. Outra coisa é que a maioria das nossas experiências são irrelevantes para a nossa sobrevivência ou o nosso bem-estar e acabam por ser esquecidas, mais cedo ou mais tarde (você se lembra do que jantou há quatro dias?).

No contexto escolar, o esquecimento é um problema sério, pois não age apenas sobre as coisas que não nos importamos de esquecer mas também sobre as que queremos guardar para o resto de nossas vidas ou, pelo menos, por alguns anos.

O que acontece com tudo de que nos esquecemos? Dito de outra forma, por que nos esquecemos? Certamente, todos concordaremos que o esquecimento nem sempre é um fato consumado. Às vezes, não conseguimos nos lembrar de uma informação, mas, algumas horas depois, ela vem à mente espontaneamente. Por isso, a primeira coisa que podemos nos perguntar é: o esquecimento ocorre porque a informação que aprendemos não está mais em nossa memória ou o que realmente acontece é que não podemos encontrá-la na memória e evocá-la? Justamente essa questão protagonizou (e continua protagonizando) alguns dos debates mais intensos na comunidade científica sobre o processo de esquecimento.

Alguns pesquisadores acreditam que todas as nossas experiências deixam rastros que duram para sempre em nossa memória, mas a maioria é tão fraca que seu poder de evocação é muito baixo para recuperá-las espontaneamente. Isso significaria que tudo o que aprendemos uma vez segue em algum lugar (ou lugares) na memória, mesmo que pensemos que esquecemos.

A primeira pessoa que pesquisou a memória e o esquecimento através de métodos científicos foi o psicólogo alemão Hermann Ebbinghaus, no final do século

XIX. Além de observar que, assim que aprendemos algo, começamos a esquecer em um ritmo exponencial, Ebbinghaus (2013) descobriu que, em muitas ocasiões, o que parece completamente esquecido deve deixar algum tipo de rastro na memória, porque reaprender é muito menos trabalhoso do que aprender pela primeira vez. Aprendemos mais rapidamente uma coisa de que nos esquecemos (e nos parece completamente nova) do que uma coisa que nunca aprendemos.

Recentemente, esses resultados foram replicados com sucesso em diversas ocasiões e são mais relevantes quando o conhecimento aprendido faz parte de algum esquema que deu sentido a ele, ou seja, quando a aprendizagem foi acompanhada de compreensão e vinculada a muitos outros conhecimentos ou memórias (Arzi; Ben-Zvi; Ganiel, 1986). No nível neurobiológico, há evidências de que preservamos as conexões neurais (sinapses) geradas durante um processo de aprendizagem mesmo que não sejam mais utilizadas (Hofer *et al.*, 2009), o que poderia explicar a maior facilidade de reaprender algo aprendido anteriormente.

Atualmente, o consenso sobre o esquecimento é que, na prática, não podemos saber se absolutamente tudo o que ficou em nossa memória ainda está lá. Pressupõe-se que podemos esquecer algumas coisas pela interferência em outras aprendizagens, por meio da formação de conexões alternativas mais fortes e com maior poder de evocação. Naturalmente, acredita-se também que o desuso do que foi aprendido enfraquece seu poder de evocação, o que acaba levando à incapacidade de recuperar. Se o desuso pode mesmo levar ao desaparecimento completo das aprendizagens é um tema mais questionável.

Por fim, no caso da aprendizagem escolar, sua fragilidade muitas vezes depende do fato de que os alunos tendem a vinculá-la a pouquíssimos esquemas, ou seja, a pouquíssimos contextos. Fora desses contextos, os alunos não encontram seu conhecimento porque as pistas que recebem não estão relacionadas ao que têm: não veem a relação entre o que sabem e o que lhes é perguntado ou o contexto da pergunta. Além disso, as estratégias que costumam usar para estudar (massificar) geram aprendizados muito vulneráveis ao esquecimento.

A MEMÓRIA NÃO É COMO UM MÚSCULO

Gostaria de encerrar este capítulo aproveitando a oportunidade para alertar a respeito de uma crença amplamente difundida sobre como a memória funciona. Refiro-me à ideia de equiparar a memória a um músculo, indicando que, se a exercitarmos, ela se torna mais forte. Essa concepção de memória, que é realmente intuitiva, tem implicações na prática educativa, uma vez que comumente é usada para justificar a necessidade de avaliar os alunos por meio de provas em que precisam memorizar muitos dados (mesmo que provavelmente nunca mais precisem desses dados) ou por meio de atividades como decorar um poema.

Embora essa ideia pareça totalmente correta, na verdade, a memória não funciona assim.

A memória não é uma habilidade que melhora de maneira geral simplesmente exercitando-a, mas seu fortalecimento depende da obtenção de conhecimento. Como vimos no capítulo anterior, a memória se torna mais eficaz à medida que adquirimos mais conhecimento, um conhecimento que deve ser dotado de sentido. Ele deve ser conectado com ideias anteriores e se tornar transferível. Memorizar sem entender ou fazer apenas conexões mnemônicas *ad hoc* não fortalece a memória. Esse conhecimento não servirá de substrato para novos conhecimentos e, portanto, será rapidamente perdido.

No entanto, o fato de adquirirmos conhecimento significativo também não fortalece a memória em geral. Não é porque aprendo muito de biologia que vou ter uma vantagem para aprender geografia, por exemplo. Isso porque a memória não é como um único músculo que se reforça obtendo-se conhecimento significativo de qualquer coisa. Uma analogia mais precisa seria que a memória é como milhões de músculos, cada um sendo reforçado pela obtenção de conhecimentos específicos, conectados por relações de significado. É como se estudar biologia fortalecesse os músculos do dedão do pé esquerdo e estudar geografia fortalecesse os do pescoço.

Por exemplo, imagine que, após praticar muito, uma pessoa consegue se lembrar de qualquer série de mais de 70 números aleatórios depois de ouvi-la apenas uma vez. *A priori*, parece lógico que essa pessoa tem um "músculo da memória" muito desenvolvido, certo? No início dos anos 1980, o psicólogo sueco Anders Ericsson e seus colegas treinaram um estudante universitário até que ele alcançasse essa habilidade (Ericsson; Chase; Faloon, 1980). Uma lista de números aleatórios de até 79 dígitos era mencionada, e ele era capaz de repeti-la depois. No entanto, quando usavam listas de letras em vez de números (mesmo que apenas 10 letras diferentes), ele só se lembrava de sete ou oito, como a maioria das pessoas. Isso mostra que o poder da memória é determinado pelo próprio objeto de aprendizagem.

Portanto, aprender biologia (com compreensão) nos torna melhores em aprender mais biologia (e, por extensão, medicina, é claro, e tudo o que podemos conectar por relações significativas com a biologia). Se aprendermos muitos fatos sobre a célula sem entender, no entanto, eles nem servirão para aprender mais biologia. No entanto, se as aprendemos com compreensão, não espere que isso nos prepare para sermos melhores no estudo do direito constitucional, por exemplo.

Não há nada de errado em querer que os alunos fortaleçam sua capacidade de memorizar em geral. Na verdade, querer que nossos alunos se tornem melhores alunos é muito louvável, mas acreditar que eles farão isso simplesmente porque os encorajamos a memorizar dados de nossa matéria e submetê-los a provas nas quais eles terão que lutar para memorizar é errado.

Se realmente queremos que eles melhorem como estudantes de forma geral, temos que lhes ensinar explicitamente a serem melhores estudantes, ou seja, a usar melhor sua capacidade de aprender. Jogar uma criança na piscina não significa que ela aprenderá a nadar e muito menos de maneira eficaz. Da mesma forma, os alunos não fortalecerão sua capacidade de aprender simplesmente porque os forçamos a fazê-lo. No entanto, podemos aumentar sua eficácia ensinando-lhes estratégias de estudo e hábitos que são válidos para qualquer assunto. Algumas dessas estratégias foram discutidas neste capítulo (como a prática de evocação espaçada e intercalada).

Quando alguém justifica a memorização como um meio para garantir que os estudantes sejam bons, deve considerar o ensino dessas estratégias e a promoção de certos hábitos, em vez de esperar que eles desenvolvam espontaneamente esses hábitos antes das provas. Os alunos que os aprendem têm mais chances de sucesso. As pesquisas indicam que as principais diferenças entre alunos bem-sucedidos e não tão bem-sucedidos são suas estratégias de autorregulação de aprendizagem, sobre as quais falarei na Parte 4.

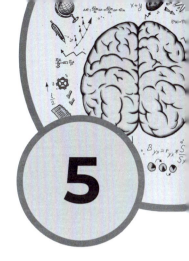

REORGANIZAÇÃO DA MEMÓRIA

PERSISTÊNCIA DAS IDEIAS

Um conhecido documentário sobre educação, produzido no final dos anos 1980 (Schneps; Sadler, 1988), começa por nos mostrar a cerimônia de formatura de uma das mais prestigiadas universidades do mundo, Harvard (Fig. 5.1). Como o leitor deve saber, os alunos que conseguem ingressar e se formar nessa universidade, em sua maioria, obtiveram magníficos resultados acadêmicos durante seus anos escolares. O documentário seleciona aleatoriamente 23 desses recém-formados e faz uma pergunta simples: por que as estações do ano existem? Dito de outra forma, por que é quente no verão e frio no inverno?

Essa é uma questão científica que pode ser explicada por um modelo astronômico que esses alunos estudaram até três vezes durante sua trajetória escolar (nos ensinos fundamental, médio e superior), mostrado no Quadro 5.1. No caso dos alunos que conseguiram ingressar em Harvard, é muito provável que tenham passado nos exames escolares de astronomia básica com notas muito boas. Mesmo assim, 21 dos 23 estudantes entrevistados no documentário responderam fornecendo uma explicação incorreta, baseada na distância entre a Terra e o Sol: "a órbita da Terra é elíptica e, portanto, é verão quando a Terra está mais próxima do Sol, e inverno quando está mais longe".

FIGURA 5.1 Imagem do documentário *A Private Universe*, de Schneps e Sadler (1988).

Esses alunos deram a mesma explicação intuitiva que provavelmente já davam antes de aprenderem o modelo científico das estações na escola.

Embora o caso anterior seja apenas uma anedota, é uma situação paradigmática que mostra quão persistentes são as ideias que desenvolvemos quando realmente tentamos dar sentido ao que aprendemos (mesmo que estejamos errados). Além disso, reflete como, muitas vezes, a forma que os alunos abordam o conhecimento na escola não leva a uma aprendizagem significativa, que transforme suas concepções prévias. Os alunos aprendem a passar nas provas com sucesso, mas logo esquecem muito do que supostamente aprenderam e retornam às suas concepções iniciais — que, na verdade, nunca haviam abandonado. Quando essas concepções não coincidem com o conhecimento formal de uma disciplina, as chamamos de "concepções errôneas", ou "alternativas".

QUADRO 5.1 Modelo científico das estações do ano

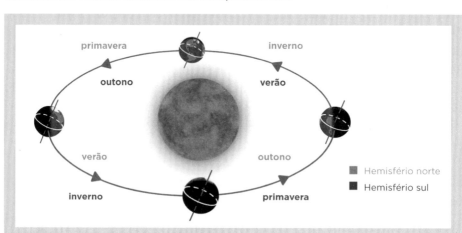

O eixo de rotação da Terra está inclinado em relação ao plano de sua órbita. Isso faz com que uma extremidade da órbita, o hemisfério norte, fique voltada para o Sol e receba maior quantidade de energia solar por unidade de área. No outro extremo da órbita, é o hemisfério sul, que recebe maior radiação por causa de sua orientação. Nos pontos intermediários, ambos os hemisférios recebem a mesma quantidade de radiação, e ocorrem a primavera e o outono, respectivamente.

APRENDER FATOS E APRENDER CONCEITOS

Como vimos nos capítulos anteriores, quando os alunos chegam à sala de aula, trazem consigo conhecimentos prévios sobre o que vão aprender. Na melhor das hipóteses, eles usarão esse conhecimento para dar sentido a novas informações e experiências. Se isso acontecer, conectarão o novo conhecimento com seus conhecimentos anteriores e, assim, expandirão seus esquemas, ou seja, as redes de saberes relacionados entre eles que moldam conceitos (e memórias). Em suma, aprenderão.

No entanto, uma coisa é ampliar os esquemas com novos dados (fatos, contextos, emoções, etc.), e outra bem diferente é reorganizar o conjunto de relações entre esses elementos para dar a eles um novo significado. É o que acontece quando as ideias dos alunos sobre algum assunto (p. ex., a causa das estações) são diferentes das ideias que queremos que eles aprendam. Modificar essas ideias não é tão simples quanto adicionar novas conexões. É preciso modificar as conexões existentes, e isso é realmente lento e custoso, sobretudo quando seus esquemas são sólidos, já que, nesse caso, há muitas conexões entre seus elementos, derivadas de múltiplas experiências, que os fortaleceram.

Por exemplo, o modelo incorreto da causa das estações do ano é reforçado pelas múltiplas experiências que os alunos têm sobre os efeitos de se aproximar ou se afastar de uma fonte de calor, sua percepção do Sol como a principal fonte de calor natural do planeta e a observação de diagramas do Sistema Solar com órbitas exageradamente elípticas presentes em alguns livros didáticos, que dão a entender que a Terra está muito mais longe do Sol em uma seção de sua órbita do que no oposto. Todas essas ideias estão conectadas formando uma concepção muito sólida e consistente do modelo das estações, que resistirá à mudança diante de uma nova explicação.

Nos casos em que as ideias dos alunos se chocam com as explicações ou os procedimentos formais que tentamos ensinar a eles, o que dificultará a aprendizagem não será tanto o que ainda não sabem, mas o que já sabem.

APRENDER NOVOS CONCEITOS

Nos capítulos anteriores, vimos que, para aprender, é necessário conectar novas informações de experiências de aprendizagem com nossos conhecimentos prévios por meio de relações associativas baseadas em significado ou contexto. Assim, em muitos casos, aprender pode consistir em acumular novos dados e fatos, bem como ampliar nossas redes conceituais. Essa informação chega à mente do aluno "por transmissão" e, para retê-la, ele deve conectá-la às suas redes de conhecimentos prévios por meio de relações semânticas. Dessa forma, os conceitos são ampliados com mais dados, que os fortalecem e flexibilizam. Essa é a maneira mais comum de aprendizagem.

Em muitos casos, no entanto, não queremos que os alunos aprendam novos fatos ou dados sobre um conceito que já conhecem corretamente; queremos ensinar diretamente um novo conceito. Nesse caso, é importante assumir que é impossível ensinar conceitos por transmissão. Os conceitos são construídos na mente do aluno, a partir do conhecimento disponível em sua memória de longo prazo. Em nossa empreitada, só podemos aspirar a promover mudanças na forma que os alunos estabelecem relações entre seus conhecimentos e, quem sabe, fornecer alguns novos conectores (dados novos) para orientá-los na construção de conceitos. No entanto, como indicamos, essa "religação" não é fácil. Ela exige tempo, inúmeras oportunidades e motivação por parte dos alunos.

A transformação dos esquemas mentais que leva ao aprendizado de novos conceitos é o que os pesquisadores em psicologia cognitiva e do desenvolvimento chamam de "mudança conceitual". Embora não haja um arcabouço teórico de consenso absoluto sobre sua natureza e seu desenvolvimento, o que fica claro é que se trata de um processo lento e complexo. Há também certo consenso sobre quais estratégias de ensino promovem mudança conceitual e quais não são tão eficazes.

TIPOS DE MUDANÇA CONCEITUAL

Há muitas formas de mudança conceitual, que diferem conforme seu grau de profundidade e sua dificuldade de ser produzida (Carey, 1991). De fato, os pesquisadores desse fenômeno mantêm um debate permanente sobre como classificar as diversas formas de mudança conceitual que podem ocorrer durante a aprendizagem.

A maioria dos especialistas concorda que é possível distinguir entre mudanças mais difíceis de ocorrer e mudanças que podem ocorrer com relativa facilidade, dependendo se envolvem reestruturação profunda das concepções originais dos alunos ou apenas mudanças superficiais. Além disso, alguns pesquisadores sugerem que mudanças mais complexas também podem ser diferenciadas de acordo com o grau de reorganização necessário, sobretudo quando desafia as crenças ontológicas essenciais dos estudantes, quando contraria suas ideias fundamentais sobre como o mundo ao seu redor é e funciona.

Os diversos objetivos de aprendizagem que buscamos na escola podem exigir diferentes tipos de mudança conceitual, que variarão em seu nível de complexidade e, portanto, na maneira mais adequada para abordá-los. Infelizmente, em muitas ocasiões, nós professores não estamos cientes disso e, por isso, podemos não adaptar nossos métodos de ensino adequadamente de acordo com o caso.

A mudança conceitual mais básica e, ao mesmo tempo, mais simples, consiste em ampliar um conceito adicionando novas propriedades sem desfazer nenhuma das propriedades que ele já tinha. Essa é uma mudança conceitual tão sutil que alguns pesquisadores nem a consideram uma mudança conceitual propriamente dita. Por exemplo, aprender sobre novos animais normalmente não requer mudança no conceito que o aluno tem de "animal". O aluno sabe que os animais são diversos em termos de tamanho, forma, hábitat, alimentação, etc. Portanto, observar novos animais com diferentes combinações dessas características pode ajudá-lo a ampliar sua compreensão sobre a diversidade animal, sem questionar os princípios básicos nos quais seu conceito do que é um animal se baseia. É claro que os novos espécimes de animais devem atender às características que o aluno utiliza para definir esse conceito. Caso contrário, estaremos diante de um caso mais profundo de mudança conceitual, que envolveria uma reestruturação da rede de conceitos. Isso é o que pode acontecer ao apresentar as esponjas-do--mar como animais.

Quando uma mudança conceitual requer uma reestruturação relevante, os conceitos envolvidos deixam de ter validade. Eles mudam não porque se expandem, mas porque modificam seu significado. Isso acontece, por exemplo, quando a ideia original é substituída por dois ou mais conceitos distintos, e nenhum deles corresponde à concepção original. Por exemplo, as crianças inicialmente combinam os conceitos de "morto", "não real" e "inanimado" em um conceito indiferenciado de "não vivo", o qual, mais tarde, distinguirão como três conceitos diferentes que descrevem tipos de objetos essencialmente distintos (Carey, 1985; 1999).

Em outros casos de reestruturação conceitual, a nova ideia une conceitos antes vistos como fundamentalmente diferentes. Por exemplo, primeiro, os alunos aprendem que sólidos e líquidos são fundamentalmente diferentes dos gases (Stavy, 1991; Smith *et al.*, 1997). No entanto, a introdução do conceito de matéria pode levá-los a compreender que todas elas são maneiras diferentes de apresentação da matéria.

Outra forma típica de mudança conceitual ocorre quando características consideradas centrais ou periféricas são modificadas para definir conceitos. Por exemplo, para formar um conceito biológico de ser vivo, que inclui plantas, fungos, microrganismos e animais, deve-se abandonar a ideia de que ser ativo e mover-se sem intervenção externa é um requisito básico para definir um ser vivo. Deve-se, em vez disso, focar em outras características, como ter um ciclo de vida (o que implica a reprodução, o crescimento e a morte) e realizar processos essenciais para a manutenção da vida (como nutrir e interagir com o ambiente). Essas mudanças, por sua vez, requerem mudanças coordenadas nas concepções de reprodução, crescimento, morte, nutrição e relacionamento, pois devem alcançar um significado mais abstrato que possa ser aplicado a organismos tão diferentes quanto animais e plantas (Duschl; Schweingruber; Shouse, 2007).

Aprender com compreensão requer que os alunos modifiquem seus conceitos iniciais para descrever objetos, eventos ou modelos explicativos, sobretudo quando estes não se encaixam com aqueles que queremos que eles aprendam. Quanto mais fortes são seus conceitos iniciais e quanto mais diferem dos conceitos a serem aprendidos, mais difícil é a mudança conceitual e, portanto, o aprendizado.

Neste ponto, parece oportuno lembrar ao leitor um fenômeno de que falei no primeiro capítulo do livro, ao tratar das vantagens do método científico para explicar como o mundo funciona: o viés de confirmação. Esse viés aparece quando experimentamos dissonância cognitiva porque recebemos informações que não condizem com nossas ideias anteriores. Diante dessa situação, o viés de confirmação nos induz a proteger nossas ideias de qualquer forma: reinterpretando a informação para se adequar, ignorando-a, esquecendo-a, procurando evidências que apoiem nossas ideias e nos permitam descartar as novas informações... Esse viés é um fenômeno que atesta nossa tendência a preservar nossos esquemas conceituais anteriores e que reflete como é difícil provocar uma mudança conceitual.

MUDANÇA CONCEITUAL E AULA EXPOSITIVA

Muitas vezes, identificamos a capacidade de ensinar em sala de aula com a capacidade de fazer explicações estruturadas e claras, ainda mais se elas são ricas em exemplos e conseguem promover o interesse e a atenção dos alunos. Essa é uma parte muito importante do ensino eficaz (veremos isso no Cap. 17, "Instrução"), mas vários estudos fornecem evidências de que uma boa explicação geralmente não é suficiente para produzir certos tipos de mudança conceitual.

Por exemplo, Stella Vosniadou e William Brewer (1992) entrevistaram 60 alunos de primeiro, terceiro e quinto anos para ver o que sabiam sobre a forma da Terra. A maioria dos alunos, de todos os anos, quando perguntado diretamente, respondeu que a Terra era redonda, como haviam aprendido na escola. Mesmo assim, quando os pesquisadores se aprofundavam um pouco em suas ideias por meio de perguntas indiretas ou pedindo-lhes que fizessem desenhos, a diversidade de concepções revelada era enorme e, muitas vezes, refletia aspectos apenas explicáveis por uma ideia de Terra plana, onde pessoas, animais e casas se situavam em cima (Fig. 5.2).

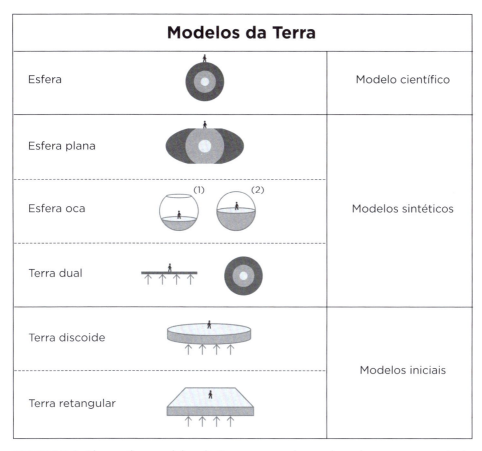

FIGURA 5.2 Alguns dos modelos da Terra que os alunos desenharam para o estudo de Vosniadou e Brewer (1992).

Essa observação, entre outras, levou Vosniadou a descrever modelos sintéticos: modelos explicativos que surgem quando o estudante tenta integrar os novos dados que recebe com suas ideias e modelos anteriores. Os alunos desse estudo acharam muito difícil abandonar a ideia de que existe um "acima" e um "abaixo" e conceber uma Terra redonda, não importa o quanto seus professores e outros adultos afirmassem isso.

Outro exemplo da dificuldade de provocar mudanças conceituais profundas por meio de explicações é dado por Dunbar, Fugelsang e Stein (2007). Em um estudo que realizaram com 50 estudantes universitários, primeiro comprovaram que apenas três deles usaram o modelo científico corretamente para explicar o fenômeno das estações. A maioria dos outros alunos deu a mesma explicação que os estudantes de Harvard no documentário citado no início deste capítulo (a distância entre a Terra o Sol) ou indicou que a Terra tinha um eixo inclinado de rotação e que era verão no hemisfério mais próximo do Sol. O mais surpreendente, no entanto, é que, depois de mostrar a eles um vídeo magistralmente desenvolvido pela Nasa, explicando o modelo científico das estações da maneira mais gráfica possível, apenas um deles mudou sua explicação para o cientificamente correto. Entre os demais alunos, porém, aumentou a alusão à inclinação do eixo de rotação da Terra e a explicação devida à distância relativa de cada hemisfério terrestre do Sol: "é verão no hemisfério que está mais próximo do Sol".

Esses pesquisadores analisaram, por meio de imagens de ressonância magnética funcional, o que acontece no cérebro de estudantes quando eles são expostos a observações que se encaixam ou não em seus conhecimentos prévios (Fugelsang; Dunbar, 2005). Especificamente, observaram que, quando apresentavam aos participantes dados consistentes com suas concepções, algumas áreas do cérebro envolvidas no aprendizado, o núcleo caudado e o giro para-hipocampal, apresentaram níveis de ativação acima da linha de base. No entanto, quando os participantes foram apresentados a dados inconsistentes com suas concepções, as áreas que apresentaram altos níveis de ativação foram o córtex cingulado anterior, o pré-cúneo e o córtex pré-frontal dorsolateral (Fig. 5.3). Acredita-se que o córtex cingulado anterior seja uma região do cérebro associada à detecção de erros e inibição da resposta, enquanto o córtex pré-frontal dorsolateral é uma das principais regiões envolvidas na memória de trabalho. Esses resultados indicam que, quando os dados que o aluno recebe são consistentes com seus conhecimentos prévios, pode ser fácil para eles serem incorporados às redes de conceitos existentes. Em contrapartida, esse experimento também mostra por que a mudança conceitual pode ser tão difícil: quando as pessoas recebem informações inconsistentes com suas ideias anteriores, o aprendizado não ocorre facilmente.

PROMOVENDO MUDANÇAS CONCEITUAIS EM SALA DE AULA

Como vimos, mudança conceitual não se trata apenas de enriquecer ideias preexistentes com mais dados, o que pode ser feito de forma otimizada por meio de aulas expositivas. A mudança conceitual envolve refazer as ideias nas quais o aluno baseia sua compreensão do mundo (e das novas ideias que recebe), que geralmente fazem parte de estruturas conceituais maiores, dotadas de coerência interna. Mudar uma ideia que se encaixa com muitas outras e que permite explicar muitos fenômenos não pode ser facilmente alcançado apenas com aulas expositivas. Não é que não seja possível, porque alguns alunos conseguem alcançá-lo espontaneamente, mas não é um método muito eficaz por si só, especialmente se o professor não tiver em mente a dificuldade envolvida na mudança conceitual em questão. Também não é impossível provocar mudanças conceituais simples ou imediatas por meio de outros métodos de ensino, mas temos evidências

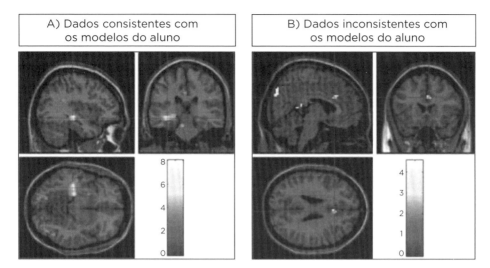

FIGURA 5.3 Imagem de ressonância magnética mostrando as regiões cerebrais ativadas acima da linha de base quando dados consistentes ou inconsistentes com as ideias anteriores dos alunos são apresentados (Fugelsang; Dunbar, 2005). A) Dados consistentes: núcleo caudado e giro para-hipocampal. B) Dados inconsistentes: córtex cingulado anterior, pré-cúneo e córtex pré-frontal dorsolateral.

sobre estratégias mais eficazes do que outras (Brown; Clement, 1989; Smith *et al.*, 1997; Stewart; Cartier; Passmore, 2005).

Para promover a mudança conceitual, é aconselhável, em primeiro lugar, que o aluno perceba de maneira explícita que suas ideias anteriores têm pontos fracos ou, simplesmente, que não permitem explicações satisfatórias em todas as situações. Por exemplo, no caso das estações, a explicação mais comum dada pelos estudantes (que no verão é mais quente porque a Terra está mais próxima do Sol) é questionada quando observamos que as estações não ocorrem ao mesmo tempo em todo o planeta: quando é verão no hemisfério norte, é inverno no hemisfério sul, e vice-versa. Esse "fato discrepante" pode servir como ponto de partida para que o aluno considere a busca por uma nova explicação, mas o processo que se seguirá para encontrá-lo provavelmente será ainda mais importante, dada a tendência cognitiva de desenvolver modelos sintéticos. Por exemplo, para integrar em seu modelo o fato de não haver a mesma estação nos dois hemisférios do planeta ao mesmo tempo e o dado fundamental da inclinação do eixo de rotação da Terra, os alunos tendem a adotar um modelo sintético que coloca um hemisfério mais próximo do Sol do que o outro, como mencionei antes.

Para que o estudante adote uma nova explicação, ela tem que atender a uma série de requisitos, como sua capacidade de explicar com sucesso tanto as situações que o modelo original já explicava quanto aquelas que ele não consegue explicar. Isto é, a nova explicação deve ser satisfatória em todos os casos. No entanto, além disso, é essencial que o novo modelo seja inteligível e coerente para o aluno (se encaixe com o restante de seus conhecimentos prévios) e que tenha capacidade preditiva (permita explicar com sucesso novas situações inicialmente não consideradas) (Posner *et al.*, 1982).

Além de tudo isso, não podemos esquecer que, para que ocorra a mudança conceitual, o aluno deve estar motivado para que isso aconteça, pois é um processo que requer tempo e vontade (Pintrich; Marx; Boyle, 1993).

ORIENTANDO OS ALUNOS PARA A MUDANÇA

O desenvolvimento de um novo modelo explicativo requer a orientação que pode ser proporcionada pelo professor, cujo trabalho se beneficiará de conhecer as concepções iniciais mais comuns em torno de cada conceito e as derivações que geralmente ocorrem na forma de modelos sintéticos. O papel do professor não será apenas proporcionar novos conhecimentos e experiências, mas também orientar os alunos em sua reconstrução conceitual e estabelecer as condições que o motivam. Para isso, pode usar algumas estratégias que ganharam apoio empírico, como a conversação pedagógica em um quadro de investigação guiada.

Proporcionar aos alunos experiências em contextos significativos que lhes permitam externalizar, compartilhar e discutir suas ideias a respeito de temas específicos pedindo a eles que argumentem sobre seu raciocínio é uma estratégia didática que facilita a mudança conceitual. Essa estratégia ajuda na mudança conceitual, ainda mais se a análise das novas situações a serem estudadas for organizada de forma progressiva, permitindo que partam de seus modelos e conduzindo-os, passo a passo, a construir novos modelos sobre os fundamentos de suas ideias por meio de uma sequência de novas experiências.

Por exemplo, em física, o conceito de "força normal" — a força que qualquer superfície exerce sobre um objeto que está em cima dele no sentido contrário ao da gravidade — é difícil para muitos estudantes assimilarem. Realmente, não é intuitivo aceitar que, quando um objeto está em repouso sobre uma mesa, ela exerce uma força sobre esse objeto que neutraliza a gravidade e impede que o objeto se dirija para o centro da Terra. Mesmo assim, podemos ajudar os alunos a conceituar essa situação partindo de outra em que, em vez de uma mesa, seguramos o objeto em nossas mãos. Quanto mais objetos seguramos, mais força precisamos fazer. Da mão, podemos passar para um apoio inanimado que os alunos aceitem que exerce uma força, como uma mola.

Por fim, a experimentação inicial combinando as molas e a mesa ajudará os alunos a entenderem que a mesa, na verdade, é como uma mola que faz força sobre os objetos em cima dela. Para que essa sequência seja efetiva, no entanto, é muito importante promover a reflexão e a discussão em cada etapa com a turma, facilitando que compartilhem seus pensamentos, argumentem, debatam e testem suas ideias. Por fim, convidar os alunos a aplicar explicitamente o novo modelo para explicar novas situações em novos contextos ou para resolver problemas reais os ajudará a consolidar a mudança conceitual (Brown; Clement, 1989).

Para promover a mudança conceitual, não há nada tão eficaz quanto oferecer oportunidades para que os alunos utilizem a nova explicação em múltiplas ocasiões e contextos (Markant *et al.*, 2016; Perkins; Salomon, 1992). Sem dúvida, o leitor se lembrará de que, toda vez que evocamos uma memória (ou conhecimento), submetemos essa memória a um processo de reconstrução que aumenta suas chances de ser alterada pela inclusão de novos detalhes relacionados a ela e pela perda de outros que ela incluía anteriormente. Em outras palavras, na evocação, o padrão de conexões entre os elementos que compõem um esquema, um conceito ou uma memória pode ser alterado. Desse modo, praticar a evocação do novo conceito ou modelo pode ajudar a promover mudanças conceituais de forma significativa (Karpicke, 2012).

AUTOEXPLICAÇÕES

Um dos métodos de prática da evocação que contribui para a aprendizagem conceitual é a autoexplicação: a prática em que o aluno tenta explicar a si mesmo o que aprendeu, com suas próprias palavras (Chi *et al.*, 1994). Explicar o que você aprendeu para uma terceira pessoa também teria esse efeito (portanto, uma das melhores maneiras de aprender é ensinar a terceiros). De qualquer forma, o importante é que o fato de se forçar a explicar o que foi aprendido obriga o aluno a dar estrutura e significado ao seu conhecimento. Nessa empreitada, promove a conexão entre conhecimentos prévios e novas informações, o que o obriga a acomodar estas últimas aos esquemas existentes, fazendo ajustes a esses esquemas se necessário. Em outras palavras, a autoexplicação evidencia conflitos conceituais e dá ao aluno a oportunidade de resolvê-los (Chi, 2000).

A prática da autoexplicação passou a ser estudada no âmbito da aprendizagem para resolução de problemas, e mostrou-se que, quando os alunos são chamados a explicar, passo a passo, como resolvem ou como resolveram um problema, seu aprendizado é mais robusto e transferível para novos problemas (Berry, 1983).

Posteriormente, evidenciou-se que a autoexplicação também contribui para a aquisição do conhecimento conceitual, melhora sua compreensão e o torna mais transferível (Chi *et al.*, 1994). Deve-se notar que a autoexplicação é mais robusta quando o aluno tenta conectar explicitamente o que está aprendendo com o que já sabe. Por exemplo, isso é o que aconteceria se tentasse fornecer exemplos do que aprendeu, se comparasse com outras ideias semelhantes ou se refletisse sobre sua plausibilidade, entre outras possibilidades. É o que no capítulo anterior apresentei como "elaborar".

Notavelmente, as evidências mostram que os alunos que obtêm bons resultados costumam usar espontaneamente a autoexplicação quando estudam (Chi *et al.*, 1989). Da mesma forma, quando os alunos são encorajados a se engajar nessa prática durante as sessões de aprendizagem, seus resultados melhoram (Bielaczyc; Pirolli; Brown, 1995). Podemos ensiná-los a fazer isso por conta própria, quando estudam, ou podemos provocar a necessidade de fazê-lo através de questionamentos que induzam a isso. Por exemplo, podemos ensiná-los a parar de vez em quando, enquanto leem, para explicar o que leram, ou podemos lhes dar algumas perguntas que devem responder no final da leitura. Como veremos no módulo sobre a regulação da aprendizagem, embora seja muito positivo que provoquemos as situações que melhor levam à aprendizagem, a longo prazo é melhor fazer com que os alunos desenvolvam o hábito de provocá-las por si mesmos.

TRANSFERÊNCIA DE APRENDIZAGEM

APRENDER PARA TRANSFERIR

Gostaria de iniciar este capítulo pedindo ao leitor que resolva um problema clássico que aparece em uma das pesquisas mais famosas sobre o tema que discutiremos aqui (Gick; Holyoak, 1980):

> Um general deve sitiar uma fortaleza e, para isso, precisa de todo o seu exército. Todas as rotas que levam à fortaleza estão cheias de minas, que só explodem caso um grande grupo de pessoas passe por cima delas. Supondo que as minas não possam ser desarmadas, como o general será capaz de conduzir seu exército até as muralhas da fortaleza?

A solução mais óbvia é dividir as tropas e distribuí-las pelas diferentes rotas que levam à fortaleza, para, por fim, unificá-las diante de seus portões.

E por que esse problema? Obviamente, na escola, não temos interesse em ensinar estratégia militar ou algo do tipo. Muitas vezes, usamos contextos de ensino que são muito diferentes dos contextos de aplicação de aprendizagem. No caso do problema anterior, embora a situação específica colocada seja a de um general que deve sitiar uma fortaleza, o objetivo da atividade é aprender que, diante de certos problemas, a solução é dividir as forças e abordar o objetivo a partir de diferentes frentes. A estratégia militar do "movimento de pinça", poderíamos dizer. Portanto, meu interesse como professor não é que meus alunos aprendam a sitiar fortalezas, mas que eles sejam capazes de aplicar os princípios que fundamentam a solução daquele problema para resolver outros problemas análogos, em contextos muito diferentes.

Sabemos que todo professor espera que o que ensina a seus alunos na sala de aula seja útil fora dela (ou nas aulas de outros professores). A educação formal visa, entre outras coisas, a proporcionar aos alunos conhecimentos e habilidades que eles possam usar no futuro para enfrentar as diversas situações que a vida lhes impõe, em benefício de seu desenvolvimento pessoal, social, acadêmico ou profissional.

Esse nobre propósito implica assumir que aquilo que os alunos aprendem em um contexto como a sala de aula, por meio de atividades específicas, terá repercussões no seu desempenho em situações relacionadas, mas situadas em contextos diferentes (às vezes, muito diferentes). Envolve confiar que os aprendizados serão transferíveis.

A transferência da aprendizagem ocorre quando o aluno pode apoiar-se nos conhecimentos ou habilidades que adquiriu em um contexto específico ou por meio de atividades específicas, para alcançar novos propósitos, resolvendo novos problemas, respondendo a novas perguntas ou aprendendo novos conceitos ou habilidades (Perkins; Salomon, 1992). Portanto, a educação formal opera sob o pressuposto da transferência.

Infelizmente, o problema é que, à luz de mais de um século de pesquisa, mostramos que a transferência de aprendizagem não ocorre de modo tão espontâneo quanto poderíamos acreditar. Pelo contrário, transferir a aprendizagem de um contexto para outro é realmente complicado e pouco frequente.

DOUTRINA DA DISCIPLINA FORMAL

No início do século XX, havia a noção de que algumas disciplinas escolares, como o latim ou o grego, eram fundamentais para a educação porque ajudavam a disciplinar a mente, ou seja, porque supostamente permitiam o desenvolvimento de uma série de habilidades cognitivas gerais (como atenção, raciocínio ou memória) que tinham um impacto positivo no desempenho dos alunos em qualquer outra disciplina. Essa ideia era conhecida como "doutrina da disciplina formal". Na verdade, ela já havia sido proposta por Platão (2003) há muitos séculos, quando escreveu sobre a necessidade de estudar alguns assuntos, como aritmética ou astronomia, para desenvolver o raciocínio especulativo, não tanto por seu valor prático. Ao longo da história, a educação continuou abraçando essa noção de transferência dada como certa, como refletem estas palavras de John Locke (1894) no século XVII:

> Para raciocinar bem, o homem deve exercitar-se frequentemente [...]. Nada alcança melhor esse propósito do que a matemática e, portanto, parece-me que ela deve ser ensinada a todos que têm tempo e oportunidade de aprendê-la.

Por alguma razão, a ideia de que determinadas matérias contribuem de forma geral para o desenvolvimento de habilidades cognitivas aplicáveis a qualquer contexto é altamente intuitiva (alguns diriam que é senso comum). No entanto, essa intuição está correta?

No início do século XX, Edward Thorndike e seus colegas decidiram investigar cientificamente a validade das premissas em que se baseava a doutrina da disciplina formal (Thorndike; Woodworth, 1901). Para isso, realizaram uma série de estudos que logo questionaram esses pressupostos. Já em seus primeiros experimentos, descobriram que a transferência de aprendizado entre atividades relativamente semelhantes era pouco frequente. Além disso, ao comparar o desempenho em outras disciplinas de alunos que haviam estudado latim (matéria a qual se atribuíam benefícios transferíveis a outras disciplinas) com aqueles que não tinham estudado o idioma, não encontraram diferença significativa (Thorndike, 1923). Seus estudos foram replicados várias vezes por outros pesquisadores, o que confirmou a fraqueza dos pressupostos comuns sobre a transferência de aprendizagem.

Consequentemente, Thorndike assumiu uma posição extremamente pessimista em relação à possibilidade de que a aprendizagem obtida em um contexto e em torno de conhecimentos específicos pudesse ser transferida para outros contextos. Na opinião do pesquisador, a transferência dependia da existência de "elementos idênticos" entre a atividade de aprendizagem e a atividade de execução. Isto é, a capacidade de transferência dependeria de quão semelhantes fossem os contextos de aprendizagem e aplicação dessa aprendizagem. Ele diferenciou dois tipos de transferências: a "transferência *próxima*", que ocorre entre atividades ou contextos idênticos ou muito semelhantes, e a "transferência *distante*", que ocorre entre contextos ou atividades aparentemente diferentes. A primeira é comum, mas a segunda não acontece muito.

Thorndike e seus colaboradores lançaram uma linha de pesquisa que até hoje produziu centenas de estudos sobre transferência de aprendizagem. Embora esses trabalhos, em conjunto, nos permitam ser um pouco mais otimistas do que Thorndike, eles não deixam de refletir que a transferência de aprendizagem distante é de fato excepcional (Barnett; Ceci, 2002).

Apesar disso, algumas reminiscências da doutrina da disciplina formal permanecem vigentes até hoje, por exemplo, quando se argumenta que aprender a programar contribui para melhorar a capacidade dos alunos de resolver problemas em geral (Wing, 2006). Embora a capacidade de programar possa ser muito útil em um mundo onde os computadores são onipresentes (assim como pode ser muito útil aprender a escrever de maneira eficaz com um teclado), estudos não encontraram evidências convincentes de que aprender a programar melhora a capacidade de resolver problemas em qualquer outro contexto (Grover; Pea, 2013).

Mais adiante, acrescentarei algumas nuances a essa afirmação, mas o que as evidências nos permitem sustentar é que aprender a programar contribui para o desenvolvimento de habilidades associadas à programação. Por exemplo, aprender a programar em determinada linguagem de programação ajuda você a aprender a programar em outras linguagens de programação (embora, às vezes, no início, também possa dificultar o aprendizado, o que é conhecido como "transferência negativa").

O que não é tão evidente à luz das evidências é que aprender a programar melhore nossa capacidade de resolver problemas em qualquer contexto (Perkins; Salomon, 1992). As evidências apoiam que a capacidade de resolver problemas (como outras habilidades cognitivas) não é tanto uma habilidade geral que pode ser aplicada a qualquer contexto, mas depende principalmente do contexto e do conhecimento relacionado a ele. Na verdade, essas estratégias gerais para resolver problemas que seriam transferíveis entre disciplinas têm sido chamadas de *métodos fracos*, enquanto as estratégias específicas da disciplina são conhecidas como *métodos fortes*.* Essas denominações referem-se à sua contribuição para a capacidade de resolver problemas (Mayer; Wittrock, 1996).

O leitor pode estar pensando que, quando os problemas que devemos resolver têm a mesma estrutura profunda de outros problemas que aprendemos a resolver (baseiam-se nos mesmos princípios, embora sua aparência seja diferente), talvez a transferência deva ocorrer. Embora seja assim mesmo, a verdade é que isso não é fácil acontecer. Por exemplo, um estudo clássico de Nunes-Carraher, Carraher e Schliemann (1985) descreve como as crianças brasileiras que trabalhavam vendendo itens nas ruas tinham grande capacidade de realizar cálculos matemáticos relacionados às transações monetárias que realizavam diariamente, mas tinham muito mais dificuldade para resolver os mesmos problemas matemáticos, com os mesmos números e operações, quando apresentados de forma abstrata ou através de problemas em contextos imaginários. Uma criança poderia facilmente calcular quantos cruzeiros (a moeda do Brasil na época) deveria cobrar de um comprador que queria 6 kg de melancia, a 50 cruzeiros/kg, mas tinha dificuldade em resolver a operação escrita como "6 × 50" ou resolver um problema em outro contexto que exigisse essa mesma operação (a saber, "Um pescador pescou 50 peixes. Outro pescador pescou seis vezes mais. Quantos peixes o segundo pescador pescou?").

Outro experimento clássico que mostra o quanto é difícil a transferência entre contextos ao resolver problemas foi dado por Gick e Holyoak, em 1980. Nesse caso, os pesquisadores apresentaram um problema para um grupo de estudantes universitários. O enunciado poderia ser resumido da seguinte forma:

---

* N. de R.T. Mayer e Wittrock (1996) chamam essas estratégias de *weak methods* e *strong methods*.

> Você é médico e deve tratar um paciente que tem um tumor maligno no estômago. O tumor é inoperável, mas existe um tratamento por emissão de um raio que, se aplicado com intensidade suficiente, pode destruir o tumor. O problema é que ele também destruirá todo o tecido saudável pelo qual passe. Que solução poderíamos dar para tratar o tumor do paciente?

Apenas alguns estudantes conseguiram resolver esse problema. Você conseguiu resolver? E se eu lhe dissesse que a solução é análoga à da história do general e da fortaleza no início deste capítulo? Os alunos do estudo de Gick e Holyoak haviam lido a mesma história sobre o general e a fortaleza minutos antes de enfrentar o problema do tumor e, no entanto, não perceberam que os dois problemas estavam relacionados. Ambos foram resolvidos com o mesmo princípio de dividir forças e atacar o problema de diferentes frentes, concentrando toda a força no objetivo. No caso do tumor, se raios de baixa intensidade forem emitidos de diferentes posições e convergirem para o tumor, é possível reduzi-lo sem afetar muito os tecidos pelos quais os raios devem passar até alcançá-lo. É assim que a radioterapia é aplicada em determinados casos.

Esses estudos e muitos outros refletem o fato de que nosso cérebro tem uma tendência marcante a aprender com o que é concreto e associar o aprendizado aos contextos específicos em que foi aprendido. Aprendemos preferencialmente a partir de algo concreto. Não por acaso, dar exemplos quando explicamos um conceito é essencial para facilitar a compreensão. Nosso cérebro evoluiu para aprender com anedotas (Willingham, 2002). Thorndike e Woodworth já expressavam isso em 1901:

> A mente é [...] uma máquina de gerar reações específicas a situações específicas. Trabalha meticulosamente, adaptando-se às informações específicas que vivenciou [...]. Melhorias em qualquer uma de suas funções raramente levam a melhorias equivalentes em suas outras funções, por mais semelhantes que sejam, uma vez que o desempenho de qualquer função é condicionado pela natureza da informação de cada caso particular (Thorndike; Woodworth, 1901, p. 248, tradução nossa).

Segundo os modelos atuais da psicologia cognitiva, esse fenômeno seria uma consequência do modo que a aprendizagem funciona: quando aprendemos, vinculamos a nova informação a um conjunto de conhecimentos prévios com os quais a relacionamos semanticamente. Como o leitor recordará, esses conjuntos de conhecimentos ligados por relações de sentido são chamados de "esquemas". Portanto, poderíamos dizer que as novas informações estão ligadas a determinados esquemas. Para evocar o que foi aprendido no futuro, então, é necessário que algum estímulo ative os esquemas aos quais a nova informação foi associada. Se a associação foi feita de acordo com as características superficiais do exemplo utilizado (táticas militares, por exemplo), dificilmente esse conhecimento será ativado em uma situação que evoque conhecimentos associados a outros esquemas (tratamentos médicos). Em síntese, a capacidade de transferir conhecimento para um novo contexto dependerá de que os esquemas aos quais vinculamos esse conhecimento durante a aprendizagem sejam ativados quando for apropriado aplicá-los (Morris; Bransford; Franks, 1977).

A desvantagem dessa forma de operar a memória é que ela torna muito difícil que percebamos a possibilidade de aplicar o conhecimento obtido em um contexto a outros contextos diferentes. Assim, mesmo quando duas situações são análogas e podem ser resolvidas com o mesmo conhecimento, notar isso é improvável se sua aparência superficial é muito diferente.

Contudo, a boa notícia é que a transferência distante não é impossível. Na verdade, se é fornecida uma pista de que dois problemas aparentemente distintos estão relacionados, a transferência é acionada. Precisamente, no experimento de Gick e Holyoak (1980), quando os pesquisadores indicaram aos alunos que o problema estava relacionado à história da fortaleza, 90% sabiam como resolvê-lo. Talvez o leitor tenha experimentado a mesma coisa. Portanto, apesar da tendência que temos de aprender associando o que aprendemos a contextos muito específicos, não significa que devamos renunciar à transferência distante. É apenas mais difícil do que costumamos pensar. Assim, a transferência distante torna-se mais provável se certas condições que podemos promover forem atendidas. Veremos a continuação.

FATORES FACILITADORES DA TRANSFERÊNCIA

Expliquei anteriormente por que é tão difícil transferir aprendizagem. O que aprendemos está ligado a outros conhecimentos por meio de relações de significado, e esse conhecimento determina o contexto em que a aprendizagem será ativada em ocasiões futuras. Se vinculei o que aprendi com esquemas relacionados a façanhas bélicas, dificilmente o evocarei em um contexto médico. O problema, portanto, seria resolvido se também vinculasse tal aprendizagem ao segundo contexto.

O conhecimento torna-se mais transferível quanto mais contextos conectamos durante a aprendizagem (Gick; Holyoak, 1983; Bransford *et al.*, 1990). Para isso, inevitavelmente, é preciso oferecer tempo e oportunidades. Em cada oportunidade de aprendizado, só podemos vincular o que aprendemos a alguns conhecimentos prévios: aqueles que podemos manter de maneira simultânea na memória de trabalho. O gargalo que constitui a capacidade limitada de memória de trabalho torna impossível desenvolver conhecimento flexível e altamente transferível se o tempo necessário para trabalhar com o que foi aprendido em múltiplos contextos (de preferência espaçados) não for fornecido. Quando o aluno é desafiado a identificar ou empregar as mesmas ideias ou procedimentos em diferentes contextos, ele é ajudado a abstrair espontaneamente seus princípios subjacentes e torná-los menos dependentes do contexto superficial em que foram aprendidos.

Além disso, se o uso de exemplos concretos em contextos diversos for combinado com a apresentação explícita dos princípios abstratos que esses exemplos compartilham, visando a orientar e promover expressamente a abstração, a capacidade de transferência é ainda maior (Schwartz *et al.*, 1999). Exercícios destinados a identificar a estrutura profunda comum de casos aparentemente diferentes, comparando-os, também são bastante eficazes (Gentner; Loewenstein; Thompson, 2004). Quando, por exemplo, ensinamos aos alunos sobre eventos históricos, é aconselhável ajudá-los a extrair e vislumbrar os princípios básicos que os caracterizam e os igualam a outros eventos de outro tempo ou lugar, incluindo a atualidade. Se o que estamos ensinando é a medir a área de objetos retangulares (mesas, campos de futebol, telas, paredes, etc.), embora seja óbvio para nós, não custa nada explicitar o princípio abstrato que todos esses casos têm em comum: o de que são figuras retangulares. Não se trata de escolher entre ensinar com exemplos concretos ou ensinar a partir da abstração, mas de combinar ambas as abordagens (Schwartz *et al.*, 1999).

Até onde sabemos, a aprendizagem por meio de exemplos ou contextos específicos pode ser positiva para os estágios iniciais da aprendizagem (Bransford *et al.*, 1990). No entanto, a partir daí cabe enriquecer as experiências de aprendizagem com outros casos que evitem a "supercontextualização" do que é aprendido, ou seja, que está muito ligado a um único contexto e é praticamente impossível de transferir. Por isso, recomenda-se que os métodos baseados na aprendizagem por projetos, casos ou problemas levem em conta essa desvantagem decorrente da natureza da aprendizagem e incluam atividades "remediadoras", como desafios que impliquem o desenvolvimento de soluções para uma ampla gama de problemas, em vez de se limitarem a um problema específico; atividades do tipo "o que aconteceria se...", que obrigam os alunos a refletirem sobre as consequências da mudança de algumas variáveis do problema a ser resolvido; entre outras. Além disso, podemos ampliar as perspectivas possíveis para enfrentar o desafio, ou simplesmente prolongar a atividade para aplicar o que foi aprendido em novas situações (Bransford; Brown; Cocking, 2000).

> **NOTA** Disciplina formal e ponto cego do especialista
>
> A doutrina da disciplina formal afirma que certas disciplinas, como programação de computadores ou latim, permitem o desenvolvimento de habilidades gerais que o aluno pode transferir para outros contextos muito diferentes. Essa noção é intuitiva, mas, quando a colocamos à prova, vemos que não é totalmente precisa.
>
> Entre outros motivos, as premissas da disciplina formal parecem corretas porque os especialistas em determinado assunto costumam ter a capacidade de usar seus conhecimentos de forma que transcende sua disciplina. No entanto, isso só é possível porque eles têm conhecimento muito profundo sobre sua especialidade, rico em conexões e ligado a uma infinidade de contextos de aplicação, que lhes permitem perceber e abstrair padrões familiares em situações muito diferentes daquelas do contexto do seu tema. Entretanto, dificilmente um aluno alcançará essa habilidade se não desenvolver um aprendizado de profundidade semelhante. Em outras palavras, o fato de incorporarmos uma disciplina ao currículo sob a premissa da disciplina formal não significa que alcançaremos os objetivos gerais de transferência que ela busca atingir.
>
> No Capítulo 8, "Aprendizagem profunda", falarei sobre o ponto cego do especialista (também conhecido como "maldição do conhecimento"), observado quando os especialistas tendem a desconhecer a dificuldade envolvida em fazer o que fazem e não percebem todo o conhecimento que precisaram adquirir para alcançá-lo. Esse fenômeno contribui para validar a doutrina da disciplina formal em situações em que os alunos não atingirão o nível de conhecimento profundo exigido pela capacidade de transferência esperada.

A transferência distante é mais provável quando o aprendizado é profundo, conectando-se a múltiplos esquemas e, consequentemente, envolvendo alguma abstração, isto é, quando a aprendizagem se produz com compreensão. Portanto, quando ensinamos visando à compreensão e não meramente à reprodução de dados ou procedimentos, promovemos a capacidade de transferência. Inúmeros experimentos mostram isso.

Talvez um dos estudos mais incipientes tenha sido o de Schoklow e Judd, no início do século XX (Judd, 1908). Esses pesquisadores convidaram dois grupos de estudantes para praticar o lançamento de dardos e alcançar um alvo que estava alguns centímetros debaixo d'água. Um dos grupos também recebeu uma aula sobre o efeito refrativo que a luz experimenta quando muda de meio, o que faz com que os raios de luz sejam desviados quando transitam entre a água e o ar. Ambos os grupos praticaram até alcançarem um desempenho aceitável para uma situação em que o alvo estivesse localizado 12 centímetros debaixo d'água. No entanto, quando se testou a pontaria para um alvo que tinha quatro centímetros de profundidade, o grupo que havia entendido o efeito da refração se saiu muito melhor.

Talvez ainda mais interessante para os professores seja o trabalho de Wertheimer (1959), que estudou como o modo de ensinar alguns procedimentos para determinar áreas de figuras geométricas poderia influenciar a capacidade subsequente de transferir tais conhecimentos. Ele comparou um método de ensino computacional (reprodutivo) com um conceitual (com compreensão). Especificamente, trabalhou com alunos que conheciam a fórmula para calcular a área de um retângulo e os ensinou a calcular a área de outros paralelogramos. Ensinou a um grupo que a fórmula que deveriam aplicar era multiplicar a base pela altura, sendo a altura o comprimento de uma linha perpendicular à base, que se projeta dela para o lado superior do polígono (Fig. 6.1).

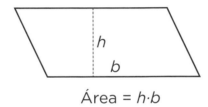

FIGURA 6.1

Em vez disso, o outro grupo aprendeu que um paralelogramo não retangular pode ser reconfigurado para demonstrar que, na verdade, sua área é equivalente à de um retângulo com a mesma base e a mesma altura (Fig. 6.2).

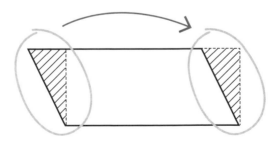

FIGURA 6.2

Em seguida, os alunos fizeram um teste avaliativo para medir seus conhecimentos. Embora os dois grupos tenham apresentado o mesmo desempenho na resolução de áreas de paralelogramos típicos, apenas os do segundo grupo foram capazes de resolver casos como os da Figura 6.3.

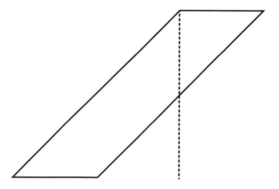

FIGURA 6.3

Além disso, apenas os alunos do segundo grupo conseguiram distinguir problemas solucionáveis de problemas não solucionáveis, como os mostrados na Figura 6.4.

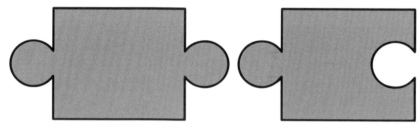

FIGURA 6.4

Alguns estudantes do grupo que aprendeu a calcular as áreas sem entender o motivo da fórmula expressaram que "ainda não tinham estudado esse tipo de problemas".

Portanto, a maneira como o aluno aborda a aprendizagem (e a maneira como o professor a promove) determina o grau em que ela será acompanhada de compreensão, o que, por sua vez, afetará seu potencial de transferência (Mayer, 2002). Por essa simples razão, falarei a seguir sobre o tipo de atividades que promovem a aprendizagem com compreensão.

APRENDIZAGEM COM COMPREENSÃO

O exemplo anterior, sobre duas maneiras diferentes de ensinar a medir a área de um paralelogramo, reflete perfeitamente a diferença entre aprender com compreensão e aprender para fins puramente reprodutivos. Se a aprendizagem é definida como a aquisição de conhecimentos e habilidades, essa distinção entre diferentes tipos de aprendizagem mostra que aprender é necessariamente mais do que isso. Enquanto a aprendizagem reprodutiva só nos permite lembrar do que foi aprendido anteriormente, a aprendizagem com compreensão torna possível usá-la em novas situações. Poderíamos dizer que a primeira gera um conhecimento que olha para o passado, já a segunda foca no futuro (Mayer, 2002). Por exemplo, a aprendizagem reprodutiva permite descrever o que é um ecossistema, e a aprendizagem com compreensão permite propor uma explicação das consequências que o desaparecimento de uma determinada espécie teria para um ecossistema específico. Portanto, apenas a segunda permite a transferência, pois, para transferir a aprendizagem, é necessário dar a ela significado e ser capaz de utilizá-la (Bransford; Brown; Cocking, 2000).

Aprender com compreensão (equivalente ao que, nos capítulos anteriores, chamei de "aprendizagem significativa") permite realizar toda uma série de atividades cognitivas que vão além da mera evocação literal do que foi aprendido. O leitor provavelmente conhece a chamada "taxonomia de Bloom". É uma classificação de objetivos de aprendizagem definidos de acordo com o tipo de atividades cognitivas que somos capazes de realizar com o que aprendemos (Bloom, 1956). A forma que a taxonomia de Bloom se popularizou é como uma classificação hierárquica, na base da qual estaria a capacidade de lembrar, ou seja, de reproduzir informações, o que apoiaria a possibilidade de realizar outras ações, todas associadas a uma aprendizagem mais profunda, acompanhada de compreensão. Não vou discutir aqui se essas categorias superiores à mera capacidade de lembrar informações devem ser interpretadas hierarquicamente ou não (a taxonomia original não é hierárquica). O fato é que elas nos fornecem uma estrutura muito útil para classificar os tipos de atividades associadas à aprendizagem significativa. Quando se trata de promover a transferência, esses são os tipos de atividades para os quais devemos orientar a aprendizagem.

Para que o leitor possa ter uma ideia mais concreta de quais categorias distinguem os diversos objetivos de aprendizagem, reproduzo na Tabela 6.1 a atualização da taxonomia de Bloom que uma equipe multidisciplinar de pesquisadores (psicólogos cognitivos, especialistas em didática e especialistas em avaliação) publicou em 2001, com base nos avanços obtidos na ciência de ensino e aprendizagem. Nela também estão detalhados os vários processos cognitivos que estariam associados a cada categoria (deve-se notar que essa atualização também não é hierárquica).

TABELA 6.1 Processos cognitivos que podem ser realizados com o conhecimento adquirido, em função da flexibilidade alcançada

CATEGORIAS E PROCESSOS COGNITIVOS	NOMES ALTERNATIVOS	DEFINIÇÕES
1. Recordar: recuperar informações relevantes da memória de longo prazo.		
1.1 Reconhecer	Identificar	Confirmar se a informação que se apresenta explicitamente já está na memória de longo prazo.
1.2 Rememorar	Reproduzir	Extrair informações da memória de longo prazo a partir de algum estímulo.
2. Compreender: dar significado à informação que processamos.		
2.1 Interpretar	Esclarecer, parafrasear, representar, traduzir	Mudar de uma forma de representação (p. ex., verbal) para outra (p. ex., numérica).
2.2 Exemplificar	Ilustrar	Propor exemplos que ilustrem uma ideia ou um princípio.
2.3 Classificar	Categorizar, agrupar	Determinar que algo pertence a uma categoria (um conceito ou princípio).
2.4 Resumir	Abstrair, generalizar	Extrair as principais ideias ou dados de uma informação.
2.5 Inferir	Concluir, extrapolar, interpolar, prever	Tirar conclusões a partir das informações apresentadas.
2.6 Comparar	Contrastar, mapear, relacionar	Detectar correspondências entre duas ideias, objetos ou acontecimentos.
2.7 Explicar	Modelar	Construir modelos de causa-efeito.
3. Aplicar: empregar um procedimento em determinada situação.		
3.1 Executar	Fazer	Aplicar um procedimento em uma tarefa familiar.
3.2 Implementar	Utilizar	Aplicar um procedimento em uma tarefa desconhecida.
4. Analisar: desintegrar o objeto de aprendizagem em suas partes e determinar como estas se relacionam entre si e com o todo.		
4.1 Diferenciar	Discriminar, distinguir, selecionar, focalizar	Distinguir os elementos relevantes dos irrelevantes.

(Continua)

TABELA 6.1 Processos cognitivos que podem ser realizados com o conhecimento adquirido, em função da flexibilidade alcançada (*Continuação*)

CATEGORIAS E PROCESSOS COGNITIVOS	NOMES ALTERNATIVOS	DEFINIÇÕES
4.2 Organizar	Integrar, estruturar, esquematizar, dissecar	Determinar como os elementos se ajustam ou funcionam em uma estrutura.
4.3 Atribuir	Desconstruir	Determinar a perspectiva, o viés ou o duplo sentido da informação.
5. Avaliar: fazer julgamentos com base em critérios ou padrões.		
5.1 Comprovar	Coordenar, detectar, monitorar, testar	Detectar inconsistências internas ou falácias em um processo ou produto. Determinar a eficácia de um processo.
5.2 Criticar	Julgar	Detectar inconsistências em um processo ou produto em relação a critérios externos. Determinar a adequação de um procedimento para resolver determinado problema.
6. Criar: unir elementos para formar um todo coerente ou funcional, reorganizar elementos para formar um novo padrão ou uma nova estrutura.		
6.1 Gerar	Criar hipóteses	Propor hipóteses alternativas com base em um critério.
6.2 Planejar	Projetar	Conceber um processo ou um objeto que cumpra alguma função.
6.3 Produzir	Construir	Elaborar um produto.

Fonte: Adaptada de Anderson *et al.* (2001).

Fica claro que os processos cognitivos incluídos nas categorias diferentes de "recordar" estão intimamente relacionados. As diferenças entre eles são, por vezes, uma questão de nuance. De qualquer forma, o importante é que qualquer atividade que exija algum desses processos levará o aluno a tentar dar sentido ao que aprende e, portanto, promoverá o desenvolvimento de uma aprendizagem significativa e transferível. Além disso, essas atividades também proporcionarão oportunidades para avaliar a aprendizagem em relação à capacidade de transferência. Serão úteis tanto para promover a aprendizagem transferível quanto para avaliá-la. Em resumo, o tipo de atividade que permite desenvolver a transferência é o mesmo que permite testá-la.

Vale ressaltar que duas atividades de aprendizagem podem parecer igualmente eficazes quando avaliamos apenas a capacidade de reproduzir conhecimentos ou habilidades, mas podem mostrar-se muito diferentes se avaliarmos a capacidade de transferência (Bransford; Schwartz, 1999).

> **NOTA** Contexto físico e transferência
>
> Os conhecimentos aos quais vinculamos o que aprendemos também dependem do contexto físico em que nos encontramos. Associamos o que estamos aprendendo com o conhecimento sobre onde, quando, como ou com quem estamos aprendendo.
>
> Em certo experimento, dividiram-se os alunos em dois grupos. O primeiro grupo fez a prova na mesma sala de aula em que aprendeu o conteúdo, e o segundo grupo fez a prova em outra sala de aula (Smith; Glenberg; Bjork, 1978). Como era de se esperar, os alunos do primeiro grupo tiveram melhor desempenho do que os do segundo, pois a transferência é mais fácil quanto mais semelhantes forem os contextos de aprendizagem e avaliação, mesmo quando esse contexto é determinado pelo ambiente físico em que estamos.
>
> Em outro experimento, um grupo de alunos realizou várias sessões de estudo em diferentes salas de aula, e outro grupo conduziu as sessões sempre na mesma sala de aula. Ambos os grupos foram avaliados em uma sala de aula nova para todos, e os do primeiro grupo tiveram melhor desempenho (Smith, 1982). Isso estaria relacionado ao fato de que a combinação de diferentes contextos de aprendizagem contribui para o desenvolvimento de conhecimentos mais flexíveis. Nesse caso, isso evitaria a associação do que aprendemos com conhecimentos irrelevantes da situação de aprendizagem, como o local onde estudamos ou o capítulo do livro didático que lemos. A combinação de contextos permite abstrair princípios significativos do que você aprende.
>
> No entanto, embora esses estudos sejam muito marcantes, os efeitos do contexto físico sobre a capacidade de transferência são geralmente pequenos e, em muitos casos, indetectáveis (Smith; Vela, 2001). Portanto, não vale a pena considerar grandes medidas disruptivas para a organização do centro educacional com o objetivo de proporcionar ambientes de aprendizagem diversificados. É muito mais produtivo focar em proporcionar diversos exemplos ou contextos de aplicação para relacionar o que está sendo aprendido.

APRENDER É TRANSFERIR

Não gostaria de encerrar este capítulo sem destacar um fato interessante que está implícito na relação entre aprendizagem e transferência. Uma das consequências do modelo cognitivo de aprendizagem é que, quando aprendemos, transferimos. Isso porque o ato de aprender envolve a ativação de conhecimentos prévios que são transcendentes para o que está sendo aprendido, com vistas a conectá-los a ele. Aprender requer aplicar o que já sabemos à nova situação colocada pela atividade de aprendizagem.

Uma das evidências mais importantes da transferência é a facilidade de aprender algo novo. A transferência não ocorre apenas quando usamos o que sabemos para responder perguntas ou resolver novos problemas, mas também quando o que já sabemos nos ajuda a aprender coisas novas. Paradoxalmente, também ocorre quando o que sabemos dificulta novas aprendizagens, como quando o conhecimento de um idioma interfere na aprendizagem de um segundo idioma. Um exemplo é quando o domínio da gramática espanhola interfere na construção de frases em inglês ou quando temos dificuldade em lembrar o significado de palavras que são muito semelhantes em ambas os idiomas, mas têm significados diferentes (p. ex., a palavra "*sensible*", do inglês, significa "sensato", não "sensível"). Nesses casos, como mencionei anteriormente, trata-se de uma transferência negativa, que geralmente ocorre nos estágios iniciais da aprendizagem.

De qualquer forma, o fato a ressaltar é que aprender é um ato de transferência de aprendizagens anteriores.

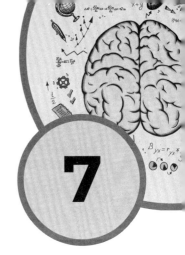

MEMÓRIA DE TRABALHO

PARA ALÉM DE UMA MEMÓRIA DE CURTO PRAZO

A quantidade de coisas que podemos aprender e armazenar em nossa memória de longo prazo é potencialmente ilimitada. No entanto, não estamos cientes de tudo o que sabemos, pois só podemos evocar simultaneamente alguns detalhes. Quando evocamos algum de nossos conhecimentos ou recordações, os localizamos na chamada "memória de trabalho". Quando pegamos uma informação do nosso entorno e a conservamos temporariamente para usá-la ou manipulá-la, como quando retemos um número de telefone antes de anotá-lo, também a localizamos em nossa memória de trabalho.

Em psicologia, os termos "memória de trabalho", ou "memória operacional", são utilizados para descrever nossa capacidade de manter e manipular mentalmente e de forma consciente uma quantidade limitada de informações durante curtos períodos (Baddeley; Hitch, 1974). Esses termos substituem e superam o conceito clássico de memória de curto prazo, pois ressaltam o fato de que essa capacidade não apenas nos permite conservar informações por um curto período mas também nos permite manipulá-la, bem como combiná-la com informações procedentes de nossa memória de longo prazo. Por exemplo, podemos manter a palavra "dinossauro" em nossa memória de trabalho, mas também podemos brincar mentalmente com suas letras para criar palavras, como "duro" ou "sonora", que sabemos que existem porque estão em nossa memória de longo prazo. O Quadro 7.1 lista outros exemplos de situações cotidianas em que usamos a memória de trabalho.

QUADRO 7.1 Exemplos de atividades que realizamos com a memória de trabalho

> Manipular as letras de uma palavra como "dinossauro" é apenas uma das atividades que podemos realizar com nossa memória de trabalho, por exemplo:
> - lembrar a pergunta que nos fizeram enquanto a respondemos;
> - imaginar como ficaria a sala se mudássemos os móveis de lugar;
> - calcular a divisão do valor de um presente comprado em grupo;
> - reter um número de telefone, endereço de e-mail ou placa de carro enquanto pegamos uma caneta e papel para anotá-los;
> - resolver um problema aplicando princípios lógicos com os recursos que temos à nossa disposição;
> - analisar e interpretar dados de gráficos em um jornal;
> - seguir uma sequência de instruções que nos dizem em voz alta, como: "na rotatória, vire à direita, depois, na segunda rua, vire à esquerda, e, um pouco mais adiante, você vai ver o prédio em frente à escola";
> - recordar o início de uma frase ou um parágrafo que estamos terminando de ler.

A memória operacional nos permite manter informações importantes enquanto as processamos de forma consciente. É a função cognitiva que opera com a informação à qual estamos prestando atenção a cada momento, seja ela vinda de fora ou de nossa memória de longo prazo. Embora tecnicamente seja considerada um processo cognitivo, para o trabalho em questão é útil entendê-la como um espaço de trabalho mental. O espaço mental onde percebemos conscientemente a realidade, onde lembramos, onde raciocinamos e onde imaginamos.

LIMITAÇÕES DA MEMÓRIA DE TRABALHO

Infelizmente, a memória de trabalho é limitada de várias maneiras e pode facilmente falhar quando mais precisamos. Em primeiro lugar, para manter a informação na memória de trabalho, não podemos deixar de prestar atenção a ela e devemos evitar distrações. Um pensamento espontâneo que vem à mente ou a interrupção de alguém que fala conosco, um alarme de incêndio ou um telefone tocando podem ser suficientes para desviar nossa atenção, perdendo subitamente as informações que estávamos segurando e manipulando na memória de trabalho.

Nosso sistema atencional nos força a desviar a atenção para qualquer estímulo pendente no ambiente, não importa quão concentrados estejamos, como quando ouvimos um estrondo na sala de aula ao lado. É uma característica adaptativa ancestral do nosso cérebro. Da mesma forma, achamos difícil ignorar o que alguém nos diz de repente, como "Vamos jantar!" (os adolescentes nos ouvem, mesmo que às vezes finjam que não). A clássica piada de dizer números aleatórios em voz alta quando alguém tenta se lembrar de um número de telefone é baseada nesse fato.

No entanto, a limitação mais cruel de nossa memória de trabalho é provavelmente sua estrita restrição de espaço (Miller, 1956). Há um limite para a quantidade de informações que podemos manter na memória de trabalho. Por exemplo, a maioria de nós poderia calcular 43 × 5 sem usar calculadora ou papel e caneta, com relativa facilidade, mas provavelmente não seríamos capazes de multiplicar os números 494 e 927, simplesmente porque a quantidade de informações que devem ser mantidas na memória de trabalho ao realizar esse cálculo excede a capacidade da maioria das pessoas. Quando tentamos reter muita informação, a memória de trabalho transborda, e a informação é perdida.

Além disso, atividades que exigem alto processamento mental, como empregar algoritmos de multiplicação ao realizar cálculos mentais, reduzem a quantidade de espaço na memória de trabalho disponível para armazenar informações, o que pode resultar na perda de dados que foram inicialmente mantidos. É o que aconteceria se, ao aplicar o processo de multiplicação de dois grandes números, esquecêssemos quais números estávamos multiplicando. Para conseguir, devemos começar de novo.

Por fim, controlar o que ocupa o espaço limitado de nossa memória de trabalho nem sempre é fácil. Já mencionamos a impossibilidade de evitar distrações que vêm de estímulos marcantes, como quando, de repente, alguém grita "Fogo!" ou quando um amigo fala números aleatórios enquanto tentamos lembrar o telefone de alguém importante. No entanto, além disso, a memória de trabalho é muito sensível ao estresse e à ansiedade, estados emocionais que a sobrecarregam de pensamentos alheios à tarefa que queremos realizar, seja aprender algo novo, seja responder a uma pergunta em uma prova, o que a torna quase impossível. Também é conhecida sua curiosa fraqueza musical, quando nos obriga a ouvir mentalmente, uma vez atrás da outra, uma música ou melodia que ouvimos recentemente, mesmo que não queiramos ficar repetindo — e daríamos qualquer coisa para que abandonasse nossa memória de trabalho.

> **NOTA** Atenção e memória de trabalho
>
> Os conceitos de "atenção" e "memória de trabalho" estão relacionados. Do ponto de vista cognitivo, a atenção poderia ser definida como o processo que permite selecionar as informações que entram e são mantidas na memória de trabalho. Portanto, quando dizemos que só podemos prestar atenção a uma quantidade limitada de informações em um momento específico, estamos, na verdade, apelando para a limitação de capacidade da memória de trabalho, na qual cabe apenas uma pequena quantidade de informação.
>
> A atenção é um processo dinâmico que muda de foco continuamente, gostemos ou não. Como mencionei antes, o sistema atencional evoluiu para priorizar qualquer estímulo excepcional. É uma questão de sobrevivência. Embora não haja nenhum estímulo pendente, a atenção não para de ir e vir daqui para lá. Portanto, no contexto de uma aula, não faz muito sentido dizer que "a atenção dura um tanto ou outro", exceto em tarefas que exigem muita concentração. Falar sobre a duração da atenção em sala de aula não é tão relevante quanto falar sobre motivação, que é o que realmente nos leva a redirecionar a atenção repetidamente para atividades de aprendizagem e que, na prática, não conhece limites, exceto o cansaço físico.
>
> Claro, isso não significa que não seja um inconveniente ter transtorno de déficit de atenção. A capacidade de manter a atenção em uma tarefa específica e não se distrair com outros estímulos ou pensamentos (controle inibitório) e a capacidade de mudar o foco da atenção rapidamente (flexibilidade cognitiva) são dois processos cognitivos superiores que, juntamente com a memória de trabalho, constituem as chamadas "funções executivas" (Diamond, 2013). Essas funções estão relacionadas a habilidades humanas como capacidade de planejamento, autocontrole do comportamento e resolução de problemas, entre outras. Como veremos em vários momentos ao longo deste livro, as funções executivas são fundamentais para os processos de aprendizagem.

COMPONENTES DA MEMÓRIA DE TRABALHO

Como vimos, a memória de trabalho pode ser preenchida com informações de duas fontes possíveis: os sentidos ou a memória de longo prazo. Desse modo, podemos preencher a memória de trabalho com a informação que estamos vendo ou ouvindo neste exato momento, como a que você está lendo agora, ou podemos preenchê-la com informações procedentes de nossa memória de longo prazo, como vai acontecer se eu propuser que você pense em um urso-panda. Essa imagem do panda que agora está em sua memória de trabalho vem de sua memória de longo prazo.

O leitor já deve ter percebido que é possível visualizar um urso-panda e ainda continuar lendo, certo? Embora a memória de trabalho seja limitada e não nos permita reter muitas informações ao mesmo tempo, o fato é que ela tem compartimentos diferentes (e relativamente independentes), dependendo do tipo de informação em questão (Baddeley; Hitch, 1974). Em especial, sabemos que a memória de trabalho tem um componente que processa informações visuais — como a imagem do urso panda —, e outro que manipula informações auditivas — como a pequena voz interior que lê essas palavras. O fato é que a memória de trabalho é capaz de processar esses dois tipos de informação ao mesmo tempo, com quase nenhuma interferência entre eles. Em vez disso, tentar realizar duas ou mais tarefas mentais com o mesmo tipo de informação ao mesmo tempo rapidamente colapsa sua capacidade.

Essa particularidade da memória de trabalho tem implicação óbvia: podemos otimizar a aprendizagem se utilizarmos os dois compartimentos ao mesmo tempo, visual e auditivo, sempre que possível (Mousavi; Low; Sweller, 1995). Além disso, esse fenômeno está relacionado à chamada "teoria da codificação dual", cujas repercussões na aprendizagem são muito relevantes (Paivio, 1971; 1991). Quando uma explicação verbal (oral ou textual) é combinada com recursos visuais ou quando os alunos são induzidos a relacionar o que aprendem com imagens, seu aprendizado é significativamente maior. Isso não se deve apenas a um uso mais otimizado da memória de trabalho mas também a uma dupla codificação na memória de longo prazo, que também tem preferência por imagens.

Outra consequência da natureza dupla da memória de trabalho é que, em uma apresentação de slides, não é uma boa ideia apresentar mais de uma linha de texto ao mesmo tempo em que você lê em voz alta ou simplesmente continua sua fala. Embora os textos escritos acessem nossa mente por via visual, leitores especialistas automatizaram sua conversão instantânea em informações auditivas, que aparecem em nossa memória de trabalho como tal (aquela vozinha que parece ler em voz alta dentro de nós). Portanto, não podemos ler e ouvir alguém ao mesmo tempo. A memória de trabalho entra em colapso e, no final, temos dificuldade em entender o que o texto e o falante estão tentando expressar. Em apresentações de *slides*, é aconselhável limitar os textos a palavras ou frases muito curtas e aproveitar o recurso visual que eles nos fornecem para enriquecer nossa explicação oral com imagens, animações ou gráficos apropriados.

TEORIA DA CARGA COGNITIVA

Considerar as limitações da memória de trabalho é fundamental quando se trata de promover a aprendizagem. A memória de trabalho representa um gargalo que determina nossa capacidade de aprender, e tudo o que aprendemos (conscientemente) deve passar por ela. Na verdade, é o lugar onde podemos conectar nossos conhecimentos prévios com novas experiências e informações para construir novos conhecimentos. É, portanto, o processo que permite que ocorram os tipos de aprendizagem relevantes para a escola.

Uma das teorias sobre como aprendemos com maior evidência empírica e aplicação prática em sala de aula é a teoria da carga cognitiva (Sweller, 1988; 1994). Ela se baseia no reconhecimento do papel crucial da memória de trabalho na aprendizagem e em assumir suas limitações, afirmando que, para aprender, é importante não saturar a memória de trabalho.

Segundo os defensores dessa ideia, três tipos de cargas cognitivas (Tab. 7.1) ocupam espaço em nossa memória de trabalho e podem contribuir para sua saturação (Sweller; Van Merriënboer; Paas, 1998). Primeiro, há a carga cognitiva intrínseca, relacionada ao próprio objeto de aprendizagem. Quanto mais complexo seja o objeto de aprendizagem e quanto mais componentes novos para o aluno ele contenha, maior é a carga cognitiva que ele produz. A melhor maneira de reduzi-lo é sequenciar a aprendizagem progressivamente, reduzindo o número de novos componentes que o aluno deve considerar de maneira simultânea para atingir o objetivo de aprendizagem. Já a carga cognitiva alheia se deve à intrusão de elementos supérfluos na memória de trabalho para atingir o objetivo de aprendizagem. Esses elementos ocupam um espaço que não pode ser usado, retendo e manipulando as informações realmente importantes. É, portanto, uma carga cognitiva a ser evitada ao máximo. Por fim, a carga cognitiva relevante é aquela gerada pelo processo de relacionar novas informações aos nossos conhecimentos prévios e identificar relações entre novos conhecimentos. É uma carga cognitiva desejável para alcançar a aprendizagem.

TABELA 7.1 Tipos de cargas cognitivas

Intrínseca	Carga que se produz ao manter, na memória de trabalho, a informação própria do objeto de aprendizagem.
Alheia	Carga que acontece quando se produz, na memória de trabalho, uma intrusão de informação supérflua em relação ao objeto de aprendizagem.
Relevante	Carga que se deve à manipulação da informação necessária para dar sentido e conectá-la aos conhecimentos prévios, para que ocorra a aprendizagem.

A teoria da carga cognitiva propõe que esses três tipos de carga podem ocorrer ao mesmo tempo e que seus efeitos são somativos em termos de ocupação de espaço na memória de trabalho. Se a carga cognitiva que eles produzem em conjunto exceder a capacidade da memória de trabalho, o aprendizado será comprometido. Na verdade, quando a memória de trabalho transborda, ela produz uma sensação desagradável de frustração e a reação imediata de abandonar o que se tentava fazer com ela.

CAPACIDADE DE MEMÓRIA DE TRABALHO COMO CARACTERÍSTICA DO ALUNO

Anteriormente, enfatizamos a importância da memória de trabalho nos processos de aprendizagem. Não por acaso, existe uma correlação importante entre a capacidade de memória de trabalho dos estudantes e seus resultados acadêmicos. Segundo alguns estudos, aproximadamente 70% dos alunos com dificuldades de aprendizagem na leitura obtêm pontuações muito baixas em testes de memória de trabalho (Daneman; Carpenter, 1980). A capacidade de memória de trabalho pode ser um preditor de sucesso acadêmico melhor do que o QI (Alloway; Alloway, 2010).

Os limites da memória de trabalho e, sobretudo, os limites de sua capacidade variam conforme cada indivíduo. Cada pessoa tem uma capacidade relativamente fixa, que varia dentro de um certo espectro. Assim, determinada atividade pode estar ao alcance da capacidade de memória de trabalho de uma pessoa, mas superar a de outra.

No entanto, a capacidade de memória de trabalho não é fixa ao longo da vida, mas aumenta significativamente com a idade durante a infância (e depois declina lentamente ao longo da idade adulta). Como resultado, as crianças pequenas tendem a começar a partir de habilidades muito pequenas, que aumentam gradualmente, embora mais rápido no início, até a entrada na adolescência. É então que atingem a capacidade de memória de trabalho dos adultos, geralmente o dobro da capacidade das crianças de 4 anos (Gathercole *et al.*, 2004). Essa evolução parece estar relacionada ao fato de que as áreas do córtex pré-frontal do cérebro, que suportam a memória de trabalho (e outras funções cognitivas superiores), são as últimas a amadurecer (Sowell *et al.*, 2003). A curva de crescimento de um indivíduo com capacidade média de memória de trabalho e de outro com baixa capacidade para sua idade são mostradas na Figura 7.1.

As diferenças na capacidade de memória de trabalho entre crianças da mesma idade podem ser significativas. Por exemplo, segundo alguns estudos, em uma turma típica de 30 crianças de 7 a 8 anos, podemos esperar que pelo menos três delas tenham a capacidade média de memória de trabalho de crianças de 4 anos, e outras três tenham a capacidade média de crianças de 11 anos, nível bastante próximo dos níveis dos adultos (Alloway; Alloway, 2014).

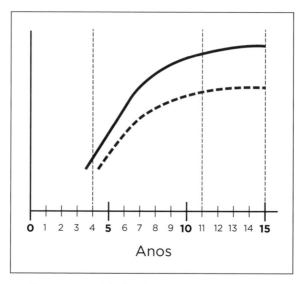

FIGURA 7.1 Alterações na capacidade de memória de trabalho de uma criança na média são mostradas na linha contínua. Os escores de uma criança com baixa capacidade de memória de trabalho são representados pela linha tracejada (Gathercole *et al.*, 2004).

Como pode ser observado no gráfico da Figura 7.1, crianças com baixa capacidade de memória de trabalho não costumam alcançar a de seus pares à medida que amadurecem. Embora suas habilidades de memória de trabalho aumentem com a idade, isso não ocorre em uma taxa que permita recuperar o atraso. Pelo contrário, é comum que as diferenças entre eles sejam cada vez maiores (Gathercole *et al.*, 2004).

Ainda não sabemos realmente por que algumas crianças têm baixa capacidade de memória de trabalho. Apesar do que se poderia pensar, a pesquisa sugere que a capacidade de memória de trabalho não é fortemente influenciada por fatores ambientais, como estimulação social ou intelectual em casa e a qualidade da educação pré-escolar. De fato, genes envolvidos no desenvolvimento e no funcionamento das áreas frontais do cérebro que suportam a memória de trabalho provavelmente desempenharão um papel importante (Ando *et al.*, 2001). No entanto, fatores de impacto ambiental que podem alterar os processos de maturação dessas áreas, como estresse crônico ou uso ativo ou passivo de substâncias, não devem ser descartados. Não por acaso, essas áreas que suportam processos cognitivos relacionados à memória de trabalho e outras funções executivas amadurecem progressivamente ao longo da infância e da adolescência (Gathercole *et al.*, 2004).

Em contrapartida, não há evidências que nos permitam acreditar que a capacidade da memória de trabalho possa ser expandida em termos gerais por meio de seu exercício. É possível, porém, otimizar seu funcionamento e superar suas limitações em um domínio específico do conhecimento por meio da aprendizagem (Hambrick; Engle, 2002). Quanto mais aprendemos sobre algo, mais eficaz nossa memória de trabalho se torna nesse domínio (desde que o aprendizado seja significativo, ou seja, com compreensão). No próximo capítulo, falarei um pouco mais sobre isso.

MEMÓRIA DE TRABALHO E APRENDIZAGEM NA ESCOLA

Já apontei anteriormente que a memória de trabalho é o espaço mental em que a aprendizagem ocorre, mas nem todas as tarefas de aprendizagem requerem os mesmos recursos cognitivos. Algumas tarefas são leves, e outras impõem cargas consideráveis na memória de trabalho.

As atividades de aprendizagem escolar geralmente exigem que o aluno mantenha certa quantidade de informações em sua memória de trabalho, como o enunciado de um problema, enquanto faz algo que, para ele, é um desafio mental, como aplicar os algoritmos que aprendeu para resolver o problema. Quando as atividades exigem um alto nível de recursos cognitivos, os alunos com baixa memória de trabalho sofrem sérias dificuldades em realizá-las. Muitas vezes, não conseguem realizá-las corretamente, pois não conseguem manter as informações necessárias para orientar suas ações e, consequentemente, não se beneficiam delas como seus pares. Como comentei antes, além disso, quando a memória de trabalho está sobrecarregada, a reação imediata é abandonar o que você está tentando fazer com ela.

Uma situação típica em que os alunos com baixa memória de trabalho têm dificuldades é quando eles devem seguir uma série relativamente longa de instruções para realizar uma tarefa. Nesses casos, muitas vezes, eles esquecem algumas informações no meio da atividade e não sabem como continuar. Pode parecer que eles não prestaram atenção, mas, na verdade, simplesmente esqueceram o que tinham que fazer.

Algo semelhante acontece quando os alunos simplesmente esquecem em que ponto dos procedimentos da tarefa estão. A memória de trabalho também é necessária para nos ajudar a lembrar onde estamos enquanto executamos os passos necessários para fazer uma atividade mental complexa. Por exemplo, imagine um aluno com baixa capacidade de memória de trabalho tentando resolver uma operação matemática relativamente longa em seu caderno. O aluno precisa trazer para a memória de trabalho a sequência de ações que o algoritmo que aprendeu lhe diz para seguir, mas, além disso, ele deve se lembrar em qual passo está e, certamente, deve utilizar outros inúmeros conhecimentos, como tabelas de multiplicação. Isso pode sobrecarregar sua memória de trabalho e fazer com que se perca no meio do caminho. De repente, observamos que o aluno, que havia começado bem, está paralisado e não sabe como continuar. Na realidade, ele simplesmente se perdeu no processo e precisa recomeçar, algo que, sem dúvida, afeta sua motivação.

Considere outro exemplo: um aluno aprendendo a escrever está fazendo um ditado. Ele não apenas precisa manter a frase na memória de trabalho por tempo suficiente para ser capaz de escrever cada uma das palavras corretamente mas também deve lembrar para onde está indo e encontrar a próxima palavra na memória de trabalho. Embora essa tarefa pareça simples para escritores experientes, crianças com baixa capacidade de memória de trabalho podem achar extremamente difícil. Por isso, muitas vezes omitem ou repetem palavras e letras à medida em que se perdem nessa exigente atividade mental (Gathercole *et al.*, 2004).

QUADRO 7.2 Características das crianças com memória de trabalho reduzida

> Normalmente, crianças com memória de trabalho reduzida apresentam as características mostradas a seguir (Alloway, 2006).
> - Têm dificuldade para recordar todas as instruções de um enunciado ou os objetivos de uma atividade.
> - Comportam-se como se não tivessem prestado atenção, por exemplo, esquecendo todas as instruções ou uma parte delas.
> - Muitas vezes, perdem-se durante tarefas complicadas e acabam abandonando-as.
> - Parecem ter pouca capacidade de atenção, com facilidade para se distrair.
> - Raramente se oferecem para responder e, às vezes, não respondem a perguntas diretas.
> - Preferem atividades em grupo.
> - Apresentam um progresso acadêmico deficiente, especialmente nas áreas de leitura e matemática.
> - Não têm necessariamente problemas de integração social.
>
> Observação: o fato de uma criança ter algumas ou todas essas características não implica necessariamente que tenha uma memória de trabalho reduzida. Elas podem ocorrer por outros fatores.

MEDIR A MEMÓRIA DE TRABALHO

Afirmamos que existe uma correlação importante entre os resultados acadêmicos e a capacidade de memória de trabalho dos alunos (Alloway; Alloway, 2010). Na verdade, falamos de alunos com altas e baixas habilidades. Então, é muito provável que o leitor esteja se perguntando quais métodos podem ser usados para medir a capacidade de memória de trabalho dos indivíduos.

Existem muitos métodos que permitem inferir diferentes níveis da memória de trabalho. Geralmente, eles envolvem a pessoa tentando armazenar e manipular na mente o máximo de informações que consiga por curtos períodos. Os métodos mais simples são repetir em voz alta ou mostrar sequências mais longas de números, letras ou objetos e pedir à pessoa que repita na mesma ordem ou na ordem oposta. Quanto maior a sequência que o indivíduo consegue retornar, maior sua capacidade de memória de trabalho. Outros métodos, mais complexos, envolvem a leitura em voz alta de sequências de frases, como "O cachorro pegou a bola maior" e fazer uma pergunta no final de cada frase, que a pessoa deve responder corretamente, como, por exemplo, "Quem pegou a bola maior?". Depois, pedimos que lembre a última palavra de cada frase no final da sequência de frases. Quanto mais palavras lembrar (em ordem), maior será sua capacidade de memória de trabalho.

Como o desempenho nesses testes pode ser afetado por variáveis ambientais ou emocionais, é sempre aconselhável repeti-los várias vezes em momentos diferentes e combinar o uso de diferentes testes para um diagnóstico mais preciso.

MEMÓRIA DE TRABALHO E DIFICULDADES DE APRENDIZAGEM

Estudantes com memória de trabalho reduzida podem ter dificuldades com tarefas de aprendizagem que não representam grandes dificuldades para outros alunos. No entanto, nem todos os alunos com dificuldades acadêmicas apresentam problemas de memória de trabalho. Essas dificuldades podem ser decorrentes de outros fatores, como transtornos emocionais e comportamentais.

De qualquer forma, a memória de trabalho é um fator a ser considerado em um número significativo de casos de problemas escolares. Como vimos, a memória de trabalho é importante porque fornece um espaço de trabalho mental em que podemos armazenar informações enquanto as manipulamos e damos sentido a elas, conectando-as ao nosso conhecimento prévio. Além disso, é um espaço fundamental para utilizar essas informações em atividades criativas, analíticas ou de resolução de problemas.

Alunos com baixa capacidade de memória de trabalho têm dificuldade nessas atividades simplesmente porque não conseguem manter e gerenciar as informações necessárias para realizar a tarefa. Nesses casos, sua memória de trabalho transborda e, consequentemente, eles perdem informações cruciais para completar a tarefa: os objetivos da atividade que estão fazendo, as instruções que devem seguir, os elementos que lhes permitem entender uma explicação, etc. Como se não bastasse, a sobrecarga da memória de trabalho produz frustração e afeta negativamente a motivação. Como os estudantes com memória de trabalho reduzida têm dificuldade em muitos tipos diferentes de atividades, é provável que eles mostrem um progresso acadêmico geral ruim. Para esses alunos, pode ser apropriado que o professor monitore as atividades de aprendizagem e as modifique, se possível, para garantir que eles estejam trabalhando no perímetro da sua capacidade de memória de trabalho. Isso ajudará o aluno a concluir com sucesso as atividades e, assim, acumular conhecimentos e habilidades ao longo do tempo que reforçarão sua capacidade de aprendizagem posterior. No próximo capítulo, falarei sobre como a aquisição de conhecimento significativo nos ajuda a superar as limitações da memória de trabalho. Antes, porém, encerro dando algumas dicas sobre como podemos gerenciar a carga cognitiva durante as tarefas de aprendizagem.

GERENCIANDO A CARGA COGNITIVA EM SALA DE AULA

A vantagem mais importante que o conhecimento do papel da memória de trabalho na aprendizagem pode ter para a prática educativa é a capacidade de gerenciar a carga cognitiva nas atividades que são propostas em sala de aula. Em poucas palavras, o que sabemos sobre como a memória de trabalho intervém na tarefa de aprendizagem e quais são suas limitações nos convida a prestar atenção à teoria da carga cognitiva, com o objetivo de aliviar as consequências disruptivas que cargas excessivas de memória de trabalho têm sobre a aprendizagem.

A seguir, são citadas algumas recomendações aplicáveis tanto para orientar o desenvolvimento de atividades para alunos com problemas de memória de trabalho quanto para melhorar o desempenho de todos os alunos em sala de aula. O objetivo de todas elas é minimizar as chances de que os estudantes não atinjam os objetivos de aprendizagem devido à saturação de sua memória de trabalho.

Reduzir a carga cognitiva extrínseca

Embora existam alguns aspectos da carga cognitiva alheia, supérflua para alcançar os objetivos de aprendizagem, que dificilmente podemos controlar (como os derivados de situações emocionais pelas quais o aluno possa estar passando), há diversas medidas que podemos, tomar com o objetivo de minimizá-la, como:

- evitar dar informações adicionais que não estejam diretamente relacionadas com o objetivo de aprendizagem da atividade em andamento;
- evitar dar exemplos que desviem a atenção dos alunos a outros temas irrelevantes para os objetivos de aprendizagem;

- oferecer esquemas claros e estruturados sobre o que será feito ou tratado durante a atividade;
- dar instruções simples, que centrem a atenção dos alunos nos aspectos que daremos importância na avaliação da atividade;
- passar toda a informação que os estudantes devem processar simultaneamente para alcançar o objetivo de aprendizagem em uma situação de proximidade espacial e temporal;
- evitar a redundância cognitiva que se produz durante o processamento do mesmo tipo de informação vinda de duas fontes diferentes (como quando tentamos ler e escutar outra pessoa que também está lendo).

Regular a carga cognitiva intrínseca
Atividades que introduzem simultaneamente muitos elementos novos para o aluno exigem muito do armazenamento da memória de trabalho. Além disso, procedimentos envolvendo longas sequências de instruções podem facilmente sobrecarregar a capacidade da memória de trabalho. Para gerenciar a carga cognitiva intrínseca durante uma atividade, podemos:

- minimizar a quantidade de objetivos de aprendizagem que buscamos simultaneamente em uma atividade;
- dividir os objetivos de aprendizagem para reduzir a quantidade total de material novo que o aluno deve manter em sua memória de trabalho (p. ex., a quantidade de elementos novos que deverá considerar para compreender um conceito);
- estruturar as atividades em passos independentes que permitam adquirir novos conhecimentos de forma progressiva;
- repetir com frequência informações importantes;
- simplificar as estruturas linguísticas do material verbal (p. ex., evitando orações excessivamente longas e complexas);
- fomentar o uso de instrumentos e estratégias que atuem como apoio externo à memória de trabalho, como guias de resolução de problemas, mapas conceituais ou esquemas.

Otimizar a carga cognitiva relevante
Ao avaliar as demandas cognitivas das atividades de aprendizagem, deve-se notar que as demandas de processamento também aumentam as cargas de memória de trabalho. Embora os alunos possam ser capazes de armazenar determinada quantidade de informações em uma situação, uma tarefa de processamento exigente aumentará as demandas sobre a memória de trabalho e, portanto, pode levar a uma falha desse tipo de memória. Para otimizar a carga cognitiva relevante, podemos:

- deixar explícitas as relações entre o que se aprende e os conhecimentos prévios dos alunos;
- utilizar exemplos concretos que permitam ao aluno apoiar-se nos elementos conhecidos para reconhecer os conceitos e aplicar os procedimentos que são objeto de aprendizagem;
- dar explicações explícitas com exemplos detalhados sobre como resolver determinadas tarefas;
- sempre que seja oportuno, apresentar informação visual e auditiva simultaneamente;
- fomentar o uso de instrumentos e estratégias que liberem parte da carga cognitiva, como calculadoras, materiais que possam ser manipulados ou procedimentos de resolução de problemas passo a passo com apoio do caderno.

APRENDIZAGEM PROFUNDA

TALENTO OU PRÁTICA?

Quando tinha apenas 7 anos de idade, Wolfgang Amadeus Mozart começou com seu pai uma turnê de concertos pela Europa. Seu domínio do violino e de outros instrumentos de cordas em uma idade tão precoce era certamente fora do comum. Entre outros talentos musicais, Mozart desfrutava de uma habilidade extraordinariamente rara, que apenas uma em cada 10 mil pessoas tem: o ouvido absoluto, ou seja, a capacidade de identificar notas musicais apenas ouvindo-as, sem qualquer referência para compará-las.

Sem dúvida, essa qualidade especial de Mozart nos faz acreditar que seus dons eram inatos. No entanto, e para surpresa de muitos, hoje sabemos que o ouvido absoluto não é uma habilidade reservada a quem a carrega em seus genes. Quase qualquer criança entre os 2 e os 6 anos de idade pode desenvolvê-la se praticar adequadamente (Sakakibara, 1999; 2014). Nas palavras de um dos pesquisadores mais destacados no campo do desenvolvimento de habilidades (Ericsson; Krampe; Tesch-Römer, 1993, p. 399, tradução nossa),

> Como o desempenho do especialista é qualitativamente diferente do de uma pessoa normal, as pessoas tendem a acreditar que os especialistas têm características extraordinárias que outras pessoas não têm. [...] Concordamos que o desempenho dos especialistas é qualitativamente diferente do desempenho normal, inclusive, que eles têm características e habilidades qualitativamente diferentes ou, pelo menos, fora do alcance de pessoas normais. No entanto, negamos que essas diferenças sejam imutáveis, que se devam ao talento inato. Apenas algumas exceções, sobretudo a altura, são geneticamente limitadas. Em vez disso, argumentamos que as diferenças entre a maioria dos especialistas e dos adultos normais refletem um período de esforço deliberado para melhorar o desempenho em um domínio específico.

Provavelmente, o dom inato de Mozart para a música não era tão único quanto parece, e sua grande maestria vinha, em grande parte, de seu entorno. Desde que nasceu, o pai de Mozart, Leopoldo, um compositor experiente e professor de música, dedicou-se exclusivamente a dar-lhe formação, sobretudo, é claro, no campo musical. Segundo seus biógrafos, Leopoldo era um professor rigoroso e exigente. Parece que o pequeno Wolfgang era ainda mais exigente consigo e levou sua prática mais longe do que seu pai exigia. Mozart era fascinado pela música desde a mais tenra infância, e isso o motivou a aprender e praticar longas horas desde cedo. Ele provavelmente nasceu com certo talento musical e com algumas outras virtudes que contribuíram para alcançar sua grande habilidade, como uma memória muito boa, mas não se pode ignorar que foi a formação a que o pai o submeteu e a que ele próprio se submeteu que o levou a atingir o zênite da composição e da interpretação musical. Na verdade, Mozart só começou a compor obras dignas de um especialista 10 anos depois de começar a praticar intensamente (Hayes, 1985).

Embora seja verdade que há casos de pessoas com talentos inatos extraordinários, a maioria daqueles que alcançam um domínio excepcional em um campo específico não têm inicialmente uma vantagem incomum. Mesmo os melhores em algumas disciplinas são pessoas comuns que simplesmente se aproveitaram de um dom que todos temos: a capacidade de aprender (Ericsson *et al.*, 1993). Também é oportuno sublinhar que talentos inatos não levam a nada sem uma forte dose de prática e treinamento. A vantagem que eles proporcionam é apenas um ponto de partida um pouco mais avançado do que o dos outros, mas o objetivo está sempre além, e, para alcançá-lo, é necessário usar a capacidade de aprender (Hayes, 1985). Deve-se dizer que, em muitas disciplinas, a maioria dos indivíduos mais proeminentes internacionalmente está envolvida em sua prática intensiva desde antes dos 6 anos de idade (Ericsson; Crutcher, 1990).

O QUE DIFERENCIA OS ESPECIALISTAS DOS PRINCIPIANTES?

Tanto as qualidades que distinguem especialistas de principiantes quanto a maneira que um principiante se torna especialista são temas que recebem atenção significativa da comunidade de pesquisa nas áreas de psicologia e neurociência da aprendizagem. Não por acaso, é um campo de trabalho muito relevante para a educação.

O desenvolvimento da *expertise* tem sido estudado em áreas que exigem uma dose significativa de habilidades motoras, como esportes, dança, etc., e em áreas em que predominam habilidades cognitivas, como matemática, ciências, história, linguística, xadrez, etc. Neste capítulo, focaremos especialmente no desenvolvimento das habilidades cognitivas, já que elas têm maior peso no contexto escolar e, afinal, estão envolvidas em todas as áreas de aprendizagem, inclusive na educação física. De qualquer forma, o desenvolvimento dos dois tipos de habilidades tem muitas coisas em comum.

Estudos comparando as características de especialistas e principiantes em múltiplas disciplinas coincidem em destacar o fato de que os especialistas não se diferenciam dos principiantes por terem dons inatos extraordinários, mas se destacam por terem enorme conhecimento sobre sua disciplina, bem estruturado e organizado em torno de grandes princípios que lhes dão sentido, coerência e flexibilidade. Esse conhecimento permite que eles percebam, interpretem e processem informações de forma diferente, o que, por sua vez, afeta sua capacidade de aprender, raciocinar e resolver problemas de maneira mais eficiente. O especialista tem não apenas amplo conhecimento, mas, principalmente, conhecimento profundo.

Mesmo nas disciplinas em que o conhecimento pode não parecer importante, como no xadrez (muitas pessoas acreditam que é uma questão de inteligência), múltiplas evidências foram obtidas de que o que diferencia grandes mestres de jogadores amadores é uma enorme quantidade de conhecimento adquirido após imensas horas de prática. No caso dos jogadores de xadrez, estima-se que um jogador mestre tenha conhecimento de até 50 mil situações possíveis no tabuleiro, nas quais ele se baseia para escolher a melhor jogada (Chase; Simon, 1973).

PERCEPÇÃO

Os conhecimentos profundos, ou altamente significativos, dotados de significado, organizados e interconectados, associados a múltiplos contextos de aplicabilidade, dão aos especialistas diversas vantagens cognitivas em sua área de especialização. Em primeiro lugar, os especialistas podem identificar padrões que os iniciantes não conseguem perceber. Isso ocorre porque os especialistas integraram conjuntos de dados em unidades maiores significativas para eles. Por exemplo, uma pessoa com amplo conhecimento de xadrez pode olhar para o tabuleiro representado na Figura 8.1 e descrever a situação das peças assim:

> Embora seja evidente que as brancas têm vantagem de espaço, por haver apenas duas peças menores por lado, as pretas não sofrem muito. As peças brancas são mais ati-

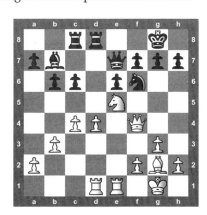

FIGURA 8.1

vas; cada uma delas aparece melhor que sua contraparte preta. Tudo se baseia na possibilidade de que as pretas possam jogar c6-c5 em boas condições. Ao fazê-lo, as pretas conseguiriam reviver suas peças e lutar por espaço.

Um iniciante, por sua vez, mal perceberá metade dessas observações (Chase; Simon, 1973). Da mesma forma, um especialista em cubo mágico, ao ver o cubo na Figura 8.2, reconhecerá a situação e pensará: "para resolver, basta realizar meio algoritmo de rotação de vértices, ou seja, R 'D' R D R' D' R U". Para um iniciante, parecerá que o cubo está em uma situação de desordem qualquer.

FIGURA 8.2 Cubo mágico mostrando uma de suas mais de 43 trilhões de configurações possíveis.

Vejamos agora um exemplo em uma área em que qualquer leitor deste texto é um especialista. Observe a seguinte sequência de letras e tente lê-las:

N R A S I O D U S O – O E R T M T E I O – E O R T R E T M O

Sem dúvida, como um leitor experiente, você reconheceu as letras e foi capaz de decodificá-las e convertê-las em sons em sua memória de trabalho, tentando lê-las, mas sua capacidade de reconhecer padrões provavelmente terminou ali, na identificação de cada letra com seu fonema.

Agora, observe as mesmas letras ordenadas de forma diferente:

D I N O S S A U R O – M E T E O R I T O – T E R R E M O T O

Desta vez, você terá reconhecido instantaneamente o padrão na ordem das letras, o que dá origem a unidades com significado para o leitor experiente: palavras. O conhecimento aprofundado dessas palavras e sua composição gráfica permitem ao especialista identificá-las imediata, automaticamente e sem esforço. Já o leitor iniciante ainda não tem essa habilidade e deve decodificá-las letra por letra para identificar a palavra completa, assim como você deve ter feito com o primeiro conjunto de letras.

Da mesma forma, quando cinco segundos são fornecidos a especialistas e iniciantes para dar uma olhada em um tabuleiro de xadrez em jogo, os especialistas são capazes de lembrar as posições de praticamente todas as figuras, enquanto os iniciantes mal conseguem se lembrar de cerca de oito. No entanto, isso só acontece quando a situação do tabuleiro faz parte de um jogo real. Quando as peças são colocadas completamente ao acaso no tabuleiro, os especialistas não são capazes de lembrar mais peças em sua posição do que os iniciantes (Chase; Simon, 1973). O especialista só é capaz de reconhecer padrões significativos.

RACIOCÍNIO

A riqueza e a organização do conhecimento prévio dos especialistas também os tornam mais eficazes no raciocínio sobre problemas ou situações relacionadas à sua disciplina. Assim, organizar o conhecimento em torno de grandes conceitos e ideias permite que eles usem sua memória de trabalho de modo mais eficiente.

Como vimos, a memória de trabalho é o espaço mental onde raciocinamos de maneira consciente e, infelizmente, sua capacidade de manipular informações está limitada a alguns poucos elementos de modo simultâneo. Em média, a memória de trabalho tem espaço para cerca de sete elementos (Miller, 1956). Um elemento é uma unidade com significado. As letras *N R A S I O D U S O* podem constituir 10 elementos, que, com alguma dificuldade, poderíamos manter em nossa memória de trabalho após visualizá-las uma vez. Já a palavra *DINOSSAURO* nos permite manter as mesmas 10 letras com pouco esforço, pois o conhecimento dessa palavra nos permite uni-las em uma única unidade de significado.

A vantagem proporcionada pelos conhecimentos significativos na hora de raciocinar é realmente importante. Para entender melhor sua importância, pedirei ao leitor que realize mentalmente a seguinte operação: 891 × 32. Você certamente acharia muito mais fácil resolver a operação se pudesse usar um caderno para anotar o procedimento e as etapas intermediárias, certo? Da mesma forma que podemos aliviar a carga da memória de trabalho em um suporte externo, a informação que temos bem consolidada em nossa memória de longo prazo também alivia a carga da memória de trabalho (Sweller; Van Merriënboer; Paas, 1998). Nosso conhecimento permite que nossa memória de trabalho manipule simultaneamente muito mais informações do que poderia processar sem elas. Esse conhecimento, no entanto, deve ser significativo, deve fazer parte de esquemas sólidos que incluam fortes relações de significado, bem como suas condições de aplicação. Em outras palavras, quando se trata de aprender algo novo, o que já sabemos sobre esse algo, e que deve ser considerado para avançar na aprendizagem, não ocupará mais um lugar em nossa memória de trabalho. Em contrapartida, tudo o que não sabemos, ou melhor, que não está bem consolidado em nossa memória de longo prazo, se comportará como nova informação, que ocupará espaço na memória de trabalho e, portanto, limitará nossa capacidade de aprender.

Em resumo, a melhor maneira de otimizar a capacidade da memória de trabalho quando a usamos em uma tarefa específica é obter conhecimento significativo relacionado a essa tarefa. Como veremos no final deste capítulo, o caso extremo ocorre quando automatizamos os processos cognitivos que estão envolvidos naquela tarefa.

RESOLUÇÃO DE PROBLEMAS

O conhecimento amplo e significativo dos especialistas também tem impacto em sua capacidade de resolver problemas e criar soluções em diversos contextos. Quando se trata de abordar problemas relacionados à sua disciplina, os especialistas se baseiam em seus conhecimentos, organizados em torno de conceitos amplos, para transcender o aspecto superficial da situação-problema e identificar os princípios fundamentais subjacentes a ela.

Por exemplo, Chi e colaboradores (1981) propuseram a alunos e professores de física que classificassem um conjunto de problemas dessa disciplina conforme sua tipologia. Enquanto os professores os classificavam de acordo com os princípios físicos que deveriam considerar para sua resolução (segunda lei de Newton, lei de conservação de energia, etc.), os alunos os classificavam com base em sua aparência superficial, ou seja, se eram situações que incluíam planos inclinados, quedas livres, etc.

Essa capacidade de abstrair os princípios subjacentes a uma situação-problema também explica a maior capacidade dos especialistas de transferir seus conhecimentos para situações inteiramente novas. Pode-se dizer que o conhecimento dos especialistas inclui o conhecimento sobre suas condições de aplicabilidade, sendo alimentado por múltiplos casos e diferentes contextos nos quais o especialista sabe que é possível aplicar tais conhecimentos (Glaser, 1992).

Além disso, o especialista é capaz de evocar e usar seus conhecimentos de maneira fluida quando apropriado, sem que isso implique uma carga cognitiva importante (Anderson, 1982). De fato, em muitos casos, o especialista utiliza seus conhecimentos sem necessidade de gerar nenhuma carga cognitiva, sem fazer esforço voluntário e, até mesmo, sem ter consciência disso. Por exemplo, estudos sobre o domínio no xadrez revelaram que, na hora de decidir um movimento, tanto os jogadores mais experientes quanto os principiantes analisam todas as opções possíveis e as consequências que derivariam delas. Os experientes, porém, reduzem sua análise imediatamente e de forma espontânea às jogadas de maior qualidade (Chase; Simon, 1973).

ANÁLISE CRÍTICA

Embora, obviamente, seja possível ensinar atitudes de pensamento crítico aos alunos, é difícil colocá-las em prática se não tivermos o conhecimento que nos permita contrastar as informações que recebemos. O conhecimento dos especialistas também é essencial para desenvolver suas habilidades de análise crítica. Por exemplo, em um estudo (Paige; Simon, 1966), especialistas e iniciantes foram convidados a resolver o seguinte problema matemático:

> Cortamos um tabuleiro em duas partes. A primeira parte tem comprimento equivalente a dois terços do comprimento do tabuleiro original, e a outra metade mede 122 cm a mais do que a primeira. Que comprimento tinha o tabuleiro antes de ser cortado?

Os especialistas rapidamente perceberam que o problema não fazia sentido. Embora alguns iniciantes também tenham notado isso, muitos outros simplesmente aplicaram fórmulas e obtiveram comprimento negativo.

Ainda mais curioso é o estudo descrito por Reusser (1993), em que o seguinte problema foi colocado para crianças de várias idades:

> Em um barco viajam 26 ovelhas e 10 cabras. Quantos anos o capitão tem?

Surpreendentemente, três quartos das crianças tentaram resolver o problema realizando operações com os números do depoimento. Um deles, do quinto ano, deu a seguinte explicação após apresentar "36" como resultado: "Nesse tipo de problema, você precisa somar, subtrair ou multiplicar, e esse parecia funcionar melhor se somasse".

CRIATIVIDADE

Basta olhar para o trabalho de John Hayes (1985) sobre a produtividade dos grandes compositores musicais da história para perceber que quase nenhum deles criou obras-primas com menos de 10 anos de preparação. Sua produção musical se situa após esse período de intensa dedicação, após desenvolver uma base sólida de conhecimentos sobre os quais trabalhar (Fig. 8.3).

Criatividade é a capacidade de gerar soluções novas e de forma diferente a partir da combinação de conhecimentos que já se tem. É claro que a capacidade de identificar problemas e oportunidades é uma das etapas mais importantes do processo criativo.

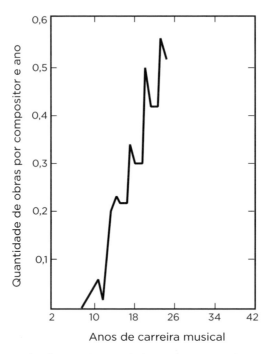

FIGURA 8.3 Número de obras-primas criadas pelo compositor em função do número de anos de carreira musical (Hayes, 1985).

Muitas invenções surgem do processo de identificar problemas cotidianos e transformá-los em oportunidades para desenvolver produtos ou serviços úteis. Por exemplo, o cirurgião Henry Heimlich identificou um problema importante quando leu em um relatório que a asfixia por engasgo era a sexta causa de morte acidental. Embora muitos outros médicos provavelmente já tivessem detectado esse problema, Heimlich o reconheceu como uma oportunidade para uma solução criativa. Logo se deu conta de que dois dos tratamentos recomendados para as vítimas de engasgo (tirar o objeto com os dedos e golpear a vítima nas costas) provavelmente empurrariam o objeto mais para dentro da garganta. A experiência de Heimlich como cirurgião torácico o ajudou a perceber que provavelmente haveria ar suficiente nos pulmões para liberar as vias aéreas da vítima se alguém pressionasse seu diafragma. Sua solução, a manobra de Heimlich, é hoje reconhecida como a melhor técnica para salvar a vida das vítimas de asfixia e não teria sido possível sem seus conhecimentos sobre anatomia torácica.

COMO SE ALCANÇA A CONDIÇÃO DE ESPECIALISTA?

Como vimos, as habilidades cognitivas superiores (próprias dos especialistas), tão valorizadas atualmente, como o raciocínio, a resolução de problemas, a análise crítica ou a criatividade, apoiam-se necessariamente em uma ampla base de conhecimentos significativos. Por isso, a dualidade conhecimentos-habilidades, que se expressa quando se dizem coisas como "os conhecimentos não são importantes" ou "é preciso focar no desenvolvimento de habilidades superiores", não tem nenhum sentido.

Se o que se deseja com tais afirmações é criticar práticas baseadas na memorização reprodutiva de conteúdos curriculares, a crítica deve antes apontar para como tais conhecimentos são adquiridos, pois, para que estes sejam relevantes ao desenvolvimento de habilidades superiores, devem ser conhecimentos significativos, dotados de compreensão e transferíveis para múltiplos contextos. No entanto, não podemos menosprezar a necessidade de adquirir conhecimentos, pois não é possível desenvolver essas habilidades sem eles (Hayes, 1985; Willingham, 2008).

Em suma, o desenvolvimento de *expertise* em uma disciplina envolve a obtenção de conhecimentos significativos. O que nos leva então a perguntar: como promover aos alunos a aquisição de conhecimentos significativos?

A resposta breve a essa pergunta poderíamos resumir em uma frase: oferecendo oportunidades para que os usem. A resposta mais extensa e detalhada é lembrar o que expusemos nos capítulos anteriores desta parte. Em primeiro lugar, os conhecimentos significativos são aqueles bem conectados a outros com os quais guardam alguma relação. Para gerar essas conexões, os alunos devem mobilizar seus conhecimentos prévios e pensar sobre o que estão aprendendo à luz desses conhecimentos (teoria dos níveis de processamento de Craik e Lockhart). Lembramos que isso está relacionado com a aprendizagem ativa, que engloba todas as estratégias didáticas nas quais o docente garante que seus alunos dão significado ao que aprendem. Como vimos, uma aula expositiva e unidirecional por si só não se consideraria um método de aprendizagem ativa, pois não garante que os alunos estejam pensando sobre o que estão vendo e escutando (ainda que alguns o façam espontaneamente). Para promover a aprendizagem significativa, seria necessário incluir outros tipos de atividades em que os alunos sejam motivados a dar sentido ao que aprendem.

Em contrapartida, aplicar, em múltiplos contextos, o que foi aprendido também estimula a criação de novas conexões e promove a abstração, que se traduz em conhecimento mais organizado e transferível. Orientar os alunos na identificação de padrões e na aplicação do que aprenderam em novas situações, tornando explicitamente visíveis os princípios (abstratos) que estão por trás de sua superfície, é uma forma muito eficaz de promover a aprendizagem significativa (Willingham, 2008). Vimos tudo isso no Capítulo 6, "Transferência de aprendizagem". Da mesma forma, usar conhecimentos implica evocá-los. E como aprendemos no Capítulo 4, "Processos da memória", a evocação fortalece a aprendizagem e ajuda a organizar melhor o conhecimento adquirido, justamente criando conexões com outros conhecimentos relacionados, o que melhora sua capacidade de transferência.

Em sentido amplo, os alunos desenvolvem conhecimentos significativos quando os usam para analisar e interpretar situações, resolver problemas e criar todos os tipos de soluções. Essas situações e soluções vão desde um texto até um grande projeto tecnológico. É óbvio, portanto, que o essencial para desenvolver um conhecimento significativo que leve à maestria é a prática, que, sem dúvida, requer algo tremendamente escasso no contexto escolar: o tempo. Por isso, é importante refletir sobre o alcance dos objetivos educacionais.

Todas as evidências sugerem que é melhor apostar em currículos menos extensos, porém mais profundos (trabalhando menos conceitos e procedimentos, mas buscando maior domínio destes), do que currículos extensos, mas superficiais, que tentam abordar muito conhecimento, mas não permitem sua compreensão adequada, sobretudo nos casos em que os alunos têm conhecimentos preexistentes que os contradizem (Bransford; Brown; Cocking, 2000). Na capacidade que os alunos desenvolvem para transferir seus novos conhecimentos (aplicá-los em novos contextos) encontraremos uma diferença importante entre aprendizagem profunda e superficial.

A PRÁTICA FAZ O MESTRE

Como diz o ditado: para alcançar o domínio de uma disciplina, é preciso praticar. No entanto, nem todas as formas de praticar são igualmente eficazes. O psicólogo sueco Anders Ericsson, uma das maiores autoridades no estudo do desenvolvimento da *expertise*, sublinha essa ideia ao definir o que é conhecido como "prática deliberada" (Ericsson *et al.*, 1993).

Uma das principais descobertas da Ericsson é que a habilidade que você obtém em uma disciplina tem mais a ver com a maneira que você a pratica do que com a simples execução repetida dessa habilidade. De acordo com Ericsson, a prática deliberada é consciente e persegue um propósito. O futuro especialista divide as habilidades necessárias para alcançar o domínio e se concentra em melhorar cada uma dessas habilidades durante as sessões práticas, muitas vezes contando com o *feedback* de um professor especializado. Outra característica importante da prática deliberada é que ela aumenta progressivamente a dificuldade e atinge níveis cada vez mais desafiadores com a intenção de dominar a habilidade desejada.

Embora Ericsson tenha desenvolvido suas ideias sobre a prática deliberada no contexto de disciplinas competitivas (esportes, dança, xadrez, música, etc.), muitos de seus princípios são igualmente válidos em disciplinas escolares, como outros pesquisadores apontaram (p. ex., Anzai (1991), Patel e Groen (1991). Para começar, podemos destacar o fato de que a decomposição, a dosagem e o sequenciamento oportunos do objeto de aprendizagem facilitam seu domínio.

DECOMPOR E INTEGRAR

Qualquer conceito, modelo, procedimento ou habilidade que desejamos ensinar ou aprender pode ser dividido em várias partes ou componentes. Os especialistas, muitas vezes, não estão cientes de todos esses componentes que lhes permitem entender ou ser proficientes em algo, pois eles os integraram tão intimamente em sua memória de longo prazo que os aplicam automaticamente (ignorando a memória de trabalho).

Por exemplo, as pessoas que sabem ler esqueceram tudo o que nosso cérebro precisa fazer para realizar essa habilidade extraordinária. Todos os processos mostrados no Quadro 8.1 integram a capacidade de ler, e nós, leitores especialistas, os integramos tão intimamente em nossa memória de longo prazo que não temos mais consciência de que os estamos aplicando quando lemos (porque eles não precisam mais passar pela memória de trabalho). Essa competência inconsciente é o que chamamos de "ponto cego do especialista", e é muito importante que o docente tome consciência dela para melhorar sua eficácia como professor.

Portanto, para otimizar a aprendizagem podemos desintegrar o objeto a ser aprendido em seus componentes e aprendê-los um a um, ou seja, consolidá-los na memória de longo prazo progressivamente. O que é aprendido não ocupa mais espaço na memória de trabalho. Abre espaço para o novo e sustenta seu aprendizado se a sequência for coerente. Após dominar os componentes, eles devem ser gradualmente integrados e, por fim, múltiplas oportunidades devem ser fornecidas para utilizá-los de forma integrada. No entanto, recomenda-se que, no processo, não se perca de vista o objetivo final.

Há um exemplo cinematográfico que ilustra muito bem essa ideia. No filme original *Karatê Kid: a hora da verdade* (1984), o mestre de karatê de Daniel Larusso, Sr. Miyagi, tem um método de ensino bastante curioso. Sr. Miyagi não coloca seu discípulo para fazer karatê no primeiro dia. Primeiro, manda encerar carros ("aplicar cera, polir") e pintar cercas de jardim ("lado a lado, feche o pulso"). Quando Daniel domina bem essas técnicas, Sr. Miyagi o ensina a integrá-las e aplicá-las como movimentos para se defender dos golpes do oponente e depois continua com outros componentes do karatê. Seu sistema de ensino é resumido em uma frase mítica do filme: "Primeiro, aprender a ficar em pé. Depois, aprender a voar."

Múltiplos estudos fornecem evidências de que os alunos aprendem de maneira mais efetiva quando os componentes do objeto de aprendizagem são trabalhados temporariamente de forma isolada e progressivamente combinados (White; Frederiksen, 1990; Salden; Paas; Van Merriënboer, 2006; Wightman; Lintern, 1985). Mesmo uma pequena dose de prática em um dos componentes do objeto de aprendizagem produz melhora significativa na aprendizagem global (Lovett, 2001).

É verdade que reduzir os objetivos de aprendizagem aos seus componentes e aprendê-los um a um pode ter efeitos adversos sobre a motivação. No exemplo de *Karatê Kid*, Daniel Larusso não via utilidade em encerar carros ou pintar valas, e isso certamente o desencorajou um pouco no início. Quando, porém, começou a aplicar o que havia aprendido utilizando os mesmos movimentos para se proteger do ataque do adversário, sua motivação se multiplicou. O mesmo acontece quando os alunos começam a aplicar o que aprenderam para entender ideias que lhes interessam ou para resolver problemas relevantes.

QUADRO 8.1 Componentes da habilidade de leitura, por ordem de aquisição

1. **Consciência fonológica**: entender que a linguagem falada é composta por um conjunto finito de sons que se combinam.
2. **Princípio alfabético**: entender que a linguagem escrita representa graficamente cada um dos sons da língua por meio de letras ou conjuntos de letras.
3. **Decodificação fonética de letras e sílabas**: identificar os sons representados por letras e sílabas.
4. **Decodificação fonética de palavras**: ler palavras completas seguindo a lógica da relação entre grafemas e fonemas.
5. **Decodificação semântica das palavras**: extrair o significado das palavras lidas.
6. **Decodificação semântica de textos**: extrair o significado de textos lidos a partir da decodificação grafema-fonema.
7. **Reconhecimento visual de palavras**: reconhecer de maneira visual palavras inteiras e decodificá-las foneticamente como uma unidade de leitura.
8. **Decodificação semântica de textos complexos**: compreender textos complexos, o que depende diretamente dos conhecimentos prévios do leitor.

Fonte: Adaptado de Willingham (2017).

Entretanto, não é necessário esperar o momento de integrar os componentes para que surja a motivação pelo que se aprende. Com frequência, é possível conectar os componentes com contextos ou propósitos significativos, estejam eles diretamente relacionados ao objetivo final da aprendizagem ou a outros objetivos periféricos ou complementares. Sr. Miyagi poderia ter explicado a

Daniel a utilidade dos exercícios com a cera e a pintura para a prática do karatê ou poderia ter dado significado a eles, como propor pintar as valas de uma casa de repouso.

Dosar e sequenciar adequadamente o aprendizado também é uma forma de reduzir a carga cognitiva intrínseca (Sweller, 2010). Lembre-se de que essa é a carga cognitiva atribuível à complexidade do próprio objeto de aprendizagem. Como vimos nos capítulos anteriores, esse tipo de carga cognitiva depende do conhecimento prévio do aluno. É por isso que a estratégia de dosagem é muito útil, pois o que aprendemos com cada dose torna muito mais fácil aprender a próxima. Embora, como alunos, possamos orientar como dosamos nossa aprendizagem, essa intervenção sobre a carga cognitiva intrínseca é especialmente importante na perspectiva do professor (ou de quem planeja as unidades didáticas), que é quem realmente pode decompor o objeto de aprendizagem em seus componentes, sequenciá-los e orientar de modo adequado sua integração. Sem dúvida, o professor (o especialista) é essencial para orientar o processo de aprendizagem, embora já tenhamos dito que, para isso, ele deve ter cuidado com seu ponto cego de especialista.

PRÁTICA NO CONTEXTO ESCOLAR

No contexto escolar, a prática deve ser entendida de duas formas: por um lado, como a possibilidade de realização de múltiplas atividades em que o conhecimento conceitual adquirido é colocado em jogo, repetidas vezes, mas em contextos diferentes, com o objetivo de fortalecer sua compreensão e flexibilidade (capacidade de transferência). Seria o caso de conhecimentos como o conceito de "densidade", o significado de "*carpe diem*" ou o uso de figuras retóricas. A prática também pode ser voltada para o desenvolvimento da fluência em alguns procedimentos específicos de uma disciplina, como a decodificação de leitura, o cálculo aritmético ou o uso do passado simples em verbos irregulares do inglês. Em ambos os casos, a prática busca melhorar a fluência com que utilizamos nossos conhecimentos, sejam eles conceituais ou processuais, e sua maior conquista é nos levar a alcançar um domínio que nos permita usar esse conhecimento sem esforço consciente. Chamamos essa situação desejável de "automaticidade".

Automaticidade, ou fluência, é outra qualidade de conhecimento profundo, sobretudo no desenvolvimento de habilidades, tanto cognitivas quanto motoras. Como mencionei, consiste na capacidade de evocar conhecimentos ou realizar procedimentos sem a necessidade de fazer esforço consciente, quando os estímulos do ambiente estão adequados. Isso significa que as tarefas automatizadas não ocupam espaço na memória de trabalho, ou seja, você não precisa pensar nelas continuamente para realizá-las. Uma vez que a quantidade de informações que uma pessoa pode atender em determinado momento é limitada, automatizar alguns aspectos de uma tarefa dá à pessoa mais capacidade de atender a outros aspectos dessa ou de outras tarefas (Anderson, 1982).

Aprender a dirigir um carro é um bom exemplo de como a automaticidade se desenvolve. Nas primeiras aulas de direção, os iniciantes precisam estar cientes de tudo o que precisam fazer para operar o veículo, dirigir conforme as regras e tomar todos os cuidados necessários, motivo pelo qual não conseguem sequer manter uma conversa. Com a experiência, as habilidades de condução são automatizadas, a ponto de podermos dirigir com toda a atenção voltada para o que acontece na estrada e não para os mecanismos que devemos ativar no carro ou as ações que devemos realizar em cada manobra. Podemos até manter uma conversa ou pensar no que faremos quando chegarmos ao destino, embora logicamente aqui recomende sempre prestar atenção na estrada.

Da mesma forma, os leitores de primeira viagem, cuja capacidade de decodificar letras e palavras ainda não é fluente, não podem prestar atenção à tarefa de entender o que estão lendo (LaBerge; Samuels, 1974). Leitores especialistas desenvolveram um nível de automação tal que nem podem deixar de ler uma palavra assim que a veem.

A neuropsicologia explica o desenvolvimento da automaticidade a partir da dualidade entre memória explícita e memória processual (Poldrack; Packard, 2003; Ullman, 2016). Como o leitor se lembrará, a memória explícita contém todos os tipos de informações que conhecemos, que podemos utilizar para raciocinar e resolver problemas. A memória processual, por sua vez, existe sem que tenhamos consciência dela e nos permite realizar ações sem ter que pensar em como as fazemos, como quando dirigimos um carro ou lemos um texto (saber que podemos fazer essas coisas quando não as estamos fazendo é uma questão de memória explícita). A memória explícita aprende muito rapidamente, mesmo com uma única exposição. Em contraste, a memória processual precisa de muito mais tempo e múltiplas exposições. Desse modo, nossa memória consciente predomina quando começamos a aprender uma nova habilidade, mas, com a prática, a memória processual é capaz de tomar as rédeas e nos permite alcançar a automaticidade (Ullman, 2016).

Sem dúvida, a automaticidade é especialmente desejável para uma série de habilidades fundamentais no contexto escolar. Provavelmente uma das mais importantes está relacionada aos processos de decodificação de leitura. Também poderia ser a fluência ao falar uma segunda língua ou o cálculo aritmético básico. De qualquer forma, alcançar a automaticidade requer muita prática, o que pode ser desmotivador dependendo de como é gerenciado. Por isso, é muito importante decidir quais tarefas devem ser realmente automatizadas e quais podem permanecer no campo da memória explícita, para que o aluno tenha conhecimento para realizá-las, mas pense conscientemente sobre o que faz.

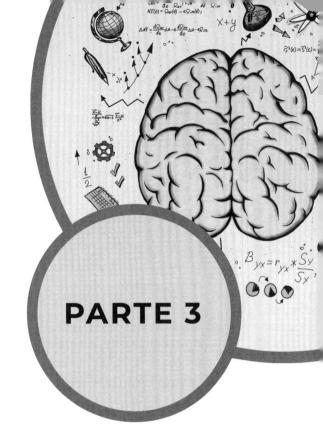

PARTE 3

FATORES SOCIOEMOCIONAIS DA APRENDIZAGEM

Quando a psicologia e a neurociência realizaram a emocionante tarefa de estudar como aprendemos, o foco estava nos processos cognitivos de aprendizagem, isto é, como o cérebro obtém informações de seu ambiente e como as manipula, armazena, recupera e usa (Lachman; Lachman; Butterfield, 1979). Nos anos 1950 e 1960, a ascensão da ciência da computação e, com ela, dos computadores, forneceu um modelo para a ciência cognitiva que inspirou pesquisadores por décadas. Esse modelo prescindia dos mecanismos relacionados à emoção, que se consideraram supérfluos para entender como o cérebro processa informações, e foram relegados a outros campos de estudo.

No entanto, o modelo cérebro-computador foi perdendo validade à medida que a pesquisa foi avançando. Em primeiro lugar, ficou evidente que a memória humana não gerencia, acumula ou recupera informações da mesma forma que um computador ou qualquer outra máquina ou instrumento que inventamos (falamos sobre isso nos capítulos anteriores). Em segundo lugar, estudos mostraram a capacidade limitada do nosso cérebro para tomar decisões ou resolver problemas de maneira lógica (Kahneman, 2011). Por fim, no final do século XX e início do século XXI, pesquisas em todas as áreas da cognição humana, tanto neurológicas quanto psicológicas, começaram a revelar que os mecanismos da emoção desempenham um papel muito relevante toda vez que realizamos qualquer tarefa de processamento de informações: da percepção ao raciocínio. Esses achados sugeriram que a divisão clássica entre o estudo da emoção e o da cognição era irreal e que a compreensão de processos cognitivos, como os relacionados à aprendizagem e à memória, exigia consideração da emoção.

Da mesma forma, a pesquisa educativa tornou cada vez mais evidente como a natureza social de nossa espécie influencia os processos de ensino e aprendizagem. O ensino, de fato, é uma manifestação evidente de que somos uma espécie eminentemente social, e a maneira como aprendemos também evoluiu nesse contexto.

Neste módulo, exploraremos os principais fatores socioemocionais envolvidos nos processos de ensino e aprendizagem. Como um dos mais relevantes é, sem dúvida, a motivação, dedicarei dois capítulos para falar dela. Além disso, lançarei luz sobre o que realmente sabemos sobre como as emoções modulam nossa capacidade de aprender.

O PAPEL DAS EMOÇÕES NA APRENDIZAGEM

APRENDIZAGEM E EMOÇÕES

O estudo sobre como as emoções influenciam os processos cognitivos de aprendizagem e memória é muito recente (com exceção do estudo do estresse em provas). Ainda são escassos os achados que, sendo rigorosos, possamos transferir para a prática educativa. No entanto, muitas vezes recebemos mensagens supostamente embasadas pela ciência sobre como as emoções modulam a aprendizagem e como devemos utilizá-las em sala de aula. Uma das ideias mais repetidas é a de que "só se aprende por meio da emoção" ou "só se aprende o que emociona". Mas o que a ciência realmente diz sobre a relação entre emoção e aprendizagem?

É evidente que combinar razão e emoção tem claro apelo ideológico, o que pode nos levar ao viés de confirmação. Por isso, é duplamente aconselhável ter cautela antes de nos arriscarmos a registrar afirmações como as mencionadas. Até agora, a ciência reconheceu que as emoções influenciam até mesmo processos que consideramos exclusivamente racionais e forneceu evidências sobre como isso acontece. Porém, nem tudo que é reivindicado na mídia (e mesmo nos cursos de formação de professores) tem embasamento científico. Neste capítulo, gostaria de apresentar brevemente as evidências que temos sobre como as emoções participam dos processos de ensino e aprendizagem.

O QUE QUEREMOS DIZER QUANDO FALAMOS DE EMOÇÕES NA EDUCAÇÃO?

Talvez um dos fatos que contribuem para confusões e mal-entendidos quando falamos de emoções na educação é que usamos o termo "emoção" de forma muito ampla e com significados muito diferentes, de modo que todos podem estar pensando em coisas diferentes ao discuti-lo.

Por exemplo, o que queremos dizer quando falamos em prestar atenção às emoções na sala de aula? Falar de emoções como fator modulador da aprendizagem é diferente de falar de educação emocional. O primeiro caso se refere às atividades de ensino sendo empolgantes para que o aprendizado ocorra, quando usamos as emoções para incentivar os alunos a se lembrarem melhor das experiências em sala de aula. Também pode se referir à conveniência de criar ambientes de aprendizagem que considerem a dimensão emocional dos alunos para contribuir com seu desenvolvimento acadêmico e pessoal. O segundo caso, no entanto, alude à importância de ensinar os alunos a reconhecer e gerenciar suas emoções.

Ambos os aspectos têm impacto na aprendizagem, é claro, mas a educação emocional vai além, pois persegue objetivos holísticos: proporcionar aos alunos competências socioemocionais que contribuam para a construção de seu bem-estar pessoal e social. Como esses aspectos transcendem o papel das emoções na aprendizagem (e este livro é sobre como aprendemos), me limitarei a lidar com aspectos relacionados a como as emoções influenciam os processos de aprendizagem. De qualquer forma, também dedico um capítulo à regulação emocional na próxima parte do livro, relacionada à autorregulação da aprendizagem.

Uma vez focados no tema de como as emoções modulam nossa capacidade de aprender, devemos fazer outra distinção importante. Muitas vezes, quando falamos em emoção, nos referimos especificamente à motivação; afinal, a motivação é um impulso emocional. Nesse caso, o papel da emoção na aprendizagem é óbvio (e muito relevante). A motivação, sobre a qual falarei longamente nos próximos dois capítulos, incentiva o aluno a dedicar mais atenção, tempo e esforço à tarefa de aprendizagem. Por isso, fica evidente que, assim, ele aprende mais. No entanto, não é a isso que se costuma fazer referência quando se afirma que a emoção modula a aprendizagem. Na verdade, essa ideia refere-se ao fato de que as emoções que o aluno experimenta durante uma atividade educativa podem favorecer ou prejudicar sua capacidade de aprender ou de lembrar o que aprendeu, independentemente do tempo ou esforço investido, ou seja, o fato de que as emoções podem tornar uma experiência mais ou menos memorável.

Para finalizar esse importante esclarecimento sobre o papel das emoções na educação, devemos distinguir dois possíveis casos em que elas podem afetar a memorabilidade das experiências educativas: quando intensificam a memória do que aconteceu em sala de aula, embora não necessariamente do que os alunos deveriam aprender, e quando prejudicam o próprio processo de aprendizagem, pois desviam a atenção do aluno para estímulos ou pensamentos supérfluos, como quando o medo de errar ou de passar vergonha não permite que ele se concentre no que faz.

Neste capítulo, me concentrarei principalmente em descrever o que sabemos sobre como os episódios emocionais modulam a memória, como as emoções influenciam a consolidação das memórias. No final do capítulo, falarei também sobre como as emoções podem interferir no processo de codificação do que esperamos que os alunos aprendam, o que me permitirá encerrar com uma breve menção à regulação emocional. Antes de tudo isso, é conveniente definir o que são emoções.

O QUE SÃO EMOÇÕES?

As emoções são respostas comportamentais e fisiológicas que nosso corpo oferece automaticamente a determinados estímulos, externos ou internos, que são percebidos como ameaça ou oportunidade (Shuman; Scherer, 2015). Embora tenhamos a sensação de ter o controle do nosso corpo, as emoções mostram que não é bem assim. De fato, nosso corpo age de forma autônoma regulando uma infinidade de processos vitais que não podemos controlar conscientemente, mas também assume o controle de processos que geralmente gerenciamos de modo consciente quando considera apropriado, segundo a forma como interpreta um estímulo externo ou um estado fisiológico interno em relação ao nosso bem-estar ou à nossa sobrevivência.

Por exemplo, se, ao nos aproximarmos do novo cão do vizinho com a intenção de acariciá-lo, ele nos mostra seus dentes e rosna, nosso cérebro ativa um padrão de comportamento emocional de maneira imediata e automática: afastamos nossa mão, recuamos e focamos nossa atenção no focinho do cachorro. Tudo isso pode acontecer antes mesmo de termos consciência do que estamos fazendo. Além disso, o coração começa a bater cada vez mais rápido, e nossa respiração acelera, entre outras coisas.

Isso mostra que as emoções ocorrem de maneira automática e involuntária e são ativadas muito rapidamente, antes mesmo de percebermos o estímulo que as produziu. Elas causam mudanças fisiológicas em nosso corpo e nos fazem reagir de maneira impulsiva em décimos de segundo. Mas não é só isso. Diante de estímulos que nosso cérebro interpreta como ameaça ou oportunidade, as emoções também tentam tomar o controle de nossa consciência para promover comportamentos que nos induzam a fugir, lutar, paralisar ou nos aproximar do estímulo que os gerou. Quando isso ocorre de maneira intensa, dizemos que "turvam nossa consciência".

Ao experimentar as emoções e seus efeitos em nossa consciência, tentamos defini-las e rotulá-las (assim como fazemos com todas as coisas). Interpretar e racionalizar as emoções ao tentar explicá-las e dar sentido a elas se refere ao que chamamos de sentimentos. Essa categorização é muito influenciada pelo ambiente social e cultural, que nos fornece termos e conceitos para descrevê-los. Há diferenças entre as emoções descritas por diferentes culturas humanas, e a mesma sociedade muda os tipos de emoções que concebe ao longo da história (Shuman; Scherer, 2015). Os processos fisiológicos que produzem emoções não mudam, mas mudam as formas que as interpretamos e conceituamos, dependendo da língua e da cultura.

Por sua vez, a ciência tentou identificar e definir um conjunto de emoções universais, mas os cientistas ainda não estão de acordo sobre quantas são (e talvez as controvérsias durem muito tempo). A hipótese mais simples as limita a quatro e explica todas as demais pela combinação destas: medo, raiva, alegria e tristeza (Jack; Garrod; Schyns, 2014). Outras hipóteses incluem a essas quatro o nojo e a surpresa (Ekman, 1992), e outras incluem a essas seis a vergonha e o orgulho (Tracy; Robins, 2004). Em suma, não há consenso sobre quais emoções são básicas ou universais e quais são socialmente construídas.

De qualquer forma, em relação às emoções no contexto educacional, é mais interessante perceber que a maioria dos psicólogos utiliza duas dimensões gradativas para classificar as emoções. Por um lado, as emoções distinguem-se pelo nível de ativação ou *arousal* que produzem. Desse modo, quando falamos em "emoções fortes", nos referimos a emoções com alto nível de *arousal*.

Por outro lado, as emoções têm valor qualitativo, ou valência, que diferenciaria emoções agradáveis, ou positivas (alegria, curiosidade, surpresa), de emoções desagradáveis, ou negativas (medo, ansiedade, tristeza). As diferentes experiências emocionais estariam localizadas em um *continuum* formado por essas duas dimensões, *arousal* e valência, como mostra a Figura 9.1.

Assim, uma vez que temos uma caracterização básica das emoções, devemos retornar ao assunto em questão. Podemos nos perguntar: qual a relação entre emoções e aprendizagem? É necessário sentir alguma emoção para aprender? Existem emoções que promovem a aprendizagem e emoções que a atrapalham? A seguir, começarei falando sobre o que a ciência sabe sobre como as emoções geradas durante uma experiência influenciam na memória daquele evento.

COMO A EMOÇÃO MODULA A APRENDIZAGEM E A MEMÓRIA?

As experiências que carregam carga emocional significativa (alto nível de excitação) são mais propensas a serem lembradas. O pai da psicologia americana, William James, já afirmava isso em 1890, quando expressava que eventos de grande intensidade emocional parecem deixar, metaforicamente, "uma cicatriz no cérebro" (James, 1890). As emoções têm efeito amplificador sobre a memória,

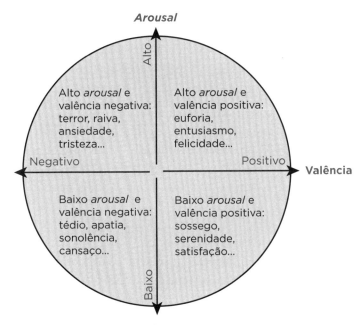

FIGURA 9.1 Classes de emoções segundo o modelo gradativo bidimensional composto pelo nível de *arousal* e o tipo de valência.

como corroborado por múltiplos estudos em psicologia cognitiva e neurobiologia, mas não fiquemos com essa afirmação tão ambígua e aberta à interpretação, e vamos nos aprofundar um pouco mais nos detalhes a seguir.

Em primeiro lugar, estudos em que dezenas de voluntários foram solicitados a descrever as memórias mais claras de sua infância, por exemplo, Rubin e Kozin (1984) mostram que as pessoas relatam sobretudo momentos de alta carga emocional: perda de entes queridos, momentos de felicidade, experiências de terror, etc. Além disso, todos concordamos que eventos que provocam fortes emoções parecem ter um lugar especial e privilegiado em nossa memória. Alguns pesquisadores argumentam que esses tipos de memórias, chamadas de *flashbulb*,[*] deveriam ter mecanismos únicos de codificação e consolidação que as tornassem especialmente claras e indeléveis (Brown; Kulik, 1977). Todos nós temos memórias desse tipo, que acreditamos que podemos recuperar com a mesma clareza do primeiro dia.

No entanto, essas lembranças intensamente emocionais são realmente tão especiais assim? Estudar em laboratório o efeito que emoções muito fortes têm na memória é complicado. Seria antiético dizer a uma pessoa que ela ganhou um milhão de reais para estudar a sua reação e depois confessar que não era verdade. Se

---

[*] N. de T. Termo em inglês que se remete às lâmpadas usadas no *flash* de câmeras fotográficas.

realmente déssemos o dinheiro a ela, seria ético, mas acho que ninguém financiaria um estudo tão ridiculamente caro. Quase não há orçamento para a ciência, então...

O fato é que vários pesquisadores conseguiram estudar a natureza das memórias *flashbulb* a partir da conjuntura de eventos sociais de impacto emocional significativo, que aconteceram repentinamente. Por exemplo, Talarico e Rubin (2003) entrevistaram 54 estudantes no dia seguinte aos terríveis acontecimentos de 11 de setembro de 2001 nos Estados Unidos, quando a organização terrorista Al Qaeda atacou as Torres Gêmeas e o Pentágono (alguns leitores certamente se lembrarão de onde e com quem estavam naquele dia quando escutaram a notícia).

Nos questionários, os pesquisadores solicitaram detalhes sobre as circunstâncias em que os estudantes viveram esses eventos e sobre seu grau de confiança em relação a essas memórias. Também foram solicitados os mesmos detalhes sobre quaisquer eventos naquela mesma semana que tivessem sido emocionantes para eles (geralmente falavam sobre festas, datas, eventos esportivos, etc.). O fato é que os pesquisadores entraram em contato novamente com os voluntários, uma, seis ou 32 semanas depois, e fizeram as mesmas perguntas: o que eles se lembravam daqueles dias e quão certos estavam da fidelidade de suas memórias. Os gráficos da Figura 9.2 mostram o número de detalhes relatados pelos voluntários que foram consistentes ou inconsistentes com sua primeira memória (esquerda) e o grau em que eles pontuaram sua confiança na fidelidade dessas memórias (direita).

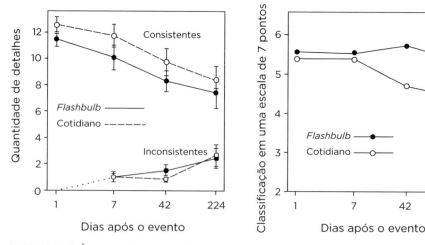

FIGURA 9.2 À esquerda, quantidade de detalhes consistentes e inconsistentes com a versão inicial dos eventos, tanto para a memória *flashbulb* quanto para a memória de um evento emocional cotidiano. À direita, grau de confiança na fidelidade das memórias (Talarico; Rubin, 2003).

Como se vê, tanto a memória do dia do ataque às Torres Gêmeas, em Nova York, quanto a do evento moderadamente emocional foram perdendo fidelidade na mesma proporção: os detalhes consistentes foram reduzidos à custa de um aumento de novos elementos (ou falsas memórias). O esquecimento agiu exatamente da mesma forma em ambos. No entanto, a confiança que os voluntários relataram ter em termos de fidelidade de suas memórias permaneceu alta para o evento de 11 de setembro e foi diminuindo no outro caso. Pode-se dizer, portanto, que momentos de grande emoção não são mais imunes ao esquecimento do que outros momentos moderadamente emocionais, mas provocam a ilusão de se lembrar melhor. Estudos como esses têm sido repetidos com muitos outros eventos, com resultados semelhantes, por exemplo, McCloskey, Wible e Cohen (1988).

De qualquer forma, quando um evento gera emoções, ele é lembrado melhor do que quando não gera. Em um estudo clássico (Cahill; McGaugh, 1995), dois grupos de estudantes foram convidados a assistir a uma sequência de *slides* que contava a história de um menino que visitou seu pai no hospital onde trabalhava. No entanto, cada grupo ouviu uma história diferente acompanhando as mesmas imagens. Na parte central da história, foram mostradas cenas muito explícitas e bastante perturbadoras da sala de cirurgia. A um dos grupos, disseram que, na verdade, era uma simulação com atores e, a outro grupo, disseram que era um caso real de vida ou morte. Alguns dias depois, todos os participantes foram entrevistados para coletar dados sobre o que se lembravam de cada parte da história (nenhum participante sabia que sua memória seria testada). Na Figura 9.3, podemos ver o número de detalhes corretos que cada grupo lembrou em cada uma das três fases da história. A fase central corresponde ao episódio da sala de cirurgia. Como você pode ver, o grupo que ouviu a história "emocionante"

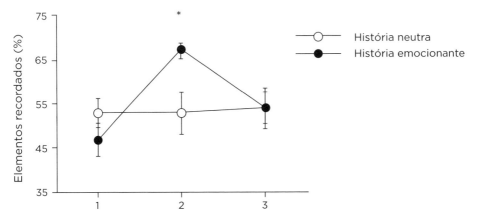

FIGURA 9.3 Quantidade de detalhes lembrados corretamente em cada fase da história (Cahill; McGaugh, 1995).

se lembrou de muito mais detalhes da parte perturbadora da história (as pequenas diferenças que podem ser vistas no início da história não são estatisticamente significativas).

Esse e muitos outros estudos têm mostrado como os estímulos emocionais são mais lembrados do que os não emocionais. Mas como saber se isso se deve a um efeito direto da emoção na memória? Vários pesquisadores têm argumentado que a causa desse fenômeno pode ser que a emoção despertada pelo estímulo emocional nos faz prestar muita atenção e, consequentemente, nos lembramos melhor. Essa explicação não é absurda. De fato, muitas pesquisas têm mostrado que, em situações de alto impacto emocional (alta *arousal*), causadas por algum estímulo específico (como a observação de uma operação de coração aberto ou o testemunho de um crime), a emoção provoca um foco de atenção tão intenso que o objeto atendido é bem lembrado, mas a memória para detalhes periféricos é muito limitada. Esse fenômeno tem repercussões importantes na confiabilidade dos depoimentos que testemunham crimes, uma vez que sua atenção acaba se concentrando em detalhes muito específicos de sua experiência, e o restante dos elementos são difusos em sua memória (infelizmente, se forem pressionados a explicá-los, a memória pode reconstruí-los a partir de outras experiências e memórias, o que levou muitos inocentes à prisão e até à cadeira elétrica).

Em suma, diante de estímulos emocionalmente intensos, o cérebro concentra sua atenção neles e ignora o que os cerca. Em um contexto escolar, isso pode ser o que acontece quando realizamos um experimento espetacular no laboratório e o acompanhamos com uma boa explicação de suas causas. Muitos alunos só se lembram da anedota do líquido explodindo ou mudando de cor. Quanto às suas causas... Que causas?

Felizmente, parece que, para que a emoção promova memórias mais intensas, não é necessário que haja um estímulo específico ativando uma reação emocional marcante e monopolizando nossa atenção. Em uma série de experimentos, Laney, Heuer e Reisberg (2003) mostraram que um tema emocional intenso era suficiente para melhor recordar um evento, e não exclusivamente para lembrar o estímulo emocional específico, mas todo o evento em geral. Por exemplo, quando uma história tem contexto emocional, ela é lembrada muito melhor, tanto sua essência quanto os detalhes de todo o enredo. No entanto, isso não responde se a emoção tem um efeito direto sobre a memória. É a emoção, por *si só*, que torna as memórias mais intensas, ou o que acontece é que a emoção nos faz prestar mais atenção a elas? Também pode ser que a emoção nos tenha levado a pensar mais sobre as recordações e a rememorá-las repetidamente, para que nos lembremos melhor delas. Afinal, dois dos processos cognitivos que mais melhoram a memória são evocar a recordação e pensar sobre ela (com ou sem emoção). Então, o efeito da emoção é direto ou indireto?

As evidências nos convidam a considerar o primeiro. Nielson, Yee e Erickson (2005) recitaram uma lista de 35 palavras para dois grupos de voluntários. Logo em seguida, realizaram um teste para ver quantas se lembravam, e ambos os grupos obtiveram o mesmo resultado em média. Em seguida, eles foram convidados a assistir a um vídeo: um grupo assistiu a uma cena um tanto perturbadora sobre cirurgia bucal, enquanto o outro testemunhou uma limpeza dentária de rotina (emocionalmente neutra). Trinta minutos depois, sem que nenhum participante esperasse, eles foram novamente solicitados a anotar tantas palavras da lista do início quanto se lembrassem. Surpreendentemente, dessa vez, aqueles que tinham visto o vídeo mais carregado emocionalmente lembraram-se de mais palavras em média. A mesma coisa ocorreu quando eles receberam o mesmo teste 24 horas depois (Fig. 9.4).

Portanto, esse experimento (e muitos outros que replicaram o mesmo efeito) mostra que as emoções têm efeito de reforço na memória, independentemente do fato de que elas nos levam a prestar atenção ao estímulo emocional ou a pensar sobre ele repetidamente. É como se eles intensificassem nossa capacidade de consolidar recordações de qualquer coisa que codificamos na memória durante o evento emocional e, até mesmo, memórias de experiências que ocorreram antes e estão em processo de consolidação (como a lista de palavras que os participantes do estudo anterior ouviram antes de assistir aos vídeos). No Capítulo 4, "Processos da memória", comentei que a consolidação das memórias continua

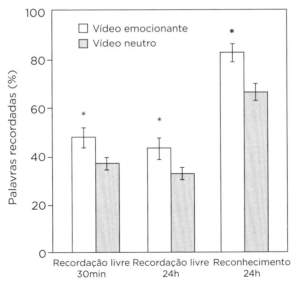

FIGURA 9.4 Porcentagem de palavras lembradas após o teste preliminar, dependendo se o vídeo visualizado após o estudo foi neutro ou emocionante (Nielson; Yee; Erickson, 2005).

em nosso cérebro quando não estamos mais pensando nos objetos que as geraram, ou seja, depois de termos abandonado a memória de trabalho.

A neurobiologia tem lançado luz para entender como a emoção potencializa a memória (McGaugh, 2013; Phelps, 2006). Hoje, sabemos que, diante de um estímulo emocional (relevante para nossa sobrevivência ou nosso bem-estar), uma região do nosso cérebro é ativada, a amígdala, que pode modular a região cerebral envolvida na formação da memória explícita: o hipocampo. A amígdala envia sinais para o hipocampo que aumentam sua capacidade de codificar e consolidar as experiências que está processando. Como os mecanismos de consolidação continuam no hipocampo minutos e até horas após a experiência de aprendizagem, os efeitos da amígdala no hipocampo não afetam apenas a recordação de experiências que ativaram a amígdala mas também experiências anteriores. Na verdade, o efeito da amígdala no hipocampo também tem certa duração, por isso também influencia a formação de memórias das experiências imediatamente após o evento emocional.

Do ponto de vista evolutivo, esse efeito da amígdala sobre a memória faz todo o sentido: quando nossos antepassados de repente encontravam um animal perigoso na savana, por exemplo, era útil não apenas lembrar a experiência da ameaça (o próprio animal) mas também tudo o que a precedeu e tudo o que a seguiu, pois esses detalhes podem ser importantes para prever situações semelhantes no futuro antes que elas ocorram.

Além de influenciar a memorabilidade das memórias episódicas geradas pelo hipocampo, a amígdala também aprende sozinha, sem que nos demos conta disso (Phelps, 2006). Especificamente, conhecemos o papel da amígdala no chamado de "condicionamento" do medo, o aprendizado em que nosso cérebro associa um estímulo a um perigo e atribui a ele uma resposta de medo. Quando nos deparamos novamente com esse estímulo, a amígdala ativa a reação emocional, antes mesmo de termos consciência de tê-la visto. Por exemplo, se o cachorro do vizinho nos morder, a amígdala se lembrará disso e desencadeará uma reação de medo ou ansiedade quando o virmos da próxima vez. Essa capacidade de aprender da amígdala é independente do hipocampo e, portanto, parte da memória implícita (não consciente). Assim, se uma pessoa sofreu uma lesão no hipocampo, mas manteve a amígdala intacta, ela ainda poderia associar estímulos ao medo e responder a eles, mas a pessoa não teria ideia de por que sente medo diante de um estímulo do qual não tem memória consciente. Sem o hipocampo, teríamos medo do cachorro que nos mordeu, embora não nos lembremos de tê-lo visto antes.

No entanto, o hipocampo também funciona independentemente da amígdala. A maior parte do que guardamos em nossa memória não foi aprendida em situações de "emoção" que ativaram a amígdala (felizmente).

Um estímulo não precisa ser emocional para que o hipocampo o transforme em memória. O hipocampo guarda informações sobre tudo o que fazemos continuamente (caso contrário, como nos lembraríamos do que fizemos hoje?). Para que essas lembranças perdurem, basta que pensemos nelas e, desse modo, as conectemos com nossos conhecimentos prévios. Pacientes que sofreram uma lesão grave na amígdala, mas mantêm o hipocampo intacto, podem gerar memórias como uma pessoa saudável, mas não experimentam aprimoramento da memória em caso de estímulos emocionais (Cahill *et al.*, 1995).

Em suma, embora seja verdade que as emoções podem aumentar nossa capacidade de lembrar as experiências que vivemos, elas não são essenciais para isso. Entretanto, a maioria dos estudos que temos hoje sobre como a emoção torna as experiências mais memoráveis limita-se quase exclusivamente a casos de emoções "fortes" ou "muito fortes" (com alto nível de *arousal*), que ativam significativamente a amígdala: emoções causadas por experiências pessoais intensas ou provocadas em laboratório por imagens perturbadoras. Não seria ético propor o uso desse tipo de emoção em sala de aula com o objetivo de consolidar melhor a aprendizagem. Como veremos mais adiante, emoções fortes muitas vezes dificultam a obtenção dos tipos de aprendizagens que buscamos na escola.

No entanto, nos últimos anos, começaram a ser coletadas evidências sobre o efeito positivo que estados emocionais de intensidade moderada podem ter na aprendizagem, especificamente aquelas relacionadas às emoções de surpresa e curiosidade, entre outras. Falarei sobre isso a seguir.

EFEITO DA CURIOSIDADE NA MEMÓRIA

Vários estudos recentes parecem indicar que não é necessário provocar emoções "fortes" nos alunos para melhorar a memória do que fazem em sala de aula, mas que pequenas emoções também têm efeito. Temos evidências sobre o efeito potencializador da aprendizagem produzido por surpresas que podem ocorrer no contexto escolar. O mais interessante é que não são surpresas que supõem um sobressalto, mas simplesmente situações fora da rotina. Além disso, seu efeito não ocorre apenas com a evocação do estímulo marcante, mas também com a memória do que os alunos percebem antes e depois do evento surpreendente.

Por exemplo, Ballarini e colaboradores (2013) estudaram esse efeito em 1.676 alunos do ensino fundamental divididos em dois grupos. Em um de seus experimentos, eles leram uma história para analisar de quantos detalhes se lembrariam 24 horas depois. Para um grupo, nada mudou em sua rotina durante o dia da história, já o outro viveu algumas situações inesperadas entre uma hora antes ou depois da leitura da história: uma mudança de sala de aula, uma aula ministrada por um novo professor, etc. No dia seguinte, o segundo grupo se lembrou de até 40% mais detalhes da história do que o primeiro. Esses resultados foram replicados com testes semelhantes e alunos de idades diferentes, mesmo na universidade, e o resultado sempre se inclinou na mesma direção: quando elementos imprevistos são introduzidos, dias depois, os alunos se lembram não apenas daquela surpresa mas também de outros detalhes do que aconteceu durante a aula, melhor do que quando ocorrem em contextos rotineiros. Em especial, esses experimentos revelaram que tudo o que acontece entre uma hora antes e uma hora depois do novo evento é lembrado mais vividamente (Ballarini *et al.*, 2013; Nielson; Arentsen, 2012).

Em contrapartida, vários estudos realizados nos últimos anos mostram que estados emocionais associados à curiosidade aumentam a capacidade das pessoas de se lembrarem do que percebem naquele estado. Por exemplo, Gruber, Gelman e Ranganath (2014) mostraram uma série de perguntas de um *quiz* aos participantes do estudo e pediram que eles avaliassem seu nível de curiosidade sobre a resposta, antes de revelá-la. Após uma série de várias perguntas e respostas, um teste surpresa registrou quais respostas eles se lembravam. Das perguntas que geraram mais curiosidade, os voluntários se lembraram em média 70,6% e, das que não geraram tanta curiosidade, lembraram-se apenas 54,1%.

Obviamente, esse resultado não poderia ser uma consequência direta da curiosidade, mas sim do conhecimento prévio dos indivíduos. Tendemos a demonstrar mais curiosidade sobre temas dos quais já temos certo conhecimento (justamente porque geram maior interesse) e, quanto mais conhecimento prévio temos sobre algo, mais fácil é, para nós, aprendermos sobre coisas relacionadas. O leitor certamente lembrará que aprendemos fazendo conexões entre conhecimentos anteriores e novos conhecimentos. Portanto, quanto mais conhecimento temos sobre algo, mais conexões podemos fazer com qualquer novo dado ou ideia relacionada a ele, o que se traduz em memórias mais fortes e fáceis de evocar.

No entanto, para descartar essa explicação, os pesquisadores do estudo anterior mostraram aos participantes fotografias do rosto das pessoas enquanto esperavam para saber a resposta de cada pergunta do *quiz*. No final do procedimento, também foi testada a memória para aqueles rostos. Nesse caso, os voluntários lembravam-se melhor das faces que viam quando seu estado de curiosidade era maior, como se, de fato, a curiosidade aumentasse a capacidade de lembrar os estímulos apresentados naquele momento. Segundo os resultados, esse efeito foi muito pequeno, mas estatisticamente significativo, o que fornece algumas evidências sobre a influência que a curiosidade pode ter na memória.

EMOÇÕES PARA APRENDER

Com todo o exposto, poderíamos concluir que os professores devem garantir que suas aulas sejam "emocionantes" com vistas a promover uma aprendizagem mais duradoura. Afinal, as emoções intensificam a memória, certo? No entanto, embora seja paradoxal, o fato de as emoções intensificarem nossas memórias não significa que os alunos aprendam mais durante uma atividade em sala de aula que gera emoções. Para entender esse paradoxo, é fundamental lembrar que o que chamamos de "memória" e que é tecnicamente conhecido como "memória explícita", na verdade pode ser dividida em dois tipos de memória: episódica e semântica (Tulving, 2002).

Como expliquei no Capítulo 2, "Componentes da memória", a memória episódica (ou autobiográfica) é aquela que registra os fatos de nosso cotidiano, as informações associadas às nossas experiências, sejam detalhes rotineiros do dia a dia, sejam experiências específicas mais relevantes. Já a memória semântica armazena nosso conhecimento.

Embora ambos os tipos de memória estejam intimamente relacionados, há ampla evidência de que eles não são exatamente os mesmos do ponto de vista funcional. Uma diferença importante é que a memória episódica sempre inclui referências contextuais, estando sempre ligadas a detalhes sobre as circunstâncias em que as obtivemos, como o local e o tempo em que ocorreram, e também as emoções que experimentamos quando foram geradas. Por sua vez, as informações armazenadas na memória semântica geralmente não incluem referências contextuais, sobre quando, onde ou como as obtivemos. Podemos saber o que é um elefante, mas não necessariamente lembrar quando ou onde aprendemos.

Em outras palavras, a memória episódica está ligada a um contexto concreto (a experiência que a gerou), enquanto a semântica é mais "abstrata" e livre dessas referências. Grande parte das informações contidas na memória semântica está na forma de significados, que são progressivamente construídos a partir de múltiplas experiências. Ideias e conceitos fazem parte da memória semântica.

Por essa e outras razões, o efeito intensificador da memória causado por estados emocionais intensos influencia basicamente nossas memórias episódicas, e não tanto a memória semântica, que é o que nos interessa fortalecer em sala de aula. Portanto, quando os alunos fazem alguma atividade "emocionante" em sala de aula, no dia seguinte eles se lembram principalmente do que aconteceu durante a aula, mas quase nada do que deveriam aprender.

Além disso, muitas vezes, o que gera a emoção não é exatamente o objeto de aprendizagem, mas algum aspecto acessório da atividade, que se torna o foco da atenção do aluno em detrimento dos objetivos da aula. As emoções em sala de aula, portanto, sobretudo se forem intensas, costumam causar carga cognitiva

alheia, ou seja, distrações e dificuldades em se concentrar no objeto de aprendizagem. Embora o fortalecimento da memória episódica causado por emoções intensas possa eventualmente ajudar a lembrar melhor algum fato específico dos objetivos de aprendizagem, seu efeito costuma ser prejudicial ao tipo de atividade reflexiva exigida pela aprendizagem conceitual e procedimental, que aspira à transferência (Vogel; Schwabe, 2016).

Em suma, isso não significa que as emoções não desempenhem um papel crucial no aprendizado. Como veremos a seguir, os alunos vivenciam emoções em sala de aula de maneira contínua, queiramos ou não, uma vez que as interações sociais que ocorrem durante uma aula e os desafios impostos pelas atividades de aprendizagem inevitavelmente as causam. São precisamente as emoções que têm maior impacto na aprendizagem e às quais devemos prestar verdadeira atenção. São as emoções que podem alterar o desempenho dos alunos em determinado momento, mas também aquelas que determinam sua motivação para aprender. Falarei a seguir sobre o desempenho e dedicarei os próximos dois capítulos para falar sobre a motivação.

EMOÇÕES E DESEMPENHO

Os desafios que um aluno deve enfrentar durante uma aula, bem como as múltiplas interações que ele estabelece com o professor e com seus colegas, modulam seu estado emocional em todos os momentos. As emoções que você experimenta como resultado influenciarão seu aprendizado e seu desempenho. É óbvio que as emoções positivas serão mais benéficas em termos de motivação. No entanto, quando se trata de desempenho em tarefas de aula, todas as emoções, sejam positivas, sejam negativas, podem acabar sendo favoráveis ou prejudiciais. O que realmente determinará se seu efeito sobre o desempenho dos alunos resulta em uma direção ou outra será o grau de ativação fisiológica e psicológica que eles produzem, ou o que chamamos tecnicamente de "nível de *arousal*".

Neste capítulo, já falamos sobre emoções "fortes" e emoções de moderada magnitude, bem como sua relação com o aprendizado. O nível de ativação ou *excitação* que produz uma resposta emocional (e, consequentemente, a magnitude com que ela influencia nossas funções cognitivas e nosso comportamento) é uma variável muito relevante a ser levada em conta quando se discute o efeito das emoções no contexto escolar. Dependendo do nível de ativação, a eficácia de uma tarefa de aprendizagem em sala de aula aumentará ou enfraquecerá. Mesmo as emoções consideradas negativas que surgem quando enfrentamos um desafio, como ansiedade, medo ou estresse, são realmente positivas para o aprendizado, desde que sejam mantidas em níveis moderados de *arousal* por curtos períodos. Repito: intensidade moderada e curta duração.

A intensidade das emoções e seus efeitos sobre nossas funções cognitivas variam desde um nível de superativação, como no caso de emoções intensas ou estado de alerta, até níveis de subativação, como no caso de estados de relaxamento ou sono. Em ambos os extremos, nossa capacidade de realizar tarefas conscientes que exigem atenção, reflexão ou raciocínio (como aprender) é truncada. Já quando a ativação está em um nível intermediário, estamos em um estado ótimo para realizar esse tipo de tarefa.

No caso do estresse ou da ansiedade, esse fenômeno é bem conhecido na psicologia desde o início do século XX. Em 1908, Yerkes e Dodson enunciaram a lei que leva seu nome, que afirma que a relação entre o nível de estresse experimentado e a efetividade para realizar uma tarefa que requer recursos cognitivos pode ser expressa por um U invertido, como no gráfico da Figura 9.5.

Simplificando, o desempenho será ótimo se o nível de excitação for moderado. Se for muito alto ou muito baixo, terá um impacto negativo no resultado da tarefa.

Isso poderia ser extrapolado, com nuances, para qualquer tipo de emoção que possa ser produzida no contexto de uma atividade educativa. Portanto, não só as emoções positivas são benéficas para aprender. Na verdade, as emoções positivas também podem ser perturbadoras para o aprendizado se o seu nível de *arousal* for muito alto. Basta pensar em um aluno em estado de euforia máxima quando tentamos explicar como resolveríamos um problema que requer certa concentração.

FIGURA 9.5 Lei de Yerkes e Dodson.

Em suma, a verdade é que as emoções fortes, em geral, não costumam ser amigas da aprendizagem ou do desempenho no contexto escolar. Sejam elas positivas ou negativas, elas dificultam o raciocínio e sobrecarregam a memória de trabalho. Às vezes, fortes emoções surgem na própria sala de aula: o resultado de um teste de avaliação, uma apresentação pública, um trabalho em grupo ou simplesmente uma resposta incorreta a uma pergunta lançada pelo professor. Em outros momentos, os alunos chegam às aulas com estados emocionais intensos provocados por situações em suas vidas pessoais. Em qualquer um desses casos, as emoções desviam a atenção dos alunos e enchem sua memória de trabalho com pensamentos supérfluos sobre a tarefa de aprendizagem, prejudicando seu desempenho (e, claro, seu bem-estar). A neurobiologia está bem ciente das vias pelas quais a ativação da amígdala altera o funcionamento da memória de trabalho (Arnsten, 2009).

Além disso, devemos ter em mente que o nível de ativação ou *arousal* que produz um estímulo não é o mesmo para cada aluno. Por exemplo, um aluno pode sentir altos níveis de estresse antes de uma prova avaliativa, enquanto outro pode não estar tão chateado com a mesma situação. Da mesma forma, a valência das emoções que os alunos associam aos estímulos também é diferente. Um aluno pode sentir alegria em estudar matemática, enquanto outro pode sentir ansiedade.

Portanto, não deve ser estranho que a capacidade de gerenciar emoções esteja positivamente correlacionada com o desempenho acadêmico (Mega; Ronconi; Beni, 2014; Graziano *et al.*, 2007). Além disso, sabemos que intervenções de educação emocional que visam a melhorar a capacidade dos alunos de identificar, compreender, expressar e regular adequadamente suas emoções podem ter efeitos positivos sobre seu desempenho escolar (Jamieson *et al.*, 2010). Como a regulação emocional é um fator de notável importância para a aprendizagem, dediquei um capítulo a ela na Parte 4. Nos próximos capítulos desta parte, no entanto, tratarei de outro dos fatores emocionais mais cruciais para o aprendizado: a motivação.

MOTIVAÇÃO

O GRANDE ESQUECIDO

O famoso pedagogo, psicólogo e filósofo John Dewey escreveu no início do século XX: "Não existe ensino obrigatório. Podemos tornar obrigatória a frequência à escola, mas a educação surge apenas do desejo de participar das atividades escolares" (Dewey, 1913). Sabemos que a motivação é um fator-chave para promover a aprendizagem de nossos alunos e, no entanto, durante décadas, a educação formal não a levou muito em consideração, sobretudo nos ensinos médio e superior. Como veremos, dar atenção a esse componente emocional do processo de aprendizagem, considerando-o parte fundamental da tarefa do professor, pode significar uma pequena revolução educacional por si só.

A ciência também ignorou, por muito tempo, o papel da motivação nos processos de aprendizagem, enquanto se concentrava no estudo dos processos cognitivos quase exclusivamente (Schunk; Pintrich; Meece, 2013). Durante boa parte do século XX, nos círculos de pesquisa educacional, reinou o interesse em identificar o que nos faz *aprender*, ou seja, quais são as ações e as situações mais efetivas para gerar e consolidar a aprendizagem. Só mais tarde é que se tornou evidente a necessidade de descobrir também o que nos faz querer aprender e, consequentemente, o que nos incentiva a realizar as ações que nos permitem *aprender*. Ao considerar essa variável, a ciência tem sido capaz de descrever os processos de aprendizagem em sala de aula de maneira mais precisa e válida em situações reais (Pintrich, 2003a). Em outras palavras, o fenômeno educacional não pode ser compreendido se não considerarmos o papel da motivação.

A pesquisa científica sobre a motivação humana, em qualquer contexto de vida, começou por oferecer teorias baseadas em impulsos internos que nos levam a satisfazer necessidades biológicas, a equilibrar situações de desequilíbrio mental ou físico que produzem desconforto, ou simplesmente a buscar prazer e evitar a dor (Weiner, 1990). Embora essas teorias, construídas principalmente a partir de pesquisas com animais de laboratório, possam ser úteis para explicar a motivação que nos leva a procurar comida quando estamos com fome ou ir ao banheiro quando a necessidade aperta, elas logo se mostraram insuficientes para entender boa parte do comportamento humano e, em particular, para explicar o que motiva os alunos a aprender no contexto escolar. Como reação, as teorias cognitivas da motivação começaram a ganhar força durante o último quarto do século XX. Ao contrário de suas antecessoras, essas teorias consideram que a motivação para aprender depende das decisões conscientes que o aluno toma com base em como ele interpreta as informações que recebe. Portanto, a motivação é uma resposta emocional mediada por fatores cognitivos. Hoje, as teorias cognitivas dominam o cenário da pesquisa educacional sobre motivação, apoiadas por uma enorme quantidade de evidências obtidas por uma infinidade de estudos realizados em sala de aula, e não com animais de laboratório (Schunk; Pintrich; Meece, 2013). Portanto, este capítulo terá como foco a exposição das principais ideias que emanam das teorias cognitivas da motivação no contexto escolar.

O QUE É MOTIVAÇÃO?

A motivação é um estado emocional que nos impulsiona a empreender e manter um comportamento com determinado objetivo. É uma predisposição para a ação em uma direção concreta. Falar de motivação sem levar em conta um objetivo não faz sentido. A motivação tem sempre um objetivo: estamos motivados para alcançar ou fazer algo em particular. Não somos simplesmente "motivados" (embora chamemos de "motivadas" aquelas pessoas que têm facilidade de sentirem-se assim por quase tudo, ou seja, aquelas que dizem "topo qualquer coisa"). No campo que nos diz respeito, a motivação atua em relação aos objetivos de aprendizagem ou metas acadêmicas. Em suma, quando os alunos são motivados a aprender algo, eles se esforçam mais para alcançá-lo. É importante compreender que a motivação por si só não torna a aprendizagem mais memorável, mas a potencializa, pois induz o aluno a se esforçar mais e dedicar mais tempo e atenção ao objeto de aprendizagem.

As teorias cognitivas da motivação pressupõem que os seres humanos, em maior ou menor grau, sentem um impulso natural para aprender. A questão é o quê. O que determina o que queremos aprender? O que nos faz perseverar em um assunto ou nos desvencilhar dele? O objeto de estudo segundo essa corrente de pesquisa não é a origem desse impulso que chamamos de "motivação", mas os fatores que determinam sua orientação e sua persistência. O que nos interessa é saber como e por que os alunos são motivados a aprender certas coisas ou em determinados contextos e o que os faz persistir nisso ou acabar desistindo. Esse conhecimento pode nos ajudar a melhorar a motivação dos alunos para as atividades escolares.

É importante compreender que a motivação não é um fim em si mesmo, mas um meio para um fim. Aumentar a motivação dos alunos não pode ser considerado o objetivo de uma mudança metodológica ou de uma reforma do projeto pedagógico de uma escola. A motivação deve ser concebida como um meio (muito poderoso) para alcançar os objetivos de aprendizagem. Como veremos neste capítulo, é muito positivo que um professor ou uma escola decida fazer mudanças para melhorar a motivação de seus alunos, mas não deve perder de vista que o objetivo dessas mudanças não é "que os alunos estejam mais motivados" simplesmente, mas "que os alunos estejam mais motivados para aprender o que propomos". Afinal, podemos motivar os alunos de muitas maneiras, mas nem todas os levarão a concentrar sua atenção e seu esforço no objeto de aprendizagem. O que queremos é que eles sejam motivados a se envolver cognitivamente no tipo de atividades que levam a uma aprendizagem profunda e significativa.

METAS

A motivação está sempre focada em metas ou objetivos. Cabe destacar que os objetivos que nós, professores, temos para nossos alunos nem sempre coincidem com aqueles que eles almejam para si mesmos. É o que acontece, por exemplo, quando nosso interesse está focado em que eles realmente aprendam sobre a matéria que lecionamos, mas eles só estão pensando nas notas. Com base nisso, podemos distinguir dois tipos de objetivos ou metas que nossos alunos podem seguir (Dweck 1986; Dweck; Leggett, 1988). De um lado, estão os *objetivos de competência* (ou aprendizagem), aqueles perseguidos por um aluno que está genuinamente interessado em aprender, em desenvolver o domínio do assunto ou adquirir novas habilidades. Por outro, encontramos as *metas de desempenho*, que focam o comportamento do aluno na superação dos desafios acadêmicos que enfrenta, pelo desejo de provar seu valor ou proteger sua reputação e sua imagem perante os outros. São os objetivos dos alunos que priorizam as notas acima de tudo.

Estes últimos ainda podem ser classificados em dois tipos (Elliot, 1999): *metas de desempenho com um componente de aproximação*, típicas de alunos que tentam sempre obter a melhor nota e permanecer como melhores da turma, e *metas de desempenho com um componente de evitação*, características dos estudantes que fazem apenas o justo e o necessário e que simplesmente esperam não se sair muito mal, não ficar entre os piores da turma.

É claro que, na escolaridade obrigatória, também temos alunos que infelizmente não partilham de nenhum desses objetivos, pois não valorizam nem as

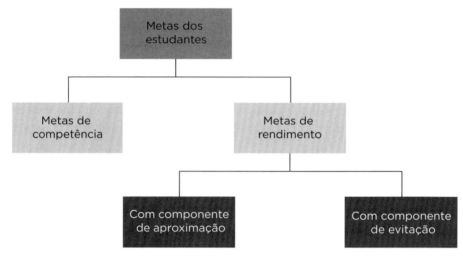

FIGURA 10.1 Tipos de metas.

notas nem o que podem aprender na escola (o que, como veremos mais adiante, depende das suas crenças sobre a aprendizagem).

Pesquisas com estudantes de todas as idades têm mostrado que o tipo de objetivo que perseguem tem consequências em seu comportamento e, desse modo, em seus resultados acadêmicos. Como seria de se esperar, os alunos com metas de desempenho com um componente de evitação tendem a coincidir com aqueles com as notas mais baixas (obviamente, sem contar aqueles sem qualquer objetivo acadêmico). No entanto, segundo evidências, os alunos que obtêm as melhores notas não são os que tentam alcançar metas de competência ou aprendizagem (como gostaríamos), mas sim os que tentam alcançar metas de desempenho com um componente de aproximação (Wolters, 2004).

Como é possível que alunos com metas de competência (aqueles que estão genuinamente interessados em aprender) não superem academicamente aqueles com metas de desempenho? Muito simples: porque os testes avaliativos dos quais as notas são derivadas não costumam diferenciar a aprendizagem profunda com compreensão e transferível para novas situações) e a aprendizagem superficial e efêmera (Wolters, 2004). Na maioria das vezes, é possível obter boas notas por meio de estratégias de estudo que priorizam a memorização com um nível de compreensão muito baixo e que não levam a um aprendizado de longo prazo. Em outras palavras, os alunos podem ter sucesso acadêmico sem realmente aprender (ou, para ser rigoroso, aprender com o objetivo de passar em um teste e depois esquecer). Estudos mostram que, quando a aprendizagem é avaliada por testes que priorizam a compreensão do assunto e a capacidade de transferência, alunos com metas de aprendizagem superam alunos com metas de desempenho, além de terem aprendizagem mais durável. Alunos com metas de aprendizagem se destacam também por estarem mais envolvidos nas atividades, empregando estratégias ativas que levam a uma aprendizagem mais profunda e transferível, buscando mais oportunidades de aprender (dentro e fora da escola), estando mais abertos a enfrentar novos desafios acadêmicos, sobretudo quando são opcionais, e, em última análise, mantendo uma atitude de busca contínua por oportunidades de aprender (Harackiewicz *et al.*, 2002; Barron e Harackiewicz, 2001). Essas características não estão correlacionadas com metas orientadas para o desempenho, em nenhuma das duas variantes.

De qualquer forma, devemos ter em mente que os objetivos de competência e desempenho não são exclusivos. Os alunos podem apresentar ambos, apenas em proporções diferentes que variam de acordo com o assunto. A realidade é que metas de competência e metas de desempenho com um componente de aproximação são desejáveis, pois têm efeitos positivos complementares, já metas de evitação não parecem levar a resultados positivos (Pintrich, 2003b).

Em suma, as evidências indicam que o tipo de metas adotadas pelos alunos pode influenciar sua motivação. No entanto, como veremos a seguir, a realização do objetivo em si, a natureza do objeto de aprendizagem, será ainda mais importante para a motivação.

FATORES QUE DETERMINAM A MOTIVAÇÃO

Segundo as teorias cognitivas da motivação, existem dois fatores principais que determinam se um aluno será ou não motivado a realizar as ações necessárias para atingir um objetivo de aprendizagem: valor subjetivo e expectativas (Wigfield; Eccles, 2000). A primeira refere-se à importância que o aluno atribui ao objeto de aprendizagem, e a segunda, à estimativa que o aluno faz de sua própria capacidade de alcançá-lo. Os alunos se sentem motivados quando valorizam o que aprendem e quando acreditam que são capazes de aprendê-lo. Como podemos ver, o objeto de aprendizagem dá conteúdo a esses dois fatores, o que confirma que não faz sentido falar em motivação sem se referir a objetivos específicos de aprendizagem (embora o nível de especificidade dependa de cada situação).

A seguir, analisaremos o papel fundamental do valor subjetivo e das expectativas na motivação.

Valor subjetivo

A importância que o aluno atribui ao objeto de aprendizagem determina sua motivação para aprendê-lo (Wigfield; Eccles, 1992). Essa conclusão pode parecer bastante óbvia, mas, se nos aprofundamos nela, podemos perceber melhor suas nuances e suas implicações para a aprendizagem e os resultados acadêmicos.

Primeiro, há várias razões pelas quais um aluno pode atribuir valor a um objeto de aprendizagem. A psicologia educacional distingue até três (Fig. 10.2). De um lado, haveria o *valor intrínseco*, que se refere ao caso em que o aluno sente interesse pelo que vai aprender *per se*. Por exemplo, muitas crianças são fascinadas por dinossauros e passariam horas aprendendo sobre eles. Quando os alunos são motivados pelo simples fato de aprender sobre algo que lhes interessa, eles são movidos pela chamada *motivação intrínseca*.

Tradicionalmente consideramos esse tipo de motivação algo que depende dos interesses específicos de cada aluno e, portanto, foge ao nosso controle. Se o tema sobre o qual a aula vai tratar não interessa a todos, resignamo-nos e assumimos que o dever de aprender está à frente do interesse dos alunos. No entanto, não é verdade que o interesse depende apenas das preferências de cada indivíduo. O interesse pode ser modulado e promovido contextualmente (Hidi; Harackiewicz, 2000). Por isso, distinguimos o *interesse individual*, aquele que o aluno tem por padrão, como consequência de sua natureza e suas crenças, e o *interesse situacional*, aquele que podemos promover de acordo com a forma que propomos e desenvolvemos as atividades de aprendizagem. Existem várias estratégias específicas com as quais podemos gerar interesse situacional efetivamente, mas trataremos delas um pouco mais adiante (espero ter deixado o leitor interessado em conhecê-las, embora certamente já estivesse interessado por si mesmo).

Outro motivo que pode fazer com que o aluno dê valor ao objeto de aprendizagem é a sua utilidade. O valor *extrínseco* ou *instrumental* não deriva diretamente da satisfação de aprender sobre alguma coisa, mas das consequências desejáveis de aprendê-la (ou das consequências indesejáveis de não a aprender). Por exemplo, um aluno pode ser motivado a aprender inglês porque quer se comunicar com seus amigos de *chat*, pode estar motivado a participar de uma atividade eletiva porque quer agradar seu professor, ou pode estar motivado a tirar boas notas porque sente que é seu dever, pois elas lhe trarão reconhecimento pessoal, ou porque permitirão o acesso ao ensino superior. Como o leitor deve ter percebido, o valor extrínseco está relacionado a metas de desempenho, já o valor intrínseco está associado a metas de competência ou metas de aprendizagem.

FIGURA 10.2 Tipos de valor subjetivo em relação às metas de aprendizagem.

Embora o valor extrínseco possa ser visto como menos desejável do que o intrínseco, o primeiro desempenha um papel muito importante complementando ou substituindo o segundo quando este é escasso. Na realidade, o valor extrínseco é, muitas vezes, o único possível enquanto o aluno descobre o que está aprendendo. Não há nada de errado em o aluno começar abordando um assunto levado apenas por razões extrínsecas, pois isso pode lhe dar a oportunidade de descobrir e desenvolver um interesse pessoal enquanto o aprende (Hidi; Renninger, 2006).

Não podemos esquecer que o valor extrínseco não está associado apenas à busca por recompensas (boas notas, prêmios, elogios, etc.) ou à evitação de punições. Também inclui objetivos mais "nobres", como aqueles ligados à utilidade ou ao impacto social ou ambiental do que é aprendido. Quando uma tarefa escolar (p. ex., um projeto), além de perseguir objetivos de aprendizagem acadêmica, atende a objetivos sociais ou tem impacto em toda a comunidade educacional ou fora dela (o bairro, o município, o país, etc.), a motivação do aluno se multiplica. Assim, quando projetamos atividades que transcendem a sala de aula e até mesmo a escola, estamos nos apoiando no valor extrínseco que esses objetivos complementares trazem. Também utilizamos a motivação extrínseca quando mostramos a utilidade do que é aprendido, conectando-o com algum aspecto da vida dos alunos.

Por fim, os psicólogos educacionais também distinguem o valor da *realização*, que damos à aprendizagem de alguma coisa dependendo da dificuldade que percebemos que ela acarreta. Damos mais valor ao aprendizado de algo que parece difícil do que de algo que parece fácil, porque damos ao primeiro maior mérito. Portanto, não é motivador aprender algo que se percebe como ridiculamente simples.

No entanto, também não nos sentimos motivados quando o objeto de aprendizagem é extremamente complexo. Por mais que alguma coisa nos interesse ou nos pareça importante (ou seja, por mais que demos a ela um grande valor subjetivo), se percebermos que é muito difícil para nós, podemos acabar abandonando-a. O valor subjetivo diz respeito às escolhas que fazemos quando começamos a aprender alguma coisa e contribui para nossa persistência, mas as expectativas que desenvolvemos sobre se seremos capazes de aprendê-la têm um impacto maior em nossa persistência. A seguir, vamos nos aprofundar no outro fator determinante da motivação: as expectativas.

Expectativas

As pessoas só são motivadas a buscar os objetivos que acreditam que podem alcançar, com o esforço que estão dispostas a fazer para alcançá-los (derivado do valor subjetivo que dão a esses objetivos) (Wigfield; Eccles, 2000). Quando um aluno se depara com uma tarefa de aprendizagem, ele imediatamente faz juízos de valor sobre sua própria capacidade de realizá-la com sucesso. Se a percepção do aluno é de que não será capaz de fazê-lo, sua motivação despencará.

Isso ocorre porque não gostamos de fracassar, ou melhor, não gostamos de sentir as emoções negativas que acompanham o fracasso. Em contrapartida, nos agradam as emoções produzidas pelo sucesso (Carver; Scheier, 1990). Por isso, diante de um desafio, avaliamos imediatamente a probabilidade de que ocorra uma coisa ou outra, e, se o fracasso pesa sobre o êxito, evitamos encarar a tarefa. Se a tarefa é inevitável (como costuma ser na escola), não dedicamos o esforço requerido, pois o fracasso só é percebido no caso de haver tentado realmente. Se não foi realmente tentado, não se assume como fracasso.

Os pesquisadores diferenciam dois tipos de expectativas. As *expectativas de eficácia* (Bandura, 1997) consistem precisamente nos juízos de valor que os alunos fazem sobre a sua capacidade de atingir objetivos de aprendizagem. Já as *expectativas de resultados* (Carver; Scheier, 2001) equivalem à confiança dos alunos de que determinado conjunto de ações (p. ex., uma nova estratégia de aprendizagem que ensinamos ou um plano de trabalho que propusemos) lhes permitirá alcançar os objetivos de aprendizagem. Se suas expectativas de eficácia forem zero, eles também não abrigarão nenhuma expectativa de resultado, não acreditarão que algum método os levará ao sucesso. Essa situação é conhecida como *desamparo aprendido* (Maier; Seligman, 1976). No entanto, se as expectativas de eficácia são simplesmente baixas, podemos trabalhar as expectativas de resultados do aluno (por exemplo, fazendo-o confiar em uma nova estratégia de trabalho para alcançar o sucesso), o que pode contribuir para melhorar suas expectativas de eficácia caso obtenha algum desempenho.

O conceito de expectativas de eficácia está ligado a um construto psicológico de grande interesse para a pesquisa educacional, pois está amplamente correlacionado com a aprendizagem e o sucesso acadêmico: a *autoeficácia*. A autoeficácia é a medida pela qual o aluno é capaz de atingir um objetivo de aprendizagem (Bandura, 1997). Não deve ser confundida com autoestima, uma vez que a autoeficácia é específica para cada domínio ou objeto de aprendizagem (como valor subjetivo). Isto é, para cada disciplina ou para cada tarefa de aprendizagem, o aluno pode ter um nível diferente de autoeficácia. Além disso, a autoeficácia limita-se a fazer julgamentos racionais sobre a capacidade de aprender certas coisas. Em vez disso, a autoestima é uma percepção geral e emocional do eu, que determina o grau em que o aluno está satisfeito consigo mesmo e se aceita como acredita ser. Só porque uma pessoa acredita que nunca será capaz de aprender a dançar não significa que ela tenha baixa autoestima.

Outra diferença muito importante da autoeficácia em relação à autoestima é que a primeira apresenta maior correlação com os resultados acadêmicos, mas não só isso, ao contrário da autoestima, a autoeficácia tem efeito direto na aprendizagem e nos resultados escolares. Modificar a autoeficácia dos alunos em relação a um assunto ou objeto de aprendizagem provoca melhorias em sua aprendizagem e suas notas. Isso não acontece com a autoestima (lembre-se de que correlação nem sempre implica causalidade).

Um estudo de Schunk e Hanson (1985) analisou o que acontecia quando um grupo de alunos do ensino fundamental com dificuldades de aprendizagem em matemática era submetido a uma intervenção para melhorar o seu sentido de autoeficácia nessa disciplina. Primeiramente, os estudantes foram separados em três grupos homogêneos, e todos realizaram um teste inicial que consistiu em resolver 25 subtrações com números de três dígitos ou mais. Dois dos grupos receberam uma intervenção para melhorar sua autoeficácia e, em seguida, foram ensinadas estratégias para resolver o tipo de operações de teste que haviam feito. O terceiro grupo recebeu a mesma instrução em matemática, mas não teve a intervenção para aumentar sua autoeficácia. Por fim, todos os grupos realizaram um teste final, novamente com 25 subtrações para resolver. Os resultados são apresentados na Figura 10.3.

Como se pode observar, as intervenções na autoeficácia dos estudantes (foram utilizadas duas intervenções diferentes) produziram grande diferença nos testes finais. Esses resultados têm sido replicados em vários estudos com outros tipos de conteúdo (Schunk, 1989), e todos sugerem que os julgamentos que os alunos fazem sobre sua própria capacidade de aprender têm impacto em sua aprendizagem. As razões para tal efeito são bastante lógicas: se o aluno acredita que não pode aprender algo, ele se limitará, ou seja, não dedicará o tempo, o esforço ou a concentração que as tarefas de aprendizagem exigem, e, por isso, acabará tendo razão. É o que se conhece como "profecia autorrealizável" (Merton, 1948).

MOTIVAÇÃO E DESEMPENHO ACADÊMICO

O que os estudos nos dizem sobre a correlação de valores e expectativas com os resultados acadêmicos dos alunos? Como era de se esperar, pesquisas mostram correlação entre o valor subjetivo que os alunos dão a cada disciplina e suas notas nessas disciplinas. Em uma revisão de 121 estudos realizados em 18 países diferentes que mediram o interesse dos alunos por assuntos e o compararam com suas notas acadêmicas, obteve-se correlação moderada, mas repetida (Schiefele, Krapp; Winteler, 1992).

No entanto, essa correlação não diz se as preferências dos alunos por algumas disciplinas ou outras são a causa de seus resultados, ou se, inversamente, o fato de obterem bons resultados é a causa de suas preferências. Também não diz se há

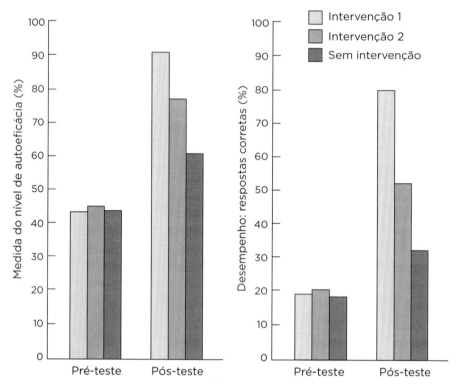

FIGURA 10.3 Medidas de autoeficácia e resultados em um teste de matemática de três grupos de alunos antes e depois de uma aula que incluiu, ou não, uma intervenção para reforçar sua autoeficácia (Schunk y Hanson, 1985).

uma terceira variável que causa tal correlação, como a habilidade inicial do aluno em cada disciplina. Todavia, muitos estudos não deixam dúvidas de que o valor subjetivo contribui para estimular os alunos a empreender e manter comportamentos que proporcionem bons resultados acadêmicos.

Quanto às expectativas, já comentei que a autoeficácia mantém uma correlação muito relevante com o desempenho acadêmico, e sabemos que essa correlação é causal. Se aumentarmos o senso de autoeficácia dos alunos para uma disciplina, eles melhorarão seus resultados acadêmicos naquela disciplina. Essa relação causal, no entanto, é bidirecional, pois a autoeficácia mantém relação recíproca com o sucesso. Ter maior autoeficácia leva o aluno a se esforçar, perseverar e se envolver mais na tarefa de aprendizagem, o que leva a melhores resultados. Por sua vez, resultados positivos contribuem para aumentar o senso de autoeficácia ou mantê-lo em níveis elevados (Pintrich 2003a; Valentine; DuBois; Cooper, 2004). Pela mesma razão, quando o aluno percebe que avança no processo de aprendizagem, sua motivação retroalimenta, e isso o induz a continuar.

Em resumo, motivação e desempenho acadêmico mantêm relação recíproca: a motivação afeta a aprendizagem e o desempenho. Por sua vez, o que o aluno aprende e alcança afeta sua motivação. Na realidade, essa causalidade recíproca não é equivalente: a autoeficácia é importante para alcançar o sucesso, mas este é ainda mais importante para manter uma autoeficácia elevada (Muijs; Reynolds, 2017).

COMO AUMENTAR A MOTIVAÇÃO DOS ALUNOS?

Com o que foi exposto, fica claro que a forma de promover a motivação dos alunos para as metas de aprendizagem que desejamos a eles é intervir sobre o valor subjetivo e as expectativas que associem a elas. Vejamos a seguir alguns métodos baseados em evidências que contribuem para esse fim.

Promover valor subjetivo

Como antecipei, é possível modular o valor subjetivo não só no nível extrínseco (atribuindo utilidade ao objeto de aprendizagem) mas também no nível intrínseco (tornando o objeto de aprendizagem percebido como mais interessante *per se*). Trata-se de atuar sobre o chamado "interesse situacional", que surge quando projetamos, propomos ou desenvolvemos atividades de aprendizagem de forma que elas sejam mais interessantes.

A primeira armadilha em que devemos evitar cair é confundir *interessante* com *divertido*. Não há nada de errado em as atividades de aprendizagem serem divertidas, mas o que é realmente importante é que elas sejam interessantes. Já no início do século XX, John Dewey alertava para não conceber o interesse como um vestir que se soma a uma tarefa que, de outra forma, seria chata (Dewey, 1913). Na verdade, vou relativizar o que disse sobre não haver nada de errado em as atividades serem divertidas, pois pode haver.

Em primeiro lugar, quando o que torna a tarefa divertida não está diretamente relacionado ao que está sendo aprendido, o aluno pode perder o foco no que realmente deveria estar pensando. O leitor lembrará que, nos capítulos sobre os processos cognitivos da memória, falei da conveniência de o aluno pensar sobre o que aprende (e não sobre coisas supérfluas), de modo que a "diversão" não deve emanar de elementos estranhos ao que se trata de aprender, mas do próprio objeto de aprendizagem. Muitos estudos mostram que incluir na tarefa de aprendizagem detalhes marcantes ou divertidos supérfluos ao verdadeiro objetivo de aprendizagem é contraproducente (Wade, 1992). Esses detalhes interferem e competem (com vantagem) com o que deveria ser o foco de atenção do aluno, alterando sua capacidade de aprender o que queremos que ele aprenda (o leitor notará que isso está relacionado à teoria da carga cognitiva, especificamente com a carga cognitiva dos outros). Além disso, os detalhes marcantes que desviam a atenção fazem com que os alunos ativem esquemas de conhecimento prévio não relevantes. Os alunos acabam associando o que aprenderam com ideias que não serão relevantes para evocar o que aprenderam.

Em contrapartida, também não faz sentido propor a diversão como alternativa ao esforço. O que desejamos é que o aluno desfrute do processo de aprendizagem, até mesmo que desfrute do esforço que ele exige, não que possa ser poupado dele. Nos capítulos sobre memória, também falei sobre a importância de se esforçar e superar dificuldades para otimizar o aprendizado. O cérebro aprende mais quando se esforça. Por isso, não devemos tentar evitar o esforço, mas garantir que os alunos estejam motivados a exercê-lo. O prazer associado à aprendizagem acontece sobretudo quando se consegue aprender, não necessariamente enquanto se está tentando conseguir.

Por fim, não podemos esquecer que a diferença entre interessante e divertido pode marcar a tênue linha entre uma emoção de intensidade moderada (interesse) e uma emoção de alta intensidade (diversão). Certamente, o leitor lembrará que, no Capítulo 9, "O papel das emoções na aprendizagem", falamos da conveniência de manter estados emocionais em níveis moderados de intensidade (ou excitação) para otimizar o aprendizado.

Em suma, as ações que demonstraram contribuir melhor para a promoção do interesse contextual são as listadas a seguir.

- **Facilitar a compreensão do que é aprendido**
  Quando os alunos compreendem o que estão aprendendo, o interesse deles aumenta substancialmente. Na verdade, quando entendemos o que aprendemos (assim como quando resolvemos um problema), o cérebro ativa os sistemas de recompensa que nos fazem sentir prazer e manter a motivação. Ao valorizarmos que avançamos no processo de aprendizagem, as pequenas conquistas que ocorrem quando ligamos os pontos ou descobrimos claramente novas ideias retroalimentam nossa motivação para seguir em frente. Portanto, sequenciar de maneira adequada os objetivos de aprendizagem e ajustar a dificuldade das tarefas não só tem consequências positivas para a eficácia de nossa memória (como vimos nos capítulos anteriores) mas também afeta colateralmente nossa motivação. Cognição e motivação estão ligadas.

- **Utilizar exemplos ou contextos associados aos interesses dos alunos**
  O interesse por um tema pode aumentar quando ele está embebido em situações ou exemplos interessantes para os alunos. Um exemplo é comparar os duelos poéticos improvisados entre trovadores de séculos atrás com as batalhas de *rap freestyle* de hoje. Isso não deve ser confundido com dar ao tema (duelo entre trovadores) um senso de utilidade, que estaria agindo sobre o

valor extrínseco do objeto de aprendizagem, mas em torná-lo mais interessante por si só, por causa de sua relação com tópicos de interesse.

- **Demonstrar a própria paixão pelo que se ensina**
  O interesse situacional também pode ser promovido emocionalmente. Nosso cérebro social tem uma fraqueza para aprender imitando modelos e é especialmente sensível ao componente emocional que acompanha os comportamentos de seus pares. Por isso, quando o professor demonstra abertamente seu entusiasmo ou sua paixão pelo que ensina, com gestos, expressões, entonação e palavras, essa emoção é contagiante e gera curiosidade nos alunos. É um efeito psicológico que faz muito sentido evolutivamente falando: se algo pode interessar tanto a um membro da nossa espécie, talvez seja realmente importante e deveríamos descobrir o porquê.

Sem dúvida, a outra forma de agir sobre o valor subjetivo do objeto de aprendizagem é dar a ele valor extrínseco, como os exemplos a seguir.

- **Declarar explicitamente a importância do que deve ser aprendido**
  É verdade que nem sempre é fácil explicar a utilidade da aprendizagem (entendendo como utilidade qualquer razão que nos proporcione bem-estar físico, intelectual, emocional ou social). No entanto, muitas vezes poderíamos fazer isso, mas não fazemos. Na seção anterior falamos sobre expressar essa "utilidade" de forma indireta, por exemplo, quando demonstramos nossa paixão pelo que ensinamos. Mas aqui quero expor explicitamente, como quando um aluno nos faz aquela clássica pergunta de "Para que serve isso?". Expressar a importância ou a utilidade do que é aprendido ajuda a aumentar seu valor extrínseco.

- **Conectar o que se aprende com contextos ou exemplos que reflitam sua utilidade**
  Além de fornecer mensagens explícitas que destacam a importância ou a utilidade do que é aprendido, podemos reforçar seu valor extrínseco ao longo das aulas, usando contextos ou exemplos em que o objeto de aprendizagem entra em jogo e sua utilidade é demonstrada. Isso inclui estratégias como a aprendizagem baseada em problemas, desde que esses problemas ocorram em contextos significativos. Através desse método, os alunos sabem que estão aprendendo tal coisa para resolver uma situação problemática ou uma necessidade em situação plausível. Se esse problema ou necessidade estiver relacionado a temas de interesse, melhor.

- **Realizar atividades que transcendam a sala de aula**
  Como mencionei, quando combinamos objetivos acadêmicos com outros tipos de metas, podemos aumentar o valor do aprendizado e, consequente-

mente, a motivação. Por exemplo, quando propomos projetos cujo resultado não só será avaliado pelo professor, mas também será exposto ou terá impacto além da sala de aula, o valor que os alunos atribuem a eles multiplica. É o caso de atividades que acabam envolvendo a comunidade educativa, pessoas ou entidades externas à escola, incluindo alunos de outras escolas, ou que terminam com a participação em competições de projeção municipais, nacionais ou internacionais.

Melhorar as expectativas

Como vimos, se conseguirmos melhorar as expectativas dos alunos para superar as tarefas de aprendizagem, podemos aumentar sua motivação e, assim, incentivar comportamentos que levem ao envolvimento nas atividades escolares e no estudo. A estimativa da capacidade do aluno de superar um desafio de aprendizagem pode ser modulada em dois níveis: podemos modular a dificuldade da tarefa ou a percepção do aluno dessa dificuldade, ou podemos intervir diretamente na percepção do aluno sobre sua capacidade de superar a tarefa. Isto é, podemos agir sobre a dificuldade da tarefa ou podemos agir sobre a confiança do aluno para superá-la. A seguir estão algumas estratégias para o primeiro caso.

- **Ajustar o nível de dificuldade**
  Ajustando adequadamente o nível das dificuldades não apenas facilitamos a compreensão (e, portanto, o interesse), mas também promovemos expectativas de aprendizagem positivas. Trata-se de encontrar aquele ponto em que a tarefa não é nem muito fácil nem muito difícil. As tarefas fáceis demais nos aborrecem, as tarefas muito difíceis nos sobrecarregam. Para ajustar o nível de dificuldade, são úteis atividades diagnósticas que nos permitem perceber os conhecimentos prévios ou o nível de habilidade inicial dos alunos. No entanto, qualquer professor tem razão em aludir que determinar o nível adequado não é fácil numa turma de 20 ou 30 alunos diferentes, por isso é necessário contentar-se com uma aproximação média.

- **Oferecer oportunidades de sucesso precoce**
  Quando o aluno percebe que avança no processo de aprendizagem, suas expectativas para concluí-lo com sucesso são reforçadas. Por isso, é benéfico dividir a tarefa em etapas parciais e dar ao aluno oportunidades em que ele possa saborear o sucesso, demonstrando o domínio desses componentes. Os testes avaliativos parciais e de baixo risco servem para exercitar a evocação, promover uma aprendizagem mais sólida (ver o capítulo "Os processos da memória"), melhorar as expectativas de sucesso e promover a motivação. Essa estratégia é especialmente importante em assuntos que parecem difíceis e podem causar ansiedade.

- **Dar pistas sobre como enfrentar a tarefa**
  Muitas vezes, em vez de diminuir o nível de dificuldade da meta de aprendizagem, pode ser muito mais oportuno ajudar os alunos a superar essa meta. Uma maneira de fazer isso é fragmentar o objeto de aprendizagem e permitir que os alunos trabalhem seus componentes e os integrem progressivamente. Também podemos ensinar-lhes estratégias específicas para enfrentar a tarefa de aprendizagem com maiores garantias de sucesso. Cada objeto de aprendizagem tem suas particularidades, mas algumas estratégias gerais de aprendizagem podem tornar o esforço dos alunos mais eficaz. Falei sobre elas nos capítulos da Parte 2, sobre os processos cognitivos de aprendizagem.

- **Explicitar objetivos de aprendizagem e dar instruções**
  Deixar claro quais são os objetivos de aprendizagem muitas vezes ajuda a melhorar as expectativas dos alunos, pois permite que eles saibam o que esperar e onde concentrar o esforço. Quando o aluno não entende o que se espera dele, não consegue sequer desenvolver expectativas de sucesso, o que causa insegurança e ansiedade. No caso de tarefas de alta complexidade, é muito útil utilizar instruções que orientem o aluno sobre o que vamos valorizar em seu trabalho e onde ele deve focar sua atenção e suas energias.

- **Alinhar as atividades de aprendizagem com a avaliação**
  Quando os alunos têm a percepção de que os testes de avaliação não estão conectados com o que aprendem em sala de aula, suas expectativas de sucesso diminuem. Como discutiremos no Capítulo 19, "Avaliação", é importante que haja um bom alinhamento entre as tarefas de aprendizagem e as atividades de avaliação.

FUNDAMENTOS DOS VALORES E DAS EXPECTATIVAS

Embora possamos modular a dificuldade das tarefas, não devemos cair na armadilha de diminuir sistematicamente o nível de exigência de objetivos de aprendizagem. O mais aconselhável é manter os objetivos no nível desejável e ajudar os alunos a perceber que podem ultrapassar a dificuldade através de estratégias concretas (e com o nosso apoio), ou agir diretamente no seu sentido de autoeficácia, ou seja, confiança na sua capacidade de alcançá-la. É justamente sobre isso que falaremos no próximo capítulo.

Portanto, antes de concluir, é importante ressaltar que este capítulo sobre motivação fica absolutamente incompleto sem o próximo. Valores e expectativas são profundamente condicionados pelo conhecimento prévio dos alunos, sobretudo por esse tipo de conhecimento que chamamos de crenças. As crenças dos alunos sobre os fenômenos de aprendizagem são a base de suas expectativas e seus valores e, por isso, são de extrema importância para entender a motivação. Constituem um fator muito relevante sobre o qual podemos intervir para modular a motivação. Por isso, o capítulo a seguir completará essa discussão.

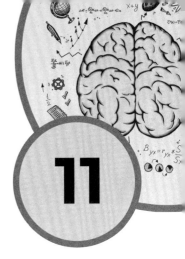

CRENÇAS

CONHECIMENTOS SUBJETIVOS

Só porque o aluno considera que um assunto não é importante para o seu futuro não significa que seja verdade. Acreditar que nunca será capaz de tirar boas notas em matemática também não significa que seja um fato consumado. O valor que os alunos atribuem às metas de aprendizagem e as expectativas que têm de alcançá-las são subjetivos. Os valores e as expectativas dos alunos são baseados em crenças.

Em psicologia educacional, crenças referem-se especificamente àquelas ideias que os alunos desenvolveram intuitivamente sobre a natureza do conhecimento e da aprendizagem (Schommer-Aikins, 2002): como eles acham que aprendem melhor, como se veem como alunos em comparação com os outros e quais são suas percepções sobre o valor ou a complexidade dos objetos de aprendizagem e metas acadêmicas. São chamadas de *crenças* porque são estimativas subjetivas sobre a realidade. No entanto, na prática, são apenas um tipo de conhecimento, que modula o comportamento dos alunos em relação às tarefas de aprendizagem.

Assim, como veremos neste capítulo, o conhecimento prévio do aluno volta à tona como fator decisivo que condiciona os processos de aprendizagem. Nesta ocasião, não pelo papel que desempenha nos mecanismos cognitivos que possibilitam a aquisição de novos conhecimentos (pela forma como a memória funciona, que deles depende), mas pela sua influência na motivação. Por isso, vale repetir uma vez mais aqui: o conhecimento prévio é uma das diferenças mais importantes entre os alunos.

Como vimos no capítulo anterior, a motivação depende do valor que os alunos dão aos objetivos de aprendizagem e de suas expectativas para alcançá-los. Por sua vez, valores e expectativas são construídos com base em suas crenças (Fig. 11.1). Este capítulo tratará de como as crenças dos alunos influenciam sua motivação. Especificamente, veremos como as crenças afetam as expectativas, pois esse é o aspecto que tem recebido mais atenção da pesquisa educacional.

FIGURA 11.1 Relação entre crenças, valores e expectativas e motivação.

CRENÇAS E EXPECTATIVAS

Quando o estudante enfrenta um desafio de aprendizagem, como iniciar uma disciplina ou um novo tópico em sala de aula, ele automaticamente tende a fazer uma estimativa sobre sua capacidade de superá-lo (Weiner, 1986). Essa estimativa é específica para cada objetivo e fundamentalmente baseada no que se sabe sobre ele. O que o aluno sabe vem de suas experiências anteriores com aquele objeto de aprendizagem, sejam diretas (se já estudou aquele assunto em outro momento), sejam indiretas (derivadas dos comentários que outras pessoas fazem sobre o assunto, incluindo o próprio professor). Se o estudante foi bem-sucedido em seus encontros anteriores com aquele assunto, é provável que suas expectativas sejam positivas, que seu senso de autoeficácia seja alto para tal tarefa. Se, pelo contrário, suas experiências anteriores foram de fracasso ou se sempre ouviu que o assunto é muito difícil, seu senso de autoeficácia provavelmente será baixo. Como explicado no capítulo anterior, o estudante se sentirá mais motivado se acreditar que pode alcançar os objetivos de aprendizagem que lhe são estabelecidos. Por que se esforçar para atingir um objetivo se o aluno não espera alcançá-lo?

Em suma, experiências anteriores determinam as crenças de autoeficácia. No entanto, essa é apenas metade da história. Para o bem ou para o mal, não é tão simples assim. O que realmente influencia as expectativas dos alunos não são suas experiências passadas em si, mas a maneira como as interpretam e, especificamente, as causas atribuídas a elas (Weiner, 1986; Pintrich, 2003b).

ATRIBUIÇÕES

As crianças, ao longo de sua trajetória escolar, desenvolvem uma imagem de si mesmas como alunos, fruto de suas experiências e de seu entorno. É o que chamamos de "autoconceito" (Bong; Skaalvik, 2003). Por exemplo, há crianças que se consideram bons alunos, e crianças que pensam o oposto. Como veremos no Capítulo 18, "*Feedback*", as notas escolares desempenham um papel muito significativo no desenvolvimento do autoconceito (Butler, 1987).

O autoconceito está intimamente relacionado ao senso de autoeficácia, pois reúne o conjunto de valores de autoeficácia que o aluno tem para as diferentes disciplinas ou tarefas. Geralmente, inclui ideias de competência para algumas tarefas e incompetência para outras. Acreditamos que somos bons em algumas coisas e não tanto em outras. Basicamente, o autoconceito refere-se a nada menos do que o fato de nos rotularmos.

Quando um aluno que abriga certo autoconceito recebe uma nota, ele imediatamente a interpreta à luz desse conceito de si mesmo. Se a nota lhe convém, explica-a por defeito, aludindo às mesmas razões que sustentam o seu autoconceito (p. ex., a sua capacidade ou a sua dedicação): "Tirei esta nota porque sou inteligente" ou "Tirei esta nota porque estudo muito". No entanto, se a nova classificação não se encaixa com sua concepção de si mesmo, então experimenta dissonância cognitiva. Ele automaticamente busca alguma explicação que o justifique sem comprometer seus esquemas anteriores. Se for um aluno brilhante que tirou uma nota ruim, provavelmente atribuirá sua reprovação a uma falta pontual de esforço, à dificuldade especial da prova ou a algum fator externo que não lhe permitiu ter um desempenho adequado (por exemplo, que os vizinhos colocassem música muito alta e não tivesse conseguido estudar). Se for um estudante pouco aplicado que obteve um bom resultado, é provável aluda à sorte ou a uma prova excepcionalmente fácil.

O fato é que o tipo de causas que os alunos atribuem aos seus sucessos ou fracassos em uma tarefa ou assunto tem um impacto no desenvolvimento de seu senso de autoeficácia para aquela tarefa ou assunto (Weiner, 1986). Se os alunos se sentem capazes ou não de aprender algo depende das causas que eles atribuem aos seus sucessos ou aos fracassos anteriores com aquele objeto de aprendizagem. Os levantamentos realizados por dezenas de estudos identificaram os mais comuns, que são quase sempre os mesmos e podem ser classificados em algumas categorias: os que se referem à habilidade, os que se referem ao esforço e os que se referem a fatores externos (incluindo a relação com o professor). O mais importante de todos, no entanto, é a percepção que o aluno tem sobre se são causas estáveis ou se, ao contrário, são modificáveis e, nesse caso, se está em suas mãos mudá-las.

Para maior precisão, Weiner* (1986) identificou as três dimensões a seguir. Elas caracterizam as possíveis causas que os alunos atribuem aos seus sucessos ou aos seus fracassos e cujo valor tem consequências sobre a autoeficácia.

- **Locus**: a causa é considerada externa ao indivíduo (sorte, dificuldade da tarefa, subjetividade do avaliador, contingências ambientais, etc.) ou é considerada interna a ele (a habilidade ou esforço realizado, basicamente).

---

* Weiner baseou-se na teoria da atribuição do psicólogo Fritz Heider (1958).

- **Estabilidade**: quão imóvel ou flutuante esta causa é ao longo do tempo. Por exemplo, a habilidade é geralmente considerada uma causa fixa, enquanto o esforço seria considerado variável de acordo com cada ocasião.
- **Controlabilidade**: se a causa está nas mãos do aluno ou fora de seu controle. Por exemplo, a sorte ou a dificuldade da tarefa seriam consideradas causas incontroláveis, pois o aluno nada pode fazer para mudá-las, enquanto o esforço ou as estratégias a serem empregadas seriam consideradas causas controláveis.

Quando um aluno atribui as falhas a causas fixas e incontroláveis, seu senso de autoeficácia fica seriamente comprometido (Schunk, 1991). É o que acontece quando os alunos atribuem seu fracasso a uma questão de habilidade inata ("não sou bom em matemática" ou "não sou bom em línguas"), ou a qualquer outro fator que não esteja nas mãos do aluno ("o professor implica comigo" ou "as provas são muito difíceis"). A situação extrema ocorre no caso do desamparo aprendido: quando o aluno acredita que não há nada que possa fazer para atingir um objetivo de aprendizagem (Maier; Seligman, 1976). Em todos esses casos, é muito provável que o aluno persevere menos diante de uma atividade em que tenha sido reprovado anteriormente.

A atribuição a causas fixas e incontroláveis também não é benéfica para alunos que costumam ter sucesso (e um elevado autoconceito). Se você atribui o sucesso a tal causa, como habilidade, e não a esforço ou estratégias de estudo, em caso de fracasso o aluno pode ter sérias dificuldades para identificar o problema real. Desde o início, ele atribuirá isso a fatores externos incontroláveis que lhe permitem manter a crença sobre sua capacidade (p. ex., ele culpará o professor ou a dificuldade das provas) e não será capaz de resolvê-la. Se as falhas persistirem por esse motivo, o aluno pode acabar cedendo e modificando para baixo sua percepção de sua própria capacidade e, portanto, de sua autoeficácia. Pensará, por exemplo, que não era tão bom quanto acreditava. Isso é o que acontece em alguns casos de estudantes que não precisaram esforçar-se muito nos primeiros anos da escola e começaram a fracassar em séries mais altas, quando o esforço e as estratégias de aprendizagem adequadas começam a ser mais necessários.

Em contrapartida, quando os alunos acreditam que seus sucessos ou fracassos dependem de variáveis controláveis e flexíveis, como esforço, dedicação ou estratégias de aprendizagem, sua autoeficácia é mais robusta e, em caso de fracasso, fica menos comprometida (Schunk, 1991). Como veremos, talvez essa relação seja mediada pelas experiências bem-sucedidas que o esforço e as boas estratégias de aprendizagem costumam acarretar. O esforço e as estratégias eficazes aumentariam as experiências bem-sucedidas, e o sucesso aumentaria o senso de autoeficácia.

TREINAMENTO ATRIBUCIONAL

Como o leitor recordará, não apenas sabemos que as crenças de autoeficácia influenciam a motivação mas também temos evidências de que elas têm uma relação direta com a aprendizagem e os resultados acadêmicos. Se conseguirmos mudar o senso de autoeficácia de um aluno em relação a uma tarefa, ele terá mais chances de aprendê-la. Portanto, se as causas que os alunos atribuem aos seus sucessos e fracassos desempenham um papel tão importante em relação à sua autoeficácia, imediatamente surgem diversos questionamentos: é possível mudar as crenças atribucionais? Se conseguirmos mudá-las, a autoeficácia dos alunos mudará e, com isso, sua motivação e resultados de aprendizagem também? É justamente isso que Weiner e outros psicólogos têm pesquisado de maneira extensiva, a partir da chamada *hipótese do treinamento motivacional de atribuição*.

Em síntese, estudos têm mostrado que educar sobre o sucesso e o fracasso, com o objetivo de que os alunos não os atribuam a causas fixas e incontroláveis, mas a fatores que estão em suas mãos, como esforço e estratégias de estudo, pode ter consequências positivas sobre sua autoeficácia e seus resultados de aprendizagem (Robertson, 2000; Haynes *et al.*, 2009).

Por exemplo, em um estudo de Borkowski, Weyhing e Carr (1988), solicitou-se a um grupo de 75 alunos dos últimos anos do ensino fundamental, com dificuldades de leitura, que realizassem dois testes (o pré-teste): um que consistia na leitura de um texto e na elaboração de um resumo, e outro em que deveriam responder perguntas de compreensão leitora depois de ler outro texto. Os alunos foram, então, separados em dois grupos. O primeiro recebeu aulas sobre estratégias de compreensão de leitura e redação de resumos. O segundo também recebeu essas aulas, mas, ao mesmo tempo, passou por "treinamento atribucional". Basicamente, o professor que deu as aulas incluiu várias mensagens explícitas nas quais ressaltou a importância de não atribuir erros a causas fixas e incontroláveis, como habilidade ou dificuldade da tarefa, mas sim atribuir o sucesso ao esforço e ao uso de estratégias adequadas. Após as aulas, os alunos voltaram a realizar dois testes como no início (o pós-teste). A Figura 11.2 mostra os resultados para cada grupo.

Como se pode observar, os estudantes que receberam o "treinamento atribucional" melhoraram de forma mais evidente que o outro grupo. Embora outros estudos mostrem que o treinamento atribucional por si só produz melhorias, os maiores ganhos ocorrem quando se combina com o ensino de estratégias de estudo ou a resolução de problemas, como as incluídas no estudo anterior (Van Overwalle; Metsenaere, 1990; Curtis, 1992). Além disso, os mesmos estudos mostram que o ensino de estratégias que não é acompanhado de um treinamento motivacional tem um impacto muito menor.

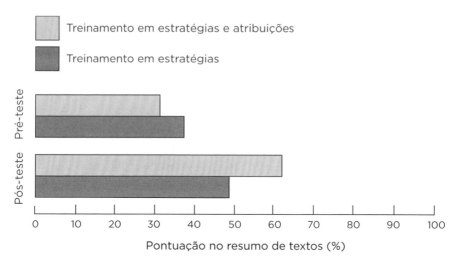

FIGURA 11.2 Resultados em testes de compreensão leitora antes e após receber intervenção sobre estratégias de leitura que incluíam ou não treinamento atribucional (Borkowski; Weyhing; Carr, 1988).

Portanto, pode-se concluir que as estratégias são de pouca utilidade se os alunos não acreditarem que farão diferença e, portanto, se nem mesmo as colocarem em prática. Digamos que o impacto positivo ocorre quando os alunos são motivados a se esforçar porque acreditam nas estratégias que aprenderam para transformar esse esforço em sucesso. O leitor lembrará que chamamos *de expectativa de resultado* a confiança que o aluno dá a um procedimento específico para atingir os objetivos de aprendizagem. Se, além disso, as estratégias de aprendizagem empregadas forem efetivas e gerarem sucesso, o senso de autoeficácia do aluno aumentará. É essencial não perder de vista que a motivação é importante para alcançar o sucesso, mas que o sucesso talvez seja ainda mais importante para manter a motivação.

FEEDBACK E ATRIBUIÇÕES

Como veremos no Capítulo 18, "*Feedback*", uma forma importante de contribuir para a criação de uma cultura que atribui o sucesso ao esforço, e não à habilidade, é justamente focar o *feedback* no trabalho realizado e nunca nas qualidades do aluno. Vários estudos têm evidenciado como o elogio que muitas vezes é oferecido no contexto educacional (ou familiar) focaliza a capacidade e, consequentemente, leva os alunos a atribuírem as causas de seus sucessos ou fracassos à sua capacidade.

Por exemplo, em um experimento conduzido por Mueller e Dweck (1998), dois tipos de elogios foram utilizados para dar *feedback* a um grupo de alunos sobre uma série de atividades que haviam realizado com sucesso, pois a dificuldade havia sido ajustada para que todos pudessem resolvê-las corretamente. Por um lado, elogios dirigidos à sua capacidade intelectual (como "você se saiu muito bem, você é muito inteligente") e, por outro, elogios que aludiam ao seu esforço (como "muito bem, você trabalhou muito"). Em seguida, analisaram o efeito que cada tipo de elogio poderia ter em sua motivação diante de uma nova tarefa muito mais difícil do que as anteriores.

Conforme a Figura 11.3, os alunos que receberam elogios que apelavam a sua inteligência obtiveram menor rendimento na tarefa final e disfrutaram menos dela. Esses alunos estavam preocupados principalmente por perder seu *status* como "estudantes inteligentes" se não resolvessem a nova tarefa, por isso mostraram maior ansiedade, perseveraram menos diante das dificuldades e disfrutaram menos do trabalho. Já os estudantes que foram elogiados por seu esforço se engajaram mais, persistiram mais tempo e se sentiram satisfeitos, provavelmente porque mantiveram a crença de que o esforço é a chave para seu desempenho.

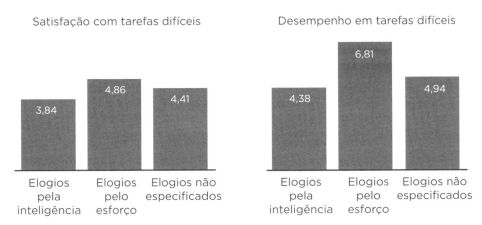

FIGURA 11.3 Satisfação e desempenho dos alunos em uma tarefa de alta dificuldade após terem sido elogiados por sua inteligência, por seu esforço, ou de forma não especificada (Mueller; Dweck, 1998).

CRENÇAS SOBRE HABILIDADE

Como podemos perceber, as atribuições que os estudantes fazem de seus sucessos ou fracassos constituem parte de suas crenças. Considerar, por exemplo, que uma causa fixa — como a habilidade — é mais importante para o sucesso acadêmico do que uma causa variável — como o esforço — é uma crença, não necessariamente uma realidade. Acreditar que as habilidades são fixas e incontroláveis também é uma crença.

A maioria de nós sabe que as habilidades são melhoradas com a prática e o treinamento, mas, por algum motivo, provavelmente cultural, assumimos que esse não é o caso de algumas delas. Por exemplo, a maioria de nós acredita que a inteligência ou "habilidades acadêmicas" em geral são inatas e fixas. Além disso, não podemos deixar de acreditar que, para cada um de nós, existem certas habilidades que não seremos capazes de aperfeiçoar, por mais que pratiquemos, ao contrário de outras pessoas ("Eu nunca vou aprender a dançar."). Nesses casos, adotamos uma *mentalidade fixa* sobre essas habilidades. No entanto, como vimos no Capítulo 8, "Aprendizagem profunda", essa percepção nada mais é do que uma crença, pois a ciência tem múltiplas evidências que mostram o contrário: a de que, com a formação adequada, todos* são capazes de desenvolver níveis de especialização em qualquer disciplina. Podemos até melhorar nossa inteligência, nossa criatividade e nossa memória.

A psicóloga Carol Dweck (2000) argumenta que, quando os alunos mantêm uma *mentalidade fixa* em relação às habilidades que entram em jogo na escola (especialmente a inteligência), sua motivação e sua aprendizagem ficam comprometidas. Em contrapartida, os alunos com *mentalidade de crescimento* acreditam que sua capacidade é inconstante e estão mais motivados para aprender e melhorá-la. Simplificando, de acordo com Dweck, pensar que a capacidade intelectual é fixa e incontrolável é uma crença autolimitante.

A teoria de Carol Dweck sobre os dois tipos de mentalidades (em inglês, *mindsets*) tem recebido uma grande recepção da comunidade educacional nos últimos anos. Por isso, vou desenvolvê-la um pouco mais a seguir. No entanto, já antecipo que as evidências que temos atualmente a respeito dessa teoria são díspares, com resultados promissores de um lado e dificuldades para sua replicação e generalização de outro, como comentarei no final do capítulo.

MINDSETS

Segundo a proposta de Dweck, as pessoas podem adotar uma mentalidade de crescimento ou uma mentalidade fixa em relação a cada tipo de habilidade, dependendo da nossa crença de que podemos melhorá-las com a prática, ou de que não podemos mudá-las (considerando-as inatas e estáveis). No contexto escolar, essas duas mentalidades são estabelecidas com relação às "habilidades acadêmicas", que estão relacionadas à inteligência. Assim, teríamos alunos que acreditam que seu desempenho na escola é completamente condicionado por uma capacidade intelectual inata, e outros que consideram que essa habilidade pode melhorar com seu esforço. Seria a diferença entre o aluno que diz "não sou bom em matemática" e aquele que diz "ainda não sou bom em matemática".

---

* Com exceção de pessoas com transtornos graves.

O desenvolvimento dessas mentalidades tem consequências sobre como os alunos interpretam seus sucessos e fracassos e o tipo de metas que escolhem. Alunos com mentalidade fixa não digerem bem erros e falhas. Consideram o erro um sinal de incapacidade e, para eles, como acreditam que a inteligência é fixa, o significado de estar errado é devastador: o erro os define para a vida. Portanto, esses alunos não costumam perseguir objetivos de competência (aprendizagem), mas sim focar em metas de desempenho, a fim de proteger seu autoconceito e a imagem que projetam para os outros.

No capítulo anterior, discutimos que existem dois tipos de metas de desempenho: aproximação e evitação. Metas de desempenho com um componente de aproximação seriam uma prioridade para aqueles alunos com uma mentalidade fixa que obtiveram boas notas desde a infância. Embora esses alunos muitas vezes se esforcem para alcançar essas qualificações, eles acreditam que a razão de seu sucesso é realmente devido à sua capacidade e que isso os define. Por isso, preferem esconder o tempo que gastam estudando (se perguntados, dizem que estudam pouco) e não costumam procurar ajuda se tiverem alguma dificuldade. Precisamente, crianças com mentalidade fixa acreditam que o esforço é um sinal de baixa habilidade e que, se alguém precisa se esforçar ou pedir ajuda, é justamente porque não é inteligente.

Já os alunos com mentalidade fixa e notas baixas tendem a apresentar, principalmente, metas de desempenho com componente de evitação, ou podem não perseguir nenhum tipo de objetivo escolar. Em geral, evitam desafios e tarefas de aprendizagem por medo de errar e trazer à tona uma suposta incompetência inata. Além disso, muitas vezes limitam-se, reduzindo expressamente seu esforço ou boicotando suas próprias oportunidades de estudo, para que possam atribuir seu fracasso a outras causas, não à falta de habilidade. São alunos que evitam participar das aulas e dão justificativas para não responder a uma pergunta — por exemplo, dizendo que não sabem fazer ou que aquilo não os interessa. Em suma, concentram-se em não parecer incompetentes.

Já os estudantes com mentalidade de crescimento se caracterizam sobretudo por assumirem o erro como parte natural do processo de aprendizagem. Isso não quer dizer que os erros e os fracassos não os afetem. Doem como a qualquer outra pessoa, mas sua mentalidade permite que superem a frustração e acabem interpretando o erro como uma amostra do que falta aprender, abraçando-o como uma oportunidade para melhorar. Isso os levaria a perseverar diante das adversidades, quando um aluno de mente fixa provavelmente desistiria. A mentalidade de crescimento, portanto, está associada principalmente a metas de competência (ou aprendizagem), embora também possa ser típica de alunos com metas de desempenho com um componente de aproximação.

TABELA 11.1 Características dos alunos com mentalidade fixa ou mentalidade de crescimento em relação às habilidades acadêmicas

MENTALIDADE FIXA	MENTALIDADE DE CRESCIMENTO
Acreditam que a capacidade é fixa.	Acreditam que a capacidade é maleável.
Percebem o erro como um estigma.	Eles veem o erro como algo lógico e necessário no processo de aprendizagem.
Concentram-se em proteger a própria imagem.	Concentram-se no aprendizado.
Não arriscam, não se testam.	Arriscam, tentam, testam-se.
Desafios ou críticas os colocam na defensiva.	Desafios ou críticas os motivam.
Não estão abertos a aceitar erros e aprender com eles.	Estão abertos a assumir erros e aprender com eles.
Quando não fazem algo certo, desistem.	Quando não fazem algo certo, persistem.
Acreditam que aqueles que precisam se esforçar não são competentes.	Acreditam que, para ser bom em algo, você tem que trabalhar duro, mesmo que tenha talento.
Sentem-se ameaçados por aqueles que se destacam.	Se sentem inspirados por pessoas que se destacam.
Acreditam que buscar ajuda demonstra fraqueza.	Buscam ajuda para aprender mais e melhor.

É importante esclarecer que, segundo Dweck, essas duas mentalidades não existem de maneira excludente, como dois extremos que separam uns alunos de outros. Todos os alunos apresentam ambas em maior ou menor proporção, variando de acordo com a habilidade em questão. Por exemplo, há alunos que podem tender a uma mentalidade fixa para a matemática, mas se aproximam de uma mentalidade de crescimento para o inglês.

MENTALIDADES E RESULTADOS ACADÊMICOS

Vários estudos têm coletado evidências sobre a correlação positiva entre mentalidade de crescimento e resultados acadêmicos (Stipek; Gralinski, 1996; Blackwell; Trzesniewski; Dweck, 2007; Romero *et al.*, 2014). Por exemplo, Blackwell, Trzesniewski e Dweck (2007) exploraram o papel das duas mentalidades no desempenho matemático de um grupo de 373 estudantes do ensino médio ao longo de dois anos. Aqueles que mantiveram a crença de que a inteligência é maleável (mentalidade de crescimento) mostraram uma trajetória ascendente em suas avaliações ao longo do estudo, enquanto aqueles que abrigaram a crença de que a inteligência é fixa (mentalidade fixa) seguiram uma trajetória plana (Fig. 11.4).

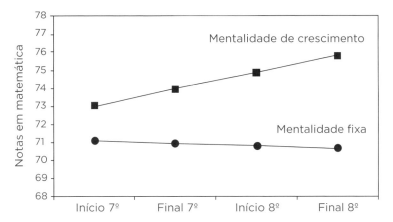

FIGURA 11.4 Notas em matemática de 373 alunos do ensino médio com base em sua mentalidade, fixa ou de crescimento, em relação a essa matéria (Blackwell; Trzesniewski; Dweck, 2007).

Romero e colaboradores (2014), por sua vez, avaliaram o tipo de mentalidade com que 115 alunos do ensino médio se encaixavam e compararam com suas notas e com o tipo de disciplinas optativas que cursaram. Eles descobriram que os alunos que tinham uma mentalidade de crescimento em relação à inteligência obtinham melhores notas em média e eram mais propensos a se matricular em cursos avançados de matemática.

Em síntese, essas evidências refletem alguma correlação entre o tipo de mentalidade que os alunos abrigam e seus resultados acadêmicos. No entanto, esses estudos não nos dizem se essa relação é de causalidade. Para isso, é necessário realizar experimentos em que consigamos modificar a mentalidade dos alunos e verificar se isso afeta seus resultados. Mas isso é possível?

PODEMOS PROMOVER A MENTALIDADE DE CRESCIMENTO?

Segundo vários estudos, é possível direcionar as crenças dos alunos para uma mentalidade de crescimento. Alguns estudos, inclusive, indicam que, ao fazê-lo, ocorrem mudanças positivas em seus resultados de aprendizagem. Isso é muito importante, pois é possível pensar que a mentalidade de crescimento é consequência de resultados, e não o contrário. Nesse sentido, é provável que a mentalidade de crescimento influencie a autoeficácia do aluno (suas expectativas de sucesso) e que isso o leve a se esforçar mais e perseverar mais. Da mesma forma, sabemos que os sucessos contribuem para fortalecer suas crenças. Portanto, a relação entre mentalidade de crescimento e sucesso seria bidirecional.

No mesmo trabalho de Blackwell, Trzesniewski e Dweck (2007) mencionado anteriormente, descreve-se também um estudo realizado com 91 alunos do 1º ano do ensino médio, em que essas hipóteses são testadas. Os alunos foram distribuídos em dois grupos homogêneos, e suas notas de matemática foram analisadas duas vezes. Em ambos os grupos, as notas foram um pouco menores na segunda ocasião. Em seguida, os dois grupos receberam aulas sobre fisiologia do cérebro e técnicas de estudo. Além disso, um dos grupos recebeu uma intervenção para promover a mentalidade de crescimento (especificamente, sessões em que a natureza maleável da inteligência foi discutida). O outro grupo atuou como controle e recebeu aulas sobre memória. Algumas semanas depois, foram coletados dados sobre suas notas em matemática, e observou-se que os alunos do grupo experimental inverteram a tendência de queda, ao contrário dos alunos do grupo controle. Os resultados podem ser vistos na Figura 11.5.

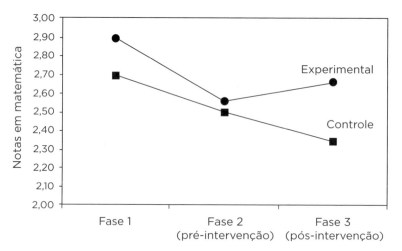

FIGURA 11.5 Resultado de uma intervenção para promover a mentalidade de crescimento nas notas de matemática de dois grupos homogêneos de estudantes do ensino médio (Blackwell; Trzesniewski; Dweck, 2007).

Paunesku e colaboradores (2015) reportaram um estudo no mesmo sentido, mas em maior escala. Especificamente, eles analisaram o efeito de uma intervenção em 519 alunos em risco de fracasso escolar, de 13 escolas de ensino médio de Chicago com características demográficas diversas. Neste caso, a intervenção foi simples e administrada por meio de uma plataforma *on-line*. Os alunos do grupo experimental leram um artigo descrevendo a capacidade do cérebro de crescer e se reorganizar como resultado do esforço e de aplicar estratégias eficazes na resolução de tarefas desafiadoras. O artigo destacou achados da neurociência sobre o potencial dos estudantes para se tornarem mais competentes por meio do estudo e da prática. Além disso, ele enfatizou o fato de que o esforço e os erros na escola não são indicadores de potencial limitado, mas sim oportunidades de aprender. Após a leitura do artigo, esses alunos realizaram duas atividades para refletir sobre o que leram. Em contraste, os alunos do grupo-controle realizaram uma atividade semelhante sobre o cérebro, mas não falaram sobre seu potencial para aprender. Para ambos os grupos, foram analisadas as notas de todas as disciplinas, antes e após a intervenção, e analisadas quantas notas satisfatórias (aprovados ou superiores) obtiveram. Os resultados são apresentados na Figura 11.6.

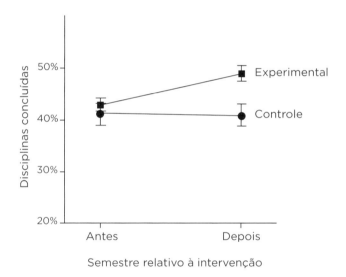

FIGURA 11.6 Porcentagem de disciplinas completadas satisfatoriamente antes e depois de uma intervenção para promover a mentalidade de crescimento (Paunesku *et al.*, 2015).

Como se pode observar, os alunos que receberam a intervenção melhoraram seus resultados acadêmicos, aumentando o número de notas satisfatórias em até seis pontos percentuais. Esse resultado é muito interessante, sobretudo considerando que a intervenção foi limitada a duas sessões de 45 minutos cada e administrada *on-line*.

Ainda mais surpreendente é o estudo que Paunesku (2013) realizou em colaboração com a Khan Academy, uma plataforma educacional aberta que fornece vídeos e atividades para aprender matemática de forma autônoma. Com uma amostra (se é que se pode chamar assim) de 265.082 alunos, esse investigador constatou que o facto de incluir nas atividades pequenas mensagens que incentivavam uma mentalidade de crescimento influenciou a persistência dos alunos em resolvê-las corretamente. Por exemplo, os alunos que foram expostos aleatoriamente a frases como "Quando você resolve um novo problema de matemática, seu cérebro matemático cresce!" mostraram um pequeno aumento no número de problemas resolvidos em comparação com aqueles que não receberam tais mensagens.

COMO SE PROMOVE UMA MENTALIDADE DE CRESCIMENTO?

Os estudos mencionados fornecem evidências sobre a possibilidade de promover a mentalidade de crescimento nos estudantes e sobre o impacto que isso pode ter em seus resultados. Embora minha descrição desses estudos já forneça algumas pistas, imagino que o leitor esteja agora se perguntando como conseguir.

Em suma, a chave para incentivar a mentalidade de crescimento é muito parecida com o treinamento atribucional: consiste em educar sobre o significado do erro e promover uma cultura que reconheça o valor do esforço sobre o talento inato (Dweck, 2008). Conforme os estudos citados, isso pode ser feito por meio de intervenções explícitas que permitem saber o que a ciência aprendeu sobre como o cérebro aprende e muda com a experiência e, em última análise, o que sabemos sobre aprendizagem e desenvolvimento de habilidades: que a prática é mais importante do que o talento (essas ideias são desenvolvidas extensivamente no capítulo 8, "Aprendizagem profunda"). Após uma certa idade, também pode ser útil falar explicitamente sobre a teoria das mentalidades de Dweck.

No entanto, as crenças não são mudadas simplesmente com uma explicação. No capítulo 5, "Reorganização da memória", vimos como é difícil modificar as ideias anteriores que os alunos desenvolveram sobre como o mundo funciona. As mensagens que o aluno recebe devem ser reiteradas, de várias maneiras, e coerentes. Antes nos referimos, por exemplo, à importância de focar o *feedback* no esforço (vamos nos aprofundar nisso no Capítulo 18, "*Feedback*").

De qualquer forma, para que essa mudança conceitual sobre a natureza das habilidades (incluindo a inteligência) seja eficaz, novas ideias precisam ser frutíferas. Dito de outra forma, os alunos precisam provar que o esforço está ligado ao sucesso. As crenças sobre a aprendizagem podem ser importantes para o sucesso, mas o sucesso é ainda mais importante para moldar essas crenças (Pajares, 1997). Portanto, como discutimos no capítulo anterior, as atividades de aprendizagem devem ser devidamente sequenciadas, e oportunidades de sucesso a curto prazo devem ser fornecidas. Isso não significa reduzir o nível de exigência, mas estruturar os objetivos de aprendizagem de forma progressiva, com várias oportunidades para o aluno verificar se ele progride. Essa prática educativa é frequentemente chamada *de andaimes cognitivos e motivacionais* (Lajoie, 2005). É claro que, para que essas oportunidades acabem efetivamente em sucesso, é essencial empregar métodos de ensino eficazes, como os sugeridos nos capítulos da Parte 2, sobre processos cognitivos de aprendizagem, e no Capítulo 17, "Instrução".

Por fim, como veremos no Capítulo 13, "Metacognição", também é muito importante ajudar os alunos a desenvolver estratégias de aprendizagem eficazes. Ou seja, não podemos reduzir tudo ao esforço. O esforço sozinho muitas vezes não é suficiente e, no entanto, esforçar-se e falhar é muito frustrante. Por isso, é importante que os alunos entendam que é necessário canalizar o esforço por meio de estratégias efetivas que multipliquem sua probabilidade de sucesso. Se apenas insistirmos no esforço, mas não fornecermos chaves para que o trabalho seja eficaz, podemos provocar o oposto do que procuramos. Desse modo, quando um aluno falha apesar de ter feito um esforço, nosso *feedback* não deve ser "Parabéns pelo seu esforço". Isso levará o aluno a acreditar que a causa do fracasso é uma falta inata de habilidade (e que sem habilidade não há sucesso). Em contrapartida, nessas ocasiões devemos focar o *feedback* nas estratégias: "Talvez tenhamos que tentar fazer diferente, não acha?". Sem dúvida, a maneira que damos *feedback* ajuda os alunos a construir uma mentalidade de uma forma ou de outra (para saber mais, remeto o leitor de volta ao Capítulo 18, "*Feedback*").

RÓTULOS

Basicamente, a teoria das mentalidades de Dweck fala sobre as desvantagens de os alunos atribuírem rótulos imóveis que os definem em relação à sua capacidade de aprender, sejam eles positivos ou negativos, e também os benefícios de não acreditar neles, ou seja, que considerem que sua capacidade atual é apenas provisória: não prevê até onde podem ir. No entanto, ignorar rótulos é muito difícil em uma sociedade que culturalmente os assume e até os reverencia. Embora as evidências indiquem que a prática e o esforço são mais importantes para dominar qualquer habilidade do que o talento inato, nossa sociedade continua acreditando no oposto (Dweck, 2008).

No início deste capítulo, falamos sobre a importância para a motivação e a aprendizagem de incentivar os alunos a dar mais valor ao esforço (e à maneira como se esforçam) do que à capacidade de explicar seus sucessos ou seus fracassos. Com a teoria das mentalidades, além disso, acrescentamos a conveniência de entender que, de fato, o esforço tem efeitos diretos sobre a habilidade. Pode-se nascer com mais ou menos habilidade, mas a prática nos torna melhores. No entanto, o mundo ao redor de nossos alunos não faz nada além de lhes dizer o oposto — por exemplo, quando nos referimos a celebridades que se destacam por suas habilidades (atletas, artistas, cientistas, etc.) definindo-as como pessoas especiais ou talentosas ("Serena Williams é craque!") e ignorando as incontáveis horas e os incontáveis sacrifícios que fizeram e estão fazendo para alcançar suas conquistas. Só vemos o desempenho final e preferimos atribuí-lo ao talento, esquecendo o árduo caminho que tiveram de percorrer para lá chegar. A imagem a seguir expressa essa ideia melhor do que mil palavras.

Esse fascínio pelo indivíduo talentoso é inerente à nossa cultura. Quase todos os heróis fictícios que preenchem a cultura popular de nossos alunos devem suas qualidades extraordinárias à sua origem (Superman, Mulher-Maravilha, Thor, Harry Potter, etc.) ou a alguma circunstância fortuita (Homem-Aranha, Hulk, Flash, etc.), mas quase nunca ao seu esforço. Mesmo aqueles que se esforçam para melhorar suas habilidades (curiosamente, muitas vezes heróis japoneses) acabam finalmente se destacando dos outros porque têm algo especial (Son Goku, Naruto, etc.). Quando explico isso em uma palestra, sempre há quem mencione Homem de Ferro ou Batman para contradizer essa afirmação, mas, além do fato de que eles seriam apenas uma das poucas exceções, não nos esqueçamos que esses dois personagens devem seu poder a terem nascido ricos e a uma habilidade que consideramos inata: a inteligência. Nos quadrinhos sobre a origem do Batman, uma única vinheta se refere ao seu treinamento e, em uma única página, ele já se tornou o morcego justiceiro. Não podemos negar que o conceito de "herói escolhido", aquele que abriga um poder oculto dentro dele, nos seduz (Gasca; Gubern, 2001).

MENTALIDADES E ESTEREÓTIPOS

As teorias cognitivas sobre motivação alertam para o perigo dos rótulos. Em muitas ocasiões, os rótulos que nos são atribuídos e que nós atribuímos não são consequência de nosso comportamento particular, mas sim impostos por estereótipos sociais, isto é, um conjunto de características que a sociedade atribui irracionalmente a determinado grupo de pessoas pelo simples fato de compartilhar um traço, como gênero ou nacionalidade. Por exemplo, um estereótipo seria aquele que sugere que os japoneses são muito trabalhadores.

Estereótipos são crenças presentes em nosso imaginário social e cultural, cuja existência se baseia em vieses cognitivos que nos levam a cometer falácias de generalização inadequada, especificamente aquelas que ocorrem quando associamos duas características pessoais sem relação entre si, pelo simples fato de alguns indivíduos as compartilharem. Infelizmente, não são fenômenos meramente anedóticos, mas têm consequências psicológicas relevantes (Steele, 1997; Taylor; Walton, 2011). Na educação, os estereótipos de gênero (que quase sempre prejudicam as meninas), os estereótipos étnicos (que prejudicam sobretudo as crianças que não são caucasianas ou orientais) e os estereótipos de estatuto socioeconômico (que prejudicam as crianças de famílias desfavorecidas) são especialmente preocupantes.

Em todos esses casos, os estereótipos sugerem a ideia de que existem grupos demográficos cuja capacidade de estudo é inferior à dos outros por razões inatas (e não ambientais). Todas as evidências científicas apontam que isso não é verdade, mas os estereótipos sociais insistem nisso e contribuem para torná-lo realidade. Por exemplo, vários estudos mostram que a habilidade das meninas em matemática e disciplinas científico-tecnológicas é igual (ou até superior) à dos meninos (Halpern *et al.*, 2007). No entanto, a partir de certa idade, apesar de manterem o mesmo nível de desempenho dos meninos, o senso de autoeficácia das meninas para essas disciplinas diminui progressivamente e, com isso, também diminui o interesse delas por essas disciplinas. Alguns estudos mostram que as meninas começam a assumir estereótipos de gênero relacionados à capacidade intelectual a partir dos 6 anos de idade (Bian; Leslie; Cimpian, 2017). A partir dessa idade, as meninas são menos propensas do que os meninos a acreditar que pessoas do seu gênero podem ser "muito, muito inteligentes". Também aos 6 anos, as meninas começam a evitar as atividades que dizem ser para alunos "muito, muito inteligentes". Esses achados sugerem que noções sobre a suposta capacidade intelectual de cada gênero são adquiridas precocemente e têm efeito imediato sobre os interesses dos mais jovens.

Diante desse quadro, a maioria dos especialistas concorda que os estereótipos de gênero, que afetam as crianças de todas as áreas de seu meio social, são responsáveis por incutir certas ideias que influenciam seu autoconceito e, consequentemente, seus valores e expectativas (Steele, 1997; Dweck, 2000). No caso das meninas, que muitas vezes são bombardeadas por mensagens explícitas e subliminares sobre sua suposta inferioridade em relação a determinadas disciplinas, os efeitos sobre sua motivação as levam a tentar menos e perseguir outros objetivos, de modo que acabam obtendo piores resultados a longo prazo e se afastando das carreiras científico-tecnológicas (Leslie *et al.*, 2015). É a definição de uma profecia autorrealizável.

Quanto aos estereótipos ligados ao *status* socioeconômico, essas crenças são tão cruéis quanto infelizes, pois atribuem o maior fracasso das crianças de famílias desfavorecidas a causas inatas, e não às suas reais razões: as menores oportunidades educacionais que, desde bebês, os jovens em tais situações costumam ter, entre outras (Hart; Risley, 1995; Willingham, 2012). Esses estereótipos, portanto, só contribuem para o fracasso minando a motivação injustamente — como se já não tivessem desvantagens suficientes.

Não há dúvida de que as escolas trabalham para desenvolver valores e atitudes que distanciam as crianças do pensamento estereotipado. Muitas famílias, é claro, também se esforçam para inculcar tais valores. No entanto, o ambiente social em que as crianças estão imersas é persistente, incontrolável e inevitável. Portanto, nas escolas, nunca será demais multiplicar esforços para combater estereótipos de forma contínua e explícita, por meio de ações concretas que se baseiem em uma cultura comum que dê especial atenção a esses aspectos. De qualquer forma, cada um deve contribuir um pouco. Não nos esqueçamos que, ao longo de um ano, as crianças passam por volta de 25% do seu tempo na escola (sem contar as horas de sono).

A boa notícia é que, quando tomamos medidas para reduzir as crenças estereotipadas de nossos alunos, bem como quando influenciamos quaisquer crenças que afetem sua autoeficácia, há um impacto positivo em seus resultados acadêmicos (Good; Aronson; Inzlicht, 2003; Aronson; Fried; Good, 2002). Afinal, estereótipos são crenças impostas pela sociedade que nos rotulam e, portanto, afetam a motivação.

NÃO HÁ RÓTULOS POSITIVOS NA ESCOLA

Se eu resumisse este capítulo em uma única frase, provavelmente diria algo assim: para promover a motivação e a aprendizagem em todas as áreas da escola, pode ser importante fazer todo o possível para ajudar os alunos a desenvolver uma cultura livre de rótulos, que coloca o papel do talento (inato) por trás do esforço. Como vimos, mesmo rótulos positivos não são benéficos. Quando um aluno se rotula como "bom aluno", seus objetivos podem se concentrar em manter essa reputação, o que pode afastá-lo de comportamentos que favoreçam seu aprendizado. Quando escolhemos motivar um aluno destacando seu suposto talento ("Não se preocupe, você não é bom em matemática, mas tem talento para música"), também não lhe fazemos um grande favor. O aluno pode se apegar a esse rótulo e não ver sentido em se esforçar em outras áreas. Não nos esqueçamos de que, a todo momento, falamos do contexto escolar, em que apenas visamos a obter conhecimentos e habilidades básicas para a vida, bem como valores e atitudes que lhes abram novas oportunidades. Uma criança que acredita que não pode aprender matemática na escola, por exemplo, pode acabar tendo razão apenas porque não tenta ou persevera (Bloom, 1985).

É evidente que usamos rótulos positivos com a melhor das intenções, querendo fortalecer a autoestima do aluno, mas já vimos que autoestima e autoeficácia são coisas diferentes. Resumidamente, conforme tudo o que foi discutido neste capítulo e no anterior, uma das melhores maneiras de motivar os alunos é ajudá-los a acreditar no valor do esforço em detrimento do talento quando se trata de alcançar os objetivos escolares (o que não significa que o talento não desempenhe seu papel).

CRÍTICAS SOBRE O IMPACTO DAS CRENÇAS NA APRENDIZAGEM

As ideias de Carol Dweck sobre a mentalidade de crescimento receberam muita atenção (se formos cientificamente rigorosos, talvez de forma um pouco prematura) da comunidade educacional. Muitas escolas, sobretudo nos Estados Unidos e no Reino Unido, adotaram suas premissas como parte da cultura escolar, com o objetivo de motivar seus alunos a aprender. Porém, como acontece com qualquer nova proposta que chegue à educação, devemos ser cautelosos com elas, mesmo que já haja alguma evidência a seu favor.

Embora seja verdade que os estudos citados são bastante promissores, para ser justo, deve-se mencionar que alguns pesquisadores apontaram diversas irregularidades no desenho experimental ou na análise estatística de alguns deles (Yeager, 2018). Além disso, vários trabalhos tentaram replicar seus resultados e suas previsões sem sucesso (Li; Bates, 2019; Bahník; Vranka, 2017; Rienzo; Rolfe; Wilkinson, 2015). Por exemplo, Glerum y colaboradores (2019) repetiram o experimento de Mueller e Dweck em que o efeito do elogio direcionado ao esforço ou à inteligência foi avaliado. Eles não observaram diferenças entre os alunos conforme o tipo de elogio recebido.

Ainda mais relevante, se possível, é um estudo realizado no Reino Unido, financiado pela Education Endowment Foundation, que analisou o impacto de um projeto implantado pela Universidade de Portsmouth para promover a mentalidade de crescimento entre alunos do 6º ano (Foliano *et al.*, 2019). O projeto incluiu 5.018 alunos e foi implantado por meio de cursos de capacitação para seus professores e fornecimento de materiais projetados para trabalhar a mentalidade de crescimento em suas aulas explicitamente, em torno de duas horas por semana durante oito semanas. Além disso, eles foram chamados a integrar as recomendações sobre como promover a mentalidade de crescimento no dia a dia. Ao final do curso, foram analisadas as pontuações em testes padronizados de linguagem e matemática, e os resultados não mostraram diferenças significativas entre os alunos que participaram do projeto e os que não participaram. Esse estudo também examinou o impacto do projeto na capacidade de autorregulação e em três variáveis socioemocionais: valor intrínseco, autoeficácia e ansiedade no teste. Também não foram observadas diferenças como consequência da intervenção.

Em última análise, existem problemas de replicabilidade que levantam dúvidas sobre o potencial de intervenções destinadas a promover mentalidades de crescimento. Obviamente, essas críticas não anulam completamente as evidências obtidas a favor, mas nos alertam para a conveniência de manter a prudência e o espírito crítico. Pode de fato haver um efeito positivo na aprendizagem e no desempenho acadêmico quando uma mentalidade de crescimento é desenvolvida para esses objetivos, mas esse efeito também pode ser muito pequeno ou apenas perceptível em certos alunos. Estudos recentes de qualidade indiscutível têm revelado que intervenções destinadas a promover uma mentalidade de crescimento podem ter efeitos modestos sobre os resultados acadêmicos de alunos em risco de fracasso escolar. Esses efeitos se diluem quando se considera o conjunto de todos os alunos (Sisk *et al.*, 2018; Yeager *et al.*, 2019).

Em contrapartida, promover uma mentalidade de crescimento nos alunos dentro do contexto escolar pode ser muito mais difícil e complexo do que parece. Carol Dweck reconhece a dificuldade de transferir essas ideias para a sala de aula de forma escalável e lamenta como, em muitas ocasiões, elas têm sido mal interpretadas e incorporadas à prática educativa como meras propostas de promoção da autoestima (Phillips, 2015). Por isso, é fundamental não cair em interpretações ingênuas, que nos levam a afirmar que "querer é poder" ou que "tudo é possível se acreditarmos". Antes de mais nada, é preciso lembrar que essa teoria se limita à capacidade de aprender. Em segundo lugar, como vimos no Capítulo 8, "Aprendizagem profunda", o esforço é imperativo para aprender e alcançar objetivos acadêmicos, mas nem sempre será suficiente, então não podemos apenas reverenciar o esforço. Na realidade, nada do que foi dito afirma que todos podem alcançar qualquer objetivo de aprendizagem com esforço, mas que, sem esforço, não há meta alcançável e que, se desistirmos do esforço porque não temos expectativa de sucesso, simplesmente cairemos em uma profecia autorrealizável. O mais importante, em todo o caso, será promover nos alunos o valor *sine qua non* do esforço e, acima de tudo, a capacidade deles de levar as suas competências para além de onde estão.

Para finalizar, não posso deixar de mencionar a importância de sermos cautelosos ao prometer mudar o comportamento de nossos alunos simplesmente mudando suas crenças sobre a aprendizagem. Se há algo que caracteriza o ser humano é a sua incoerência. Saber que algo nos convém, mesmo que estejamos convencidos disso, não implica automaticamente que ajamos em conformidade. Quantas coisas fazemos todos os dias mesmo sabendo que não fazem bem à saúde? É importante relativizar o poder que uma mudança em nossas ideias pode ter sobre nossos hábitos.

12

DIMENSÃO SOCIAL DA APRENDIZAGEM

FATOS PARA APRENDER COM OS OUTROS

Se uma coisa contribuiu para o desenvolvimento da civilização humana e a ascensão do *Homo sapiens* como espécie dominante no planeta, foi, sem dúvida, a nossa capacidade de aprender com os outros. Isso não significa que nos destacamos como espécie apenas por uma capacidade excepcional de aprender, mas também por uma capacidade extraordinária de ensinar.

Aprender e ensinar fazem parte da nossa natureza, e, se é verdade que a aprendizagem ocorre mesmo sem a necessidade de interação social, ensinar é um ato social por definição. Portanto, parece razoável dizer que o aprendizado por meio da interação social é inerente à nossa espécie. É até provável que tenhamos alguma predisposição evolutiva para fazê-lo e para sermos especialmente eficazes em aprender dessa maneira.

É claro que o aprendizado social não acontece apenas por meio de um ato voluntário de ensinar. Nosso cérebro aprende de maneira contínua com nossas experiências e, por extensão, aprende com todas as interações que temos com as pessoas ao nosso redor. Desse modo, em sala de aula, nossos alunos aprendem interagindo não só conosco, seus professores, mas também com seus colegas.

A aprendizagem que deriva dessas interações sociais quase sempre tem um aspecto cognitivo e um aspecto emocional. É muito importante não esquecer esse segundo aspecto, pois, como veremos neste capítulo, a forma que os alunos percebem as relações com seus professores, com seus colegas e, em geral, com o meio social que os cerca, influencia decisivamente seu estado emocional e, sobretudo, sua motivação. No lado cognitivo, neste capítulo, também veremos como as interações sociais podem promover a aprendizagem significativa de maneira única.

EMOÇÕES NA APRENDIZAGEM

Os professores exercem enorme influência na motivação e no desempenho dos alunos por meio das práticas educacionais, do *feedback* que damos (incluindo notas) e de todas as outras interações que temos com eles diariamente (Stipek, 1996). A forma que gerimos todas essas interações e, em especial, o grau em que damos apoio aos nossos alunos, não só didático, mas também emocional, é crucial para a sua aprendizagem e desenvolvimento. Assim, professores que facilitam um clima emocional positivo e expressam entusiasmo pelo seu trabalho proporcionam um ambiente onde os alunos estão mais motivados a aprender e mais dispostos a cooperar e participar das aulas (Hattie, 2009; Patrick; Mantzicoupoulos; Sears, 2012).

Tanto o que expressamos verbalmente quanto o que transmitimos com nosso tom, nossos gestos e nossa atitude é interpretado pelos alunos à luz de seus valores e suas expectativas e acaba impactando em sua motivação. Nos capítulos anteriores, falei sobre como o valor que os alunos dão à tarefa de aprendizagem e suas expectativas de realizá-la bem (ou autoeficácia) determinam sua motivação para se engajar na tarefa. Além disso, delineei algumas estratégias que podemos empregar para influenciar esses fatores-chave para a motivação. No entanto, a realidade é que exercemos esse impacto continuamente, querendo ou não e tendo consciência disso ou não, em cada uma das interações que temos com nossos alunos.

Alguns pesquisadores têm sugerido uma terceira variável, que, aliada ao valor subjetivo e à autoeficácia do aluno, determinaria sua motivação diante de uma tarefa em sala de aula ou de um assunto em geral: o grau em que ele percebe que o ambiente o apoia (Ford, 1992). Quando falamos em ambiente, nesse caso, nos referimos sobretudo ao papel que os professores (e outros adultos de referência para o aluno) desempenham nele. Obviamente, se o aluno perceber que o professor o apoia em seu processo de aprendizagem (por mais exigente que seja), ele estará mais motivado. Caso contrário, a motivação pode diminuir, mesmo quando seu valor subjetivo pela matéria é alto e suas expectativas de sucesso são promissoras.

Se combinarmos essa variável com valor subjetivo e expectativas (ou autoeficácia), podemos construir um modelo teórico tridimensional que descreva os possíveis comportamentos que os alunos tenderão a adotar de acordo com seu caso para cada um desses fatores. Com base nos trabalhos de Hansen (1989) e Ford (1992), Ambrose *et al.*, ilustram esse modelo utilizando o esquema da Tabela 12.1.

Portanto, de acordo com esse modelo, existem duas combinações de valor e autoeficácia em que o ambiente dificilmente muda as coisas, mas também duas outras em que o ambiente pode fazer a diferença. Assim, os alunos que não

TABELA 12.1 Comportamentos que os alunos tendem a adotar com base no valor intrínseco, nas expectativas de eficácia e na percepção do ambiente em termos do apoio que lhes é dado (adaptado de Ambrose et al., 2010)

	O ALUNO NÃO PERCEBE O APOIO DO AMBIENTE		O ALUNO PERCEBE O APOIO DO AMBIENTE	
	Valor baixo	Valor alto	Valor baixo	Valor alto
Autoeficácia baixa	APÁTICO	FRUSTRADO	APÁTICO	FRÁGIL
Autoeficácia alta	EVASIVO	DESAFIANTE	EVASIVO	MOTIVADO

atribuem valor ao objetivo de aprendizagem e acham fácil alcançá-lo tendem a se comportar de forma evasiva, tanto em um ambiente onde se sentem apoiados quanto num ambiente onde não se sentem apoiados. Eles terão dificuldade em prestar atenção e se entreterão pensando em outras coisas ou fazendo outras tarefas (como desenhar no caderno). Para que isso não afete sua reputação, eles provavelmente escolherão fazer o mínimo para obter as qualificações que acham que se espera deles. No caso daqueles alunos que não só subestimam o valor dos objetivos de aprendizagem, mas também não têm expectativas de sucesso, a percepção do grau de apoio do ambiente também não será decisiva. Em ambos os casos, seu comportamento estará inclinado a ser apático. Eles se desvincularão das tarefas devido a uma completa falta de motivação. Pode até acontecer que, no caso de um ambiente de apoio, o aluno leve a mal ao interpretar o apoio como coerção.

Já nos casos em que o aluno atribui valor aos objetivos de aprendizagem, o modelo mostra diferenças em seu comportamento dependendo de perceber apoio ou não. Desse modo, quando o aluno tem interesse em aprender, mas sua autoeficácia é baixa e ele não percebe o apoio do ambiente, ele tende a se sentir frustrado e desamparado e, consequentemente, desmotivado. Em contrapartida, se perceber o apoio do ambiente, seu comportamento pode ser frágil. Como ele tem interesse em alcançar os objetivos e se sente amparado, mas não confia em suas habilidades, talvez se preocupe em não decepcionar aqueles que o apoiam e, portanto, finja que entende a lição, evite situações que possam deixá-lo em evidência e invente desculpas em caso de fracasso.

As duas melhores situações, segundo esse modelo, são aquelas que combinam um elevado interesse em atingir objetivos de aprendizagem e um elevado sentido de autoeficácia. Porém, nessa conjuntura, o aluno não responde da mesma forma conforme percebe um ambiente que o apoie ou se acontece o contrário. Sem dúvida, a motivação será máxima quando o aluno perceber um ambiente encorajador, mas sua resposta pode se tornar desafiadora se o entorno lhe enviar mensagens que se opõem aos seus valores ou expectativas. Por exemplo, há professores que, com boas intenções, iniciam o curso alertando para o número de alunos que não costumam passar na disciplina. Sem dúvida, esses professores fazem isso acreditando que motivarão os alunos a trabalhar duro para não falhar. Provavelmente, é uma provocação que eles acharam motivadora quando eram estudantes. Mas a verdade é que esse tipo de "incentivo", na melhor das hipóteses, costuma colocar os alunos numa atitude desafiadora. Como eu digo, na melhor das hipóteses. Imagine o efeito de tal comentário naqueles que não percebem o valor da matéria e, sobretudo, naqueles que têm dúvidas sobre sua autoeficácia.

Vale esclarecer aqui que o modelo anterior explica como a percepção do aluno sobre o ambiente afeta a motivação e como esse efeito depende dos seus valores e expectativas em determinada situação. Entretanto, o ambiente também pode intervir diretamente para mudar o valor e as expectativas do aluno. Como vimos nos capítulos sobre motivação e crenças, a forma que o ambiente modula valores e expectativas é lenta e progressiva e se alimenta de múltiplas interações. O modelo anterior mostra o que acontece quando há certos valores e expectativas para determinada situação, e o aluno avalia o apoio que receberá de seu professor ou de quem pode ajudá-lo a alcançar seus objetivos. De qualquer forma, esse modelo reitera o que já enfatizamos nos capítulos anteriores: a melhor maneira de influenciar a motivação dos alunos é influenciar o valor que eles dão à tarefa de aprendizagem e trabalhar seu senso de autoeficácia (suas expectativas de sucesso).

EFEITO PIGMALEÃO

A influência que o tratamento que damos aos nossos alunos exerce sobre a motivação deles é inevitável e ocorre mesmo sem nos darmos conta. Segundo as evidências, as expectativas que depositamos em nossos alunos nos fazem, inconscientemente, ter comportamentos que contribuem para sua realização. É o que os psicólogos educacionais conhecem como *efeito Pigmaleão* (Rosenthal; Jacobson, 1968). O leitor certamente se lembrará do conceito de profecia autorrealizável, aquela situação em que um aluno, por não acreditar em suas possibilidades de aprender algo, acaba não se esforçando para alcançar e acaba tendo razão. O efeito Pigmaleão seria um tipo de profecia autorrealizável, só que, nesse caso, ocorreria interpessoalmente. As expectativas de uma pessoa (o professor) sobre a capacidade de outra (o aluno) influenciariam sua motivação e, consequentemente, seu desempenho.

Em um famoso estudo, Rosenthal e Jacobson (1968) passaram um teste de inteligência aos estudantes do ensino fundamental de uma escola da Califórnia.

De acordo com o que disseram aos seus professores, o teste mediava o potencial intelectual das crianças e era capaz de detectar aqueles que o liberariam nos meses seguintes (se dois pesquisadores respeitáveis de Harvard me dissessem isso, eu também acreditaria no início). Eles selecionaram aleatoriamente 20% dos alunos e explicaram aos professores que essas crianças se destacariam intelectualmente naquele ano. Depois de alguns meses, os pesquisadores voltaram para a escola e passaram o mesmo teste novamente, que, na verdade, era simplesmente um teste de inteligência em uso. Surpreendentemente, os alunos que haviam sido rotulados como promissores mostraram um aumento maior do que seus pares nas pontuações médias do segundo teste. A partir dessas evidências, Rosenthal sugeriu a existência do efeito Pigmaleão em sala de aula. Segundo ele, os professores podem se comportar de forma inconsciente com seus alunos, facilitando e estimulando seu desempenho acadêmico.

No contexto natural da sala de aula (onde não há pesquisadores para tentar nos convencer sobre o potencial de alguns estudantes ou outros selecionando-os aleatoriamente), os professores também desenvolvem expectativas em relação aos alunos. Mas fazemos isso com base no que podemos observar e como o interpretamos em relação às nossas crenças. Estudos que comparam as expectativas que os professores têm de seus alunos e o desempenho acadêmico que estes apresentam em suas disciplinas mostram fortes correlações. No entanto, essa situação é muito diferente da do estudo de Rosenthal e Jacobson. Hoje, sabemos (a partir de muitas novas evidências) que a correlação entre as expectativas do professor e o desempenho dos alunos se deve, em grande parte, ao fato de que os professores muitas vezes têm razão ao avaliar o desempenho que os alunos obterão na disciplina (falamos sempre de desempenho em suas próprias aulas). Embora o efeito Pigmaleão seja aceito pela comunidade científica, seu impacto é considerado muito pequeno (Jussim, 1989; Babad, 1993; Jussim; Harber, 2005). O experimento original de Rosenthal e Jacobson tem sido amplamente criticado por problemas na metodologia, pela possibilidade de explicar seus resultados por meros artefatos estatísticos e pelas sérias dificuldades que surgiram em replicá-lo (Thorndike 1968; Brophy; Good, 1974; Raudenbush, 1984).

De qualquer forma, embora tenha um impacto pequeno em geral, o efeito Pigmaleão parece ter um impacto significativo nos alunos de grupos que sofrem os efeitos de estereótipos (Jussim; Harber, 2005). Isso pode ocorrer de forma positiva ou negativa. Quando as crenças do professor são influenciadas por ideias estereotipadas sobre a capacidade desses alunos, o comportamento do professor pode exercer um efeito negativo sobre eles, mesmo quando age com a melhor intenção tentando favorecer o grupo que considera desfavorecido. Isso pode acontecer caso um comportamento diferencial do professor em relação a esses alunos seja detectado e interpretado por eles como sintoma de menos confiança em sua capacidade. Mesmo o comentário mais inofensivo pode desencadear estereótipos e, assim, afetar o senso de autoeficácia dos alunos.

Não nos esqueçamos de que, quando os alunos avaliam suas expectativas de sucesso em relação a um objetivo de aprendizagem, a ativação do estereótipo pode trabalhar contra eles. Por exemplo, em um estudo bem conhecido, Steele e Aronson (1995) obtiveram evidências do efeito sobre o desempenho de estudantes afro-americanos ao ativar estereótipos raciais antes de fazer um teste. Uma parte dos alunos que participaram do estudo foi informada de que o teste mediria sua capacidade intelectual (o que provavelmente ativaria o estereótipo), enquanto os demais foram apresentados como um mero teste de resolução de problemas. Os alunos do primeiro grupo tiveram um desempenho significativamente ruim, possivelmente devido à ansiedade decorrente da fixação no estereótipo. Embora se possa pensar que a diferença se deva apenas à tensão gerada pelo que os alunos acreditavam ter sido avaliado em cada teste, o fato é que o experimento foi realizado ao mesmo tempo com estudantes caucasianos, que obtiveram, em ambos os testes, o mesmo resultado em média, equivalente ao resultado obtido pelo segundo grupo de estudantes afro-americanos. É claro que poderíamos discutir se os estudantes afro-americanos regulam pior suas emoções (aliás, isso seria argumentar sobre um estereótipo), mas o fato é que resultados semelhantes também foram obtidos com outros grupos afetados por estereótipos, como mulheres (Inzlicht; Ben-Zeev, 2000), estudantes de famílias socioeconomicamente desfavorecidas (Croizet; Claire, 1998) e idosos (Levy, 1996).

Esse efeito negativo que a ativação do estereótipo pode ter no desempenho do aluno é conhecido como *ameaça do estereótipo*. Estudos sugerem que seu impacto se deve ao fato de que a alusão ao estereótipo gera emoções de ansiedade ou raiva que podem interromper processos cognitivos, por exemplo, preenchendo a memória de trabalho com pensamentos supérfluos à tarefa, que não permitem ao aluno prestar atenção ou raciocinar claramente (Steele; Aronson, 1995).

APRENDIZAGEM POR MEIO DA INTERAÇÃO

Até aqui, falamos sobre as consequências emocionais, especialmente sobre a motivação, que derivam das interações sociais nos processos de ensino e aprendizagem. Mas e os aspectos cognitivos? No início do capítulo, mencionei a natureza social da aprendizagem humana e o fato de que a evolução provavelmente nos moldou, o que faz com que aprender cooperativamente seja intrínseco a nós. Nesse sentido, as pesquisas que estudam a relação entre aprendizagem e interações sociais (professor-aluno e aluno-aluno) têm se baseado sobretudo em duas teorias, cujas origens remontam às ideias de Piaget e Vygotsky, respectivamente.

Por um lado, Piaget (1959) propôs que a aprendizagem nas interações sociais ocorre quando a troca de ideias provoca um conflito cognitivo na criança, uma discrepância entre seu conhecimento e o de seu interlocutor. Por meio do diálogo e da discussão, a criança progride progressivamente em direção a um nível mais elevado de compreensão, até que a mudança conceitual ocorra, e o equilíbrio cognitivo seja restaurado (lembre-se da mudança conceitual que foi discutida no capítulo 5, "Reorganização da memória"). Esse processo é considerado um fenômeno de construção interna e individual que ocorre na mente da criança à medida em que ela tenta encaixar as novas ideias em seus esquemas cognitivos, o que, posteriormente, se manifestará em seu comportamento (Garton, 2004).

Por sua vez, pesquisadores da tradição vygotskiana argumentam que a aprendizagem é eminentemente social e que, nas interações sociais, a aprendizagem significativa ocorre de forma mais efetiva quando duas pessoas, diferindo em seu nível de competência inicial, trabalham cooperativamente em uma tarefa para alcançar um entendimento compartilhado (Garton, 1992; Johnson; Johnson, 1994). Portanto, se na teoria de Piaget o mecanismo de aprendizagem é baseado no conflito, na teoria de Vygotsky a chave é a cooperação. Diferentemente da visão piagetiana, a aprendizagem por meio da interação social sugerida por Vygotsky consiste em um processo de coconstrução externa, que surge do compartilhamento de conhecimentos para alcançar um objetivo comum, internalizado posteriormente por cada indivíduo (Garton, 2004).

A teoria de Vygotsky contém um conceito-chave que certamente será familiar ao leitor: a chamada *zona de desenvolvimento proximal*, ou ZDP (Vygotsky, 1978). Esse conceito é definido em relação à capacidade do aluno de resolver problemas. A ZDP é a distância entre o que o aluno é capaz de fazer sozinho e o que ele é capaz de alcançar sob a orientação de um adulto ou em colaboração com colegas mais capazes. A aprendizagem ocorre quando o indivíduo percorre essa distância como resultado da cooperação. Nas palavras de Vygotsky, "o que a criança pode fazer colaborativamente hoje ela será capaz de fazer de forma independente amanhã".

Para conseguir isso, o indivíduo "especialista" deve medir as habilidades preexistentes e a necessidade de instrução de seu colega menos experiente, bem como dividir a tarefa ou problema em componentes gerenciáveis. O indivíduo mais capaz assume a responsabilidade de fornecer um arcabouço cognitivo que facilite a transição de seu parceiro pela zona de desenvolvimento proximal (Lajoie, 2005).

Tanto os estudos baseados no referencial teórico de Piaget quanto os baseados nas ideias de Vygotsky corroboram o fato de que as interações sociais geralmente proporcionam maiores benefícios para a aprendizagem significativa do que quando os alunos aprendem sozinhos (Lisi; Golbeck, 1999; Garton, 1992). Talvez a conclusão mais notável da pesquisa em ambos os paradigmas seja que a comunicação entre os indivíduos por meio do diálogo ou da discussão é a chave para explicar a superioridade da aprendizagem por meio da interação social. Por exemplo, um estudo de Kruger (1992) mostrou que crianças que estavam mais envolvidas em um debate obtiveram maiores benefícios cognitivos do que aquelas que permaneceram ouvintes passivas. Em outro estudo, realizado por Barbieri e Light (1992), duplas de estudantes que discutiram de forma mais explícita e verbalizaram seu planejamento durante o desenvolvimento de uma tarefa obtiveram, em média, resultados melhores em um teste individual subsequente. Do mesmo modo, Forman e McPhail (1993) observaram que os estudantes, em geral, apresentavam maior aprendizado quando ouviam as explicações de seus colegas e refletiam em voz alta sobre sua precisão lógica e consistência.

Portanto, para que a aprendizagem por meio da interação social seja efetiva, o indivíduo deve participar ativamente, avaliando explicações, explorando e esclarecendo inconsistências e expressando suas ideias à luz das de seus pares. Do ponto de vista cognitivo, essas conclusões se encaixam no que sabemos sobre como o cérebro aprende. O diálogo nos força a evocar nossos conhecimentos, a contrastá-los e conectá-los com novas ideias. Também nos obriga a refletir sobre essas novas ideias, estruturá-las e dar sentido a elas. O diálogo é uma forma barata e eficaz de realizar as ações que mais nos permitem aprender (Teasley, 1995).

APRENDIZAGEM COOPERATIVA

A aprendizagem cooperativa é uma metodologia educacional com raízes vygotskianas amplamente utilizada nas escolas, embora nem todas as atividades feitas em grupo possam ser consideradas como tal. Das múltiplas definições oferecidas pela literatura educacional sobre métodos cooperativos de aprendizagem, eu pessoalmente me ateria a duas: quando, em grupo (geralmente pequeno), os alunos trabalham juntos para alcançar objetivos em comum ou realizar uma tarefa (Johnson e Johnson, 1999); e quando os alunos trabalham juntos em pequenos grupos para se ajudar a aprender (Slavin, 2018). Esta segunda definição destaca uma das chaves mais importantes que caracterizam os métodos cooperativos de aprendizagem: a colaboração entre os alunos do grupo para que cada um de seus membros atinja os objetivos de aprendizagem. Essa propriedade distingue o trabalho cooperativo autêntico do que muitas vezes acontece quando solicitamos que façam trabalho em grupo: um aluno, ou alguns alunos, acabam assumindo todo o trabalho, enquanto os outros ignoram ou são afastados por quem assume. Nas atividades de trabalho cooperativo, o objetivo da equipe é que todos os alunos aprendam, e a única maneira de conseguir isso é que todos se ajudem. Os métodos de aprendizagem cooperativa não envolvem

necessariamente que os alunos criem um produto, mas que a atividade criativa permita que alcancem o aprendizado desejado.

Existem múltiplas estratégias enquadradas na aprendizagem cooperativa. Algumas são adequadas para atividades com objetivos muito específicos e que não duram uma única aula, e outras, para atividades que são muito mais complexas e prolongadas no tempo. Uma das estratégias de aprendizagem cooperativa mais conhecidas e utilizadas nas escolas é, sem dúvida, a aprendizagem baseada em projetos (ABP). Nesse caso, a tarefa dos alunos é criar um produto que contribua para a aprendizagem do grupo. A forma concreta que os projetos ou outros tipos de atividades de aprendizagem cooperativa são desenvolvidos é muito diversa, e, para abordá-la, precisaríamos de um livro inteiro. No entanto, gostaria de salientar que, como veremos mais adiante, é precisamente a diversidade de abordagens existentes que cria diferenças importantes na eficácia desses métodos.

A aprendizagem cooperativa é, provavelmente, um dos temas mais estudados na pesquisa educacional (Johnson; Johnson, 2009). A maioria dos estudos que comparam métodos cooperativos de aprendizagem com métodos mais tradicionais, em que os alunos trabalham individualmente ou competem, evidencia a superioridade dos métodos cooperativos de aprendizagem na promoção da aprendizagem e no alcance de objetivos acadêmicos. As pesquisas sobre o tema inclusive passaram de comparar sua eficácia com outros métodos para entender quais fatores a tornam mais eficaz (Cohen, 1994). Dependendo das circunstâncias e de como é aplicada, a eficácia da aprendizagem cooperativa pode variar e até perder a vantagem. Um número significativo de estudos não obteve evidências de sua superioridade e, até mesmo, produziu evidências negativas em certos casos. Esses estudos nos ajudaram a entender que, para que a aprendizagem cooperativa seja efetiva (e superior aos métodos tradicionais), uma série de requisitos deve ser atendida (Slavin, 2013). Os três mais importantes estão listados a seguir.

- Em primeiro lugar, os grupos de alunos devem ser heterogêneos em termos de habilidade e conhecimento inicial, por isso é importante que o professor os estabeleça.
- Em segundo lugar, o reconhecimento ou a avaliação somativa da aprendizagem resultante da tarefa deve ser feito em nível de grupo. Todos os membros devem saber que receberão a mesma nota.
- Em terceiro lugar, a avaliação deve ser baseada no desempenho individual de cada membro. O sucesso do grupo deve ser avaliado a partir do aprendizado obtido por cada um separadamente, e não em relação a um produto comum.

O último ponto talvez seja a chave que diferencia um trabalho em grupo que acaba não sendo cooperativo de um que funciona corretamente. Um dos principais erros cometidos ao propor atividades a serem realizadas em grupos que se passam por cooperativas é que a tarefa a ser realizada se confunde com os objetivos de aprendizagem. O meio para alcançar a aprendizagem (a tarefa) se confunde com a suposta aprendizagem obtida. Consequentemente, a avaliação centra-se no produto desenvolvido, não na aprendizagem alcançada por cada um dos alunos. Se avaliarmos o produto, os alunos entendem que, para obter uma boa nota, devem entregar um bom produto (e, para isso, não é necessário que todos participem).

Porém, se o que realmente pretendemos é que a criação do produto seja o meio para os alunos adquirirem conhecimentos ou competências, então devemos centrar a avaliação nessas aprendizagens. A avaliação não deve se limitar a avaliar o produto da tarefa, mas deve incluir alguma atividade avaliativa que permita verificar o que foi aprendido individualmente por cada membro da equipe. Para promover esse aprendizado, nada melhor do que estabelecer que a nota obtida por todos depende do desempenho individual de cada aluno na prova de avaliação (p. ex., fazendo uma média). O importante é que todos tenham consciência da importância de cada um dominar o assunto da atividade. Somente assim todos os membros do grupo concentrarão suas energias em aprender e se ajudar a aprender. Além disso, somente assim será menor a probabilidade de que alguns acabem se esgueirando e outros assumindo todo o trabalho (Slavin, 2013).

Quando os métodos cooperativos de aprendizagem são selecionados em tempo hábil, conforme o objeto de aprendizagem, e aplicados em conformidade com os requisitos mencionados, eles constituem uma ferramenta muito poderosa para melhorar a aprendizagem e os resultados acadêmicos dos alunos. Não esqueçamos, no entanto, que as conclusões da pesquisa educacional sempre se referem ao conjunto dos alunos como sujeitos, e não necessariamente a cada aluno em específico. Nesse caso, é especialmente importante lembrar disso, porque o potencial dos métodos cooperativos é mais bem compreendido em relação ao efeito que eles têm sobre o grupo de classe. A aprendizagem cooperativa contribui de forma especial para melhorar o desempenho médio da turma, o que implica maior equidade. Embora alguns estudos sugiram que, em geral, seus efeitos são maiores em alunos atrasados (Slavin, 1995), vários estudos mostram que os alunos que geralmente obtêm boas notas com métodos tradicionais não apenas as mantêm ou melhoram (Slavin, 1991) mas também melhoram a consolidação de sua aprendizagem e a tornam mais significativa e transferível, provavelmente porque o fato de ensinar a seus colegas contribui para isso (Webb, 1992; Teasley, 1995).

APRENDER A COOPERAR

Organizar os alunos em grupos e atribuir-lhes uma tarefa ou objetivo comum não implica necessariamente que eles saibam cooperar e obter o máximo benefício educacional disso. Costuma-se afirmar que as atividades de aprendizagem cooperativa ensinam aos alunos uma habilidade de vida tão importante quanto cooperar. No entanto, a verdade é que não é necessariamente assim. O que as atividades cooperativas realmente proporcionam é uma oportunidade de praticar a cooperação, mas, se os alunos não são orientados sobre como fazê-lo e espera-se que aprendam espontaneamente, a oportunidade de praticar a cooperação perde muito de seu potencial, tanto para ajudá-los a desenvolver essa habilidade quanto para promover o aprendizado por meio dela. Porém, se fornecermos aos alunos orientações básicas para se comunicar, organizar o trabalho em equipe e resolver conflitos, a aprendizagem cooperativa é muito mais eficaz. Por exemplo, vários estudos mostram que, se os alunos aprendem habilidades de comunicação (Senn; Marzano, 2015) ou estratégias específicas de trabalho em grupo (Saleh; Lazonder; Jong, 2007), seu aprendizado melhora em relação àqueles que são chamados a trabalhar cooperativamente sem essas orientações.

Além disso, o ensino de métodos metacognitivos (como os discutidos no capítulo sobre metacognição) também parece aumentar a eficácia do trabalho cooperativo na melhoria da aprendizagem (Friend, 2001). É importante destacar o papel desempenhado pelo professor como orientador, especialmente promovendo e modelando os comportamentos que potencializarão a aprendizagem cooperativa.

Os alunos, geralmente, não refletem sobre as informações que manipulam, não fazem perguntas instigantes e não se baseiam espontaneamente em seus conhecimentos prévios sem orientação e incentivo externos (King, 2002). Também não costumam se envolver em discursos de alto nível ou dar argumentos para suas conclusões, a menos que sejam explicitamente ensinados a isso (Chinn; O'Donnell; Jinks, 2000). Quando o professor os ensina a conversar e raciocinar juntos e a aplicar essas habilidades em suas interações, sua capacidade de resolver problemas de grupo e seu aprendizado são beneficiados (Webb, 2009).

AULAS DIVERSAS?

Para encerrar este capítulo, gostaria de destacar um ponto muito interessante sobre a aprendizagem cooperativa. Quando se descobre que, do ponto de vista cognitivo, o conhecimento prévio é fundamental para a aprendizagem, pode-se ter a tentação de pensar que, então, os alunos devem ser separados de acordo com seu desempenho inicial, para dar melhores oportunidades a cada um. No entanto, a pesquisa sustenta o contrário. A diversidade em sala de aula pode funcionar em benefício da aprendizagem para todos os alunos, se devidamente aproveitada (por meio da aprendizagem cooperativa, por exemplo). Além disso, evidências mostram que separar os alunos de acordo com a habilidade só beneficia os mais avançados, em detrimento de outros, enquanto grupos mistos bem manejados contribuem para a melhoria de todos os alunos (Oakes, 2005). Esse é um bom exemplo de que, para tomar decisões metodológicas, devemos considerar não apenas aspectos cognitivos mas também socioemocionais.

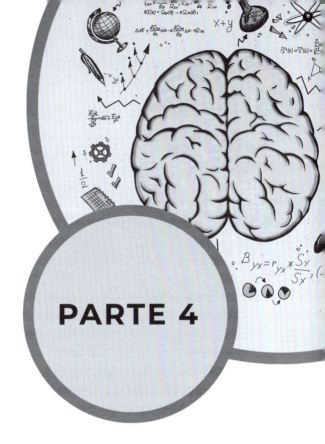

PARTE 4

AUTORREGULAÇÃO DA APRENDIZAGEM

Nos capítulos anteriores, vimos como ocorre a aprendizagem: quais processos cognitivos intervêm nela e como as emoções os modulam. Os alunos que vão bem geralmente são aqueles que deliberadamente se envolvem em ações alinhadas com a maneira que o cérebro aprende (embora muitas vezes façam isso sem saber), são aqueles que regulam as emoções e alimentam a motivação para otimizar o desempenho e permanecer na tarefa até que atinjam seus objetivos. O aluno que tem um bom desempenho se autorregula em dois níveis: cognitivo e emocional.

Nesta parte do livro, falarei sobre a importância da autorregulação na aprendizagem. Primeiramente, dedicarei um capítulo aos aspectos relacionados à autorregulação cognitiva (ou metacognição), associados à competência de "aprender a aprender". A seguir, discutirei a importância do autocontrole e da autorregulação emocional como habilidades que completam o aluno autorregulado. O último capítulo desta parte será dedicado à resiliência no campo acadêmico, uma capacidade que surge do sucesso na autorregulação cognitiva e emocional.

Esses conceitos podem parecer estranhos para muitos professores. No entanto, sua relevância para a aprendizagem e o desempenho acadêmico é enorme, a ponto de a capacidade de autorregulação da aprendizagem ser um preditor ainda maior do bom desempenho acadêmico do que a inteligência (Gomes; Golino; Menezes, 2014). Portanto, uma introdução a esse conceito não poderia faltar em um livro como o que você tem em mãos. Comecemos explorando os processos de autorregulação da aprendizagem a partir de uma perspectiva cognitiva, os processos relacionados com aprender a aprender.

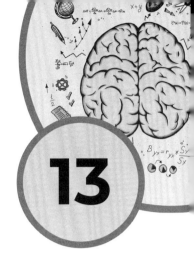

METACOGNIÇÃO

APRENDER A APRENDER

Das oito competências básicas definidas pela União Europeia como objetivos prioritários da educação, provavelmente a mais importante é a competência de aprender a aprender. *A priori*, esse conceito pode parecer estranho. Aprender a aprender? Em primeiro lugar, se temos que aprender a aprender, como podemos aprender em primeira instância? Em segundo lugar, sabemos que os seres humanos aprendem de maneira natural. Então, qual é o sentido de aprender algo que já fazemos espontaneamente?

A esta altura, neste livro, o leitor já deve ter tido uma ideia (se ainda não tinha) do que significa "aprender a aprender". O aprendizado é um processo natural e automático que nosso cérebro realiza. Assim como não podemos impedir nosso cérebro de "ver coisas" quando abrimos nossos olhos (sempre que há luz), não podemos impedir nosso cérebro de aprender com nossas experiências. Aprendemos continuamente. No entanto, como vimos nos capítulos anteriores, existem ações e formas de abordar o conhecimento que otimizam nossa capacidade de aprender, de preservar nosso aprendizado por mais tempo, ou que determinam o que seremos capazes de fazer com o que aprendemos. Conhecer as estratégias de aprendizagem que se baseiam em como a memória funciona é um exemplo de aprendizagem que pode nos tornar melhores alunos. Aprender essas estratégias é uma forma de aprender a aprender.

No entanto, não é só isso, aprender a aprender envolve tomar consciência do próprio processo de aprendizagem, monitorar seu progresso e ser capaz de tomar medidas apropriadas para melhorá-lo deliberadamente. Trata-se, portanto, de uma capacidade metacognitiva, ou seja, implica que o indivíduo pense e reflita sobre seus próprios processos cognitivos.

O termo *metacognição* refere-se ao ato de "pensar sobre o próprio pensamento". Ocorre, por exemplo, quando refletimos sobre a forma que procedemos para resolver um problema ou conseguimos aprender algo. Por isso, inclui processos como planejamento de tarefas, monitoramento do progresso e avaliação do resultado obtido. Inclui também a possível modificação da estratégia escolhida com vistas a melhorar o resultado ou otimizar a efetividade do procedimento utilizado. Além disso, a reflexão sobre as próprias crenças a respeito da aprendizagem ou sobre nossa capacidade de aprender (autoeficácia) também pode ser considerada uma habilidade metacognitiva. Em suma, a metacognição ocorre quando refletimos sobre nossas próprias ideias, nossos processos mentais e nosso desempenho cognitivo e intervimos conscientemente em qualquer um desses aspectos.

Portanto, a aprendizagem autorregulada inclui todas as habilidades metacognitivas que participam especificamente da gestão da própria aprendizagem. Essas habilidades, como todas as habilidades, podem ser aprendidas e desenvolvidas. Além disso, as pesquisas fornecem muitas evidências de que sua aquisição leva a uma melhora muito significativa nos resultados acadêmicos (McClelland; Cameron, 2011). Não por acaso, um dos fatores mais importantes que distinguem os alunos de bom desempenho dos com dificuldades é a capacidade de regular sua aprendizagem de forma autônoma (Zimmerman; Martinez-Pons, 1986).

HABILIDADES METACOGNITIVAS PARA A APRENDIZAGEM AUTORREGULADA

Existem múltiplos processos metacognitivos que nos ajudam a regular nossa própria aprendizagem. Qualquer tarefa de aprendizagem pode ser dividida em vários estágios, dependendo dos processos metacognitivos envolvidos nelas. Esses processos seriam os seguintes:

1. avaliação da compreensão dos objetivos de aprendizagem;
2. estimativa dos próprios pontos fracos e fortes em relação ao objetivo de aprendizagem;
3. planejamento da tarefa de aprendizagem;
4. seleção de estratégias para atingir os objetivos de aprendizagem;
5. execução do plano e acompanhamento do seu desenvolvimento e dos seus resultados;
6. reflexão sobre a adequação do plano escolhido e ajustes.

Esses seis tipos de processos metacognitivos caracterizam o desenvolvimento, do início ao fim, de uma tarefa de aprendizagem autorregulada. A seguir, vamos discuti-los com mais detalhes.

1. Avaliação da compreensão dos objetivos de aprendizagem

Muitas vezes, quando os alunos dão respostas sem sentido em uma atividade ou entregam um trabalho que não se encaixa nos critérios solicitados, atribuímos a culpa a "não ler os enunciados" ou "não prestar atenção". Embora essas possam ser as causas em algumas ocasiões, outras vezes o problema está na falta de compreensão em relação ao que lhes é pedido. Essa falta de compreensão pode ser devida a uma interpretação enviesada pelos preconceitos do aluno (lembre-se de que até mesmo a maneira que nos lembramos de alguma coisa pode ser diferente de como a interpretamos inicialmente, pois os processos de memória modificam o que aprendemos com base em nosso conhecimento prévio). Os alunos, muitas vezes, reinterpretam as tarefas com base em suas experiências anteriores e ignoram ou esquecem as instruções dadas a eles. Por exemplo, em um estudo realizado com estudantes universitários, evidenciou-se que metade deles ignorava completamente as instruções fornecidas pelo professor sobre o tipo de escrita que deveriam fazer e utilizava o mesmo esquema de composição escrita que estavam acostumados a seguir no ensino médio (Carey *et al*., 1989).

O mesmo acontece quando avisamos os alunos que, na prova, poderão recorrer ao livro ou às suas anotações, mas eles ignoram esse fato e preparam-se da mesma forma que fariam para uma prova mais tradicional. Por isso, é importante que os alunos aprendam a parar por um momento e avaliar sua compreensão da tarefa determinada, ou seja, que integrem esse hábito como um primeiro passo antes de iniciar a resolução. Para fazer isso, eles podem começar se perguntando se entenderam o que devem fazer e se não deixaram escapar algum detalhe importante.

No que diz respeito aos professores, podemos ajudar nossos alunos nesse aspecto de várias maneiras. Em primeiro lugar, podemos ser mais explícitos do que achamos necessário *a priori*, ao descrever os objetivos de uma tarefa. Como dissemos, os alunos podem interpretar as instruções de maneira diferente conforme seus pressupostos anteriores. Por isso, fornecer instruções que destaquem o que valorizaremos ao avaliar a tarefa ajudará a entender melhor o que se espera de seu trabalho. Por exemplo, se pedirmos que eles preparem uma apresentação sobre um tema, podemos destacar a importância de sua capacidade de sintetizar ideias em pé de igualdade ou acima de outros critérios de avaliação, como o *design* gráfico dos *slides*, por exemplo.

Além disso, com base em nossas experiências anteriores, podemos sublinhar o que *não* queremos que eles façam. Se não é a primeira vez que atribuímos uma tarefa específica, é muito provável que já saibamos o que ela pode acabar se tornando. Portanto, vale a pena compartilhar essas situações com os alunos para reduzir a probabilidade de sua recorrência. Por exemplo, no caso da apresentação de *slides* já mencionada, podemos informá-los de que não queremos ver *slides* carregados de efeitos animados ou cheios de texto, ou que não queremos que eles repitam o mesmo texto que projetam na tela (o leitor se lembrará da carga cognitiva supérflua que isso implica para o público).

Por fim, e especialmente quando os alunos são confrontados com tarefas novas, podemos ajudá-los a avaliar sua compreensão perguntando-lhes o que acham que precisam fazer para realizar a tarefa ou como planejam resolvê-la. Também pode ser útil pedir que expliquem os objetivos da tarefa com suas próprias palavras. Aliás, podemos ensiná-los a se fazer essas perguntas antes de iniciar qualquer tarefa. É claro que, se a resposta não estiver no caminho certo, teremos a oportunidade de dar um *feedback* para ajudá-los a ajustar sua compreensão dos objetivos da atividade.

2. Estimativa dos próprios pontos fracos e fortes em relação ao objetivo de aprendizagem

Uma vez que o aluno tenha compreendido os objetivos da tarefa de aprendizagem, ele deve avaliar sua capacidade de alcançá-los. É muito comum que os alunos superestimem seus conhecimentos ou suas habilidades (Dunning, 2004). De fato, quanto menos dominam o objeto de aprendizagem, piores são suas estimativas (Hacker *et al.*, 2000). Essa tendência a superestimar sua capacidade é alimentada por ilusões de conhecimento que a familiaridade com a tarefa provoca. O leitor se lembrará de que a familiaridade nos dá a falsa sensação de saber alguma coisa, mas não garante que seremos capazes de evocá-la ou fazê-la quando necessário. Por isso, quando os alunos estudam relendo suas anotações ou o livro, ou quando consultam o procedimento para resolver um problema sem sequer tentar fazê-lo por conta própria, é muito provável que gerem um equívoco sobre sua capacidade: acreditarão que podem oferecer uma resposta ou resolver um problema desse tipo, quando na realidade só são capazes de reconhecer a resposta se ela lhes for dada (no máximo). Para ajudá-los a evitar esse tipo de avaliação imprecisa, podemos recomendar a técnica de evocação. Em vez de reler as anotações ou revisar as soluções para os problemas feitos em aula, eles se testam como se estivessem fazendo uma prova.

Em contrapartida, quando os alunos superestimam sua capacidade de enfrentar uma tarefa, eles podem subestimar o tempo ou o esforço necessário para realizá-la, ou ignorar a necessidade de apoio e recursos para realizá-la. Isso pode levar os alunos a adiar a tarefa para o último momento e, consequentemente, deixá-los sem tempo suficiente para concluí-la ou solicitar a ajuda necessária. Nesses casos, se a tarefa a ser desenvolvida tiver que ser realizada fora da sala de aula (p. ex., lição de casa ou preparação para uma prova), o aluno pode sofrer uma situação de ansiedade que facilmente transferirá para os pais, ao pedir-lhes a ajuda que não tem mais tempo para pedir na escola. Por isso, vale recomendar aos alunos que tentem fazer as tarefas assim que forem atribuídas, e não conforme o dia da entrega (será difícil para eles nos ouvirem, mas precisamos tentar).

Por fim, é importante compreender que a capacidade metacognitiva de estimar sua capacidade está intimamente relacionada às crenças do aluno em relação à sua autoeficácia. Lembre-se de que essas crenças influenciam as expectativas do aluno em relação ao resultado de seu esforço e, portanto, podem determinar sua motivação. Modular a motivação em relação a uma tarefa pode ser considerada uma habilidade metacognitiva, como veremos no Capítulo 16, "Resiliência e *grit*". Então, trabalhar as crenças dos alunos sobre sua autoeficácia para promover uma mentalidade de crescimento pode ajudá-los a melhorar a motivação, a fim de colocar suas estratégias de aprendizagem em jogo.

3. Planejamento da tarefa de aprendizagem

Estudos mostram que os estudantes, de maneira diferente da dos especialistas, dificilmente gastam tempo planejando as tarefas que devem executar. Por exemplo, Chi e sua equipe (1989) compararam os métodos usados por especialistas em física (graduados e professores) e por alunos do 1º ano para resolver problemas de física. Enquanto os especialistas gastavam um tempo significativo planejando como resolveriam os problemas, os alunos eram rápidos apenas para aplicar fórmulas e verificar os resultados. Apesar disso, os especialistas acabaram resolvendo os problemas corretamente em muito menos tempo, já que os alunos em geral precisavam de várias tentativas para encontrar a solução correta. Essas mesmas observações têm sido replicadas em outros campos, como matemática (Schoenfeld, 1987) ou escrita (Carey *et al.*, 1989).

Para promover nos alunos o hábito de planejar, a primeira coisa é explicitar como nós, especialistas, fazemos isso. Desse modo, podemos começar dando exemplos concretos de como planejaríamos a resolução do tipo de tarefa que lhes confiamos e fornecer orientações para que se apliquem. Embora isso não os ajude a praticar seu próprio planejamento, fomentará a consciência da necessidade de realizar essa etapa na abordagem de qualquer tarefa e os ajudará a entender a lógica do planejamento. Posteriormente, eles podem praticar suas próprias habilidades de planejar na resolução de novas tarefas, explicando seu próprio método. Na verdade, podemos propor atividades em que o planejamento é o objetivo final ou parte do que será avaliado; por exemplo, em uma orientação escrita, se considerarmos adequado.

Podemos ajudar os alunos a planejar as tarefas em diferentes níveis, desde a resolução de atividades simples até o desenvolvimento de grandes projetos e, claro, preparando-se para as provas de avaliação.

4. Seleção de estratégias para atingir os objetivos de aprendizagem

Quantas vezes já ouvimos os lamentos de alunos que não entendem por que foram tão mal em uma prova ou tarefa "se eles se esforçaram muito"? Como destacarei no no Capítulo 16, "Resiliência e *grit*", às vezes, o esforço não é suficiente se não estiver focado na direção certa, se as estratégias utilizadas não forem as adequadas ou as mais eficazes. No entanto, os alunos desenvolvem espontaneamente estratégias para lidar com as tarefas escolares e nem sempre de forma correta. Alguns mantêm essas estratégias apesar de não irem bem e atribuem a causa do mau desempenho a outros fatores, desde uma suposta incapacidade inata ("Não sou bom nisso...") até a suposta ação perversa de seus professores ("Ele tem algo contra mim!"). Podem até deixar de se esforçar como reação de autoproteção, para poderem sempre alegar que "não querem se esforçar" para justificar seu mau desempenho, em vez de assumir uma suposta deficiência, que considerariam inata e fixa.

Em contrapartida, os alunos que obtêm bons resultados com as estratégias que desenvolveram espontaneamente podem ter sérios problemas quando o tipo de tarefa muda, sobretudo quando essas estratégias se mostraram úteis por um longo tempo. Por exemplo, quando o foco da prova é a compreensão e a capacidade de transferência, não o conhecimento factual, esses alunos geralmente têm sérias dificuldades em obter os mesmos resultados aos quais estavam acostumados. No nosso sistema educativo, as provas com consulta no livro ou nas anotações são consideradas "muito difíceis", mas a verdade é que não são mais difíceis, mas simplesmente diferentes. As estratégias de estudo que devem ser colocadas em prática para realizá-las bem são diferentes das estratégias de provas reprodutivas. No entanto, para mudá-las, é preciso primeiro perceber esse fato. Precisamente, quando alunos que sempre obtiveram bons resultados com um tipo de estratégia de estudo se deparam com testes que exigem outros tipos de métodos, sua capacidade de autorregulação é revelada. Alguns desses alunos mostrarão suas fragilidades metacognitivas ao culpar o exame (ou o professor) e não considerar em nenhum momento que o problema possa estar em sua estratégia de aprendizagem. Outros poderão compreender a necessidade de ajustar suas estratégias para superar esses tipos de desafios acadêmicos.

Em suma, muitos estudantes desconhecem que seu desempenho acadêmico pode depender não apenas de esforço, mas do tipo de ações que realizam para aprender. Portanto, no caso de alunos que utilizam estratégias inadequadas, se foram eficazes no passado ou nunca foram, seria aconselhável falar explicitamente sobre elas. Ensinar nessa área pode beneficiar os alunos de forma muito significativa (McClelland; Cameron, 2011).

Para ajudar os alunos a melhorarem as habilidades metacognitivas, podemos dizer quais estratégias usar ao fazer tarefas ou estudar. Neste livro, já falamos sobre a eficácia da prática da evocação (tentar lembrar o que aprendeu, em vez de reler). Essa prática assume diversas formas: autoavaliação, tentando responder perguntas ou resolver problemas sem consultar o livro e as anotações até que tenham feito um esforço para resolvê-los; escrita de resumo do que foi aprendido; criação de mapas conceituais sem consultar as anotações e o livro; explicar a alguém (real ou imaginário) o que aprenderam como se fossem o professor, etc.

Se quisermos melhorar a compreensão, a prática da evocação não deve consistir em repetir o que leram com pressa, mas em tentar explicar com outras palavras, dar novos exemplos, comparar o conteúdo com outras ideias semelhantes, desenvolver argumentos, entre outras possibilidades. Nesse caso, trata-se de recorrer à elaboração e à autoexplicação, prática de que também falei na Parte 2, "Processos cognitivos da aprendizagem". As evidências não deixam dúvidas de que os alunos com bom desempenho recorrem espontaneamente à elaboração e à autoexplicação com muita frequência (Chi *et al.*, 1989).

Além disso, lembre-se da importância da prática espaçada, de não deixar tudo para a véspera da prova, mas fazer um pouco por vez, e até mesmo da prática intercalada, que nos leva a focar a atenção em um tema por curtos períodos e combiná-lo com o estudo de outros tópicos ou a prática de outras habilidades.

Também existem técnicas de aprendizagem específicas para cada disciplina ou que se ajustam a determinado objeto de aprendizagem. Para ensiná-las, é útil ter conhecimento profundo não só do objeto de aprendizagem mas também do processo que o aluno costuma seguir para alcançá-lo.

No entanto, conscientizar os alunos sobre as diversas estratégias de aprendizagem não costuma ser suficiente (Blackwell; Trzesniewski; Dweck, 2007). Muitas vezes, eles acreditam que não precisam de estratégias, não apreciam seu valor ou simplesmente não estão motivados a colocá-las em prática por causa de suas crenças de autoeficácia ou resultado. Além disso, como vimos no Capítulo 4, "Processos da memória", muitas dessas técnicas exigem mais esforço cognitivo e nos dão a sensação de avançar mais lentamente no processo de aprendizagem, já técnicas menos eficazes são mais fáceis e produzem ilusões de conhecimento a curto prazo.

5. Execução do plano e acompanhamento de seu desenvolvimento e resultados

Quando os alunos finalmente passam a aplicar o plano de trabalho, eles devem se acostumar a monitorar seu andamento e sua eficácia para atingir os objetivos estabelecidos. É necessário que comparem o andamento da tarefa com o plano definido e que ajustem este último à realidade, à medida que apareçam imprevistos ou que se torne evidente que estimaram erroneamente alguma variável. Portanto, os alunos devem criar o hábito de se fazer continuamente perguntas como

"Estou atingindo as metas do plano no tempo esperado?", "A estratégia que estou seguindo está sendo eficaz?" ou "O que estou aprendendo?". Em outras palavras, a capacidade de autoavaliar o próprio aprendizado é uma habilidade metacognitiva crucial.

No caso de tarefas cujo objetivo é consolidar o conhecimento, os alunos devem aprender a avaliar o nível de aprendizagem que alcançaram, o que, como mencionamos, não costuma ser fácil. Eles tendem a superestimar seu domínio de uma habilidade ou um conhecimento, o que pode ser devido ao uso de estratégias de estudo que geram ilusões de conhecimento, ou porque muitos estudantes, sobretudo os mais jovens, não levam em conta ou não sabem mensurar os efeitos do esquecimento (Schoenfeld, 1987). Como já mencionado, uma das melhores formas de consolidar a memória e, ao mesmo tempo, avaliar o próprio aprendizado da forma mais fiel à realidade é utilizar a prática da evocação. Essa prática envolve uma autoavaliação que permite ao aluno detectar suas reais fragilidades e ter a oportunidade de saná-las. Já as práticas mais confortáveis, como reler o que supostamente foi aprendido, são enganosas e não permitem uma boa ideia do nível de aprendizagem alcançado.

6. Reflexão sobre a adequação do plano escolhido e realização de ajustes

Após avaliar o próprio desempenho, o aluno autorregulado deve tomar decisões sobre o que fazer a seguir com base nos resultados. No entanto, como já mencionei, os alunos podem resistir a questionar suas estratégias, mesmo quando falham. A dissonância cognitiva que o fracasso inesperado produz leva-os a apontar, em primeira instância, outros fatores, como a dificuldade da tarefa a ser realizada. Pesquisas mostram que os alunos mais hábeis na resolução de problemas são aqueles que mudam suas estratégias com base em resultados, já os alunos menos efetivos relutam em mudar seus métodos, em muitos casos porque simplesmente não conhecem os outros (Bransford; Brown; Cocking, 2000).

No entanto, mesmo quando os alunos superam seus vieses cognitivos e reconhecem que outras estratégias podem ser melhores, eles podem resistir a adotá-las se o custo parecer muito alto e não perceberem benefícios que compensem claramente o esforço adicional (Fu; Gray, 2004). Não nos esqueçamos de que, no final das contas, falamos em mudar hábitos, o que não é trivial. Normalmente, as estratégias mais eficazes tendem a exigir mais esforço e, à medida que são aprendidas, mais tempo. São também mais frustrantes porque não produzem ilusões de conhecimento, mas revelam a realidade (muitas vezes crua), ou seja, fazem-nos perceber o que não aprendemos bem. Como dito antes, o fato de os alunos conhecerem estratégias melhores do que as que utilizam não garante que irão adotá-las. A motivação será fundamental para isso.

ALUNOS AUTÔNOMOS

A competência de aprender a aprender, ou seja, a capacidade de autorregular a própria aprendizagem por meio de estratégias metacognitivas, visa a tornar os alunos efetivos e, sobretudo, autônomos. Afinal, à medida que envelhecem, o tempo que passarão aprendendo será muito maior fora do que dentro da sala de aula, sem um professor para orientá-los em cada etapa.

Portanto, o apoio que damos a eles para desenvolver esses aprendizados deve ser perceptível em um primeiro momento e, depois, ser reduzido aos poucos, exatamente como no aprendizado de qualquer outra habilidade. O professor deve começar ajudando o aluno a tomar consciência dos processos de metacognição e a usá-los adequadamente. Pode começar explicando esses processos e, em seguida, promover e orientar a sua prática, bem como proporcionar elevado nível de *feedback* a cada passo. Esse *feedback* vai, progressivamente, ser retirado, dando cada vez mais autonomia ao aluno. Esse processo de "andaime" é semelhante no ensino de qualquer habilidade.

O impacto educacional de os alunos desenvolverem habilidades metacognitivas para autorregular a aprendizagem é muito relevante à luz das evidências de pesquisas. Estudos mostram que alunos que desenvolveram essas habilidades, seja com ajuda, seja espontaneamente, obtêm melhores resultados acadêmicos (McClelland; Cameron, 2011; Zimmerman, 2001). Além disso, os estudos sobre como alcançamos a *expertise* não nos deixam dúvidas de que uma das características que diferenciam os especialistas dos iniciantes são as habilidades metacognitivas superiores desenvolvidas pelos especialistas (Bransford; Brown; Cocking, 2000).

É claro que não podemos ignorar a existência de vários fatores que determinam a capacidade de nossos alunos desenvolverem habilidades metacognitivas. Em primeiro lugar, a autorregulação depende de funções cognitivas superiores (funções executivas) que, por sua vez, dependem de circuitos neurais que levam muito tempo para amadurecer e em taxas muito diferentes dependendo do indivíduo. Portanto, precisamos assumir que as habilidades metacognitivas também devem amadurecer progressivamente ao longo da escolarização e que alguns alunos terão mais facilidade para desenvolvê-las antes de outros.

Em segundo lugar, a motivação desempenha um papel crucial no desenvolvimento e na implementação de habilidades metacognitivas. Não por acaso, existe uma importante correlação positiva entre a capacidade de autorregulação e o senso de autoeficácia (Schunk, 1989). Alunos com maiores habilidades metacognitivas para a aprendizagem regulada tendem a ter maior autoconfiança quando se trata de atingir os objetivos de aprendizagem e, portanto, maior motivação para aprender.

Provavelmente, motivação e metacognição se alimentam uma da outra. A motivação para alcançar os objetivos de aprendizagem é fundamental para implementar as estratégias metacognitivas que podem aumentar a eficácia da tarefa de aprendizagem. Por mais que ensinemos estratégias metacognitivas a um aluno, de nada adiantará se ele não estiver motivado a empregá-las. A metacognição, por sua vez, pode influenciar a motivação, ajudando o aluno a refletir e gerenciar suas próprias expectativas de eficácia e resultado. Além disso, como a aplicação de estratégias metacognitivas geralmente contribui para melhores resultados, isso também influencia positivamente o nível de autoeficácia do aluno e, portanto, sua motivação. Por fim, as estratégias metacognitivas ajudam a marcar explicitamente um plano de trabalho e marcos claros a serem alcançados progressivamente, o que melhora as expectativas de resultados do aluno.

No próximo capítulo, falaremos sobre uma habilidade cognitiva com repercussões importantes para o desenvolvimento da autorregulação da aprendizagem: o autocontrole.

AUTOCONTROLE

AUTOCONTROLE PARA APRENDER

Começarei este capítulo expondo as situações a seguir.

1. Pablo está no 1º ano do ensino médio e tem que entregar uma redação para seu professor de filosofia logo na segunda-feira. Por vários motivos, ele não pôde fazer durante a semana, como pretendia, então terá que fazer durante o fim de semana. No entanto, os dias têm sido ensolarados, e seus amigos mandaram uma mensagem convidando-o para ir à praia. Após pensar por alguns instantes, Pablo educadamente recusa o convite e fica em casa para escrever a redação.
2. Georgina e Marta estão na sala de aula trabalhando em um problema de matemática um pouco difícil, que Marta conseguiu resolver e está agora explicando à colega. Na sala de aula há muito barulho; além disso, a sala tem paredes de vidro e é possível ver as crianças do ensino fundamental passando, mas Georgina consegue ignorar todas essas circunstâncias e se concentra em entender a explicação oferecida pela amiga sobre o problema matemático.
3. Clara fez o exame oficial para obter o diploma de inglês avançado. Apesar da pressão, Clara consegue manter a calma e o foco na realização do teste.

Embora esses três casos sejam diferentes, todos eles têm em comum que seus protagonistas precisam lidar com os impulsos emocionais ou cognitivos gerados pela situação em que se encontram e superá-los para redirecionar o comportamento àquelas ações que trabalharão em benefício dos resultados escolares e de aprendizagem. Apesar de serem situações diferentes, estudos indicam que pessoas capazes de lidar bem com qualquer um dos casos descritos também costumam lidar bem com os outros dois, ou pelo menos são mais propensas a isso. Isto é, há uma correlação significativa em todos esses comportamentos (Duckworth;

Kern, 2011; Carlson; Wang, 2007), então parece que eles dependem do mesmo conjunto de habilidades que regulam o comportamento para libertá-lo de impulsos automáticos. De fato, estudos de neuroimagem revelam que a mesma região cerebral, o córtex pré-frontal, está envolvida em todas essas situações, o que também sugere que elas podem estar relacionadas (Cohen; Lieberman, 2010). Portanto, embora existam diferenças em cada caso, podemos usar o conceito de autocontrole para falar sobre todos eles.

Em suma, o autocontrole é a função cognitiva que nos permite inibir as respostas automáticas que nosso corpo oferece a determinadas situações, sobretudo as emocionais, mas também aquelas respostas que aprendemos e automatizamos (como olhar para a esquerda antes de atravessar a rua) ou aquelas que estamos geneticamente programados para realizar reflexivamente (como direcionar a atenção para o lugar onde ouvimos um barulho estridente). Quando se trata de gerir a intensidade e o tipo de emoções que vivemos, como na terceira situação apresentada, em que a aluna se mantém calma durante um exame muito importante, falamos especificamente de autorregulação emocional. Como se trata de uma dimensão de autocontrole de especial interesse, tanto para a comunidade científica quanto para a educacional, reservei o próximo capítulo para aprofundá-la.

No entanto, a capacidade de autocontrole não se refere apenas à capacidade de regular a experiência e a expressão das emoções mas também à de superar impulsos motivacionais ou comportamentos automáticos para avaliar a situação e oferecer uma resposta ponderada que traga maiores benefícios (Baumeister; Vohs; Tice, 2007). Por exemplo, na segunda situação, em que uma aluna tenta se concentrar na explicação da colega apesar de todos as distrações ao seu redor, temos um exemplo de autocontrole cognitivo. A aluna consegue focar sua atenção onde quer e não a direcionar para outros estímulos, o que não é fácil. Lembremos que nosso sistema atencional é feito para desviar de maneira automática nossa atenção para qualquer estímulo sensorial excepcional.

Na primeira situação, em que um menino fica em casa para terminar o ensaio de filosofia em vez de ir à praia, temos um exemplo do que é conhecido como *gratificação atrasada*, a capacidade de adiar uma recompensa para obter outra ainda maior (Mischel; Shoda; Rodriguez, 1989). Em outras palavras, seria a capacidade de resistir à tentação de um prêmio imediato para obter um prêmio melhor mais tarde. Sem dúvida, essa habilidade tem relação óbvia com a motivação, pois basicamente é uma luta entre dois objetivos exclusivos, entre os quais o indivíduo deve escolher de acordo com seus valores, dependendo do que mais o motiva. No entanto, para que essa escolha seja equitativa, a pessoa deve ser capaz de inibir o impulso motivacional que causa o objetivo mais imediato e avaliar os dois objetivos racionalmente à luz de suas prioridades. É o tipo de autocontrole necessário para seguir uma dieta, parar de fumar ou, no caso em questão, abrir mão de prazeres de curto prazo para alcançar objetivos acadêmicos de médio ou longo prazo.

O autocontrole é uma habilidade multifacetada que tem sido estudada a partir de diferentes perspectivas científicas, muitas vezes sem qualquer conexão entre elas (Hofmann; Schmeichel; Baddeley, 2012). Apenas recentemente, as várias abordagens para o estudo desse construto psicológico têm convergido e nos permitem falar de uma habilidade subjacente envolvida em qualquer tipo de situação que exija a supressão de respostas impulsivas e automáticas. Essa capacidade, juntamente com a memória de trabalho e a flexibilidade cognitiva, seria outra das chamadas *funções cognitivas superiores*, ou *funções executivas*, que caracterizam, pelo seu grau, a espécie humana: o controle inibitório (Diamond, 2013). Em outras palavras, o controle inibitório é a função cognitiva superior que fundamenta a capacidade de autocontrole em todas as suas facetas.

AUTOCONTROLE E DESEMPENHO ACADÊMICO

Estudos científicos sugerem que a capacidade de autocontrole está positivamente correlacionada com o bom desempenho acadêmico ao longo da vida. Por exemplo, alguns estudos mostram que a capacidade de autocontrole de pré-escolares prediz seu desempenho em matemática e leitura na infância ainda melhor do que a inteligência (Blair; Razza, 2007). Em adolescentes, o autocontrole pode exceder o QI na predição do desempenho acadêmico (Duckworth; Seligman, 2005). Além disso, um alto nível de autocontrole está associado a múltiplos benefícios pessoais além dos escolares, como maiores habilidades sociais e melhor saúde, entre outros (Tangney; Baumeister; Boone, 2004).

Existem milhares de estudos que relacionam o autocontrole a várias características desejáveis, mas, provavelmente, um dos mais famosos é o trabalho de Walter Mischel sobre gratificação tardia utilizando o chamado "teste do *marshmallow*", com vários experimentos, entre as décadas de 1960 e 1970 (Mischel; Shoda; Peake, 1988). Uma criança, entre 4 e 5 anos de idade, era colocada em uma sala com apenas uma cadeira e uma mesa. Na mesa, o pesquisador deixava um doce (p. ex., um *marshmallow*) e dizia para a criança esperar por 15 minutos enquanto ele saía para fazer algumas coisas. Se quisesse, a criança poderia comer o doce, mas, se não comesse, o pesquisador lhe daria outro quando retornasse, e ela poderia comer os dois. As recompensas nem sempre eram *marshmallows*, mas a ideia era sempre a mesma: a criança tinha que escolher entre uma recompensa imediata ou outra maior, mas adiada. O mais importante, no entanto, é que, enquanto esperava, precisava vencer a tentação da recompensa imediata, que estava permanentemente ao seu alcance.

Os experimentos originais de Mischel envolveram quase uma centena de crianças. Algumas delas conseguiram superar a tentação usando várias estratégias (como desviar o olhar do *marshmallow* e repetir para si mesmas porque deveriam suportar), enquanto outras não esperaram nem um momento para comer o doce. O pesquisador não encerrou ali seu experimento, mas acompanhou essas crianças por anos (o que é conhecido como estudo longitudinal) e constatou que as que apresentaram maior capacidade de inibição no teste de *marshmallow* coincidiram estatisticamente com as que obtiveram melhores resultados acadêmicos na adolescência. Isto é, a capacidade de autocontrole previu o bom desempenho acadêmico. Os altos níveis de autocontrole identificados no teste também foram associados a maiores habilidades sociais, melhor capacidade de gerenciar o estresse e lidar com a frustração e maior capacidade de perseguir objetivos na adolescência (Mischel; Shoda; Rodriguez, 1989).

Resultados semelhantes foram observados nos muitos estudos subsequentes que replicaram os estudos de Mischel. Parece lógico que o autocontrole deve proporcionar benefícios para comportamentos orientados a objetivos de longo prazo e contribuir para o sucesso das relações interpessoais. No entanto, como sempre, é aconselhável ter cautela e não acreditar que a capacidade de autocontrole por si só explique os benefícios pessoais e acadêmicos observados em estudos anteriores. O autocontrole está correlacionado com muitas outras variáveis que também estão associadas a essas consequências, desde a inteligência até o tipo de ambiente familiar. Portanto, lembre-se daquela máxima de que correlação não implica causalidade. Parte da relação que observamos entre a capacidade de autocontrole e o sucesso em várias áreas da vida pode realmente ser mediada por outros fatores que são a causa de ambos. Além disso, testes como o do *marshmallow* não são perfeitos. Há muitas razões não relacionadas ao autocontrole que podem fazer uma criança comer o doce logo de cara ("mais vale um pássaro na mão..."). De qualquer forma, fiquemos com o fato de que estudos sugerem que o autocontrole faz parte de um conjunto de habilidades inter-relacionadas que desempenham papel relevante no desempenho acadêmico dos estudantes, bem como em outros aspectos de sua vida pessoal e profissional.

Por fim, o trabalho de Mischel e outros pesquisadores não apenas sugere que a capacidade de autocontrole é importante para o sucesso na vida mas também que essa capacidade se desenvolve precocemente, já na primeira infância (Mischel; Shoda; Rodriguez, 1989). Como não poderia deixar de ser, a capacidade inibitória tem um componente genético hereditário, mas seu desenvolvimento também depende, em grande medida, do ambiente (Beaver; Ratchford; Ferguson, 2009; Goldsmith; Buss; Lemery, 1997). O controle inibitório é moldado pela experiência e pode ser melhorado pelo aprendizado em qualquer idade (Meichenbaum; Goodman, 1971; Strayhorn, 2002). Quanto antes, melhor, mas nunca é tarde para incentivá-lo. A seguir, veremos quais fatores ambientais contribuem para que as crianças desenvolvam sua capacidade de autocontrole.

FATORES QUE MODULAM A CAPACIDADE DE AUTOCONTROLE

Como já mencionei, embora o controle inibitório, que fundamenta a capacidade de autocontrole, tenha um componente hereditário importante, os pesquisadores concordam em dar um peso notável ao ambiente e às experiências da criança como fator determinante no desenvolvimento dessa capacidade cognitiva. Como o controle inibitório começa a ser moldado desde a primeira infância, o ambiente familiar da criança teria um papel importante na sua estimulação (Bernier; Carlson; Whipple, 2010). As pesquisas sobre o tema são recentes e diversificadas, e os estudos mostram efeitos de pequeno a moderado porte (Karreman *et al.*, 2006). No entanto, os psicólogos, em sua maioria, concordam em considerar o quanto o ambiente familiar da criança fornece suporte emocional e cognitivo como fator-chave para o desenvolvimento do autocontrole (Schroeder; Kelley, 2010; Grolnick; Farkas, 2002).

Em primeiro lugar, o apoio emocional refere-se aos sinais de afeto, confiança e apoio que a criança recebe de seus cuidadores, bem como à sensibilidade destes com suas necessidades físicas e psicológicas e à forma como regulam o comportamento da criança. Estudos mostram que crianças que crescem em ambientes familiares amorosos e nutritivos tendem a desenvolver melhores habilidades de autocontrole do que aquelas que crescem em ambientes frios, indiferentes às suas necessidades ou nos quais são submetidas a controle físico ou verbal (Calkins *et al.*, 1998).

Os estudos que analisam essa relação são realizados observando-se diretamente as interações entre pais e filhos, seja em sua própria casa, seja no laboratório, onde, por exemplo, eles podem ser solicitados a realizar uma tarefa juntos, como montar um quebra-cabeça ou um castelo de cartas. Os pesquisadores têm critérios para categorizar as interações que observam entre pais e filhos em diferentes dimensões e, assim, estabelecem padrões de comportamento. Em seguida, determinam a capacidade de autocontrole das crianças por meio de testes ou entrevistas e comparam os resultados de ambos os estudos. Dessa forma, e após avaliar vários trabalhos de pesquisa, os psicólogos concluem que há correlação entre o calor da relação parental e a capacidade de autocontrole (Evans; Rosenbaum, 2008; Eisenberg, 2012). Outros estudos também evidenciam os efeitos positivos de um bom relacionamento entre adultos e crianças. Elas melhoram sua capacidade de identificar e interpretar suas emoções e as dos outros e aprendem a se comportar de maneira sensível e oportuna em cada ocasião, a partir de modelos oferecidos por adultos (Howes; Matheson; Hamilton, 1994).

Além do suporte emocional, parece que o desenvolvimento de habilidades de autocontrole também depende do suporte cognitivo fornecido pelo ambiente da criança (Evans; Rosenbaum, 2008). Isso se traduz, entre outras coisas, no estímulo intelectual que recebe de sua família, por exemplo, quando seus pais conversam com ela com frequência e a motivam a se expressar, quando a expõem a um vocabulário rico e estruturas linguísticas complexas e quando lhe oferecem oportunidades de explorar o ambiente e experimentá-lo. Também está relacionado ao acesso a recursos intelectualmente estimulantes, como livros, jogos, quebra-cabeças, etc. No entanto, em especial, os pesquisadores destacam duas características do ambiente familiar que contribuem, nessa perspectiva, para o desenvolvimento do autocontrole: o grau de autonomia desfrutado pela criança (Bernier; Carlson; Whipple, 2010) e regras bem estruturadas e consistentes no lar (Steinberg; Elmen; Mounts, 1989).

Quando os pais conferem altos níveis de autonomia à criança, ela tende a desenvolver melhores níveis de autocontrole. Isso não significa deixar a criança à própria sorte e esperar que ela se vire sozinha, sem ajuda. Trata-se, antes, de promover a sua autonomia, propondo e incentivando o enfrentamento dos pequenos desafios do dia a dia, com orientação e apoio do adulto (p. ex., por meio de *feedback* adequado). Também é fundamental que a criança exerça essa autonomia de forma responsável (Lamborn *et al.*, 1991). Simplificando, ela deve ter múltiplas oportunidades para resolver problemas, tomar decisões e assumir a responsabilidade por suas ações, mas não podemos esperar que faça isso ou resolva tudo.

Estudos sugerem que domicílios com regras de convivência bem estabelecidas e consistentes contribuem mais para o desenvolvimento da capacidade de autocontrole das crianças. Poderíamos lançar a hipótese de que a existência de tais normas comportamentais constitui uma oportunidade para exercitar a capacidade de inibir impulsos, a fim de ajustar o comportamento aos cânones da convivência. De fato, diversos estudos mostram que o autocontrole é reforçado por meio da prática, por si só, com atividades que envolvem coibir os impulsos para seguir regras que permitam alcançar objetivos (Diamond; Lee, 2011). Os jogos ofereceriam oportunidades interessantes para a prática do autocontrole.

É possível que situações que obriguem a criança a exercer seu autocontrole permitam melhorar o autocontrole, pois, na realidade, estimulam-na a buscar estratégias que a ajudem a alcançá-lo. Por exemplo, algumas das crianças que participaram do teste do *marshmallow* empregaram estratégias como desviar o olhar dos doces, cantar, repetir continuamente o objetivo, sentar-se sobre suas mãos, etc. Essas estratégias podem ser desenvolvidas espontaneamente ou por imitação dos modelos que os adultos fornecem, e é claro que elas podem ser ensinadas de maneira explícita. De qualquer forma, aprendê-las provavelmente exigirá oportunidades para colocá-las em prática.

Em suma, no ambiente familiar, as práticas parentais que mais contribuem para o desenvolvimento das habilidades de autocontrole das crianças poderiam ser resumidas no que alguns pesquisadores definem como um ambiente "exigente, mas encorajador", que promove a autonomia em um quadro de normas comportamentais consistentes e fornece um arcabouço emocional e cognitivo para exercê-la (Grolnick; Ryan, 1989). Mas e o ambiente escolar? As crianças chegam à escola com uma capacidade de autocontrole construída sobre sua herança genética e moldada com base em seu ambiente familiar. A partir daí, os professores podem contribuir para melhorar as habilidades de autocontrole dos alunos? Vejamos a seguir.

PROMOVER O AUTOCONTROLE NA ESCOLA

Quando se revisa a literatura científica a respeito do efeito que os professores podem ter sobre as habilidades de autocontrole de seus alunos, logo de início, verifica-se que o impacto, quando existe, é muito pequeno (p. ex., Skibbe *et al.*, 2011). No entanto, ao investigar um pouco mais, é possível perceber que, na realidade, o efeito é muito relevante nas crianças que mais precisam, ou seja, aquelas que chegam à escola com habilidades de autocontrole pouco desenvolvidas porque em suas casas não têm tido as melhores oportunidades de promovê-las (Rimm-Kaufman *et al.*, 2002). O impacto em todos os alunos costuma ser pequeno porque as crianças que já têm essas habilidades não experimentam nenhuma melhora significativa na escola, o que diminui a média e o tamanho correspondente do efeito no grupo formado por todos os alunos.

De qualquer forma, o importante é que as evidências nos convidam a pensar que os professores podem ajudar justamente aquelas crianças com maior espaço de melhoria, aquelas que não desenvolveram seu potencial de autocontrole no ambiente familiar. Pesquisas sugerem que as mesmas ideias válidas para o desenvolvimento do autocontrole no ambiente familiar também seriam válidas no contexto escolar. Quando os professores proporcionam um ambiente de aprendizagem bem-organizado, exigente, mas encorajador, atencioso e reconfortante, que promove a autonomia baseada em regras consistentes, os alunos desenvolvem melhores habilidades de autorregulação, sobretudo aqueles que chegam com competências mais baixas nesse aspecto (Connor *et al.*, 2010).

Por exemplo, um estudo de Connor e colaboradores (2010) analisou o impacto da formação de professores de 1º ano no que diz respeito ao planejamento e à organização de suas aulas, gestão de sala de aula e realização de atividades que promovam o trabalho autônomo de seus alunos, tanto individualmente quanto em pequenos grupos. Os resultados revelaram que apenas os alunos com maiores déficits de autorregulação se beneficiaram do ambiente gerado em sala de aula por seus professores graças às novas habilidades organizacionais e metodológicas que aprenderam. Embora o efeito ao nível de todo o grupo seja irrelevante, o impacto nos alunos mais desfavorecidos contribui para melhorar a igualdade de oportunidades, que é, sem dúvida, um dos objetivos mais fundamentais da escola.

Além de criar um ambiente reconfortante e bem-organizado, certos tipos de atividades também podem contribuir para o desenvolvimento do controle inibitório em crianças. Já foi feita referência a atividades que promovem a autonomia dos alunos, mas também vale a pena mencionar aquelas que estimulam as crianças a praticar o autocontrole, que as colocam em situações nas quais precisam inibir os impulsos para ajustar o comportamento às regras de interação com seus pares.

É oportuno mencionar propostas educacionais como *Tools of the Mind*, um material para a fase pré-escolar que propõe atividades destinadas a desenvolver funções cognitivas superiores, incluindo o controle inibitório. Algumas dessas atividades consistem justamente em aprender a colaborar no desenvolvimento de uma tarefa, mantendo o turno enquanto um colega intervém, ou seguindo um conjunto cada vez mais complexo de instruções. A implementação desse programa na fase pré-escolar por períodos de um a dois anos tem evidenciado sua contribuição para a melhoria das habilidades de autocontrole das crianças (Diamond *et al.*, 2007).

Também é possível ajudar os alunos a melhorar suas habilidades de autocontrole aprendendo estratégias para regular suas emoções, mas falaremos sobre isso no próximo capítulo. Encerrarei este capítulo tratando da importância de não forçar desnecessariamente a capacidade de controle inibitório dos alunos e tecendo alguns comentários finais sobre as bases neurobiológicas que fundamentam seu desenvolvimento ao longo da vida.

LIMITES DO CONTROLE INIBITÓRIO

Uma das curiosidades do controle inibitório é que ele se comporta como se fosse um recurso limitado e esgotado. Diversos estudos têm demonstrado que a capacidade de controle inibitório funcionaria de forma análoga a um músculo, como uma habilidade que fadiga após exercício intenso (Hagger *et al.*, 2010; Muraven, 2012). As tarefas que envolvem a intervenção do controle inibitório exigem esforço e, como todas as atividades que exigem esforço, não é possível mantê-las indefinidamente sem fazer uma pausa. Além disso, estudos sugerem que o esgotamento da função cognitiva superior, como o controle inibitório, também esgota outras funções cognitivas superiores, como aquelas envolvidas no planejamento, na tomada de decisão e na resolução de problemas (Hofmann; Schmeichel; Baddeley, 2012).

O controle inibitório também cansa quando se exige muito dele. Por exemplo, como vimos em uma das situações do início do capítulo, o controle inibitório nos permite ignorar as distrações presentes no ambiente para focar a atenção nos estímulos mais relevantes para nossos objetivos. De certa forma, o controle inibitório nos ajuda a determinar voluntariamente o que entrará em nossa memória de trabalho, deixando de fora estímulos irrelevantes, mas, para isso, são necessários muitos recursos cognitivos (Baumeister, 2002). Portanto, quando os alunos estão em um ambiente cheio de estímulos salientes, sejam ruídos, sejam distrações visuais (como pessoas passando em frente a janelas), eles precisam empregar maior controle inibitório para manter sua atenção na tarefa. Por exemplo, um excesso de decoração nas paredes da sala de aula pode atuar como interferência negativa durante as tarefas de aprendizagem. Vários estudos indicam que os alunos prestam mais atenção às atividades em sala de aula quando as paredes estão menos decoradas (Fisher; Godwin; Seltman, 2014). Além disso, efeitos semelhantes foram observados em relação ao ruído da sala de aula (Klatte; Bergström; Lachmann, 2013).

Portanto, do ponto de vista cognitivo, não é aconselhável colocar os alunos em ambientes ricos em estímulos que forcem seu controle inibitório (e a memória de trabalho) durante a execução das tarefas de aprendizagem, pois isso afetará negativamente o desempenho. E não devemos confundir o treinamento de controle inibitório discutido acima, que é realizado por meio de atividades explicitamente voltadas para ele, com o suposto treinamento que suporia que os alunos estivessem em um ambiente cheio de distrações constantemente. Não é necessário treinar o controle inibitório dessa forma, e os efeitos negativos disso na aprendizagem desaconselham por si só.

DESENVOLVIMENTO DO CONTROLE INIBITÓRIO

Por fim, acho importante notar que, assim como a memória de trabalho, o controle inibitório melhora progressivamente com a idade. Essa afirmação não deve surpreender ninguém. Os adultos são claramente diferenciados das crianças por sua capacidade de se comportar conforme as normas sociais estabelecidas. Por isso, há restaurantes que não aceitam crianças... Brincadeiras à parte, a razão para esse fenômeno tem base neurológica, e a explicação é a mesma que já forneci no Capítulo 7, "Memória de trabalho", pois, afinal, trata-se de outra função cognitiva superior intimamente relacionada ao controle inibitório.

Funções cognitivas superiores (ou funções executivas) dependem de uma região do cérebro, o córtex pré-frontal, que está entre as últimas a amadurecer durante o neurodesenvolvimento. De fato, seu amadurecimento não termina até os 20 anos, às vezes, até mais tarde (Sowell *et al.*, 2003). Desse modo, não é de se estranhar que essa habilidade se desenvolva espontaneamente ao longo da vida acadêmica de nossos alunos, bem como de sua memória de trabalho. No entanto, uma grande diferença com relação à memória de trabalho é que parece possível melhorar o controle inibitório em geral através de seu exercício, enquanto não há evidências convincentes sobre a capacidade da memória de trabalho.

O leitor certamente se lembrará de tal limitação da memória de trabalho, e tenho certeza de que também lembrará que, apesar disso, é possível otimizá-la obtendo conhecimento significativo e automatizando tarefas. Já o controle inibitório também pode ser melhorado por meio do aprendizado, especificamente, por meio da aprendizagem de estratégias de gestão emocional. Veremos no próximo capítulo.

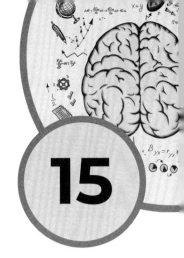

AUTORREGULAÇÃO EMOCIONAL

EMOÇÕES INOPORTUNAS

No nosso dia a dia, nos deparamos continuamente com situações que provocam respostas emocionais automaticamente, de maior ou menor intensidade. Esses padrões de resposta são adaptativos, desenvolveram-se ao longo da evolução de nossa espécie porque contribuíram para a sobrevivência de nossos ancestrais em seu ambiente. Hoje, as emoções continuam a ser essenciais para a nossa conservação. No entanto, os contextos social e cultural são muito diferentes dos nossos antepassados, e isso significa que, às vezes, certas emoções podem ser um inconveniente em vez de uma vantagem para os nossos propósitos.

Como as emoções afetam os processos cognitivos mais básicos, como a atenção ou a memória de trabalho, e podem até assumir o controle de nosso comportamento, elas às vezes dificultam certas situações (Gross, 2002). Por exemplo, tanto a raiva quanto o medo condicionam nossa capacidade de tomar decisões acertadas e atrapalham nossos esforços para resolver problemas que exigem o intelecto. Não é preciso dizer que, da mesma forma, emoções indesejáveis podem dificultar a aprendizagem e o desempenho no contexto acadêmico. Um nível excessivo de ansiedade, por exemplo, pode nos bloquear durante uma prova ou em uma apresentação pública. Falei sobre isso no Capítulo 9, "O papel das emoções na aprendizagem".

Felizmente, como vimos no capítulo anterior, os seres humanos também desenvolveram a capacidade de autocontrole, que é, sem dúvida, outro dos marcos evolutivos do nosso cérebro. O autocontrole nos permite inibir ou redirecionar todos os tipos de respostas automáticas que nosso corpo oferece a determinados estímulos, o que inclui respostas emocionais. No campo científico, quando o autocontrole se refere à gestão das emoções, o termo "autorregulação emocional" é normalmente utilizado (Tice; Bratslavsky, 2000).

A autorregulação emocional, portanto, consiste na capacidade de controlar as próprias respostas emocionais, seja regulando a experiência física e psicológica que elas geram, seja suprimindo ou modificando sua expressão externa (Gross; Thompson, 2007). Essa habilidade, como todas as outras, tem base genética hereditária mas também depende do ambiente. Por isso, é possível aprender a regular as emoções por meio de estratégias concretas. Na verdade, todos nós empregamos estratégias de regulação espontaneamente, como quando desviamos o olhar de algo que nos enoja, quando escrevemos para expressar nossos sentimentos ou quando respiramos fundo para nos acalmar (Koole, 2009).

Pesquisas científicas confirmam que o desenvolvimento da capacidade de autorregulação emocional tem enormes consequências, tanto para o bom desempenho acadêmico quanto para o bom desempenho social (Graziano *et al.*, 2007; Gross; John, 2003). Para ser franco, essa é uma daquelas conclusões que é óbvia sem a necessidade de fornecer evidências científicas: basta parar e pensar em quantas tarefas seriam mais fáceis se pudéssemos controlar o medo ou a ansiedade e quantas decisões seriam menos prejudiciais se não fossem devido à raiva ou ao orgulho, por exemplo. De qualquer forma, não seria a primeira vez que algo que parece lógico não é apoiado por evidências, então é melhor considerá-las.

A pesquisa sobre regulação emocional é uma das áreas mais produtivas da psicologia da emoção. Entre seus principais achados relacionados aos contextos educacionais, podemos destacar que as crianças podem aprender a se autorregular e que os professores podem ajudá-las a melhorar essa habilidade, sobretudo aquelas que mais precisam, e assim contribuir para torná-las melhores alunos (bem como pessoas mais felizes, se possível).

Neste capítulo, discutirei como o fato de os alunos desenvolverem habilidades de autorregulação emocional contribui para sua aprendizagem no contexto escolar. Vou expor algumas das estratégias que eles podem aprender, entre as que têm oferecido os melhores resultados após serem analisadas sob a ótica do método científico.

AUTORREGULAR EMOÇÕES PARA APRENDER (E TESTAR)

Ser capaz de regular as emoções é benéfico para se tornar um bom aluno por vários motivos. No capítulo anterior, vimos como é importante conseguir inibir os impulsos imediatos para decidir entre duas ou mais opções exclusivas que diferem por seu valor e imediatismo (refiro-me à gratificação atrasada, que ficou evidente com o teste do *marshmallow*). Para escolher a opção não imediata e menos segura, é preciso superar as emoções que nos levam a optar automaticamente pelo benefício que já está ao nosso alcance.

Só assim temos a oportunidade de comparar os prós e os contras de cada opção. Um bom exemplo do que esse tipo de regulação significa para a aprendizagem no contexto acadêmico é o do aluno que conseguiu abrir mão de um prazer imediato (ir à praia com os amigos) para trabalhar na redação de filosofia, que, aos olhos do aluno, lhe oferecia uma recompensa maior, mas de longo prazo (Duckworth; Seligman, 2005).

No entanto, o outro caso relevante em que a regulação emocional desempenha um papel fundamental no contexto escolar ocorre naquelas situações em que o estado ou a reação emocional experimentada pelo aluno pode afetar seu desempenho durante uma tarefa ou sua motivação para enfrentá-la (Kim; Pekrun, 2014). Como vimos no Capítulo 9, "O papel das emoções na aprendizagem", quando as emoções causam um nível excessivo de ativação ou *arousal*, os processos cognitivos necessários para realizar tarefas intelectuais são significativamente alterados (Arnsten, 2009). No entanto, quando as tarefas de aprendizagem estão associadas a emoções negativas, a motivação dos alunos para se envolver nelas fica seriamente comprometida (Kim; Pekrun, 2014).

As emoções no contexto escolar podem ocorrer por diversos motivos, e podemos diferenciar principalmente dois tipos de emoções: as que derivam de interações sociais dentro e fora da sala de aula e as que ocorrem quando o aluno interpreta que uma situação do processo de aprendizagem pode ter efeitos positivos ou negativos em seus objetivos acadêmicos ou pessoais (Pekrun *et al.*, 2007). É o caso das emoções que ocorrem antes das provas e das notas. Essas emoções são conhecidas como *emoções associadas ao desempenho* e tomarão muito de nossa atenção neste capítulo, pois são justamente uma consequência inevitável do ato de aprender e têm sido amplamente estudadas. Durante décadas, foram praticamente o único fenômeno emocional estudado no contexto educacional (Pekrun; Linnenbrink-Garcia, 2014). Em alguns casos, as emoções de origem social se sobrepõem às emoções ligadas ao desempenho, como quando os resultados de um exame são tornados públicos ou quando um professor dá *feedback* sobre a resposta de um aluno à toda a turma. Não por acaso, as estratégias regulatórias, sobre as quais falaremos mais adiante, são úteis para todas elas.

EMOÇÕES ASSOCIADAS AO DESEMPENHO

As emoções associadas ao desempenho são inerentes à aprendizagem (Pekrun *et al.*, 2007). Quando executamos uma tarefa de aprendizagem, sobretudo quando damos alto valor a essa tarefa, queremos fazê-la bem. Em outras palavras, odiamos o fracasso, em especial se tivermos feito um esforço. O fracasso carrega emoções desagradáveis, diferentemente do sucesso. Em geral, agimos de forma a evitar as emoções desagradáveis e buscar as agradáveis. Agiremos fugindo de situações em que prevemos o fracasso e nos inclinaremos para aquelas que acreditamos que levarão ao sucesso. Portanto, as emoções associadas ao desempenho são fundamentais para a motivação no contexto escolar.

As emoções associadas ao desempenho são, nem mais nem menos, o motor da motivação que surge ao avaliar o valor do objeto de aprendizagem e as expectativas de sucesso. Quando afirmei no capítulo sobre motivação que um aluno com baixas expectativas (baixa autoeficácia) provavelmente escolheria não se esforçar ou desistir, não aludi explicitamente à possível causa: a tendência que temos de tentar evitar as emoções desagradáveis que vêm com o fracasso.

Como o leitor certamente se lembrará, quando um aluno enfrenta um desafio, a primeira coisa que ele faz automática e inconscientemente é estimar tanto o valor de superar esse desafio com sucesso quanto o impacto negativo que o fracasso teria, mas, acima de tudo, o aluno avalia as expectativas de superá-lo. Dependendo da estimativa, as emoções que prevê o levarão a agir em uma direção ou outra.

Obviamente, se o aluno não atribuir qualquer valor ao desafio, suas emoções permanecerão em níveis baixos. Porém, se o valor do desafio é relevante para ele (seja por razões acadêmicas, seja pela integridade de sua reputação ou autoconceito), então suas expectativas determinarão seu comportamento. Se o valor do desafio for muito baixo, o aluno pode desistir; afinal, se não fizer um esforço, o fracasso pode ser explicado sem a necessidade de apelar para causas mais "dolorosas", como a falta de habilidade, por exemplo. Pode, também, acabar se "autoboicotando", criando desculpas que permitam explicar por que não se esforçou mais. Em contrapartida, se suas expectativas são ambíguas, as emoções também estarão muito presentes durante a conclusão do desafio, dificultando a concentração na tarefa e, assim, afetando o desempenho. Por fim, se suas expectativas são altas, o aluno pode ser capaz de manter as emoções à distância (embora nem sempre seja o caso) antes e durante o teste. Em ambos os casos, as emoções surgirão novamente ao receber *feedback* sobre os resultados da tarefa.

As emoções associadas ao desempenho, portanto, aparecem quando o aluno prevê um desafio no futuro (p ex., uma prova), quando o enfrenta (ao fazer a prova) e quando enfrenta o resultado (quando recebe notas ou outro *feedback*). Quando essas emoções surgem prospectivamente, condicionam a motivação do aluno para se esforçar e se preparar para o desafio. Quando surgem durante o desafio, afetam o desempenho, pois alteram os processos cognitivos. Quando surgem ao receber *feedback* sobre o desafio, influenciam a motivação que o aluno terá para enfrentar desafios futuros relacionados (p. ex., outros desafios da mesma disciplina). Portanto, a capacidade de regular essas emoções é fundamental para o aprendizado e o desempenho dos alunos.

PROMOVER A REGULAÇÃO EMOCIONAL

Os alunos que sofrem de altos níveis de ansiedade ou estresse diante dos deveres de casa, sobretudo diante das provas, têm clara desvantagem em relação àqueles que são capazes de regular essas emoções e mantê-las em níveis mais benéficos. Os resultados obtidos nesses testes atestam isso (Chapell *et al.*, 2005). Embora seja verdade que a capacidade de autorregulação tem um componente genético e é nutrida pelas experiências proporcionadas pelo ambiente familiar do aluno desde a primeira infância (Morris *et al.*, 2007), estudos mostram que é possível ajudar os alunos com problemas de regulação dessas emoções.

Essa ajuda pode ser prestada em dois níveis: ensinar o aluno a regular suas próprias emoções, ajudando-o a desenvolver a capacidade de autorregulação por meio de estratégias concretas, ou implementar medidas que proporcionem um ambiente de aprendizagem que reduza as respostas emocionais indesejáveis. Em muitos casos, ambos os tipos de ações serão complementares. A seguir, falarei sobre estratégias de autorregulação e, na sequência, o que podemos fazer em relação ao ambiente de aprendizagem.

ESTRATÉGIAS DE AUTORREGULAÇÃO EMOCIONAL

A capacidade de autorregulação emocional é sustentada por duas outras competências emocionais: a capacidade de identificar, avaliar e compreender corretamente expressões emocionais e estados emocionais internos de si mesmo e a capacidade de comunicar emoções a outras pessoas por meios verbais e não verbais (Gross; Thompson, 2007). Portanto, para promover a autorregulação emocional, pode fazer sentido começar mais cedo trabalhando esses aspectos. De fato, vários estudos mostram que os adolescentes, em geral, têm dificuldade em identificar suas emoções e as dos outros e que, muitas vezes, desconhecem as estratégias de regulação emocional que utilizam espontaneamente (Fried, 2010). No entanto, eles também mostram que essas habilidades podem ser melhoradas com relativa facilidade se forem orientadas na direção certa (Zins *et al*, 2007).

Desde o início, os alunos são diferenciados pelas estratégias de autorregulação que desenvolveram espontaneamente. Embora as mesmas estratégias possam ter efeitos diferentes em cada indivíduo, há consenso sobre os tipos de estratégias que são mais eficazes em geral. Alunos com maior dificuldade de autorregulação de suas emoções podem se beneficiar do aprendizado dessas estratégias.

Como podemos classificar as estratégias de autorregulação emocional segundo vários critérios, vou me limitar a mencionar os aspectos que, no contexto educacional, são mais relevantes para distingui-las. Primeiro, as estratégias de regulação emocional podem ser diferenciadas pelo momento de sua aplicação: antes do episódio que se espera que seja intensamente emocional (p. ex., uma prova) ou durante o episódio, isto é, antes que ocorram ou depois de surgirem. Pesquisas sugerem que, via de regra, as estratégias antecipatórias são mais eficazes do que as estratégias que tentam controlar a reação emocional uma vez que o episódio em questão já ocorreu (Gross; John, 2003).

As estratégias também podem ser classificadas de acordo com o componente do processo emocional a que se destinam, que pode ser a atenção, as expressões corporais ou a avaliação cognitiva da situação (Koole, 2009). Veremos em seguida.

Estratégias para modular a atenção

Entre as estratégias que atuam na atenção estão todas aquelas que consistem em evitar pensar no objeto que gera emoções, e só há uma forma de fazer isso: concentrando a atenção em outras coisas (Wegner, 1994). É quase impossível decidir não pensar em algo (p. ex., se eu pedir que você não pense em um urso polar, virá à sua mente um urso polar), mas devemos nos concentrar em pensar em outras coisas (e mesmo assim... pode vir um urso polar novamente). De qualquer forma, para aplicar essa estratégia, não é necessário que as coisas em que pensamos gerem emoções positivas; basta manter a memória de trabalho do aluno ocupada e dificultar a entrada de pensamentos que provoquem emoções negativas (Van Dillen; Koole, 2007). No entanto, para o contexto que nos diz respeito, essas técnicas são ineficazes, pois controlar os processos atencionais é complicado.

Outras estratégias que atuam sobre a atenção envolvem fazer o oposto do que foi dito anteriormente. Em vez de desviar a atenção do estímulo emocional, em vez de tentar suprimi-la, consistiriam em deliberadamente focar a atenção nele para expressar as emoções que gerou. É o que acontece quando escrevemos sobre nossos sentimentos ou quando os compartilhamos com um amigo. Entretanto, seu efeito regulatório pode estar mais relacionado à reavaliação cognitiva que envolve a reconstrução do episódio emocional do que ao simples fato de focalizar a atenção nele. Falarei a seguir das estratégias de reavaliação cognitiva, após comentar brevemente as estratégias que atuam nas respostas do corpo.

Estratégias de modulação das expressões corporais

Diferentes emoções causam padrões específicos de reações corporais e fisiológicas (expressões faciais, alterações na frequência respiratória, etc.). O mais curioso é que, quando ativamos deliberadamente essas reações, podemos gerar as emoções que em geral estão associadas a elas. Além disso, no caso de um episódio emocional, se controlarmos as reações corporais e as modificarmos, podemos reduzir a intensidade da emoção que as causou. Por exemplo, uma das estratégias de autorregulação emocional mais eficazes nessa categoria é praticar o controle da respiração.

Há ampla evidência de que a modulação voluntária de padrões respiratórios específicos pode ativar seletivamente estados emocionais específicos (Philippot; Chapelle; Blairy, 2002) e, mais importante, pode contribuir para reduzir a intensidade de episódios emocionais agudos (Varvogli; Darviri, 2011). Além disso, focar a atenção na própria respiração para tentar regulá-la serve, ao mesmo tempo, como uma estratégia para modular a atenção.

Outras estratégias de controle corporal seriam aquelas que envolvem a supressão de expressões emocionais (Gross, 1998) ou aquelas que consistem em liberá-las e canalizá-las para outros comportamentos (Schmeichel *et al.*, 2006; Bushman; Baumeister; Phillips, 2001). No entanto, essas estratégias podem ter várias desvantagens para o bem-estar emocional geral ou podem simplesmente ser inadequadas no contexto de sala de aula, por isso não seriam as mais recomendadas (Gross; John, 2003; Bushman, 2002).

Estratégias para modular a avaliação cognitiva da situação

Estudos sobre autorregulação emocional sugerem que as estratégias mais efetivas são aquelas que visam a modificar a avaliação cognitiva que o aluno realiza diante do desafio que enfrenta. O que isso significa? As emoções associadas ao desempenho surgem quando o aluno percebe que uma situação que lhe é apresentada pode ter consequências em seus objetivos acadêmicos ou pessoais, serão benéficas ou prejudiciais dependendo do seu resultado.

Diante de tal situação, o aluno realiza uma avaliação cognitiva, inconsciente e automática, pela qual estima a importância da tarefa (o valor subjetivo) e as possibilidades de superá-la (expectativas). O resultado dessa avaliação vai gerar emoções em uma direção ou outra, de menor ou maior intensidade. Por exemplo, um aluno que valoriza muito a matemática, mas acredita que não consegue passar em uma prova dessa disciplina, provavelmente experimentará emoções negativas. No entanto, o importante aqui é perceber que o que gera emoções não é a situação em si, mas a interpretação que o aluno faz da situação. Portanto, as técnicas de reavaliação cognitiva visam a modificar essa interpretação.

Como o leitor deve ter percebido, a avaliação cognitiva que um aluno faz antes de um desafio de aprendizagem é a mesma proposta pelas teorias cognitivas sobre motivação para explicar quando um aluno estará motivado ou não a perseguir objetivos. Baseiam-se nos mesmos princípios: valor subjetivo e expectativas (autoeficácia). Portanto, autorregular as emoções por meio da reavaliação cognitiva significa agir sobre o valor e as expectativas de uma tarefa. Por exemplo, quando um aluno diz a si mesmo que o resultado de um teste não é tão importante para que fique nervoso, ou quando ele se encoraja repetindo que pode lidar com isso, está tentando realizar uma reavaliação cognitiva. No primeiro caso, tentaria repensar o valor subjetivo da tarefa e, no segundo caso, as expectativas de superá-la.

O leitor certamente se lembrará de que o valor subjetivo e as expectativas de um aluno em relação a um objetivo de aprendizagem são baseados em suas crenças, suas ideias sobre como funciona o aprendizado e como se vê como aluno. Estratégias de reavaliação cognitiva podem ser direcionadas para modificar essas crenças. Como nesse aspecto o ambiente do aluno tem um papel muito importante, tratarei dele na próxima seção.

> **NOTA** Viés de confirmação como um sistema automático de regulação emocional
>
> No primeiro capítulo deste livro, que trata da pesquisa educacional, falei sobre vieses cognitivos e, em especial, viés de confirmação. Quando novas informações que recebemos contradizem nossas ideias, sobretudo quando essas ideias estão bem consolidadas e fazem parte de nossa identidade, experimentamos dissonância cognitiva (Festinger, 1957). Esse fenômeno costuma vir acompanhado de emoções negativas, pois, no fundo, nos sentimos ameaçados. Não foi em vão que nossas ideias ou nossos conhecimentos foram questionados. No entanto, imediatamente surge nosso viés de confirmação para o resgate, a tendência de reinterpretar as informações recebidas para se adequar aos nossos esquemas ou de ignorá-las e esquecê-las diretamente. O viés de confirmação nos leva a buscar uma explicação do porquê as novas informações devem estar incorretas. Além disso, nos leva a buscar fontes que sustentem nossa posição (apenas aquelas que sustentam nossa posição) para descartar as informações que nos causaram a dissonância. Podemos considerar o viés de confirmação como um sistema de autorregulação emocional automática, acionado para reduzir as emoções negativas que ocorrem diante da dissonância cognitiva e baseado em uma reavaliação cognitiva.

Antes, porém, gostaria de ressaltar o fato de que, dos três tipos de estratégias de autorregulação emocional que mencionei de acordo com seu alvo (atenção, expressões corporais e avaliação cognitiva), as duas primeiras geralmente são utilizadas quando a emoção já apareceu, e você quer reduzir seu efeito, enquanto a terceira opera preventivamente, reduzindo a possibilidade de um pico emocional quando o desafio surge no futuro (embora também possa ser usada para aliviar um episódio emocional). Já comentei que, em geral, as estratégias preventivas tendem a oferecer resultados melhores do que as utilizadas quando a reação emocional já surgiu.

AMBIENTES DE APRENDIZAGEM QUE AUXILIAM A REGULAÇÃO

Em sala de aula, os professores não são psicólogos nem precisam ser, mas, com nosso comportamento, podemos contribuir para proporcionar ambientes de aprendizagem que facilitem a regulação emocional de nossos alunos quando enfrentam os deveres de casa e os desafios acadêmicos, o que os ajudará a serem alunos melhores.

Se as emoções associadas ao desempenho surgem da avaliação cognitiva que os alunos fazem sobre a importância de fazer as tarefas bem e suas expectativas de alcançá-las, então uma boa maneira de ajudá-los a manter suas emoções sob controle pode ser intervir em suas crenças, que são a base do valor subjetivo e da autoeficácia (Romero et al., 2014). Já falamos sobre isso no Capítulo 11, "Crenças", mas não custa lembrar aqui alguns casos, no contexto da regulação emocional.

Em primeiro lugar, podemos promover uma reavaliação cognitiva das causas que os alunos atribuem aos seus sucessos e fracassos. Segundo alguns pesquisadores, o que realmente importa na estimativa do aluno diante de um desafio é o controle que ele pensa ter sobre o desafio (Pekrun et al., 2007). É ele considerar que o sucesso depende dele ou depende de variáveis que não pode controlar. Por exemplo, o aluno que acredita não ter habilidade em uma disciplina e acha que não pode melhorar isso, terá um grau de controle muito baixo. Ele interpretará que alcançar os objetivos de aprendizagem não estará em suas mãos, mas provavelmente nas mãos da "sorte". Tal caso nos convida a relembrar o conceito de treinamento atribucional, que discutimos no capítulo sobre crenças (Weiner, 1986). Em suma, trata-se de educar sobre o sucesso e o fracasso, com o objetivo de que os alunos não os atribuam a causas fixas e incontroláveis, mas a fatores que estão em suas mãos, como esforço e estratégias de estudo.

Em segundo lugar, outro alvo essencial da reavaliação cognitiva é o significado que os alunos atribuem ao erro. Trata-se de promover as ideias de uma mentalidade de crescimento, na medida em que o erro não é interpretado como um estigma que define uma suposta deficiência, mas como parte natural do processo de aprendizagem. Dessa forma, podemos contribuir para reduzir ou redirecionar as emoções negativas que produzem as dificuldades que podem surgir antes de uma atividade de aprendizagem. Também gostaria de ressaltar aqui que, para casos de alunos com ansiedade e estresse severos antes dos trabalhos escolares, é sempre melhor contar com a ajuda de um especialista, que trabalhe com eles proporcionando-lhes tratamento adequado de andaime emocional.

No entanto, a chave para a contribuição que nós, professores, podemos dar para a regulação emocional de nossos alunos é limitada a oferecer-lhes apoio durante todo o processo de aprendizagem, permanecendo exigentes e consistentes em torno de uma estrutura de padrões bem estabelecidos. Como expliquei no Capítulo 14, "Autocontrole", um clima exigente, mas reconfortante, pode ser a melhor receita para desenvolver o autocontrole. Não esqueçamos que a autorregulação emocional pode ser considerada um tipo de autocontrole, e que, como tal, depende da função executiva de controle inibitório (Joormann; Gotlib, 2010). Como veremos a seguir, a correlação também ocorre com as demais funções executivas.

FUNÇÕES EXECUTIVAS E REGULAÇÃO EMOCIONAL

Os processos de regulação emocional, exceto os que foram automatizados, são deliberados e custosos. Como eles envolvem a superação das respostas emocionais espontâneas geradas pelo nosso corpo, é evidente que exigem a capacidade de controle inibitório. Além disso, a capacidade de reavaliação cognitiva, a estratégia mais eficaz de regulação emocional, não está correlacionada apenas com o controle inibitório mas também com as outras funções executivas: memória de trabalho e flexibilidade cognitiva (Schmeichel; Tang, 2014; McRae *et al.*, 2012a).

Estudos de neuroimagem por ressonância magnética funcional têm revelado que, durante a reavaliação cognitiva, regiões do córtex pré-frontal associadas às funções executivas são ativadas, enquanto a atividade da amígdala e outras áreas relacionadas ao processamento emocional dos estímulos diminui (Ochsner *et al.*, 2002). Essa relação explicaria por que a capacidade de autorregulação emocional, como os outros tipos de autocontrole, aumenta com a idade (McRae *et al.*, 2012b), pois os circuitos cerebrais relacionados às funções executivas estão entre os últimos a amadurecer ao longo do neurodesenvolvimento. Porém, parece que a idade em si não prediz a capacidade de autorregulação tanto quanto as oportunidades que a criança teve para aprender estratégias efetivas de autorregulação (Morris *et al.*, 2007). Além disso, o tipo de ambiente e experiência que promove a capacidade de controle inibitório nas crianças contribuiria em paralelo para melhorar sua capacidade de autorregulação das emoções (Bernier; Carlson; Whipple, 2010).

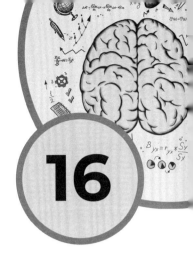

RESILIÊNCIA E *GRIT*

CAPACIDADE DE PERSEVERAR

O termo "resiliência" é usado em campos diversos, como psicologia, ecologia e engenharia de materiais. Em todos esses contextos, refere-se à qualidade de superação ou recuperação após uma perturbação. Resiliência é a propriedade que um material apresenta quando, após ser submetido a uma força que o deformou, retorna espontaneamente à sua forma original. Em ecologia, define a tendência de um ecossistema se recuperar após ser alterado por causas naturais ou antrópicas. Já na psicologia, refere-se à capacidade de a pessoa superar alguma adversidade. Neste capítulo, trataremos sobre este último significado.

Como a resiliência se relaciona com a aprendizagem? Embora o leitor certamente já esteja tendo uma ideia, buscaremos a resposta no trabalho da psicóloga Angela Duckworth, pesquisadora no campo da chamada *psicologia do sucesso*. Se formos precisos, no entanto, este capítulo tratará principalmente de uma suposta qualidade intimamente relacionada à resiliência, que Duckworth e seus colegas chamaram de *grit*. A tradução literal seria *coragem*, mas é definida como uma mistura de perseverança e paixão para alcançar objetivos de longo prazo. Durante anos, a equipe de Duckworth estudou extensivamente esse construto como um traço de personalidade e observou que pessoas com alto nível de *grit* podem manter sua determinação e motivação por longos períodos, apesar de enfrentarem experiências de fracasso e adversidade (Duckworth *et al.*, 2007). Poderíamos dizer que *grit* é a resiliência voltada para alcançar objetivos de longo prazo. Sua importância para a aprendizagem, então, fica evidente, pois mostra a capacidade de manter a motivação, apesar das dificuldades, por longos períodos, para alcançar objetivos de longo prazo, como ter bom desempenho acadêmico.

A identificação e o estudo do *grit* surgiram do interesse de Duckworth em encontrar uma variável relacionada à personalidade que explicasse a probabilidade de alcançar o sucesso em propósitos pessoais (Duckworth, 2016). Até então, um dos melhores preditores de realizações futuras era a inteligência (e ainda é), medida a partir de testes de QI (Gottfredson, 1997). Essa relação entre inteligência e sucesso tem sido evidenciada tanto no desempenho acadêmico quanto no profissional (Neisser *et al.*, 1996). No entanto, a equipe de Duckworth forneceu ampla evidência sugerindo que o *grit* pode ser um preditor de sucesso melhor do que a inteligência (Duckworth *et al.*, 2007). Além disso, argumentam que essas duas qualidades não estão correlacionadas, que o *grit*, diferentemente de muitas outras medidas tradicionais de desempenho, é independente da inteligência. Segundo os pesquisadores, isso pode ajudar a explicar por que algumas pessoas muito inteligentes não têm bom desempenho quando as metas não são alcançáveis a curto prazo, mas exigem longos períodos de esforço e dedicação.

Antes de continuar, é importante ressaltar que falaremos de *grit* como uma qualidade envolvida no alcance de objetivos acadêmicos ou de qualquer outro tipo, sempre em um quadro comparativo com outras qualidades pessoais. É evidente que fatores externos (como as variáveis socioeconômicas do ambiente do estudante), fatores relacionados ao ambiente de aprendizagem ou, simplesmente, o acaso desempenham um papel crucial e muitas vezes determinante nas probabilidades de bom desempenho acadêmico de nossos alunos. No entanto, fatores pessoais que possam contribuir para o alcance de seus objetivos, sejam eles acadêmicos, atléticos, profissionais ou pessoais, não devem ser ignorados. De qualquer forma, veremos que o conceito de *grit* e seu impacto no bom desempenho acadêmico não estão isentos de críticas.

BEM-SUCEDIDOS

West Point é a academia militar mais antiga dos Estados Unidos. Está localizada na cidade homônima, 80 quilômetros ao norte da cidade de Nova York. Seu processo de admissão é tão exigente quanto o das universidades mais prestigiadas. São consideradas as notas dos últimos quatro anos letivos (etapa do ensino médio), os resultados do Scholastic Assessment Test (SAT) e do American College Testing (ACT) (provas para entrar na universidade) e os resultados de um teste de capacidade física complexo. Além disso, os candidatos precisam de uma carta de recomendação de um membro do congresso ou do senado dos Estados Unidos (ou do próprio presidente ou vice-presidente do governo). Dos mais de 14 mil candidatos por ano, apenas 1.200 conseguem uma vaga.

O mais surpreendente, porém, é que 20% dos que conseguem ser admitidos acabam desistindo antes de se formar. A maioria deles não ultrapassa nem mesmo os dois primeiros meses, período conhecido, por sua dificuldade, como "a Fera".

Embora West Point tenha informações detalhadas sobre as conquistas acadêmicas e atléticas de cada um de seus cadetes (é assim que os alunos de uma academia militar são chamados), nenhum desses dados serve para prever, de forma confiável, quem passará no período inicial e quem não passará. Esse fato interessou a Duckworth, que iniciou suas pesquisas em busca de algum fator que permitisse predizer o bom desempenho dos cadetes.

O psicólogo militar Mike Matthews tinha uma hipótese sobre o que determinou o bom desempenho em West Point. Em suas palavras, tratava-se da atitude de "nunca desistir". Duckworth definiu essa atitude como *grit*, a perseverança para alcançar objetivos pessoais, e estudou como medi-la em indivíduos. Desenvolveu um teste que lhe permitiu estabelecer uma escala de *grit* e usá-la com os cadetes recém-chegados em West Point.

QUADRO 16.1 Alguns casos famosos de *grit*

Michael Jordan

Pouca gente sabe que Michael Jordan, considerado por muitos o melhor jogador de basquete da história, foi expulso de seu time de basquete no ensino médio por não estar no nível de seus colegas (nem à altura, literalmente falando). Carregado de determinação, Jordan passou aquele ano treinando diariamente por conta própria e conseguiu ser readmitido na equipe. O caminho para o estrelato não foi um mar de rosas. Embora seu papel na liga universitária tenha sido excelente, quando se candidatou para jogar na NBA, ele não era a primeira escolha dos selecionadores. Mas isso não o desanimou, pelo contrário. Assim que entrou na liga nacional, teve que lutar seis anos antes de conquistar seu primeiro troféu diante do Chicago Bulls. Sua mentalidade e sua determinação se refletem em suas próprias palavras: "Perdi mais de 9 mil arremessos para a cesta em minha carreira. Perdi quase 300 partidas. Até 26 vezes fui incumbido de fazer o lançamento da vitória e falhei. Eu falhei várias vezes na minha vida. E é por isso que alcancei o sucesso".

John Irving

O famoso escritor americano John Irving, pai de romances aclamados, como *O hotel New Hampshire* (*The hotel New Hampshire*) e *Viúva por um ano* (*A widow for one year*), e vencedor do Oscar de melhor roteiro por *Regras da vida* — adaptação do seu romance *As regras da casa de sidra* (*The cider house rules*) —, é um exemplo de como o *grit* é um ingrediente que contribui para o sucesso. Quando Irving era criança, tinha sérios problemas com os estudos. Tanto a leitura quanto a escrita, algo básico para qualquer escritor, eram muito difíceis para ele. Só quando seu irmão mais novo foi diagnosticado com dislexia, que Irving percebeu seu problema. Embora por diversas vezes tenha pensado em desistir, um de seus professores do ensino médio incutiu confiança nele, o que o levou a continuar com sua educação. Em suas próprias palavras, Irving aprendeu "a expandir suas habilidades prestando o dobro de atenção à leitura e à escrita", a ponto de atribuir à dislexia um valor positivo na carreira de escritor, "porque o ensinou a ir devagar enquanto escrevia e a revisar sua escrita repetidamente para melhorar".

Dois meses depois, no final do período da peneira que representa "a Fera", Duckworth descobriu que as medidas de *grit* tinham alta correlação com os resultados de desistências prematuras. O *grit* explicava, com alto grau de confiabilidade, quem continuaria e quem não continuaria. Não seriam necessariamente os cadetes com as melhores qualificações acadêmicas ou com as melhores condições físicas, ou mesmo aqueles com ambas, que teriam a garantia de passar no período de seleção, mas aqueles que tiveram uma atitude de perseverança diante das intempéries, fracassos e até desânimo: o *grit*.

Duckworth e sua equipe também realizaram pesquisas aplicando a escala de *grit* em outros campos, como esportivo, acadêmico, artístico e comercial. Embora houvesse obviamente diferenças específicas em cada domínio, todas as pessoas investigadas que haviam alcançado sucesso nesses vários campos compartilhavam alto grau de *grit* (Quadro 16.1).

A partir de seus estudos, Duckworth argumentou que o *grit* é um preditor de sucesso melhor do que o talento intelectual (QI) ou outros talentos, uma vez que o *grit* é um fator primário que fornece a resistência necessária para "manter o curso" em meio a desafios e adversidades, para continuar se esforçando, a fim de alcançar metas apesar dos (inevitáveis) fracassos e contratempos. Dito de outra forma, o trabalho de Duckworth apoia a tese de que o esforço é mais importante do que o talento.

GRIT, MOTIVAÇÃO E METACOGNIÇÃO

O *grit* tem um componente motivacional importante. Segundo Duckworth, *grit* não é apenas perseverança mas também paixão (devoção) para alcançar objetivos. Essa devoção é o que alimenta a capacidade de perseverar, de não desistir. Se os objetivos que motivam uma pessoa envolvem necessariamente esforços de longo prazo para alcançá-los, é mais provável que essa pessoa tenha um nível mais alto de *grit* (Von Culin; Tsukayama; Duckworth,2014).

No entanto, o *grit* também tem um componente metacognitivo importante, uma vez que manter a motivação apesar dos contratempos, muitas vezes, pode exigir estratégias conscientes, que podem ser aprendidas (Karimi; Faramarzi; Yarmohammadian, 2016; Spellman *et al.*, 2016). Em primeiro lugar, como o *grit* está sempre associado a metas de longo prazo, seria fortalecido por estratégias de gestão de metas. Por isso, dividir metas de longo prazo (como "esse ano eu preciso passar em matemática") em objetivos menores, mais imediatos e concretos e identificá-los como parte do caminho a seguir pode favorecer a manutenção da motivação.

É melhor que os objetivos de curto prazo sejam ações a serem realizadas, e não tanto metas a serem alcançadas. Isto é, um objetivo como "devo realizar durante o período letivo todas as atividades que o professor me passar e não deixar tudo para o final" é uma abordagem útil, pois expressa exatamente o que o aluno deve fazer. Já uma meta como "preciso tirar notas altas em todas as provas" não ajuda, pois não mostra como alcançá-la, além de provavelmente causar frustração se a meta não for atingida.

Em situações de fracasso, o *grit* se beneficia da capacidade metacognitiva de analisar erros e buscar novas estratégias para superar desafios. Uma pessoa que simplesmente tenta de novo, de novo e de novo, mas não analisa onde está falhando provavelmente não atingirá seu objetivo e acabará abandonando-o. Em muitas ocasiões, esforçar-se mais não é suficiente. Trata-se de modificar a forma como se esforça, mudando a estratégia à luz dos resultados das tentativas anteriores. Muitas vezes, nem se trata de tentar mais, mas simplesmente tentar diferente.

Além disso, o *grit* está relacionado à capacidade de autocontrole discutida no primeiro capítulo desta parte do livro e especificamente à capacidade de adiar recompensas. Não surpreende, então, como veremos mais adiante, que o *grit* aumente com a idade, uma vez que as regiões do cérebro envolvidas no autocontrole e no planejamento estão entre as mais tardias a amadurecer (Sowell *et al.*, 2003).

GRIT E CRENÇAS

Como o leitor deve ter notado, o *grit* de Angela Duckworth está relacionado à teoria das mentalidades de Carol Dweck, que discuti extensivamente no Capítulo 11, "Crenças" (Hochanadel; Finamore, 2015). Para que a pessoa desenvolva uma atitude perseverante na busca pelos seus objetivos, é bom ter mentalidade de crescimento em relação a esses objetivos (Yeager; Dweck, 2012). Se a pessoa acredita que as habilidades que precisa desenvolver para alcançar seus objetivos são inatas e não podem ser mudadas, ela provavelmente nem tentará. Da mesma forma, se a pessoa acredita que seu desempenho inicial em determinada tarefa vai mostrar se ela será ou não capaz de aprender a realizá-la, é muito provável que abandone antes do primeiro fracasso e não persevere. Sem dúvida, essa mentalidade "fixa" é aparentemente prejudicial para promover a prática que exige o aprendizado de qualquer habilidade, pois dificilmente conseguimos algo na primeira tentativa, e não pode haver melhora sem perseverança.

Como vimos, a mentalidade de crescimento se caracteriza por não estigmatizar o erro, mas entendê-lo como uma etapa necessária no processo de aprendizagem. Não é que o fracasso não cause frustração ao aluno com uma mentalidade de crescimento (o que ele faz, assim como todos os outros), mas que, por trás desse sentimento inevitável, o aluno interpreta o fracasso como um evento circunstancial, não definitivo. Essa atitude deriva da crença de que as habilidades não são fixas, mas que, com estudo ou treinamento, elas podem ser melhoradas e, portanto, que os erros não definem o que somos ou podemos ser, mas nos dizem onde estamos — não para onde podemos ir.

O *grit* alimenta-se da capacidade de gerenciar frustrações, e as ideias que os alunos têm sobre o que significa o fracasso ou quais são suas causas são fundamentais para desenvolvê-lo. Se os alunos atribuem o fracasso a causas que estão fora de seu alcance ("eu não nasci para isso" ou "o professor tem implicância comigo"), dificilmente vão perseverar em seu esforço, pois não verão sentido. Já se os alunos acreditam que o fracasso pode ser explicado, pelo menos em parte, por causas que dependem de seu comportamento ("não estudei o suficiente" ou "deixei tudo para a última hora"), a probabilidade de que eles tentem novamente com expectativas de sucesso é muito maior (Dweck; Walton; Cohen, 2014).

Em suma, *grit* e mentalidade de crescimento têm correlação positiva (Duckworth; Eskreis-Winkler, 2013). Ambos costumam andar de mãos dadas. Assim como a mentalidade de crescimento pode ser modulada pelo ambiente, o *grit* também pode ser cultivado em uníssono.

CULTIVAR O *GRIT*

Provavelmente, uma das conclusões mais interessantes dos estudos de Duckworth sobre *grit* é que ele não é uma qualidade fixa e, sobretudo, que é possível cultivá-lo.

As evidências sugerem que o *grit* tende a aumentar com a idade (Duckworth *et al.*, 2007) provavelmente por duas razões. Em primeiro lugar, há diferença cultural entre gerações em termos de valores. Em segundo lugar, o cérebro amadurece biologicamente ao longo da puberdade, da adolescência e do início da vida adulta, enquanto desenvolve habilidades relacionadas ao autocontrole, gerenciamento de metas e adiamento de recompensas. No entanto, o papel desempenhado por experiências pessoais de sucesso ou fracasso ao longo da vida provavelmente será muito mais importante na promoção do desenvolvimento de *grit* do que esses outros fatores relacionados à idade.

Como qualquer habilidade, o *grit* tem um componente genético. Há aqueles que nascem com maior ou menor predisposição para desenvolver essa atitude em relação aos seus objetivos. Segundo alguns estudos realizados com gêmeos, o peso dos fatores genéticos no componente perseverante do *grit* é de 37%. No componente motivacional, é 20% (Rimfeld *et al.*, 2016). Portanto, embora haja uma carga hereditária, essa qualidade depende em grande parte de fatores ambientais, das experiências proporcionadas pelo ambiente da pessoa.

As experiências pessoais e o ambiente de desenvolvimento desempenham um papel importante na formação do *grit*. Não se deve ignorar que uma qualidade ligada às crenças de autoeficácia (nossas crenças sobre nossa própria capacidade de atingir determinados objetivos) será inevitavelmente condicionada pelas experiências de sucesso e fracasso que vivemos e pelas causas que lhes atribuímos. É por isso que promover uma cultura de esforço baseada em uma mentalidade de crescimento ajudará no desenvolvimento do *grit* (Yeager; Dweck, 2012).

No entanto, é provável que influenciar apenas as crenças de nossos alunos e suas ideias sobre o fracasso não seja suficiente para cultivar o *grit*. Lembremos por um momento daquele caso que foi citado no primeiro capítulo do livro sobre a correlação entre autoestima e resultados acadêmicos. A correlação foi interpretada por muitos no sentido de que poderia atuar na autoestima dos estudantes e, assim, levar a melhorias em seus resultados acadêmicos. Essa abordagem (e os grandes investimentos educacionais que foram feitos para colocá-la em prática) acabou sendo um fiasco. Não consideraram que a relação poderia ser o oposto (que bons resultados geram autoestima elevada), ou que ambas as variáveis poderiam depender de uma terceira causa (p. ex., fatores socioeconômicos), ou mesmo que a causalidade era recíproca e, para alcançar melhorias, deveria atuar em ambas.

Não devemos ser tão drásticos como nesse caso, à luz de estudos preliminares que mostraram que intervenções sobre as crenças de autoeficácia dos alunos podem ter efeitos positivos sobre seu desempenho (Blackwell; Trzesniewski; Dweck, 2007). Porém, não podemos ignorar a necessidade de os alunos experimentarem o sucesso como resultado de seu esforço em mais de uma ocasião para construir o *grit*. Em outras palavras, para cultivar o *grit* não bastaria agir sobre as crenças e expectativas dos alunos, mas também seria necessário ajudá-los a torná-las realidade (Didau, 2018).

Em suma, dificilmente haverá *grit* se nunca se provar o sucesso. Por isso, é fundamental atuar em duas frentes: ajudar os alunos a melhorar suas estratégias de aprendizagem e medir adequadamente a dificuldade das tarefas que lhes confiamos.

Quanto à primeira, já nos referimos à relação entre *grit* e metacognição: o fato de que o *grit* tem um componente metacognitivo que, como tal, pode ser aprendido. Portanto, uma das maneiras que podemos ajudar os alunos a desenvolver o *grit*, além de agir sobre suas crenças, é ensiná-los técnicas de estudo (prática evocativa, prática espaçada, prática intercalada, etc.) e estratégias de metacognição (como as que discutimos nesta parte) que os tornem alunos mais eficazes. É claro que passar o tempo de aula fazendo atividades com base nos princípios de como as pessoas aprendem também afetará sua probabilidade de bom desempenho.

No que diz respeito à dificuldade das tarefas que lhes confiamos, isso estaria relacionado a um dos princípios básicos da motivação: somos motivados pelos desafios que acreditamos poder superar, mas detestamos os desafios muito fáceis ou muito difíceis (Willingham, 2009). Ajustar a dificuldade das tarefas será, portanto, fundamental para alcançar um equilíbrio em que o esforço permita o bom desempenho. Obviamente, isso é fácil de dizer, mas difícil de fazer, sobretudo em uma turma de mais de 30 alunos com diferentes níveis de habilidade. A questão é que não é possível cultivar uma atitude resiliente se nossos alunos não codificarem a relação entre esforço e bom desempenho com relativa frequência. Não podemos ignorar, também, que eles não acreditarão na eficácia de continuar se esforçando e mudar de estratégia se isso nunca os levar a ter bom desempenho.

No entanto, ajudar os alunos a terem experiências vitoriosas não deve ser mal compreendido ou confundido com poupá-los de qualquer possível fracasso ou frustração. De modo algum. Para desenvolver a resiliência, os alunos precisam de experiências vitoriosas que os ajudem a relacionar esforço e bom desempenho, mas também precisam de experiências de fracasso que lhes permitam pôr em prática as competências que a resiliência implica. Superproteger as crianças, evitar qualquer situação de fracasso ou frustração, bem como não permitir que elas enfrentem dificuldades desde cedo (p. ex., resolvendo as dificuldades por elas) resulta em futuros adultos pouco resilientes e pouco persistentes diante das diversidades, incapazes de administrar a frustração (Swanson *et al.*, 2011).

Especialistas recomendam que os educadores adotem uma atitude rígida, mas encorajadora, em relação aos seus alunos (ou filhos), intervindo não para evitar problemas ou resolvê-los mas para ajudá-los a enfrentar os desafios que a vida lhes impõe e apoiá-los para que superem (Duckworth, 2016). Esse apoio pode ser baseado em todas as ideias que discutimos neste livro, relacionadas à metacognição, autorregulação emocional, crenças, etc.

CRÍTICAS AO *GRIT*

As ideias de Duckworth sobre essa mistura de resiliência e paixão que ela apelidou de *grit* se tornaram muito populares nos últimos anos. Por isso, pareceu-me apropriado abordar este capítulo sobre resiliência sob a perspectiva desse conceito. No entanto, vale ressaltar as múltiplas críticas que o *grit* tem recebido recentemente de outros pesquisadores à luz de diversas evidências.

Primeiro, alguns pesquisadores questionam se o *grit* é uma qualidade diferente de outras que já haviam sido identificadas e definidas décadas atrás. Especificamente, há uma correlação muito grande entre o *grit* e o traço de personalidade conhecido como *diligência* (Credé; Tynan; Harms, 2017), relacionado ao autocontrole e à capacidade de adiar recompensas. Além disso, vários estudos sugerem que o impacto do *grit* no desempenho acadêmico é pequeno e se deve principalmente ao seu componente de resiliência, de perseverança em manter um esforço contínuo para atingir um objetivo (Rimfeld *et al.*, 2016; Muenks; Yang; Wigfield, 2018). Por fim, no contexto escolar, o *grit* não parece ser um preditor de bom desempenho tão alto quanto as crenças de autoeficácia (Muenks; Yang; Wigfield, 2018), ou seja, as crenças dos alunos sobre sua capacidade de atingir os objetivos acadêmicos com base em suas experiências anteriores. A própria Duckworth reconheceu, à luz das evidências obtidas por sua equipe, que o *grit* não está correlacionado com os resultados acadêmicos (Duckworth *et al.*, 2019). Afinal, o *grit* só se refere à capacidade de perseverar nas metas que estabelecemos para nós mesmos. O que são esses objetivos é outra questão.

Considerando tudo isso, tem sido sugerido que o conceito de *grit* é desnecessário (Ericsson; Pool, 2016). Se o *grit* é a capacidade de perseverar para alcançar objetivos específicos de longo prazo para os quais há alto grau de motivação, na realidade estaríamos simplesmente falando de uma situação em que a motivação é mantida à longo prazo e que isso sim facilitaria a resiliência. Portanto, o que faria mais sentido, nessa perspectiva, seria focar na análise dos vários fatores que determinam a motivação de uma pessoa em determinada situação e sua capacidade de mantê-la a longo prazo apesar das adversidades (discuti isso no Capítulo 10, "Motivação").

Para além das discussões sobre tecnicismos que podem ocorrer no campo científico, o que de qualquer forma deve ser evitado é que discrepâncias sobre o papel do *grit* no campo educacional, bem como outros conceitos relacionados, como mentalidades de crescimento, acabam se voltando para o dogmático. Embora possam ser fatores a serem considerados, é preciso ter em mente que eles não são infalíveis, nem a única resposta para perguntas sobre o desempenho do aluno. Em vez disso, seria mais útil apenas considerar a resiliência como uma habilidade desejável e se concentrar em maneiras de ajudar nossos alunos a serem mais resilientes com seus estudos, agindo tanto no nível de suas crenças quanto em suas estratégias metacognitivas, especialmente em situações difíceis. A realidade de qualquer sistema educativo é que os alunos, com maior ou menor frequência, vão falhar e que, em muitos casos, não estão preparados para gerir produtivamente essas situações de fracasso.

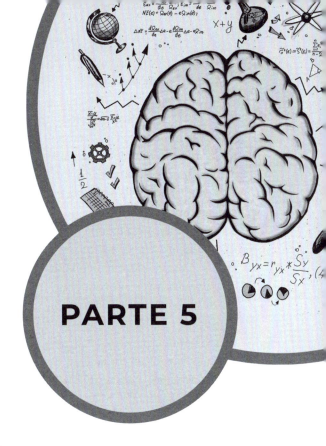

PARTE 5

PRINCIPAIS PROCESSOS DE ENSINO

Até aqui dediquei o livro a dar uma resposta científica, baseada em evidências, à pergunta que se intitula: como aprendemos? Ou melhor, como os alunos aprendem no contexto escolar ou acadêmico? Não por acaso, como mencionei na introdução, o aprendizado depende do que o cérebro do aluno acaba fazendo. Ensinar consiste em proporcionar as experiências que o aluno precisa aprender e motivá-lo a se envolver cognitivamente nelas. Ensinar é ajudar a aprender, é promover a aprendizagem. Citando novamente Herbert A. Simon: "A aprendizagem é o resultado do que o aluno faz e pensa e apenas do que o aluno faz e pensa. O professor só pode promover a aprendizagem influenciando o que o aluno faz e pensa". Isso inclui, portanto, todas as atividades que o aluno acaba fazendo em sala de aula dependendo dos métodos aplicados pelo professor.

O papel do professor como promotor da aprendizagem é muito importante. Porém, nem todos os professores têm a mesma "eficácia", no sentido de que, para o mesmo conjunto de alunos, há professores cujos métodos e o *saber-fazer* produzem melhores resultados na sua aprendizagem e no seu desempenho acadêmico do que outros. É claro que a experiência é um diploma, e a eficácia do professor geralmente aumenta com isso, mas não explica toda a variabilidade. Os pesquisadores tentam descobrir o que torna alguns professores mais eficazes do que outros. Dessa forma, talvez fosse possível desenhar planos de formação que contribuam para o desenvolvimento profissional dos professores para que eles alcancem maior impacto em suas aulas.

Nesta parte do livro, apresentarei algumas das conclusões a que as pesquisas chegaram ao analisar diretamente como os professores afetam a aprendizagem de seus alunos e qual é a eficácia das suas ações e dos seus métodos de ensino. Obviamente, a aprendizagem é aprimorada quando os alunos são convocados para realizar as ações de que falamos nos capítulos anteriores, então devemos esperar que os métodos mais eficazes sejam baseados nesses princípios.

No entanto, esta parte permite abordar de maneira mais explícita o que os professores podem fazer para promover a aprendizagem significativa e oferece a possibilidade de discutir um dos fatores de maior impacto na aprendizagem: o *feedback*.

Dividi esta parte em três capítulos, procurando descrever, *grosso modo*, as três principais ações que constituem o ensino: o processo de instrução (quando colocamos adequadamente os alunos para aprender), o *feedback* (quando fornecemos informações sobre seu progresso e indicações sobre como melhorá-lo) e a avaliação (quando avaliamos o desempenho alcançado). Esses três processos estão intrincados, mas, como são objetos de estudo separados, pareceu-me uma boa maneira de organizá-los. Começaremos, então, conhecendo o que a pesquisa diz sobre os vários métodos de instrução.

INSTRUÇÃO

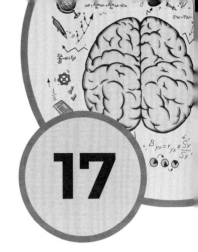

LIÇÕES EFICAZES

Embora em nossa língua a palavra *instrução** possa ter conotações militares, na pesquisa educacional, costumamos utilizá-la para nos referir às ações realizadas pelo professor quando ele dirige o desenvolvimento de uma aula com o objetivo de promover a aprendizagem. Durante o horário escolar, essa é, sem dúvida, a tarefa mais comum do professor. Na verdade, ao longo de um ano, um professor pode dar entre 700 e mil aulas.

Quando falamos em aulas, não nos referimos apenas a aulas em que o professor expõe conhecimentos. As aulas podem ser muito diversificadas, desde a típica *master class* até aulas em que os alunos realizam atividades de todos os tipos, individualmente ou em grupos. Os métodos usados em cada aula ao longo do curso podem ser muito diferentes e, mesmo durante a mesma aula, diferentes métodos podem ser combinados. Portanto, as discussões sobre quais métodos seriam melhores são bastante inférteis, pois a realidade é que, muitas vezes, diferentes métodos devem ser combinados dependendo de quais são os objetivos e o contexto de aprendizagem. Como apresentado no relatório do Conselho Nacional de Pesquisa dos Estados Unidos, "*How people learn*" (Bransford; Brown; Cocking, 2000), perguntar qual é o melhor método de ensino é como perguntar qual é a melhor ferramenta em uma caixa de ferramentas. O professor eficaz não carrega uma ferramenta, mas uma caixa completa, e usa suas várias ferramentas de acordo com os objetivos de aprendizagem, o contexto e a situação específica.

A aula deve ser entendida, portanto, como a unidade temporária na qual se distribuem as oportunidades de aprendizagem em sala de aula, que funcionam

---

* N. de R.T. Termo comumente usado nas pesquisas em psicologia cognitiva para se referir ao ensino de determinado conteúdo e/ou habilidade. Para as pesquisas no âmbito educacional, "ensino" é o termo mais frequentemente utilizado.

segundo os métodos utilizados pelo professor, em relação a objetivos específicos. Ministrar aulas que sejam eficazes para ajudar os alunos a alcançarem os objetivos de aprendizagem é o núcleo central da tarefa do professor (ou deveria ser).

Neste capítulo, discutirei quais ações que o professor realiza durante uma aula têm sido apoiadas por evidências científicas em relação à sua eficácia. Mas o que quero dizer com "eficácia"? A pesquisa sobre métodos instrucionais quase sempre mediu a eficácia em termos de resultados acadêmicos ou desempenho em uma prova de conhecimento feita pelos alunos. Então, não podemos perder de vista o fato de que esse é o espaço em que nos moveremos aqui, pois são os dados que temos.

PRINCÍPIOS DE ROSENSHINE

Barak Rosenshine (1930-2017) foi professor do Departamento de Psicologia Educacional da Universidade de Illinois (Estados Unidos), onde dedicou mais de 30 anos de sua vida à pesquisa de processos de ensino, desempenho docente e desempenho dos alunos. Em 2010, Rosenshine publicou um artigo para a Academia Internacional de Educação da Organização das Nações Unidas para a Educação, a Ciência e a Cultura (Unesco), resumindo os princípios básicos de instrução mais eficazes conforme as evidências científicas (Rosenshine, 2010). Esses princípios são baseados em evidências de três áreas de pesquisa, que, longe de se contradizerem, apoiam-se: pesquisas em psicologia cognitiva sobre como o cérebro adquire e gerencia informações; pesquisas sobre as práticas educativas empregadas por professores cujos alunos experimentam maiores progressos; e estudos transferidos para a sala de aula testando estratégias de ensino e aprendizagem desenhadas por pesquisadores com base nos resultados e nas conclusões de suas pesquisas anteriores.

Em seguida, vou expor esses princípios, conectando-os com as ideias que discuti nos capítulos anteriores sobre como ocorre a aprendizagem, que refletirão sua consistência com os modelos cognitivos estabelecidos. Isso nos ajudará a fazer uma ótima revisão de algumas das ideias discutidas neste livro, dessa vez a partir da perspectiva do professor. No entanto, antes de começar a especificar os princípios compilados por Rosenshine, parece apropriado situá-los no quadro teórico sob o qual estão circunscritos: a chamada *instrução direta*.

INSTRUÇÃO DIRETA

A instrução direta refere-se à prática em que o professor declara explicitamente o que deseja que os alunos aprendam e propõe as atividades concretas que eles realizarão para consolidar sua aprendizagem. No caso de um procedimento, o professor explica como fazê-lo passo a passo e, em seguida, convida os alunos a praticá-lo, dando *feedback* quando apropriado (Clark; Kirschner; Sweller, 2012). Seria o oposto de esperar que eles descobrissem por conta própria, o que é normalmente conhecido como aprendizagem "por descoberta" (Bruner, 1962).

Por exemplo, vamos imaginar que queremos aprender a usar o Photoshop e que nunca usamos um programa semelhante. Um método de instrução direta seria aquele em que um especialista nos ensinaria a usá-lo, já um método por descoberta consistiria em descobrirmos sozinhos (e sem ver as instruções). Parece claro que a instrução direta é mais eficaz do que a aprendizagem "por descoberta". As pesquisas têm mostrado isso repetidamente (Kirschner; Sweller; Clark, 2006; Alfieri *et al.*, 2011), mas com algumas nuances e exceções.

Em primeiro lugar, ao escolher os métodos a serem utilizados, não podemos esquecer o importantíssimo papel da motivação (Kuhn, 2007). Sem dúvida, é mais eficaz que um especialista nos explique como usar o Photoshop em vez de tentar descobrir testando várias funcionalidades ao mesmo tempo. Mas pode ser um pouco chato seguir as instruções do especialista passo a passo, no ritmo da aula, enquanto temos a possibilidade de mexer no programa por conta própria. Os métodos diretos são em geral mais eficazes cognitivamente, mas também podem ser menos motivadores, o que pode prejudicar sua eficácia. Além disso, quem disse que o aluno terá interesse em aprender o que queremos que ele aprenda? Se os métodos diretos não consideram isso, eles também perdem eficácia. Portanto, nunca devemos ignorar a dimensão motivacional ao proceder com esses métodos, nem o contexto social em que são utilizados (Herman; Gomez, 2009). Como vimos nos capítulos da Parte 3, sobre os aspectos socioemocionais da aprendizagem, infelizmente, a motivação não é algo que podemos simplesmente pressupor ou exigir, sobretudo na escola.

Em segundo lugar, para que a instrução direta leve a uma aprendizagem duradoura, além do curto prazo, ela deve fornecer oportunidades para que os alunos entendam o que aprendem. Por isso, é importante que a instrução ocorra em sua "zona de desenvolvimento proximal", em um nível que permita a conexão de novas informações com o conhecimento prévio do aluno. Se a instrução estiver muito distante do desenvolvimento cognitivo do aluno, ela levará à memorização sem compreensão (Ausubel, 1962). Da mesma forma, a instrução direta deve incluir atividades que incentivem os alunos a elaborarem o que aprenderam. O professor deve garantir que os alunos pensem sobre o que aprendem (lembre--se que essa é a chave para a aprendizagem ativa). Portanto, a instrução direta que realmente proporciona bons resultados envolve muita interatividade entre professor e alunos.

Em contrapartida, quando se trata de promover mudanças conceituais, a instrução direta estrita não é tão eficaz e, na prática, deve se tornar um método de "descoberta guiada", no qual o professor deve sequenciar oportunamente as experiências dos alunos e orientar seu raciocínio com vistas a ajudá-los a alcançar a reconstrução conceitual (Duschl; Duncan, 2009). Como vimos no Capítulo 5, "Reorganização da memória", quando a aprendizagem exige uma mudança conceitual, não basta explicar o conceito correto; o aluno deve passar por várias experiências que o levem à reconstrução de seus esquemas. É claro que sempre será melhor que essas experiências sejam projetadas e orientadas por um professor com os conhecimentos apropriados do que deixar que o aluno as aborde por conta própria (Alfieri *et al.*, 2011). É justamente o que se chama de "descoberta guiada". Portanto, a instrução direta deve ser concebida, de forma ampla, como qualquer método em que o professor tenha um papel relevante como projetista e orientador de experiências de aprendizagem, e não apenas como alguém que expõe o conhecimento a ser aprendido (Hmelo-Silver; Duncan; Chinn, 2007).

Por fim, deve-se dizer que a instrução direta é mais eficaz quanto mais "novato" o aluno for. Na verdade, torna-se contraproducente quando o aluno adquire certo nível de conhecimento sobre o que ensinamos. Isso é conhecido como "efeito de inversão da *expertise*", que, em resumo, significa que os métodos são mais eficazes com alunos que começam a aprender algo e perdem eficácia com aqueles que já têm algum domínio, podendo até ser negativos para estes últimos (Sweller *et al.*, 2003). Portanto, à medida que o aluno avança em seu domínio do assunto, é melhor se afastar e só intervir no momento certo. Por exemplo, quando o aluno é confrontado pela primeira vez com um problema de geometria, é melhor explicar explicitamente como resolvê-lo e mostrar-lhe vários exemplos antes que ele tente fazer por conta própria. No entanto, quando o aluno já tem conhecimento significativo de geometria e se depara com um novo tipo de problema geométrico, talvez seja melhor deixá-lo tentar antes de explicar como resolver o problema, se for necessário.

Talvez o leitor esteja pensando que a instrução direta é incompatível com métodos como o trabalho com projetos, mas não é o caso se entendermos que a instrução direta inclui qualquer método prescrito e regulamentado pelo professor. Em primeiro lugar, para que um projeto seja efetivo como atividade de aprendizagem, ele deve ser muito bem elaborado, tarefa que depende do professor. Em segundo lugar, um projeto eficaz requer um acompanhamento contínuo do professor, que intervirá em várias ocasiões para colocá-lo no caminho certo. Além disso, o desenvolvimento do projeto sempre exige que os alunos aprendam coisas para realizá-lo (muitas dessas coisas serão objetivos de aprendizagem do projeto) e, nessa fase, a maneira mais eficaz para que eles adquiram o conhecimento de que precisam talvez seja a exposição direta. Cabe dizer que o trabalho com projetos, para alunos "novatos", pode ser mais eficaz quando o projeto atua como um contexto motivador (dando sentido ao que será aprendido, pois é necessário cumprir um objetivo), mas se desenvolve adequadamente depois que os alunos aprenderam o necessário, como uma oportunidade de aplicar o que aprenderam em um contexto significativo (Rosenshine, 2010).

> **NOTA** Aprendizagem por descoberta
>
> Há uma crença de que a aprendizagem mais efetiva é aquela que ocorre "naturalmente" por meio da descoberta, sem que um professor a conduza. Certamente, nascemos com a capacidade de aprender certas coisas por mera exposição, sem que ninguém nos ensine explicitamente. No entanto, o psicólogo evolucionista David Geary (2007) sugere distinguir dois tipos de conhecimentos e habilidades: aqueles que são *biologicamente primários* e obtidos instintivamente porque nosso cérebro evoluiu para aprendê-los com aparente facilidade (por razões de mera sobrevivência); e aqueles que são *biologicamente secundários* e exclusivamente culturais, que só podem ser aprendidos por meio do ensino.
>
> Os primeiros incluiriam a língua materna, as habilidades sociais e a resolução de problemas simples e cotidianos, que são aprendidos aparentemente sem esforço e por meio da interação com o ambiente físico e social. As crianças aprendem a falar em sua língua materna sem serem explicitamente ensinadas. Aprendem, por meio da exploração, o básico sobre como o mundo ao seu redor funciona. Nosso cérebro tem estruturas cognitivas que evoluíram para isso. Portanto, além de esse tipo de aprendizado não nos custar quase nenhum esforço (aparentemente), também nos sentimos muito motivados a obtê-lo.
>
> Já os conhecimentos e as habilidades culturais não são aprendidos espontaneamente. Em geral, exigem esforço cognitivo deliberado. Nos referimos à matemática, à literatura, às ciências, à história ou a habilidades como leitura e escrita, bem como a aprender outras línguas: o tipo de conhecimento que a escola sempre buscou proporcionar. Nosso cérebro só lida com esse tipo de conhecimento há alguns milênios, por isso, não teve tempo de desenvolver evolutivamente as estruturas biológicas que o sustentam específica e expressamente. Em vez disso, o cérebro usa os recursos que tem para torná-los possíveis. Felizmente, esse corpo tem a extraordinária capacidade de adaptar estruturas que não foram destinadas a desempenhar uma função para alcançá-la se nosso comportamento a promover, mas essa adaptação não é espontânea e requer esforço consciente. Essa é a base da nossa capacidade de aprender.
>
> Os estudos deixam poucas dúvidas de que a aprendizagem estrita por "descoberta" é muito menos eficaz do que a aprendizagem guiada pelo ensino para este último tipo de conhecimento (Alfieri *et al.*, 2011; Mayer, 2004). É importante ressaltar, no entanto, que, em aprendizagens que exigem mudança conceitual, o método de descoberta pode ser mais eficaz, desde que seja pautado e orientado pelo professor, o que é chamado de "descoberta guiada", que seria enquadrada nos métodos diretos justamente pelo papel crucial desempenhado nele pelo professor (Hmelo-Silver *et al.*, 2007; Furtak *et al.*, 2012).

Por fim, a aprendizagem cooperativa que em geral acompanha o trabalho de projetos implica que os alunos se ajudem mutuamente a aprender, e sua efetividade decorre justamente de que os alunos que mais necessitam de ajuda têm "professores assistentes": seus pares (Slavin, 2013). Portanto, a instrução direta e o trabalho com projetos não precisam estar em desacordo. Só estarão em desacordo se, no trabalho com projetos, os alunos quase não recebam instruções sobre o que fazer ou como fazer; se, na maioria das vezes, não tiverem a orientação de um professor. Evidências indicam que o trabalho com projetos organizado dessa forma é muito menos benéfico para o desempenho acadêmico do que o trabalho orientado pelo professor (Alfieri et al., 2011).

Em suma, a pesquisa mostra que, quando os alunos são iniciantes no aprendizado em questão, os métodos de instrução direta, nos quais o professor desempenha um papel muito importante, são mais eficazes para a aprendizagem do que os métodos que o colocam em segundo plano. Isso desde que as práticas que o professor utiliza em específico se ajustem às exigências impostas pelo objeto de aprendizagem e pelas particularidades de seus alunos, pois já vimos que existem formas muito diferentes de direcionar a aprendizagem e fatores importantes a serem considerados, como a motivação. Para saber exatamente quais práticas tornam a instrução direta eficaz, passo agora a explicá-las com mais detalhes.

SEQUENCIAR E DOSIFICAR

Já abordei os princípios do sequenciamento e da dosagem nos dois últimos capítulos da Parte 2, em relação à memória de trabalho e à carga cognitiva. O leitor deve se lembrar do exemplo que usei do filme *Karatê Kid*. De fato, esses princípios correspondem à prática de dividir o processo de aprendizagem em pequenos passos ("aplicar cera, polir"), para que os alunos os aprendam progressivamente, seguindo uma sequência consistente com a construção do entendimento.

O corpo de evidências que sustentam esses princípios é o mesmo que sustenta a teoria da carga cognitiva (Sweller; Van Merriënboer; Paas, 1998). Como vimos, a memória de trabalho é o espaço mental em que mantemos e manipulamos as informações às quais estamos prestando atenção, vindas de fora ou de nossa memória de longo prazo. É, portanto, o "lugar" onde raciocinamos e imaginamos e, em última instância, onde conectamos nosso conhecimento prévio com novas informações, onde ocorre a aprendizagem. No entanto, como a memória de trabalho tem uma capacidade limitada, só pode lidar com uma certa quantidade de informações de cada vez. Se excede sua capacidade, transborda e impede o aprendizado, além de afetar a motivação.

A quantidade de informações com as quais a memória de trabalho pode lidar ao mesmo tempo depende do conhecimento que temos na memória de longo prazo e quão consolidadas elas são. O que já foi aprendido ocupa menos espaço na memória de trabalho e se torna um suporte para o aprendizado do que vem a seguir (desde que esteja relacionado), mas o que ainda é novo para o aluno gera carga cognitiva. Portanto, não podemos esperar que os alunos aprendam muitas coisas novas ao mesmo tempo (ou algo muito complexo que requer a combinação de muitas ideias novas), pois eles simplesmente não serão capazes. É importante dosar o aprendizado e sequenciá-lo de modo adequado.

Essa prática faz parte do chamado *andaime cognitivo*, que parte da ideia de sempre colocar a instrução na próxima zona de desenvolvimento do aluno (o que requer a identificação de seus conhecimentos prévios), para fornecer a ajuda de que ele precisa em todos os momentos, enquanto desenvolve e integra progressivamente cada componente do objetivo de aprendizagem. A metáfora dos andaimes também se refere à necessidade de parar de ajudar à medida que o aluno avança em seus conhecimentos (Wood; Bruner; Ross, 1976).

Como discuti no Capítulo 8 sobre o desenvolvimento da *expertise*, numerosos estudos fornecem evidências de que os alunos aprendem de maneira mais eficaz quando os componentes do objeto de aprendizagem são temporariamente trabalhados isoladamente e progressivamente combinados (White; Frederiksen, 1990; Salden; Paas; Van Merriënboer, 2006; Wightman; Lintern, 1985). Mesmo uma pequena dose de prática em um dos componentes do objeto de aprendizagem produz melhora significativa na aprendizagem global (Lovett, 2001).

Isso é algo que eles têm muito claro no ensino da técnica de qualquer esporte ou disciplina de dança. Por exemplo, para aprender a realizar o salto em altura, os treinadores não colocam atletas iniciantes para realizar o salto desde o início. A técnica para a realização dos saltos em altura é dividida em quatro etapas ou fases (a corrida de impulso, a decolagem, o voo e a queda), que são treinadas separadamente, com exercícios específicos para cada uma delas, e depois são integradas até que o atleta atinja o objetivo de superar a barra. A efetividade desse processo progressivo não é evidente apenas nesse tipo de aprendizagem mas também se estende às disciplinas acadêmicas (Hmelo-Silver; Duncan; Chinn, 2007).

MODELAR

Modelar é justamente fornecer modelos explícitos que os alunos podem usar para orientar seu raciocínio. Esses modelos podem ser de diferentes tipos, como os listados a seguir.

- Em primeiro lugar, os modelos podem ser exemplos de tarefas concluídas que atendem (ou não) aos requisitos que queremos alcançar, como quando mostramos um texto de exemplo e destacamos suas virtudes ou seus defeitos.
- Também pode consistir em mostrar como executamos uma tarefa, como resolver um tipo de exercício matemático passo a passo ou preparar um resumo ou um mapa conceitual a partir de um texto.
- Também fornecemos modelos quando mostramos aos alunos como nós, os especialistas, abordamos as tarefas de nossa disciplina para resolvê-las. Não apenas explicamos como resolvemos um problema ou uma tarefa passo a passo mas também exteriorizamos as estratégias metacognitivas que realizamos.
- Da mesma forma, modelamos nossas atitudes quando mostramos aos alunos que também erramos e como lidamos com os erros, por exemplo.
- Por fim, podemos fornecer modelos conceituais, como diagramas, animações, materiais manipulativos ou qualquer tipo de recurso que permita que os alunos visualizem e deem sentido ao que aprendem; por exemplo, quando mostramos como ocorre um eclipse utilizando um modelo do sistema Sol-Terra-Lua.

Em qualquer um desses casos, talvez o mais crucial para a modelagem seja a conveniência de usar vários exemplos e explicitar a ligação entre o concreto (os exemplos) e o abstrato (o conceito, o procedimento, etc.).

Um caso específico de modelagem que Rosenshine destacou, sobretudo por ser um dos mais estudados, é o do chamado "exemplo trabalhado". Refere-se a quando explicamos passo a passo como realizar uma tarefa ou como resolver um tipo de problema, em vez de deixar os alunos descobrirem por si mesmos. Segundo os arquitetos da teoria da carga cognitiva, o efeito do exemplo trabalhado é o mais conhecido e amplamente estudado no arcabouço dessa teoria (Sweller, 2006). O efeito do exemplo trabalhado sugere que aprender estudando exemplos práticos é mais eficaz do que ser colocado desde o início para resolver problemas. Vários estudos têm fornecido evidências consistentes sobre esse efeito (Clark; Nguyen; Sweller, 2006).

Os exemplos trabalhados melhorariam a aprendizagem ao reduzir a carga cognitiva do aluno que enfrenta pela primeira vez um tipo de tarefa ou problema para o qual não tem conhecimento ou experiência suficiente (Paas; Renkl; Sweller, 2003). No entanto, é importante ter em mente que estudar exemplos trabalhados perde sua eficácia à medida que a experiência do aluno aumenta (Kalyuga et al., 2001), em consonância com o que mencionei antes sobre a instrução direta, ou seja, o efeito de inversão da *expertise*. Outras limitações do método do exemplo trabalhado ocorrem quando os alunos focam sua atenção na solução, e não no procedimento, ou quando se limitam a memorizar reproduzindo os algoritmos utilizados (Renkl; Atkinson; Große, 2004).

Como os exemplos trabalhados são eficazes como método de ensino quando os alunos têm pouca experiência, mas perdem eficácia à medida que a adquirem, é necessário fazer uma transição progressiva para métodos baseados na resolução de problemas. Para isso, é eficaz fornecer exemplos parcialmente resolvidos, cada vez menos programados e com menos etapas concluídas, até que o aluno comece a resolvê-los do início ao fim (Renkl; Atkinson; Große, 2004). Além disso, a eficácia desse método aumenta quando se pede que os alunos expliquem como os resolveram e por que seguiram os passos que seguiram (Atkinson; Renkl; Merrill, 2003).

Exemplos trabalhados (ou exercícios resolvidos) são comumente usados na aprendizagem de matemática e ciências, mas também podem ser usados em qualquer outra disciplina. Pesquisadores têm estudado o efeito do exemplo trabalhado em campos tão diversos como música, xadrez, atletismo e programação de computadores (Atkinson *et al.*, 2000).

REVISAR

Vimos anteriormente os benefícios de aprendizagem de praticar a evocação, de se esforçar para lembrar o que foi aprendido, em especial quando o aluno começa a esquecer, sobretudo ao repetir de forma espaçada (Roediger; Pyc, 2012). Como não poderia deixar de ser, os professores que passam algum tempo fazendo atividades de revisão, nas quais os alunos devem tentar relembrar o que aprenderam em aulas anteriores, obtêm melhores resultados (Roediger *et al.*, 2011). Essas atividades podem consistir em pequenos testes, na elaboração de mapas conceituais (sem olhar para as anotações ou para o livro) ou a mera explicação do que se lembram, entre muitas outras possibilidades. A realização de múltiplos testes avaliativos de baixo risco (baixo impacto nas notas finais) seria outra opção nessa linha.

Em alguns programas baseados nesse princípio, os professores foram solicitados a usar cerca de oito minutos por dia fazendo tal atividade no início de cada aula. Além disso, às segundas-feiras, eles tinham que passar um pouco mais de tempo revisando a semana anterior e, a cada quatro segundas-feiras, havia uma revisão de todo o mês. Esses múltiplos testes envolveram revisitar o mesmo conteúdo várias vezes, seguindo os princípios da prática espaçada. Como resultado, os alunos cujos professores aplicavam essas medidas obtinham resultados melhores nos exames finais (Good; Grouws, 1979).

Isso não deve nos surpreender, uma vez que os efeitos da evocação e da prática espaçada sobre a aprendizagem são muito robustos, como expliquei no Capítulo 4, "Processos da memória".

PERGUNTAR

Estudos mostram que professores que fazem muitas perguntas durante suas aulas, em geral, conseguem que seus alunos obtenham melhores resultados (Cotton, 1988). Há várias razões para isso. Em primeiro lugar, no início de uma aula, as perguntas podem servir para que os alunos ativem seus conhecimentos prévios relacionados ao que aprenderão, o que promoverá sua aprendizagem (vimos isso no Capítulo 3, "Organização da memória"). Em segundo lugar, as perguntas durante a aula permitem avaliar o grau de compreensão que os alunos estão alcançando e tomar as medidas apropriadas se necessário, como fornecer *feedback* ou repetir a explicação com novos exemplos ou outra perspectiva. Além disso, quando os alunos descobrem que sua participação será exigida pelo professor a qualquer momento, eles tendem a prestar mais atenção. Por fim, as perguntas forçam o aluno a recordar o que aprendeu, o que exige que ele dê estrutura para explicá-lo, promovendo conexões com seus conhecimentos prévios (Chi *et al.*, 1994).

No entanto, a eficácia dessa prática depende do tipo de perguntas utilizadas. Por exemplo, geralmente é de pouca utilidade perguntar: "Alguém tem alguma dúvida?" e prosseguir se ninguém levantar a mão. É melhor perguntar diretamente o que eles entenderam, como explicariam isso em suas próprias palavras, que exemplos proporiam, etc. King (1994) oferece algumas ideias para questões que podem ser produtivas a esse respeito (Quadro 17.1).

QUADRO 17.1 Exemplos de perguntas produtivas em sala de aula (King, 1994)

Em que se parecem _____ e _____ ? Em que se diferenciam?
Qual é a ideia principal de _____?
Quais são as forças e as fraquezas de _____?
De que maneira _____ se relaciona com _____?
O que você acha que causa _____?
Como _____ se relaciona com o que aprendemos antes?
Qual é o melhor _____ e por quê?
Que solução você proporia para o problema de _____?
Em relação ao que foi aprendido, você está de acordo ou em desacordo com esta afirmação: _____?

Como se vê, são questões que sempre se aprofundam na compreensão do que foi aprendido, e não tanto na mera evocação de fatos, embora também seja útil incluir esse tipo de questão (Wilen, 1991). Quando se trata de um procedimento, é muito produtivo pedir aos alunos que expliquem os passos que seguiram para realizá-lo (Fonseca; Chi, 2011). Em suma, trata-se de promover "autoexplicações" (Chi *et al.*, 1989), prática na qual os alunos tentam explicar o que aprenderam com suas próprias palavras, cujos benefícios já discuti no Capítulo 5, "Reorganização da memória".

Por fim, como o leitor deve estar imaginando, para que essa prática seja útil, devemos buscar formas de alcançar todos os alunos, na medida do possível. Por exemplo, em vez de lançar a pergunta para toda a turma e esperar que eles levantem as mãos (sempre os mesmos), pode ser mais útil endereçar a pergunta especificamente ao aluno que consideramos apropriado, com base em nosso conhecimento da turma e da situação que observamos. Ou podemos recorrer a uma caixa contendo pedaços de papel com o nome de cada aluno e retirá-los aleatoriamente (sempre devolvendo os nomes que já foram para a caixa). Isso fará com que todos fiquem atentos. No entanto, se percebermos que isso frustra os alunos que estão mais ansiosos para participar, temos outras opções, como fazer com que todos escrevam a resposta em um pedaço de papel e troquem com os colegas; escrever várias respostas no quadro e solicitar que eles levantem cartazes com a resposta que acham correta; usar pequenos quadros nos quais todos devem escrever a resposta e exibi-la ao mesmo tempo; usar cartões bicolores (p. ex., vermelho e verde) para responder se eles acreditam que uma afirmação está correta ou não, etc.

É claro que também podemos usar ferramentas digitais para realizar pesquisas *in situ*.

ESTRUTURAR E GUIAR A PRÁTICA

Por fim, as evidências sugerem que as práticas instrucionais mais eficazes incluem o planejamento consciente das tarefas que os alunos realizarão e o fornecimento de *feedback* durante a execução.

Quanto ao planejamento, refere-se basicamente a proporcionar aos alunos tempo suficiente para praticar por meio do tipo de atividades que melhor contribuam para o alcance de seus objetivos de aprendizagem. Na Parte 2, "Processos cognitivos da aprendizagem", mencionei a diferença entre aprender "em profundidade" e aprender "em amplitude". A profundidade implica domínio do assunto e capacidade de transferência, já a amplitude consiste em adquirir muito conhecimento sobre um assunto, embora esses possam ser superficiais. Como o tempo é sempre limitado em sala de aula, geralmente somos forçados a escolher entre profundidade ou amplitude. E, se o que escolhemos é profundidade (se nos deixam escolher), é importante planejar adequadamente a prática que será necessária para que os alunos alcancem um bom domínio do que aprenderam. O mesmo acontece se quisermos que os alunos automatizem algum processo, como ler, decodificar ou digitar, escrever, por exemplo. No Capítulo 8, "Aprendizagem profunda", falei longamente sobre isso.

No entanto, nem a prática extensiva e bem estruturada, nem as demais práticas de ensino de que falamos neste capítulo desenvolvem todo o seu potencial sem uma das ações mais importantes com as quais o professor contribui para a aprendizagem: o *feedback*. Esse é um fator tão relevante para o aprendizado que dediquei todo o próximo capítulo a ele.

FEEDBACK

UM FATOR RELEVANTE COM EFEITOS DÍSPARES

A retroalimentação, ou *feedback*, é uma prática educativa básica (pode-se dizer natural) que consiste em proporcionar aos alunos informações sobre seu desempenho e indicações de como melhorá-lo. Esse trabalho tão habitual para os professores é um dos fatores que mais contribuem para que os alunos alcancem os objetivos de aprendizagem (Hattie; Timperley, 2007). Por essa razão, tornou-se objeto de atenção especial no campo da pesquisa educacional. No entanto, as evidências obtidas até o momento, além de confirmarem sua relevância, refletem que o tipo de *feedback* e a forma que é fornecido podem variar substancialmente sua eficácia. Estudos revelam que, dependendo dessas variáveis, seus efeitos podem até ser negativos (Kluger; DeNisi, 1996). Assim, o *feedback* é uma verdadeira faca de dois gumes: o uso em benefício da aprendizagem do aluno depende de conhecer bem seus detalhes.

Como docentes, utilizamos de forma habitual a retroalimentação em nossa prática diária: quando corrigimos tarefas escolares, quando avaliamos provas, quando valorizamos o resultado de um projeto, quando nos dirigimos a um aluno que acaba de resolver uma atividade no quadro ou, até mesmo, quando mudamos nossa expressão facial ao escutar a resposta de um aluno que levantou a mão na aula. Por isso, analisar quais variáveis determinam que a retroalimentação tenha efeitos positivos ou quais fatores podem até mesmo torná-lo prejudicial é de grande interesse para os professores. Neste capítulo, falaremos sobre o que as pesquisas têm revelado sobre esse fator de aprendizagem difundido em nossas vidas diárias.

NATUREZA DO *FEEDBACK*

O *feedback* tem como objetivo promover ações por parte do aluno que o ajudem a superar a diferença que separa seu desempenho atual dos objetivos explícitos de aprendizagem (Sadler, 1989). Para isso, o *feedback* deve responder a três perguntas: "Aonde vou?", "Onde estou?", "O que devo fazer agora?". Um dispositivo de navegação GPS exemplifica muito bem em que consiste o *feedback*: aponta aonde vamos, mostra onde estamos em relação ao destino e dá indicações sobre como chegar lá a partir da posição na qual nos encontramos.

Portanto, para que o *feedback* seja efetivo, o primeiro requisito é que o aluno saiba para onde está indo, qual é o seu destino. Em outras palavras, que conheça e entenda os objetivos de aprendizagem. Os alunos, muitas vezes, não sabem claramente quais são os objetivos de aprendizagem ou os entendem de forma diferente de nós. Por exemplo, isso acontece quando, durante a correção em sala de aula de alguns exercícios, um aluno simplesmente copia as respostas e ignora que o que realmente queremos (e avaliaremos) é aprender o procedimento.

O *feedback* também deve orientar o aluno sobre seu nível atual de desempenho, o que, como veremos a seguir, pode ser feito de diversas formas. Isso se refere à pergunta "Onde estou?", que, na maioria das vezes, respondemos com o *feedback* que estamos acostumados a dar nos trabalhos escolares.

Por fim, o *feedback*, para ser eficaz, deve fornecer informações claras e precisas sobre o que o aluno deve fazer para avançar de onde está para atingir os objetivos. Esse talvez seja o aspecto mais relevante de seu efeito de aprimoramento da aprendizagem (Hattie; Clarke, 2019). Voltando à analogia do GPS, as indicações que ele nos fornece sobre como chegar ao nosso destino são a chave para o seu sucesso como instrumento de navegação.

É claro que as maneiras de responder às três perguntas apresentadas ao fornecer *feedback* aos alunos podem ser muito diversas. Seus efeitos também variam dependendo de como o fazemos. Por isso, a seguir, tratarei dos tipos de *feedback* que existem e, em seguida, explicarei como sua eficácia varia segundo a forma que os aplicamos, de acordo com as evidências que temos.

TIPOS DE *FEEDBACK*

Primeiro, podemos classificar o *feedback* como sendo positivo ou negativo (Freedberg *et al.*, 2017). O *feedback* positivo consiste em destacar os marcos alcançados e os progressos realizados. Já o *feedback* negativo se concentra em destacar deficiências no desempenho dos alunos e coisas a melhorar. Digamos que é a diferença entre enfatizar que o copo está meio cheio ou que está meio vazio.

Em segundo lugar, o *feedback* (sempre no contexto do dever de casa) pode ser classificado conforme a dimensão da tarefa executada a que se refere. Nesse caso, podemos diferenciar até quatro tipos de *feedback* de acordo com quatro dimensões diferentes (Hattie; Timperley, 2007).

Feedback sobre o resultado concreto da tarefa (FT)

Refere-se à avaliação que fazemos do resultado concreto de uma tarefa. É o tipo de *feedback* mais comum nos trabalhos escolares: "Está bom", "Está errado", "Está faltando isso", "Pode melhorar...". Ele fornece informações superficiais e muito concretas, de várias maneiras. O mais comum é por meio de pontuações numéricas, símbolos corretos-incorretos ou anotações. Esse tipo de *feedback* responde basicamente à pergunta "Onde estou?". Só poderia responder à pergunta "O que devo fazer agora?" incluindo as respostas corretas ou comentários que indicam o que precisa ser adicionado para melhorá-los.

Feedback sobre o processo realizado para alcançar o resultado (FP)

Nesse caso, o *feedback* não é focado no resultado concreto, mas no processo necessário para alcançá-lo. Por exemplo, ocorre quando damos *feedback* sobre o procedimento seguido para resolver um problema de matemática ou quando explicamos uma regra ortográfica para mostrar por que a palavra não está escrita corretamente. É um *feedback* que não se limita a corrigir um erro em um resultado específico ("caminhão é escrito com til"), mas pode ser generalizado para evitar novos erros em casos análogos ("palavras oxítonas terminadas em -ao não são acentuadas, mas levam o sinal gráfico til"). O potencial desse *feedback* é enorme para responder à pergunta "O que devo fazer agora?". E, como veremos, é um dos tipos mais eficazes de *feedback*.

Feedback sobre os processos metacognitivos envolvidos na tarefa (FM)

Esse tipo de *feedback* vai um passo além do anterior e afeta os processos metacognitivos que podem contribuir para melhorar o desempenho do aluno. Lembre-se dos processos metacognitivos envolvidos na autorregulação da aprendizagem que foram expostos na Parte 4. São hábitos e estratégias que permitem ao aluno planejar, monitorar e avaliar sua própria aprendizagem. Esse *feedback*, portanto, consiste em influenciar esse tipo de habilidades superiores.

Feedback sobre as qualidades do aluno diante da tarefa (FA)

Damos esse tipo de *feedback* quando aludimos às habilidades do aluno ou ao esforço que ele fez para completar a tarefa. Como veremos, isso também ocorre implicitamente, embora não seja nossa intenção, dependendo de como o aluno interpreta os outros tipos de *feedback*, sobretudo o que diz respeito ao resultado da tarefa (FT). Ocorre, por exemplo, quando um aluno interpreta sua nota na tarefa como um sinal de sua habilidade ou seu nível de esforço.

EFICÁCIA DE CADA TIPO DE *FEEDBACK*

Infelizmente, o *feedback* eficaz não pode ser reduzido a simples receitas universais. A eficácia do *feedback* depende de quem o dá (que relação tem com o aluno e quanta confiança inspira), como o dá (tipos de *feedback*, contexto social, etc.), quando o dá (tempo e frequência) e também como o aluno que o recebe o interpreta (Hattie; Clarke, 2019). Para simplificar, vamos nos concentrar nos efeitos das três últimas variáveis, pois elas têm sido as mais estudadas: o momento em que damos *feedback*, a maneira que damos e a maneira como os alunos o interpretam.

De acordo com o momento e a frequência em que fornecemos o *feedback*

O que é melhor: que o aluno receba o *feedback* imediatamente no final de sua tarefa (ou parte dela) ou após um tempo? A verdade é que as evidências que temos são contraditórias, pois ambas as situações têm seus prós e seus contras (Erev; Luria; Erev, 2006). Fazer um balanço de qual *feedback* é melhor, se o imediato ou o tardio, dependerá da tarefa em si e do tipo de *feedback*. Quando o *feedback* se concentra no resultado da tarefa (FT), as evidências refletem que ele é muito mais efetivo se for imediato. Por exemplo, se o aluno respondeu a uma pergunta ou resolveu um problema, é mais benéfico que ele saiba se foi bem-sucedido ou não assim que o exercício é concluído, em vez de esperar um tempo para saber (Kulik; Kulik, 1988).

Porém, observemos a nuance da frase "assim que o exercício é concluído". Finalizá-lo implica que o aluno tenha sido capaz de aplicar métodos de autocorreção, caso os conheça, antes de solicitar *feedback* externo para saber se está certo ou não. Se o aluno substituir os possíveis processos de autocorreção (p. ex., usando outro método de resolução para ver se obtém o mesmo resultado) por *feedback* imediato, fácil de obter e que não tenha consequências para ele, então seu efeito não será tão positivo (Upchurch; Sims-Knight, 2001). Se o *feedback* substituir a prática da autoavaliação, então não será o ideal. Portanto, às vezes é melhor atrasar o *feedback*.

Além disso, o *feedback* imediato sobre o resultado permite que o aluno mantenha a atenção e a motivação na tarefa em questão, além de reduzir a possibilidade de erros serem consolidados na memória (Skinner, 1958; Herrnstein *et al.*, 1993). Em contrapartida, quando o *feedback* a ser dado se concentra em processos (FP) e estratégias metacognitivas (FM), é melhor adiá-lo um pouco e dar ao aluno a possibilidade de rever seus procedimentos, raciocinar e exercitar sua memória (Clariana; Wagner; Murphy, 2000).

Com relação à frequência do *feedback*, a regra é que ele não pode ser muito frequente nem muito esporádico e que, à medida que o aluno progride em seu processo de aprendizagem, deve ocorrer cada vez menos. O *feedback* muito frequente não é desejável, pois pode fazer com que o aprendiz se torne dependente (Schmidt *et al.*, 1989). No outro extremo, se for muito esporádico, seu potencial como promotor de aprendizagem será perdido.

O *feedback*, de certa forma, poderia ser entendido como um suporte metacognitivo externo, orientado por alguém cuja *expertise* lhe permite perceber as fragilidades do aluno e fornecer as estratégias que devem ser colocadas em jogo para saná-las. É como se o professor atuasse como um "guia metacognitivo". É por isso que o *feedback* deve ser retirado gradualmente, à medida que o aluno progride, para que ele assuma as rédeas da regulação de sua aprendizagem e não dependa de ajuda externa (Beed; Hawkins; Roller, 1991).

De acordo com como fornecemos o *feedback*

Já vimos que existem diferentes tipos de *feedback*, dependendo da dimensão da tarefa a que aludem e das perguntas que respondem. Quanto a qual deles é melhor, o princípio fundamental é que o *feedback* mais eficaz é aquele que visa a ajudar o aluno a saber o que fazer para melhorar (Hattie; Clarke, 2019). Os tipos de *feedback* que focalizam o processo (FP) e a metacognição (FM) são os mais propensos a fornecer orientação ao aluno sobre como melhorar seu desempenho, pois oferecem estratégias generalizáveis que o ajudam não apenas a corrigir uma tarefa específica mas também a transferir o *feedback* para novas tarefas.

Estudos sobre a efetividade do *feedback* mostram que esses são os dois tipos mais eficazes (Hattie; Timperley, 2007). O *feedback* sobre o resultado da tarefa (FT) também tem certa relevância, embora não tanto quanto os dois anteriores. O problema deste último é a forma como costuma ser fornecido (por meio de classificações quantitativas), o que, como veremos mais adiante, reduz a sua eficácia.

Deve-se dizer que a eficácia dos três tipos de *feedback* mencionados (FT, FP e FM) é multiplicada quando, em vez de fornecê-los explicitamente logo de cara, o fazemos por meio de pistas (Finn; Metcalfe, 2010).

Como o *feedback* é sempre posterior à atividade de ensino, devemos assumir que o aluno aprendeu a executar a tarefa antes de enfrentá-la. Portanto, se utilizarmos o *feedback* como prática de evocação, usando pistas para que o aluno possa evocar a resposta correta com conexões, em vez de dar a resposta diretamente, aproveitaremos os benefícios dessa prática: maior consolidação e melhor estruturação do que foi aprendido. Para dar um exemplo, diante de um aluno que não acentuou a palavra *caminhão*, podemos perguntar: "Que tipo de palavra é essa, oxítona, paroxítona ou proparoxítona? Como termina? O que diz a regra ortográfica sobre palavras oxítonas que terminam assim?". O momento em que o aluno deixa de evocar o que aprendeu é o momento oportuno para dar o *feedback* explícito, equivalente a "reensinar" o que ele não lembra ou não entende (neste caso, mesmo que seja "reensinar", é aconselhável fazê-lo de forma diferente da feita anteriormente, usando outros exemplos, outros contextos, outras abordagens, etc.).

A eficácia do *feedback* também depende de sua concretude. Quanto mais preciso, melhor. Por exemplo, um comentário como "Você precisa ser mais sistemático ao fazer essas atividades" provavelmente não significa nada para o aluno, então ele não saberá como aproveitá-lo. Nesse caso, seria melhor dar-lhe algumas indicações do que significa ser *sistemático*. É claro que comentários como "Você deve melhorar sua pronúncia" também não serão muito úteis, pois seria como dizer a um comediante aprendiz "Você deve ser mais engraçado". É um comentário correto, mas muito ambíguo e não diz nada ao aluno sobre como melhorar (Wiliam, 2011). Deve-se notar que a possibilidade de dar um *feedback* concreto aumenta quanto mais limitados são os objetivos de aprendizagem da atividade sobre a qual esse *feedback* é fornecido.

Por fim, o *feedback* que se refere às qualidades do aprendiz (FA) quase não tem eficácia segundo estudos (Hattie; Timperley, 2007). No entanto, como veremos mais adiante, a forma de usá-lo pode ter consequências de longo prazo nos sistemas de crenças dos alunos, que, por sua vez, determinam como os alunos interpretam o *feedback* e, portanto, quão eficaz será para eles. É precisamente sobre isso que falaremos no próximo ponto.

De acordo com como os alunos interpretam o *feedback*

A eficácia do *feedback* depende não só do tipo ou de quando o damos, mas também de como o aprendiz o interpreta (Hattie; Clarke, 2019). Não se trata tanto de o aluno entendê-lo ou não (o que, claro, também é importante), mas do que o aluno fará com ele e que efeito terá em sua motivação. Uma coisa é nos esforçarmos para dar o *feedback*, e outra é os alunos prestarem atenção nele. Felizmente, na seção "Notas e *feedback*", no final deste capítulo, veremos algumas medidas para melhorar esses casos. Quanto ao efeito do *feedback* sobre a motivação, discutiremos detalhadamente na próxima seção.

FEEDBACK E MOTIVAÇÃO

Se há uma prática nos processos de ensino e aprendizagem com impacto emocional mais evidente no aluno, com consequências na sua aprendizagem, é o *feedback*. Dar *feedback* com o objetivo bem-intencionado de ajudar o aluno a conhecer seu nível de desempenho e melhorá-lo acarreta, inevitável e implicitamente, efeitos em sua motivação (Tricomi; DePasque, 2016). Portanto, você precisa aprender a manusear muito bem o *feedback* para que não cause o efeito oposto ao pretendido. A probabilidade de que suas consequências sejam negativas se não for bem utilizado é tão alta que, às vezes, é melhor não dar.

Que o *feedback* tem efeito sobre a motivação é óbvio para todos. É por isso que muitas vezes tentamos medir as palavras que usamos ao dá-lo a um aluno (ou a outra pessoa). Afinal, ele é feito para ser uma crítica construtiva, e uma crítica nunca é fácil para o destinatário, mesmo quando bem-intencionada. Além disso, também utilizamos o *feedback* com frequência com a intenção de incentivar e motivar nossos alunos ("Muito bem!"). Em suma, sabemos que o *feedback* afetará emocionalmente quem o receber.

A forma que o aluno interpreta o *feedback* determina a sua eficácia como promotor (ou detrator) da aprendizagem, devido ao seu efeito na motivação. Então, o que faz com que ele afete positivamente a motivação ou, pelo menos, não a afete negativamente? Em primeiro lugar, depende do sistema de crenças do aluno.

Para que o *feedback* desenvolva seu maior potencial (lembre-se de que seu impacto na aprendizagem é justamente um dos mais significativos), é importante que o aluno não tenha medo de recebê-lo. Alunos com mentalidade fixa (aqueles que acreditam que as habilidades acadêmicas são inatas e dificilmente podem ser alteradas) serão extremamente sensíveis ao *feedback* negativo, que reflete seus fracassos (Dweck, 1999). A mentalidade fixa está associada à estigmatização do erro, pois é considerada testemunho de uma incapacidade que define a pessoa, e não a um estado circunstancial de quem ainda não alcançou o aprendizado. Uma vez que apontar o erro é necessário para resolver sua remediação, esses alunos não estarão preparados para se beneficiar do *feedback*. Na verdade, isso só pode causar-lhes desmotivação, até mesmo raiva e rejeição, e levá-los a focar sua atenção em pensamentos de autoproteção de sua imagem. Isso fará com que eles ignorem o conteúdo do *feedback*, sua utilidade e suas boas intenções.

Portanto, para fazer com que os alunos façam do *feedback* um aliado (e não um inimigo) de seu aprendizado, será essencial trabalhar suas crenças (Hattie; Clarke, 2019). Falar abertamente sobre a natureza do erro, com uma mentalidade de crescimento, e até mesmo ensinar a eles como alavancar o *feedback*, ajuda a desenvolver uma cultura de aprendizagem positiva que multiplica o potencial desse *feedback*. Esse tipo de cultura é um sistema de crenças compartilhado pela comunidade escolar que coloca as ideias de autoeficácia e mentalidade de crescimento no centro. Criar uma cultura de aprendizagem requer tempo e ações coordenadas dos diversos membros da comunidade escolar, em diversos níveis. A própria natureza do nosso *feedback* pode contribuir para construir ou minar a cultura de aprendizagem desejada conforme o tipo de crenças que esse *feedback* implicitamente favorece.

Já comentamos anteriormente que o *feedback* que se refere às qualidades do aluno frente à tarefa realizada (FA) não tem efeito sobre sua aprendizagem. Devo esclarecer agora que, de fato, não tem efeito como potencializador do desempenho do aluno na tarefa em andamento (estatisticamente falando!), mas tem efeito mais geral importante sobre o desempenho a longo prazo, uma vez que influencia o sistema de crenças do aluno (Mueller; Dweck, 1998). Esse tipo de *feedback* pode se referir tanto à habilidade do aluno ("Você é muito bom nisso") quanto ao esforço que ele fez para completar a tarefa ("Parabéns pelo seu esforço"). É aconselhável evitá-lo sempre que possível, mas, caso não seja possível, as evidências indicam que é muito melhor apelar para o esforço, não para a habilidade. O *feedback* que apela ao esforço contribui para a construção de uma mentalidade de crescimento, já o que apela ao talento promove uma mentalidade fixa (Tab. 18.1).

TABELA 18.1 Exemplos de *feedback* que apelam para as qualidades do aluno, segundo sua contribuição para uma mentalidade fixa ou de crescimento (adaptada de Mueller e Dweck, 1998)

FEEDBACK QUE PROMOVE UMA MENTALIDADE FIXA	*FEEDBACK* QUE PROMOVE UMA MENTALIDADE DE CRESCIMENTO
Quando o resultado da tarefa é positivo...	
Muito bem! Você é bom nisso.	Parabéns! Você fez um ótimo trabalho!
Você é uma excelente aluna.	Você é uma aluna dedicada, e dá para ver isso nas suas notas.
Você conseguiu! Eu disse que você é inteligente e seria capaz!	Vi como você abordou o problema de várias maneiras até resolver.
Você é um ótimo aluno!	Você é um ótimo aluno, pois se esforça, trabalha e busca ajuda quando necessário para aprender o que se propôs a fazer.
Quando o resultado da tarefa é negativo...	
Não se preocupe, nem todo mundo é bom em tudo. Todo mundo é bom em coisas diferentes.	É normal, você está aprendendo. É impossível acertar da primeira vez. Continue trabalhando assim e verá como melhora.
Você fez um grande esforço. Parabéns!	Parece que teremos que procurar outra forma de resolver isso. Que tal tentar...?
Você não foi bem.	Não ficou bom. Onde você acha que falhou? O que acha que poderíamos fazer para melhorar?
Parece que nisso você não foi muito bem.	Parece que nisso você não foi muito bem, mas...

De qualquer forma, como já foi dito, é melhor limitar o uso desse tipo de *feedback* (FA), pois ele sempre pode ser interpretado pelo aluno na direção oposta àquela que estamos buscando. Como vimos, os alunos com mentalidade fixa acreditam que apenas as pessoas não qualificadas precisam se esforçar; por isso, quando recebem um "Parabéns pelo esforço", eles podem interpretar que acreditamos que eles não são qualificados o suficiente e é por isso que escolhemos elogiar seu esforço, não sua capacidade. É sempre melhor tentar focar o *feedback* na tarefa, não nas qualidades do aluno ("Bom trabalho!"). Lembre-se de que, no entanto, *feedback* como "Bom trabalho!" servem apenas como motivação. Para que o *feedback* seja mais eficaz, ele deve ser mais concreto.

Por fim, dado o impacto emocional que o *feedback* pode acarretar, muitas vezes imprevisível, sempre vale a pena pesar sua necessidade e como fazê-lo quando for dado em público. Quando o *feedback* é dado em público, o aluno inevitavelmente concentra sua atenção no que ele significa para sua reputação na frente dos colegas. Paradoxalmente, alguns não querem passar uma imagem de bons alunos aos seus amigos; por isso, mesmo quando o fazemos com a melhor intenção, o *feedback* público pode ter efeito oposto ao desejado (Sharp, 1985). De qualquer forma, a regra geral é evitar *feedback* em público sempre que não for essencial (Wiliam, 2011).

FEEDBACK POSITIVO E *FEEDBACK* NEGATIVO

O que proporciona mais benefícios para a aprendizagem dos alunos: o *feedback* positivo ou o negativo? De uma perspectiva puramente racional, o negativo é melhor do que o positivo, pois permite destacar os pontos fracos do desempenho do aluno e oferecer indicações para remediá-los. Em contrapartida, não podemos esquecer a dimensão emocional do *feedback*. Se é direcionado às qualidades da pessoa, e seus efeitos se limitam a influenciar a motivação, é melhor que seja sempre positivo (Brockner; Derr; Laing, 1987). No entanto, com relação aos outros três tipos de *feedback* (FT, FP e FM), a perspectiva mais apropriada, se negativa ou positiva, depende do grau de especialização do aluno em relação à habilidade avaliada.

Quando o aluno está começando a adquirir uma habilidade, *o feedback* positivo é mais eficaz do que o negativo, pois o motiva a continuar se esforçando. No entanto, quando o aluno já adquiriu certo grau de especialização, o *feedback* negativo é muito mais eficaz (Fishbach; Eyal; Finkelstein, 2010). Isso pode estar relacionado ao fato de que, quando um aluno começa a aprender algo novo, sua motivação intrínseca inicial costuma ser muito baixa (o que é lógico, pois ele ainda não descobriu o interesse que pode ter pelo que vai aprender), e seu senso de autoeficácia (que acredita ser capaz de aprender) ainda não está formado. Em casos de motivação intrínseca reduzida e autoeficácia questionável, o *feedback* positivo é mais efetivo do que o negativo, pois este último facilmente minaria as expectativas do aluno em relação ao alcance do objetivo de aprendizagem. Em contrapartida, quando a motivação intrínseca cresce, o comprometimento com os objetivos de aprendizagem é maior e o senso de autoeficácia foi definido positivamente, o *feedback* negativo é mais eficaz na promoção de melhorias e mais motivador para continuar se esforçando (Fishbach; Eyal; Finkelstein, 2010).

NOTAS E *FEEDBACK*

Vimos que, quando os alunos não têm um sistema de crenças que se baseia em uma mentalidade de crescimento e um senso de autoeficácia positiva, o *feedback* direcionado às suas qualidades é muito delicado, mas também é o *feedback* que se limita a avaliar o resultado concreto da sua tarefa (FT). Esse é o tipo de *feedback* que as notas representam, sem dúvida o mais comum na prática educativa escolar (90%), segundo Airasian (1997).

Embora as notas representem *feedback* direcionado para a tarefa, os alunos muitas vezes as interpretam como uma avaliação de sua capacidade. Portanto, as notas influenciam a construção dos sistemas de crenças dos alunos, sobretudo sua visão de si mesmos como alunos, seu autoconceito (Butler, 1987). Certamente não é estranho ouvir coisas como "Ele é um estudante mediano" ou "Ela é uma estudante de destaque". As anotações geralmente rotulam e ajudam os alunos a se autorrotularem, e esse efeito ofusca o papel potencial do *feedback*.

De qualquer forma, a contribuição das notas para a aprendizagem é muito pequena, já que representam um tipo de *feedback* que não responde à terceira (e mais importante) pergunta à qual um *feedback* efetivo deve responder: elas não explicam ao aluno o que ele pode fazer para melhorar.

No entanto, o principal problema das notas, sejam numéricas, sejam textuais, é que muitas vezes elas constituem o *feedback* mais importante que o aluno recebe ao longo do processo de aprendizagem e, paradoxalmente, só chegam quando o processo é concluído. O *feedback* não tem sentido se o aluno não tiver a oportunidade de aplicá-lo para melhorar seu desempenho. Na verdade, isso é algo que os alunos sabem, consciente ou inconscientemente e, portanto, dificilmente prestarão atenção às correções de uma prova para saber se representa o fim do processo de aprendizagem. Eles só olharão para a nota e como ela contribui para a construção de sua reputação e seu sistema de crenças sobre si mesmos (Butler, 1988).

Dar *feedback* aos alunos durante o processo de aprendizagem (e não no final) é básico. Para isso, é útil realizar testes avaliativos periódicos, que podem ser de diferentes tipos, mas que devem sempre nos permitir dar *feedback* sobre os mesmos objetivos de aprendizagem. Em suma, são testes que avaliam repetidamente as mesmas aprendizagens. Quando as provas de avaliação são múltiplas, reduz-se a ansiedade dos alunos à sua frente (porque o risco em cada um se dilui) e multiplica-se a atenção ao *feedback* (porque eles percebem que poderão aplicá-lo na próxima avaliação). No entanto, em geral, as evidências recomendam não usar notas para esse tipo de teste, se possível, mas limitar-se ao *feedback* descritivo.

Em um famoso estudo de Ruth Butler (1988), três grupos de alunos receberam *feedback* de três maneiras diferentes: apenas por meio de notas; por meio de notas e comentários; e apenas por meio de comentários. Os alunos que receberam apenas comentários desenvolveram maior interesse na tarefa avaliada e melhoraram seus resultados em um teste surpresa subsequente. Já os alunos que receberam apenas notas não melhoraram. No entanto, os que receberam notas e comentários também não melhoraram. Apenas quem não recebeu notas prestou atenção nos comentários. As notas desviam a atenção dos alunos para pensamentos relacionados à autoeficácia e à reputação e os distraem de se concentrar na análise da tarefa em questão (Kluger; DeNisi, 1996). Além disso, são interpretadas como o fim do processo de aprendizagem, o que os desestimula a aprender com as correções.

Pesquisas sobre como as notas interferem em outros *feedback* mais produtivos ainda são inconclusivas e deixam em aberto a possibilidade de que tal interferência ocorra sobretudo quando notas e comentários são entregues simultaneamente, uma vez que as notas chamariam mais a atenção dos alunos e implicariam que o processo de aprendizagem acabou (Koenka *et al.*, 2019). Alguns pesquisadores sugerem não dar as notas ao mesmo tempo que os comentários, mas só quando os alunos puderam revisar esses comentários. Acima de tudo, os pesquisadores afirmam que informar sobre uma nova oportunidade futura de aplicar o *feedback* recebido e corrigir os erros poderia minimizar esse efeito negativo. Em suma, as notas não seriam *per se* a causa dessa perda de efetividade do *feedback* mais produtivo, mas a causa seria o significado que os alunos atribuem a elas, assimilando-as normalmente como conclusão do processo de aprendizagem e rotulando sua capacidade.

No entanto, não podemos ignorar que, para muitos professores, as notas cumprem uma função importante para além da mera certificação. Muitas vezes, são uma importante fonte de motivação extrínseca que fazem os alunos levar uma atividade a sério, seja pelo seu impacto acadêmico, seja pelo seu impacto na reputação do aluno. Em outras palavras, quando nossas tentativas de gerar motivação intrínseca para tarefas falham, as notas podem ser úteis para gerar motivação extrínseca (Koenka *et al.*, 2019). Podemos não gostar que seja assim, mas a realidade muitas vezes se impõe a nós. O que podemos fazer nesses casos? Como podemos usar esse potencial das notas como motivação extrínseca sem fazer com que os alunos ignorem o *feedback* mais enriquecedor que nossos comentários podem conter? Já partilhei a sugestão geral de dar outros tipos de *feedback* depois e, acima de tudo, de não os associar ao final do processo de aprendizagem. No quadro a seguir, explico duas propostas mais específicas.

> **NOTA** Usar as notas de formas diferentes
>
> **Proposta 1: notas sobre todas as atividades**
>
> Primeiro, explicarei o ideal teórico desta proposta e, em seguida, rebaixá-lo a um cenário realista. Do ponto de vista teórico, as notas podem ser muito úteis se forem utilizadas rotineiramente em todas as atividades que os alunos realizam. Estamos falando de uma situação em que todas as atividades têm valor acadêmico. No entanto, o mais importante é que, após receber a nota, os alunos tenham a oportunidade de repetir a atividade e melhorá-la, se necessário. Além disso, nenhuma atividade pode ser encerrada até que uma nota satisfatória tenha sido alcançada (o professor deve decidir qual, mas deve ser consistente). Se essa classificação não for alcançada em nenhuma delas, mesmo que seja apenas uma, a classificação geral não será positiva.
>
> Dessa forma, as notas tornam-se uma ferramenta que informa ao aluno sobre o resultado de seu desempenho em tarefas muito específicas, que ele não pode abandonar até atingir um nível desejável. Assim, o aluno entende que a melhor forma de avançar é atender ao *feedback* fornecido na forma de comentários ou outros tipos de indicações.
>
> Para que funcione, esse *feedback* deve focar no processo. Você não deve dar imediatamente a solução concreta da tarefa em questão ao aluno, mas fazê-lo pensar em como alcançá-la. Obviamente, isso nem sempre é possível (dependendo da tarefa) e, às vezes, nem é necessário. Marcar onde está o erro pode valer a pena em muitos casos.
>
> Essa prática tem a vantagem de usar o *feedback* em todo o processo de aprendizagem (não apenas no final) e, além disso, contribui para favorecer uma mentalidade de crescimento, já que a nota não é interpretada como um rótulo fixo, mas como a avaliação de uma situação temporária que pode ser melhorada.
>
> É claro que o leitor pode estar pensando que a proposta é teoricamente interessante, mas que corrigir tal número de atividades pode ser uma tarefa inconcebível. Essa prática é muito mais viável quando se combinam atividades que o professor irá corrigir pessoalmente com atividades que são realizadas por meio de dispositivos computacionais, que permitem sua correção automática ou que facilitam a autoavaliação pelos alunos por meio de uma sequência de pistas e indicações adequadas. Sem dúvida, há tarefas em que o professor sempre pode fornecer um *feedback* muito mais enriquecedor do que qualquer programa de computador pode oferecer, e esse é o tipo de tarefa em que ele deve concentrar seus esforços. Para todos os demais, utilizar recursos educacionais digitais, feitos pelo próprio professor ou por terceiros, que permitam a correção automática ou a autoavaliação pelo aluno, pode ser de grande ajuda.
>
> O importante dessa estratégia, de qualquer forma, é que os alunos tenham oportunidades de melhorar seu desempenho.

> **Proposta 2: testes de avaliação corrigidos duas vezes**
>
> Esta segunda proposta é mais simples do que a anterior. Consiste em utilizar as notas apenas em determinadas provas avaliativas. Após a conclusão da atividade, os alunos receberão correções, mas sem notas, apenas com comentários. Como na proposta anterior, esses comentários devem se concentrar no processo, fornecendo indicações e pistas sobre como melhorar o resultado da atividade. Os alunos teriam então a possibilidade de usar esse *feedback* para refazer o teste, ou para fazer um teste muito semelhante. A segunda correção, agora, incluiria a nota.

O debate sobre as notas é complexo e, no final, é ultrapassado pelas exigências administrativas. Como as notas são a ferramenta utilizada para certificar um nível de desempenho alcançado, acabam sendo cobradas de nós, gostemos ou não. Qualquer que seja a forma que assumam, as notas são sempre uma maneira de medir indiretamente o aprendizado adquirido. Essa é a função que supostamente cumprem ao realizar atividades avaliativas de natureza somativa, provas que visam à obtenção de nota final e que não são utilizadas para fornecer *feedback* real. A possibilidade de revelar e mensurar a aprendizagem, ou seja, a avaliação, e como utilizar essas informações para contribuir com a aprendizagem serão discutidas no próximo capítulo. Como veremos, a avaliação requer *feedback* para ser útil nesse sentido, mas sem avaliação não pode haver *feedback*.

AVALIAÇÃO

UM PROCESSO FUNDAMENTAL DE ENSINO E APRENDIZAGEM

No capítulo anterior, percebemos o enorme impacto que um *feedback* adequado pode ter na aprendizagem dos nossos alunos. No entanto, ele não é possível sem antes a realização de outro importante processo de ensino e aprendizagem: a avaliação. Para fornecer *feedback* sobre o desempenho em uma tarefa e como melhorar, é necessário criar oportunidades e métodos que permitam avaliar tal desempenho. Sem avaliação, não pode haver *feedback*.

Porém não é só por isso que avaliamos (Crooks, 1988). Quando falamos em avaliação, muitas vezes tendemos a pensar mais nas provas a que submetemos os alunos ao final de cada sequência de aprendizagem para determinar se eles alcançaram os objetivos desejados. Normalmente, esses testes costumam representar o fim de um processo de aprendizagem e, portanto, não costumam ter impacto direto nesse processo. Esse tipo de avaliação não contribui para a aprendizagem, mas apenas visa a certificar o nível de aprendizagem alcançado. Por isso, a avaliação muitas vezes não é vista como parte do processo de aprendizagem (Graue, 1993).

De qualquer forma, sendo utilizada para obter e fornecer *feedback* ou para certificar o nível de desempenho alcançado, toda avaliação tem impacto no processo de aprendizagem (Crooks, 1988). Por exemplo, a forma que propomos os testes avaliativos e os critérios de avaliação que estabelecemos condicionam a forma que os nossos alunos abordam o processo de aprendizagem. E aqui é preciso lembrar que aprender como queremos que eles aprendam nem sempre é o mesmo que se preparar para passar em uma prova de avaliação. Muitas vezes não é.

Neste capítulo, discutirei a ciência da avaliação e a importância de conceber avaliações adequadas, independentemente de sua função. A seguir, falarei sobre práticas educativas que se apoiam explicitamente na avaliação para melhorar o processo de aprendizagem. Essa parte do capítulo estará entrelaçada com o que foi discutido nos dois capítulos anteriores para abordar a importância da chamada avaliação *formativa*, ou *avaliação para a aprendizagem*. Por fim, aproveito a oportunidade para lembrar ao leitor, pela última vez, o importantíssimo efeito implícito que a avaliação tem sobre a consolidação da aprendizagem e que costuma ser ignorado.

PARÂMETROS DE UMA AVALIAÇÃO

Quando avaliamos qualquer atividade realizada por um aluno, estamos medindo seu desempenho e, indiretamente, seu aprendizado (Koretz, 2008). Embora na educação não gostemos do conceito de "medir", a realidade é que toda vez que colocamos uma classificação, seja qual for o tipo, estamos fazendo uma medição. Portanto, as atividades de avaliação, seja qual for o seu tipo, são instrumentos que utilizamos com a intenção de medir o nível de aproveitamento que nossos alunos alcançaram em relação aos objetivos de aprendizagem. Isto é importante: os testes avaliativos limitam-se a medir o desempenho alcançado para objetivos específicos predeterminados; não aspiram detectar mais nada que os alunos tenham sido capazes de aprender colateralmente durante o processo.

Embora a forma mais comum de avaliar com provas seja por meio de exames escritos (Doval, 2014), os testes avaliativos podem ser muito diversos. Qualquer atividade pode ser usada para avaliar a aprendizagem alcançada em relação aos objetivos estabelecidos. Na verdade, nem todas as provas escritas são iguais. O importante é que o tipo de teste seja condizente com o que se pretende avaliar.

Existem diferentes modelos de avaliação, que dependem do tipo de tarefa que o aluno deve realizar e como seu desempenho é medido nela (Ahmed; Pollitt, 2010). Em algumas tarefas, é mais fácil medir o desempenho quantitativamente, enquanto em outras a avaliação é necessariamente mais qualitativa. Por exemplo, o ditado ortográfico permite uma avaliação mais quantitativa do que o comentário livre de um texto literário. Fazendo uma analogia esportiva, às vezes podemos medir o desempenho de forma semelhante ao que é feito no salto em altura e, outras vezes, agimos mais como os juízes da ginástica rítmica.

De qualquer forma, para sequer considerar como é possível mensurar a aprendizagem, é útil conhecer alguns conceitos técnicos relacionados aos testes de avaliação, que nos permitem refletir sobre sua adequação, abrangência e limitações, como instrumentos de medida que são. Esses conceitos estão apresentados a seguir.

Validade

A validade de um teste mostra se ele realmente mede o que se pretende medir, se os resultados fornecidos pelo teste podem ser interpretados como realmente são.

Quando falamos sobre a validade de um teste de avaliação, estamos nos referindo a, por exemplo, se o teste está adequadamente alinhado com os objetivos de aprendizagem. Que esse alinhamento ocorra é muito importante por vários motivos. Em primeiro lugar, porque, caso contrário, os alunos podem ficar desmotivados quando percebem que não são avaliados pelo que trabalharam. Em segundo lugar, porque essa incongruência pode levar os alunos a prepararem-se de uma forma que se afastem dos objetivos de aprendizagem, já que o teste permite que tenham sucesso sem se adaptarem a esses objetivos. Isto é, os alunos são guiados pelo que serão avaliados. Então, nossa intenção pode ser que eles aprendam a raciocinar, aplicar o que aprenderam, interpretar dados, etc., mas nossos exames acabam focando em reproduzir conhecimentos factuais, e é isso que eles se limitarão a aprender. Por exemplo, se nosso objetivo é que os alunos conceituem a célula como a unidade estrutural e funcional dos seres vivos, mas o teste avaliativo consiste em rotular um esquema com as partes de uma célula ou recitar as diferenças entre células eucarióticas e procarióticas, os alunos se limitarão a memorizar esses dados sem dar a eles o significado que supostamente queríamos que dessem.

A validade de um teste, além disso, depende de se a interpretação que fazemos das qualificações é adequada, se interpretamos corretamente o que os resultados obtidos estão nos dizendo e os usamos de acordo. Na realidade, a validade não é uma propriedade dos testes, mas das inferências que fazemos a partir dos resultados que eles fornecem. Falarei mais sobre isso um pouco mais adiante.

Confiabilidade

Um teste é confiável se a nota que ele fornece para determinado aluno é replicável e consistente. Por exemplo, a confiabilidade de um teste seria baixa se a nota que um professor atribuiu a ele ao corrigi-lo fosse muito diferente daquela que outro professor lhe daria. Um teste que produz resultados muito diferentes dependendo de quem o corrige terá pouca confiabilidade e, portanto, também não será válido. No entanto, nem sempre é possível atingir níveis máximos de confiabilidade (p. ex., projetando testes que são corrigidos de forma mais "objetiva"), pois também podemos perder a validade quando acabamos avaliando não exatamente o que queríamos avaliar. É o que aconteceria se quiséssemos avaliar a expressão escrita com um questionário do tipo teste.

Exatidão

A exatidão refere-se a quão próxima a medida obtida pelo teste está do valor real do que pretendemos medir. Supondo que o teste realmente mede o que pretendemos, quão bem calibrado ele está para que a informação que ele nos dá seja adequada? As notas refletem corretamente o nível de aprendizagem em relação aos objetivos de aprendizagem? Isso é o que queremos dizer quando um teste acaba sendo "muito fácil" ou "muito difícil". Por exemplo, se, em um exame que visa a determinar a capacidade dos alunos de resolver qualquer tipo de equação de segunda série, todas as afirmações forem resolvidas da maneira mais simples, a exatidão do teste será falha.

Precisão

A precisão é um conceito que realmente faz alusão às notas, e não tanto à prova em si. Refere-se à amplitude das escalas de notas que diferenciam o desempenho de um aluno de outro. Por exemplo, a precisão de uma classificação como 7,35 de 10 é muito alta, enquanto a precisão de um "Bom" é menor. Determinar o nível adequado de precisão é importante para interpretar o significado de uma classificação. Afinal, o que significa para um aluno obter um 7,35 e não um 7? Essa diferença é realmente significativa para interpretar seu nível de aprendizado?

Para tentar entender melhor os conceitos de validade, confiabilidade, exatidão e precisão podemos utilizar a comparação com um navegador GPS, um instrumento que tenta determinar nossa posição através de coordenadas geográficas. Em primeiro lugar, a leitura que um GPS fornece é válida desde que você esteja medindo a posição geográfica. Se o GPS nos der o tempo, essa medição não será válida, não poderemos usá-lo para tirar conclusões sobre nossa posição geográfica, mesmo que seja o GPS que a forneça. Mas também não será válido se a posição geográfica que nos marca não for a de agora, mas a de 24 horas atrás, por exemplo. Embora, desta vez, seja uma medida da nossa posição geográfica, não poderemos usá-la para interpretar onde estamos agora, que é o que geralmente pretendemos.

Suponhamos que o GPS realmente nos forneça nossas coordenadas geográficas neste exato momento. Não faz muitos anos, quando a tecnologia GPS estava no início, cada vez que consultávamos nossa posição em um navegador GPS, mesmo que não tivéssemos nos mudado de lugar, ele marcava uma posição diferente. Nesse caso, tínhamos um problema de confiabilidade, pois a medida fornecida pelo instrumento não era replicada mesmo que não tivéssemos alterado o que queremos medir.

Vamos supor agora que o GPS também é confiável, é consistente com suas medições e marca sempre as mesmas coordenadas quando estamos em determinado lugar. Mesmo assim, pode ser que a posição que ele indicou não tenha sido a correta. Imagine que a medição é consistente, mas consistentemente nos coloca 100 metros ao norte de onde estamos. Nesse caso, teríamos um problema de exatidão.

Por fim, a precisão é determinada pelo valor da medição fornecida pelo GPS. Quando o sinal não é bom, os navegadores GPS geralmente marcam um círculo de alguns metros de diâmetro para indicar que estamos em algum lugar na área circunscrita. Quanto maior essa área, menor a precisão.

Em resumo, ao interpretar e utilizar as informações que podemos extrair das atividades de avaliação, é relevante considerar esses conceitos. Vejamos a continuação.

O QUE REALMENTE MEDEM AS PROVAS AVALIATIVAS?

Muitos professores questionam se é possível medir algo tão etéreo quanto a aprendizagem. E não é uma pergunta absurda; afinal, o aprendizado acontece em nosso cérebro e não é diretamente observável, mas isso não significa que não possa ser medido. Como muitos outros fenômenos, a aprendizagem pode ser medida indiretamente. Quando apropriado, podemos observar o desempenho do aluno em uma tarefa específica e fazer uma estimativa com base em uma mudança em seu comportamento ou sua habilidade em relação àquela tarefa. É justamente isso que os testes avaliativos pretendem fazer (Koretz, 2008). No entanto, o que permanece verdade é que esses testes são instrumentos de medição muito limitados. Suas limitações são explicadas pelos conceitos de validade, confiabilidade, exatidão e precisão discutidos anteriormente.

Por exemplo, é claro que não podemos medir o aprendizado com a mesma precisão que um termômetro nos permite medir a temperatura, mas podemos estabelecer escalas de certa amplitude correspondentes a diferentes níveis de desempenho. É como se não tivéssemos um termômetro ao alcance e tivéssemos que determinar as diferentes temperaturas de 30 copos de água manualmente, um a um: poderíamos diferenciar diferentes faixas de temperatura e classificá-las em algumas categorias, como muito quente, quente, morna, fria e muito fria.

Em contrapartida, as provas avaliativas geralmente estão sujeitas a um erro significativo de medida (Koretz, 2008). Esse erro deve-se ao fato de que os testes geralmente não avaliam de forma abrangente todos os objetivos de aprendizagem que deveriam avaliar, mas fazem uma estimativa a partir de amostragem. Em uma prova, não pedimos aos alunos que expliquem tudo o que aprenderam, mas que respondam a determinadas perguntas ou resolvam determinados problemas e, com isso, inferimos seu desempenho geral. Como resultado, alguns alunos podem ter uma pontuação ruim no alcance dos objetivos estimados de aprendizagem, porque a amostra que fez o teste os beneficiou ou prejudicou. Por exemplo, em um caso extremo, um aluno que tivesse estudado apenas metade do conteúdo programático poderia obter a nota mais alta se, na prova de avaliação, aparecessem somente perguntas dessa metade. Com razão, alguns alunos cruzam os dedos para que certas questões não surjam na prova.

Além disso, também haverá algum erro de medição caso o aluno realize o teste avaliativo num momento em que não está bem ou em casos de condições ambientais adversas, como um local barulhento. De qualquer forma, não nos esqueçamos de que todas as medições, mesmo aquelas feitas de variáveis físicas, como a temperatura, estão sempre sujeitas a certo erro. No que diz respeito à aprendizagem, devemos assumir que o erro será inevitavelmente relevante.

Portanto, o debate sobre o significado da avaliação como método para medir a aprendizagem não é tanto sobre se podemos ou não mensurar a aprendizagem, mas sim sobre a compreensão das limitações dos testes avaliativos. A esse respeito, a questão de que tipo de aprendizagem estamos realmente medindo com tais testes é especialmente importante. Dou um exemplo, para me explicar melhor: imagine que um aluno recebe nota 8, de 10, em uma prova que foi bem projetada para confiabilidade e precisão. Normalmente, concordamos que o aluno atingiu um bom nível de aprendizagem. No entanto, se uma semana depois o aluno fizer exatamente a mesma prova novamente, desta vez de surpresa, e receber um 4 (o que não seria estranho), então o que esse 8 da primeira ocasião realmente significou? Considerando como funciona a memória e o esquecimento, bem como as estratégias que muitos alunos utilizam antes dos exames, que são eficazes a curto prazo, mas não a longo prazo, essa não seria uma situação anedótica. Portanto, o que estamos medindo e certificando com as notas quando esse caso ocorre com bastante regularidade?

O que essa situação mostra, nem mais nem menos, é que os sistemas de avaliação que habitualmente utilizamos não têm o critério mais importante: a validade. Isso porque o que interpretamos que eles estão medindo (o significado que damos às notas) não é realmente o que eles medem. Em outras palavras, as notas geralmente refletem a capacidade de um aluno de passar nos testes e não mostram quase nada sobre o que permanecerá em sua memória de longo prazo após o teste, que, afinal, é o que gostaríamos que elas nos mostrassem. Como vimos no Capítulo 4, "Processos da memória", quando os alunos concentram o estudo em apenas um dia antes da prova, eles podem obter resultados muito bons, mas esse aprendizado é rapidamente perdido (Rawson; Dunlosky; Sciartelli, 2013).

> **NOTA** Reduzir a subjetividade de quem corrige
>
> Embora não seja a única, uma das razões que fazem os testes avaliativos perderem a confiabilidade é a subjetividade de quem os corrige, que está irremediavelmente condicionada pelos vieses cognitivos que todos sofremos. Quando se trata de fazer julgamentos sobre o desempenho de um aluno, o viés cognitivo mais perigoso é o *efeito halo* (Kahneman, 2011).
>
> O efeito halo nos leva a extrapolar a impressão intuitiva que um aluno nos causa a qualquer aspecto de seu comportamento ou desempenho, e isso nos faz, inconscientemente, avaliar seu trabalho com maior ou menor indulgência. Por exemplo, um aluno que é educado e responsável provavelmente será avaliado de uma perspectiva melhor em qualquer tipo de tarefa do que um que tenha um comportamento conflituoso em sala de aula. Uma das maneiras mais fáceis de reduzir o efeito halo ao corrigir um teste avaliativo (desde que o tipo de teste permita) é não consultar quem o fez antes de corrigi-lo. Obviamente, isso não é possível em apresentações orais.
>
> Mas não é só isso. O efeito halo também faz com que as primeiras impressões produzidas por um teste avaliativo condicionem as avaliações subsequentes (basta pensar na predisposição que nos causa um trabalho sujo ou visualmente descuidado). Isso significa que, se a prova de avaliação tiver várias questões ou atividades para corrigir, a primeira que corrigirmos condicionará nossa predisposição em relação às seguintes. Se a resposta à primeira pergunta parecer muito boa, seremos mais generosos com a qualificação das questões seguintes e, ao contrário, seremos mais severos se a prova começar com uma resposta ruim. Para evitar essa tendência inconsciente, podemos corrigir as provas atividade por atividade, revisando a mesma atividade de todos os alunos sucessivamente, em vez de corrigir todas as atividades da prova de cada aluno seguidas. Mesmo assim, a partir da segunda atividade a ser corrigida, devemos ter cuidado e evitar perceber a qualificação ou a quantidade de correções que fizemos nas atividades anteriores da mesma prova, pois isso também nos condicionará. Sem dúvida, livrar-se de vieses cognitivos é muito complicado, se não impossível...

AVALIAR A TRANSFERÊNCIA

Não é raro um professor expressar com alguma frustração que seus alunos "não estão interessados em aprender, mas em passar". Essa dicotomia é possível quando o que os testes avaliativos medem não é exatamente o que pretendemos medir. Como vimos, o paradoxo pode ocorrer se o teste não estiver bem alinhado com nossos objetivos de aprendizagem, mas também acontece simplesmente quando os alunos podem passar no teste com uma sessão de estudo intensivo pouco antes de realizá-lo, o que não leva ao tipo de aprendizado que queremos para eles.

A melhor maneira de resolver essa dicotomia, na medida do possível, é projetar testes que exijam a aquisição de conhecimentos significativos para serem superados, conhecimentos que não são facilmente obtidos em uma única sessão de estudos. Isso é certamente fácil de dizer, mas não é tão fácil de fazer. Os tipos de testes que oferecem os melhores resultados são os que avaliam a capacidade de transferência, a capacidade de aplicar o que foi aprendido em novos contextos (Bransford; Brown; Cocking, 2000).

Dois tipos de aprendizagem, uma superficial e outra mais significativa, podem parecer equivalentes quando avaliadas por testes baseados na reprodução literal do que foi aprendido, mas não podem esconder suas diferenças quando os testes avaliam a capacidade de transferência. Nesses testes, o conhecimento não é tratado como o fim em si, mas como o meio para realizar determinadas tarefas, cuja resolução é o que se avalia. Essas tarefas ou processos são os que discuti longamente no Capítulo 6, "Transferência de aprendizagem", por isso não vou repeti-los aqui. Quando avaliamos o desempenho dessas tarefas, não estamos avaliando apenas o que os alunos sabem mas também o que eles sabem fazer com o que sabem.

Mesmo assim, parece relevante mencionar uma das fórmulas mais simples para determinar se um teste avalia a transferência de aprendizagem. Basicamente, trata-se de considerar se faria sentido que os alunos fizessem a prova podendo acessar suas anotações ou seus livros. Embora nem todos os testes de transferência sejam caracterizados por este fato, testes que ainda fazem sentido mesmo quando os alunos podem consultar suas anotações geralmente são focados na capacidade de transferir o que aprenderam para novas situações. Observação: não é fácil conceber esse tipo de prova.

AVALIAÇÃO COMO FERRAMENTA DE APRENDIZAGEM

Apesar das dificuldades e das limitações da avaliação, ela é fundamental para a promoção da aprendizagem, sobretudo quando utilizada explicitamente para esse fim.

Talvez o leitor conheça a diferença entre *avaliação somativa* e *avaliação formativa*. No entanto, como não estou com você para saber (por meio de uma avaliação), explicarei brevemente a seguir. São as duas funções mais importantes da avaliação. Quando a avaliação é usada apenas para fazer um julgamento final sobre o desempenho do aluno em relação a determinados objetivos de aprendizagem, é chamada de *somativa*. Quando a avaliação visa a reunir informações sobre o progresso do aluno, a fim de tomar decisões sobre o que fazer a seguir para ajudá-lo a atingir os objetivos de aprendizagem, trata-se de uma avaliação *formativa*, ou *avaliação para a aprendizagem* (Scriven, 1967).

Para ser mais preciso e incluir todas as práticas que seriam agrupadas sob o guarda-chuva da avaliação formativa, reproduzo aqui a definição sugerida por Dylan Wiliam (2011), um dos mais destacados pesquisadores desse campo:

> Um teste de avaliação atua de maneira formativa na medida em que é usado por professores ou alunos para obter evidências sobre o nível de desempenho alcançado, e desde que essas evidências sejam interpretadas e usadas para tomar decisões sobre quais serão os próximos passos mais oportunos, ou pelo menos mais bem fundamentados, para continuar o processo de aprendizagem.

Vamos analisar brevemente essa definição. Em primeiro lugar, o que determina uma avaliação como formativa é o que fazemos com a informação que ela nos fornece, e não a avaliação em si. Qualquer teste avaliativo pode ser usado para fins de treinamento, embora seja verdade que, ao elaborar um teste, vale a pena considerar qual será sua função, pois pode haver diferenças importantes (Wiliam; Black, 1996).

Em segundo lugar, deve-se notar que tanto professores quanto alunos podem dar uma função formativa a uma atividade de avaliação. Na verdade, os alunos podem criar seus próprios testes de avaliação com o objetivo de detectar pontos fracos em seu desempenho e focar neles seus próximos esforços. Ou podem fazer essa reflexão a partir dos testes propostos pelo professor (Chappuis; Stiggins, 2002), embora provavelmente só o façam se esses testes não constituírem o ponto final da sequência de aprendizagem. No entanto, deve-se ter em mente que o simples fato de refletir sobre seu desempenho não será suficiente para que a prática seja considerada uma avaliação formativa. A avaliação formativa requer que a reflexão conduza a uma tomada de decisão que se traduza em ações concretas para melhorar o desempenho (se apropriado). Se o aluno fizer uma reflexão sobre seu trabalho que, depois, não se traduza em mudanças em seu processo de aprendizagem, não vai ajudar muito. Isso significa que o aluno deve ter novas oportunidades para aplicar essas mudanças.

Nós, professores, podemos usar as informações das avaliações para fornecer *feedback* e decidir o que fazer na próxima aula, entre outras coisas. Como no caso anterior, a tomada de decisão baseada na interpretação dos resultados da avaliação será condição *sine qua non* para que a avaliação seja formativa. Se não usarmos as informações que obtivemos para decidir o que fazer em sala de aula a seguir, não teremos uma avaliação formativa. Às vezes, a decisão que tomamos pode não variar o plano que tínhamos preestabelecido para a sequência didática, mas pelo menos teremos evidências de que, de fato, esse é o melhor plano. Outras vezes, as evidências vão nos sugerir fazer mudanças para reforçar algum aspecto que não estava totalmente claro ou que precisa ser repensado. Isso não significa que as decisões que nos permitem tomar as informações derivadas da avaliação serão necessariamente melhores — certamente nem sempre será assim —, mas pelo menos estarão mais bem fundamentadas (Wiliam, 2011).

No entanto, o leitor terá notado que a definição de avaliação formativa é tão ampla que engloba práticas muito diferentes. Confira a seguir alguns exemplos que seriam incluídos no quadro da avaliação formativa.

- Ao final do ano letivo, os professores analisam os resultados acadêmicos dos alunos para rever a programação didática do ano seguinte, ou a equipe gestora e o corpo docente fazem ajustes no projeto pedagógico do centro a partir de uma análise desses resultados.
- Após fazer uma prova, o professor a devolve com comentários e dedica uma aula para corrigi-la com todo o grupo de classe, com o intuito de preparar os alunos para um novo exame na próxima aula.
- Os alunos usam instruções para avaliar seu trabalho e têm a oportunidade de melhorar aspectos que não consideraram satisfatórios.
- O aluno testa seu desempenho praticando com provas criadas por ele mesmo e, depois, reforça o estudo das questões que achou mais difíceis ou cuja resposta está incompleta.
- Ao propor uma atividade em sala de aula, o professor percebe que a maioria de seus alunos não está tendo um desempenho adequado. Ele decide interromper a atividade e rever os procedimentos ou os conceitos envolvidos.
- Após fazer o exame no final de uma unidade, o professor descobre que o desempenho dos alunos foi muito ruim em geral. Portanto, decide prolongar a unidade para tentar resolver as deficiências mais importantes antes de iniciar a próxima.

Embora esses sejam apenas alguns exemplos de práticas educativas que se enquadrariam no guarda-chuva da avaliação formativa, eles já nos permitem apreciar a enorme diversidade de procedimentos que esse conceito admite. Sem dúvida, essas práticas são e podem ser muito diferentes. Tão diferentes que, não por acaso, vale a pena distingui-las, pois sua eficácia como ferramentas para melhorar o processo de aprendizagem varia consideravelmente. Nem todas as práticas de avaliação formativa são igualmente eficazes. Que variáveis fazem de uma avaliação formativa um método eficaz para auxiliar os alunos no seu processo de aprendizagem? Vejamos alguns detalhes importantes que, à luz das evidências, devemos considerar para tirar o máximo proveito da avaliação formativa.

VARIÁVEIS DA AVALIAÇÃO FORMATIVA

A primeira variável que diferencia as diversas práticas formativas de avaliação é qualitativa. Refere-se a quem é o destinatário das informações fornecidas pela atividade avaliativa, quem toma as decisões em relação aos resultados e sobre quem essas decisões têm impacto. Como vimos nos exemplos anteriores, às vezes, a avaliação formativa é usada para fazer mudanças no planejamento do próximo ano. Nesse caso, quem recebe e utiliza as informações é o professor, e as mudanças não afetam os alunos que foram avaliados, mas sim os do próximo curso.

Portanto, a avaliação formativa é mais eficaz quando não apenas informa o professor sobre como ajustar suas aulas para a próxima ocasião mas também informa ao aluno que foi avaliado sobre seu desempenho e, principalmente, como melhorá-lo. A avaliação formativa é mais eficaz quando inclui o fornecimento de *feedback* ao aluno avaliado (Wiliam, 2011). Embora essa afirmação pareça óbvia, é válido ressaltá-la, porque existem formas de avaliação formativa (como mostrado nos exemplos anteriores) que não contemplam esse aspecto.

Além disso, também há diferenças importantes dependendo de quem interpreta as informações e toma as decisões sobre o que fazer a seguir. Quando esse papel é desempenhado pelo professor, essa informação permite que ele adapte sua instrução *in loco*, o que pode, sem dúvida, contribuir para a melhoria do processo de aprendizagem. O professor pode também fornecer *feedback* de qualidade ao aluno sobre o que e como melhorar. No entanto, isso não garante que o aluno interpretará o *feedback* de forma construtiva ou fará uso dele. A avaliação formativa é mais eficiente quando os alunos tomam decisões sobre o que fazer a seguir, simplesmente porque a aprendizagem é a responsabilidade final do aprendiz. Como afirma Neus Sanmartí (2007), somente quem cometeu os erros pode corrigi-los — é claro que com a ajuda dos professores.

Portanto, a situação com maior potencial ocorre quando o professor contribui para o *feedback*, e o aluno toma decisões em favor de sua aprendizagem a partir desse *feedback*. No entanto, como vimos no Capítulo 13, "Metacognição", é desejável que a avaliação formativa avance para a avaliação *formadora*, ou seja, uma situação em que o aluno se responsabilize por sua própria avaliação, desenvolva métodos para monitorar seu desempenho e tome decisões sobre como orientar sua aprendizagem. Como já falei sobre a autorregulação da aprendizagem na seção anterior deste livro, não insistirei aqui novamente na importância de os alunos desenvolverem suas habilidades metacognitivas, que incluem a capacidade de autoavaliar e orientar seu processo de aprendizagem com base nos resultados da referida autoavaliação.

Outra variável importante que distingue as diversas práticas de avaliação formativa é a duração envolvida em um ciclo completo, desde o levantamento de informações sobre o desempenho dos alunos até à aplicação prática das decisões derivadas da sua interpretação, isto é, quanto tempo leva entre a avaliação e o uso das informações obtidas. Dylan Wiliam (2011) propõe três categorias para a avaliação formativa: longo prazo, médio prazo e curto prazo.

A avaliação formativa de longo prazo é aquela utilizada, por exemplo, para tomar decisões sobre quais mudanças fazer na programação e nas atividades do próximo ano letivo. Inclui também as mudanças que as equipes gestoras e pedagógicas se propõem a fazer no projeto pedagógico central com vistas à melhoria dos resultados nos anos seguintes.

A avaliação formativa intermediária ocorre durante o curso de uma aula e é usada em ocasiões específicas para esclarecer se é apropriado refazer um conceito ou procedimento antes de prosseguir, ou se a próxima lição na unidade pode ser continuada (ou se a unidade pode ser encerrada). Esse tipo de avaliação é realizado através de testes avaliativos com uma determinada entidade e permite que o aluno seja envolvido na sua própria avaliação.

Por fim, a avaliação formativa de curta duração é aquela realizada "na hora", minuto a minuto, no decorrer de uma aula, e tem como objetivo verificar se os alunos estão "processando" adequadamente o que está sendo trabalhado naquele exato momento em aula. Em outras palavras, se os alunos estão entendendo e podem fazer ou explicar.

É claro que a duração do ciclo de avaliação formativa está relacionada com a frequência com que utilizaremos essa prática. Em geral, quanto menor o ciclo, maior a frequência. Sem dúvida, isso é importante para diferenciar sua eficácia.

A avaliação formativa, em princípio, é mais eficaz quanto mais curto o ciclo e mais frequente a prática. Não surpreendentemente, a Organização para a Cooperação e Desenvolvimento Econômico (OCDE) enfatiza esse aspecto da avaliação formativa ao defini-la como "uma avaliação frequente e interativa do progresso e da compreensão dos alunos para identificar suas necessidades de aprendizagem e ajustar o ensino em tempo hábil" (OECD, 2008, tradução nossa). De qualquer forma, os especialistas recomendam combinar todas as suas variantes, ciclos curto, médio e longo, na medida do possível, já que cada uma desempenha seu papel (Wiliam, 2011).

As atividades de ciclo curto não são exames ou trabalhos entendidos da maneira tradicional, mesmo que sejam utilizadas para fins de treinamento, mas sim as práticas relacionadas à instrução interativa de que falei no Capítulo 17, "Instrução". Refiro-me a práticas em que o professor lança perguntas à turma (e aplica métodos eficazes para obter as respostas de todos os seus alunos ou de uma amostra representativa) ou propõe atividades em que os alunos devem trocar suas conclusões e seus raciocínios com o professor e com seus pares. Já indiquei, então, que a chave para essas práticas está na qualidade das perguntas e em quais métodos usamos para alcançar a máxima participação sem diminuir a motivação.

A avaliação formativa de ciclo curto também tem a vantagem de permitir limitar os objetivos de aprendizagem que são avaliados em cada atividade a poucos e muito específicos, o que aumenta a sua fiabilidade e permite fornecer um *feedback* mais preciso e útil para o aluno.

No entanto, a avaliação formativa de ciclo curto tem uma fraqueza que não podemos subestimar. Uma peculiaridade do nosso cérebro é que ele tem formas de aprender que no curto prazo são muito eficazes, mas no longo prazo são péssimas (Soderstrom; Bjork, 2015). Em muitas ocasiões, os alunos demonstram que aprenderam o que acabamos de explicar ou o que acabaram de praticar, mas isso não significa que esse aprendizado durará muito mais do que algumas horas. Não é incomum constatar que os alunos esqueceram o que achávamos que haviam aprendido na aula anterior. Portanto, a avaliação formativa de curto prazo é mais benéfica quando permitimos que passe algum tempo entre o episódio de aprendizagem e a avaliação. Por exemplo, é melhor fazer a avaliação no início da próxima sessão do que no final da mesma sessão. Caso contrário, a avaliação formativa será distorcida pelas típicas ilusões de aprendizagem geradas pelo imediatismo de verificar o que aprendemos logo em seguida. Lembre-se de que as estratégias de aprendizagem não são tão diferenciadas por sua eficácia de curto prazo, mas por seu efeito na memória de longo prazo.

Por fim, uma das variáveis mais importantes da avaliação formativa é a qualidade do *feedback*. Não surpreendentemente, este está no centro da avaliação formativa. Na verdade, mesmo a avaliação somativa está implícita no fato de que as notas acadêmicas são um tipo de *feedback*. Como passei todo o capítulo anterior lidando com os meandros do *feedback*, e também falei sobre o impacto das notas no processo de aprendizagem, não vou voltar a ele aqui. No entanto, recomendo ao leitor que volte a examiná-lo, com especial atenção ao que se refere às notas, uma vez que incorporar a avaliação formativa à prática educativa implica tomar decisões sobre como costumamos fornecer *feedback*. Em outras palavras, a avaliação formativa envolve refletir sobre o papel e o uso das notas.

EVIDÊNCIAS SOBRE A EFICÁCIA DA AVALIAÇÃO FORMATIVA

Não há dúvida de que a avaliação formativa, como ferramenta para melhorar os processos de aprendizagem, baseia-se em um referencial teórico muito sólido. Ajustar a instrução ou o estudo de acordo com o domínio esperado dos alunos e ter a oportunidade de lhes fornecer *feedback* sobre como reforçar seus pontos fracos parece uma fórmula razoável para o sucesso. E isso é corroborado pela pesquisa que analisou a efetividade dessa prática educativa, ainda que com nuances.

Um dos estudos mais citados a esse respeito talvez seja o trabalho de revisão realizado por Black e Wiliam (1998), no qual compilaram os relatos de centenas de investigações desenvolvidas durante a década anterior e os submeteram a uma análise minuciosa. Apesar das limitações metodológicas dos trabalhos analisados, os autores do estudo concluem que a pesquisa relatada mostra que a avaliação formativa melhora a aprendizagem e que as melhorias no desempenho alcançadas "parecem muito consideráveis e estão entre as maiores relatadas para uma intervenção educacional".

No entanto, sendo rigoroso, a verdade é que esses estudos, assim como os realizados até o momento, não são significativos o suficiente para afirmarmos com todo o rigor científico que a avaliação formativa é tão eficaz quanto esperávamos (e desejamos) (Martínez Rizo, 2012). Embora o resultado das experiências analisadas nos permita nutrir expectativas razoavelmente otimistas a esse respeito, hoje, à luz das limitações apresentadas pelas evidências obtidas, ainda assim seria adequado agir com cautela (por mais que isso nos pese).

Embora o referencial teórico seja impecável, infelizmente teoria não é o mesmo que prática. E dado que é um método que depende de tantas variáveis e cuja aplicação não é simples, resta saber o quão escalável é a sua implantação em sala de aula sem perder a sua eficácia. Deve-se levar em conta também a dificuldade de implementar mudanças como as exigidas pela avaliação formativa, que afetam práticas tão arraigadas quanto as relativas à avaliação. Não há dúvida, no entanto, de que os resultados obtidos até o momento são muito promissores, mas mais pesquisas serão necessárias em que desenhos e metodologias mais eficientes levem a resultados mais conclusivos em contextos reais de sala de aula, ao mesmo tempo em que permitam determinar quais fatores influenciam se seu efeito sobre a aprendizagem é maior ou menor (Dunn; Mulvenon, 2009; Kingston; Nash 2011).

CONTRIBUIÇÃO DA AVALIAÇÃO PARA A CONSOLIDAÇÃO DA APRENDIZAGEM

Todos estamos conscientes tanto da função da avaliação como ferramenta de certificação da aprendizagem (função somativa) quanto da sua utilidade na obtenção de informação para decidir como ajustar o processo de aprendizagem (função formativa). Porém, muitas vezes, ignoramos uma propriedade intrínseca da avaliação que tem impacto direto na aprendizagem, como consequência de como nossa memória funciona. A avaliação envolve evocar o que foi aprendido e, como o leitor se lembrará, a ação de evocar o que foi aprendido reforça a memória, no sentido de nos tornar mais capazes de evocá-la novamente no futuro. Em outras palavras, quando nos lembramos de algo, podemos lembrar novamente mais tarde. Não surpreendentemente, o efeito que a evocação produz na memória também é conhecido como "efeito teste" (Roediger; Karpicke, 2006).

No Capítulo 4, "Processos da memória", falei sobre o poder da prática da evocação e observei que ela não só melhora a capacidade de lembrar informações factuais, mas também promove a compreensão e a capacidade de transferência da aprendizagem (Karpicke, 2012; Carpenter, 2012). A evocação nos obriga a dar estrutura e sentido ao que aprendemos para explicá-lo. Nesse ato, devemos reconstruir o que aprendemos com o que lembramos e o que já sabíamos anteriormente. Essa reconstrução, portanto, é feita conectando os conhecimentos anteriores com os mais recentes, e isso contribui para consolidar o aprendizado e torná-lo mais significativo. Cada ato de evocação é um novo ato de aprendizagem.

Em suma, o poder de evocação envolvido na avaliação da aprendizagem, combinado com o potencial de *feedback* oferecido pela avaliação formativa, fazem da avaliação uma das ferramentas mais eficazes para promover a aprendizagem.

Porém, para que esses benefícios da avaliação sejam possíveis, é necessário modificar a concepção que temos (e, sobretudo, que os alunos têm) das provas avaliativas. É fundamental identificá-las como parte rotineira do processo de aprendizagem, e não como uma espada de Dâmocles que só serve para julgar o desempenho dos alunos de forma definitiva e irreversível. Só assim é possível utilizar testes avaliativos em sala de aula com a frequência que a avaliação formativa exige. Provavelmente, a chave pode ser destacar bem a diferença entre as provas destinadas a promover e orientar a aprendizagem daquelas que não têm outro objetivo senão permitir o preenchimento do histórico escolar.

APÊNDICE
Mitos pseudocientíficos sobre a aprendizagem

NEUROMITOS EDUCATIVOS

Desde o final do século XX, temos assistido a um crescente interesse em construir pontes entre a ciência que investiga como aprendemos e a prática educativa. A comunidade científica, cada vez mais, tem voltado sua atenção para questões de interesse educacional, aproximando-se gradativamente dos contextos reais da educação, e a comunidade educacional tem recebido com grande expectativa e entusiasmo a possibilidade de apoiar suas práticas em evidências científicas (Pickering; Howard-Jones, 2007).

No entanto, a distância comunicativa entre pesquisadores e professores tem levado ao surgimento de vários mitos pseudocientíficos nas escolas e, em especial, à proliferação de neuromitos (OECD, 2002). O termo "neuromito" foi cunhado pelo neurocirurgião Alan Crockard na década de 1980 para se referir a ideias sobre o cérebro presentes na cultura médica que não tinham base científica (Crockard, 1996). Nesse mesmo sentido, os neuromitos educacionais seriam os mal-entendidos ou interpretações equivocadas de achados científicos que tratam do cérebro, que são extrapolados para descrever determinados processos de ensino e aprendizagem e que muitas vezes se traduzem em aplicações práticas para a sala de aula de eficácia duvidosa. Em muitas ocasiões, são baseados em ideias preconcebidas e intuitivas sobre como aprendemos e, muitas vezes, são o resultado de deturpações criadas involuntariamente por nosso viés de confirmação (Pasquinelli, 2012).

Em 2002, a Organização para a Cooperação e Desenvolvimento Econômico (OCDE) publicou um relatório sobre neurociência e educação que alertava para a crescente proliferação de neuromitos relacionados à aprendizagem entre a comunidade educacional e os riscos que isso poderia acarretar. No entanto, foi somente em 2012 que um grupo de pesquisadores (Dekker *et al.*, 2012) analisou a prevalência de alguns desses neuromitos em um conjunto significativo de professores de ensino fundamental e médio, especificamente, do Reino Unido e dos Países Baixos.

Os resultados mostraram que alguns neuromitos estão disseminados na comunidade educacional desses países. Entre eles, alguns dos mais prevalentes foram os que constam na Tabela A.1.

Desde então, estudos equivalentes foram realizados em outros países (Ferrero; Garaizar; Vadillo, 2016), que produziram resultados muito semelhantes. Curiosamente, os dados mostram uma correlação positiva entre o interesse em pesquisas neurocientíficas e a crença em neuromitos (Dekker *et al.*, 2012).

Os inconvenientes da proliferação de mitos educacionais são óbvios. Se nossa humilde intenção é orientar nossas práticas educativas com base em evidências científicas, justamente porque confiamos no valor que essa abordagem traz ao nosso trabalho, então é crucial que tenhamos informações confiáveis. Neuromitos e outros equívocos sobre a aprendizagem nos levam a acreditar que tomamos decisões e dedicamos esforços a práticas baseadas em evidências, quando na verdade não. O custo de oportunidade que isso acarreta, porque perdemos um tempo precioso que poderíamos dedicar a atividades mais eficazes, não é insignificante. Pior ainda quando envolve também fazer desembolsos econômicos (várias empresas oferecem soluções baseadas nesses neuromitos) e, sobretudo, quando seu impacto na aprendizagem, além de indiferente, acaba sendo prejudicial (Pasquinelli, 2012).

TABELA A.1 Prevalência de alguns neuromitos em uma amostra de 137 professores do Reino Unido e 105 professores dos Países Baixos

NEUROMITO	PREVALÊNCIA REINO UNIDO	PREVALÊNCIA PAÍSES BAIXOS
As pessoas aprendem melhor quando recebem informações em seu estilo de aprendizagem preferido (auditivo, visual, cinestésico...).	93%	96%
Ambientes ricos em estímulos melhoram o cérebro de pré-escolares.	95%	56%
Certas diferenças na dominância de um hemisfério cerebral sobre o outro ajudam a explicar algumas das diferenças que ocorrem entre os alunos.	91%	86%
Usamos apenas 10% do cérebro.	48%	46%
Há períodos críticos na infância após os quais não é mais possível aprender certas coisas.	33%	52%

Isso não significa que apenas práticas que tenham respaldo científico sejam válidas, mas uma coisa é defender ideias baseadas na própria intuição e experiência, e outra é fingir que elas têm respaldo científico quando não têm. Se nosso interesse está em saber quais são as evidências científicas que sustentam certas práticas educativas, queremos saber o que a ciência realmente diz sobre elas, independentemente de qual seja nossa opinião inicial, e não cair em armadilhas derivadas de interpretações tendenciosas.

A seguir, resumirei brevemente as evidências científicas que temos a respeito de alguns dos neuromitos mais prevalentes na educação. São justamente os que apareceram na Tabela A.1.

ESTILOS DE APRENDIZAGEM

É comum acreditar que cada um tem um estilo de aprendizagem diferente, como se nosso cérebro tivesse mecanismos diferentes para aprender o mesmo tipo de coisas, e uma pessoa tivesse mecanismos mais desenvolvidos do que os outros. Essa ideia é frequentemente associada a supostas diferenças sensoriais, o que leva à existência de alunos visuais, auditivos e cinestésicos. Embora existam muitas outras versões de estilos de aprendizagem, a distinção sensorial, conhecida como VAK (do inglês *visual*, *auditory*, *kinesthetic*), é a mais comum.

Certamente, a ideia de que supostas particularidades do cérebro de cada pessoa determinam a maneira que ela aprende de maneira mais eficaz é muito interessante e, se verdadeira, teria repercussões importantes para a educação. Por isso, muitos cientistas têm investigado se essa intuição é válida ou não, e há muitos estudos que a colocam à prova.

Em suma, as evidências obtidas como um todo não sustentam a noção de estilos de aprendizagem (Pashler *et al.*, 2009; Coffield *et al.*, 2004). Por exemplo, se apresentarmos informações a um grupo de alunos de forma visual e depois fizermos uma prova, poderíamos hipoteticamente determinar quais deles são "visuais" por seus resultados, certo? Se, então, apresentarmos informações de forma auditiva para o mesmo grupo de alunos e novamente os submetermos a uma prova, devemos esperar que outros alunos se destaquem. Mas não é bem assim. Eles se destacam da mesma forma que no teste que avaliou a aprendizagem visual. Em outras palavras, o tipo de abordagem não reverte os resultados dos alunos conforme sua suposta vantagem sensorial, mas permanecem os mesmos (Kirschner, 2017).

Esses estudos foram realizados para todos os tipos de estilos de aprendizagem, não apenas estilos sensoriais de VAK, embora estes últimos tenham sido os mais pesquisados. Em todos os casos, os resultados foram semelhantes (Pashler *et al.*, 2009). Isso não significa que não haja diferenças entre os alunos. Neste livro, falamos sobre várias circunstâncias que certamente fazem a diferença entre alguns alunos e outros, e entre as mais importantes estão o conhecimento prévio, a motivação e as estratégias de autorregulação. Mas como o cérebro é capaz de se lembrar melhor não é uma delas.

Em suma, os estudos refletem que não temos estilos de aprendizagem diferentes predefinidos pela natureza que nos tornam melhores em aprender quando recebemos informações ou estudamos de uma forma ou de outra. Todos nos beneficiaremos das mesmas estratégias, desde que nos sintamos motivados a realizá-las. É claro que alunos com algum déficit sensorial devem confiar nos sentidos disponíveis.

Muitos professores descobriram que alguns alunos entendiam melhor um conceito quando ele lhes era explicado "de outra maneira", mas isso não é necessariamente porque sua natureza como alunos é diferente. O que acontece quando apresentamos informações de várias formas é simplesmente que aumentamos a probabilidade de que mais alunos entendam o que estão aprendendo, simplesmente porque eles têm mais oportunidades, ou seja, eles têm mais "pistas" para ligar os pontos. Porém isso não significa que a explicação visual ou auditiva, por exemplo, funcione preferencialmente para alguns alunos. Eles simplesmente se beneficiam de ter mais opções.

De fato, quanto mais modalidades, exemplos e referências sensoriais (de qualquer tipo) utilizarmos, mais potencializaremos a aprendizagem (de todos os alunos), pois mais vínculos eles poderão fazer com seus conhecimentos prévios (Riener; Willingham, 2010). E, se pudermos usar dois sentidos ao mesmo tempo, como quando explicamos uma coisa e confiamos em imagens, animações, etc., aproveitaremos melhor o espaço da memória de trabalho, essencial para otimizar o aprendizado (Clark; Paivio, 1991).

As pessoas podem se diferenciar pela acuidade de sua memória visual ou sua memória auditiva, entre outras, mas não devemos confundir esse fato com a capacidade de aprender qualquer coisa através dessas memórias. A memória visual é responsável por lembrar a aparência e a localização dos objetos que capturamos através da visão. A memória auditiva é capaz de lembrar as características físicas dos estímulos sonoros (timbre, *pitch*, intensidade, etc.). No entanto, na escola, ensinamos a maioria das coisas na forma de significados, e a visão e a audição são apenas o veículo para levá-las aos alunos. É claro que, para certos objetos de aprendizagem, uma representação visual ou auditiva precisa é essencial. Assim, um aluno com uma boa memória visual pode ter uma vantagem quando se trata de aprender um material inerentemente visual, como a localização das capitais em um mapa da Europa. E um aluno com boa memória auditiva poderia mais facilmente aprender o sotaque correto em uma língua estrangeira. Mas a maior parte do que queremos que as crianças aprendam é baseada em seu significado, então sua memória superior em uma modalidade sensorial específica não lhes dará uma vantagem simplesmente porque o material é apresentado em sua modalidade vantajosa. Sendo a informação apresentada auditiva ou visualmente, o aluno deve extrair e armazenar seu significado (Willingham, 2005).

Em contrapartida, há muitas pessoas que se consideram "aprendizes visuais" (ou auditivas, etc.), pois, quando aprendem, utilizam preferencialmente métodos que se baseiam nessa modalidade sensorial. Na verdade, não é que essas pessoas tenham uma predisposição natural para aprender dessa forma, mas que elas desenvolveram espontaneamente essas estratégias para aprender. Não são estilos, são preferências criadas pelo hábito (Willingham, 2018). E nem todas as estratégias são igualmente eficazes. Na verdade, todos os seres humanos são preferencialmente visuais, e as melhores técnicas de memorização são baseadas nesse fato (desde que o que queremos aprender possa ser representado visualmente, é claro). Qualquer um se beneficiaria de aprender essas técnicas, mesmo quem acredita ter outra modalidade (Cuevas; Dawson, 2018).

Por fim, a melhor escolha sensorial é quase sempre determinada pelo objeto de aprendizagem. Dependendo do que temos a aprender, uma abordagem visual, auditiva, cinestésica, etc. pode ser melhor. Para aprender a usar um microscópio, por exemplo, um texto explicativo sobre seu manuseio não é muito eficaz sem uma imagem e sem a possibilidade de realmente manusear o microscópio.

A crença de estilos de aprendizagem não é apenas uma questão anedótica. Tem consequências importantes. Acreditar que não existem princípios gerais que nos ajudem a aprender melhor nos faz ignorar o que as pesquisas sobre como o cérebro aprende revelaram: que existem (Bjork; Dunlosky; Kornell, 2013). Neste livro, falamos sobre alguns deles. Os alunos que desenvolveram espontaneamente técnicas alinhadas com esses princípios têm (sem saber) uma vantagem sobre os outros. E estudos indicam que todos os alunos podem se beneficiar do emprego dessas estratégias.

PERÍODOS CRÍTICOS E AMBIENTES RICOS

Outro dos mitos mais prevalentes entre a comunidade educativa é a noção de que ambientes ricos em estímulos melhoram o cérebro de crianças em idade pré-escolar. Tal concepção é geralmente acompanhada pela ideia de que há certas coisas que devem ser aprendidas durante os primeiros anos da infância; caso contrário, a janela de oportunidade para aprendê-las terá sido perdida. De modo geral, o neuromito afirma que, nos primeiros anos da infância, é crucial expor as crianças a ambientes ricos em estímulos para aproveitar uma suposta janela de oportunidade que determinará seu desempenho intelectual no futuro (Bruer, 1999).

A origem dessas concepções é facilmente rastreável, uma vez que vem da interpretação equivocada de algumas pesquisas científicas bem conhecidas sobre o desenvolvimento e o funcionamento do sistema nervoso. Especificamente, combina a deturpação de quatro descobertas importantes da neurociência.

- Em primeiro lugar, hoje sabemos que o cérebro tem a capacidade de modificar sua estrutura como resultado da experiência, um fenômeno que chamamos de neuroplasticidade. Especificamente, as células cerebrais especializadas na transmissão de sinais elétricos, os neurônios, modificam a quantidade e a eficiência das conexões que estabelecem entre eles — chamadas sinapses — dependendo dos estímulos que recebem. Essas mudanças na estrutura cerebral impulsionadas pela experiência são, na verdade, a manifestação física do aprendizado (Draganski et al., 2004). Portanto, a interconectividade neural é interpretada como sinônimo de maior habilidade.
- Em segundo lugar, verifica-se que, durante os primeiros 15 meses de vida de uma pessoa, algumas regiões do córtex cerebral mostram uma proliferação sem precedentes de sinapses. Em seguida, ocorre a chamada poda sináptica, processo pelo qual as conexões neurais que mal foram utilizadas são eliminadas, e as que restam são reforçadas. Consequentemente, o córtex cerebral do adulto tem uma densidade sináptica menor do que o do bebê (Tau; Peterson, 2010).
- Em terceiro lugar, sabemos que alguns circuitos neurais do córtex cerebral precisam receber certos estímulos para se desenvolverem adequadamente, o que acontece nos primeiros anos de vida. É por isso que se diz que há períodos sensíveis em que o cérebro requer certas experiências para o seu correto desenvolvimento. O fim desses períodos sensíveis geralmente coincide com o fim dos processos de poda sináptica (Tau; Peterson, 2010).
- Por fim, vários experimentos mostram que, quando os indivíduos são criados em ambientes ricos em estímulos, seu cérebro desenvolve maior densidade sináptica e mostra maiores habilidades de aprendizagem (Rosenzweig; Bennett; Diamond, 1972).

Se combinarmos essas quatro descobertas, que simplifiquei expressamente, não é difícil acabar caindo no neuromito que nos preocupa. A conclusão infeliz seria pensar que seria conveniente aproveitar a janela de oportunidade representada por períodos sensíveis para estimular a criança, reduzir a poda sináptica e alcançar a máxima interconectividade neuronal; dito de outra forma, para que ela aprenda o máximo possível.

Por que essa conclusão não é precisa? Como de costume, a chave está nos detalhes que geralmente são omitidos quando se simplifica demais. Vamos por etapas. Para começar, é crucial distinguir dois tipos de neuroplasticidade. De um lado, a neuroplasticidade *dependente da experiência* e, de outro, a neuroplasticidade *expectante da experiência*. Embora em ambos os casos se fale apenas em neuroplasticidade, são processos muito diferentes do ponto de vista funcional (Greenough; Black; Wallace, 1987).

A neuroplasticidade dependente da experiência refere-se a como o cérebro aprende, ou seja, o mecanismo pelo qual ele codifica as informações que vêm do ambiente ou ajusta seus circuitos para melhorar o desempenho das atividades que coordena (como quando aprendemos uma nova habilidade). Não seria um processo de desenvolvimento cerebral, mas a forma que o cérebro opera para aprender e melhorar suas respostas às circunstâncias do ambiente em que vivemos.

Já a neuroplasticidade expectante da experiência é um processo de desenvolvimento do córtex cerebral. Certas regiões cerebrais, sobretudo sensoriais e motoras, necessitam de certos estímulos e experiências para completar seu amadurecimento durante os primeiros anos de vida. Por exemplo, os circuitos do córtex cerebral responsáveis pelo processamento da informação visual precisam receber estímulos visuais para serem configurados. No entanto, os estímulos necessários para satisfazer esse processo são aqueles que qualquer um obtém pelo simples fato de abrir os olhos (em um ambiente iluminado). Da mesma forma, os circuitos que controlam os movimentos básicos do corpo são ajustados pela atividade motora normal que qualquer bebê realiza. Portanto, esse tipo de plasticidade só está envolvido em processos de desenvolvimento comuns a todos os seres humanos e que são produzidos a partir de estímulos básicos. As experiências de que uma criança necessita para desenvolver tais habilidades sensoriais e motoras são facilmente adquiridas em qualquer ambiente.

Em suma, não devemos confundir essa particularidade dos processos de desenvolvimento pós-natal de alguns circuitos cerebrais com a ideia de que, com mais estímulos, mais inteligente a criança será. A neuroplasticidade relacionada à obtenção de conhecimento semântico e ao aprendizado de todos os tipos de habilidades que dependem da experiência ocorre ao longo da vida, não apenas nos primeiros anos. Talvez uma exceção a destacar seja a aquisição da linguagem, para a qual há um período sensível de cerca de 12 anos, no qual o cérebro oferece uma facilidade particular para seu aprendizado a partir da mera interação social (Kuhl, 1994; Kuhl; Tsao; Liu, 2003). Mas isso não significa que depois dos 12 anos não possamos aprender outra língua.

Os estudos que mostram que indivíduos criados em ambientes ricos em estímulos têm cérebros mais desenvolvidos? Isso não significa que devemos expor as crianças a ambientes estimulantes tanto quanto possível? A origem dessas evidências remonta às investigações que Mark Rosenzweig e colaboradores realizaram com ratos de laboratório e outros roedores na década de 1960 (Rosenzweig; Bennett; Diamond, 1972; Diamond; Krech; Rosenzweig, 1964). A primeira coisa que deve nos alertar é o fato de que os estudos foram realizados com esses animais, uma questão que desde o início acarreta evidentes inconvenientes para sua extrapolação para a espécie humana.

Em seus experimentos, a equipe de Rosenzweig criou vários ratos em dois ambientes diferentes (Fig. A.1). Alguns foram criados desacompanhados de outros ratos, em gaiolas sem qualquer artefato para brincar ("ambiente pobre"), e outros foram criados em grupos, em gaiolas que incluíam vários aparelhos renovados periodicamente ("ambiente enriquecido"). Após um tempo, os pesquisadores dissecaram os roedores e analisaram seu cérebro. Como resultado, eles observaram que ratos criados com mais estímulos tinham córtices cerebrais mais espessos e maior atividade neuroquímica. Resultados semelhantes foram obtidos por outros pesquisadores posteriormente, que também encontraram uma maior densidade de conexões neuronais em ratos criados em ambientes enriquecidos (Greenough; Black; Wallace, 1987). Além disso, observou-se que esses ratos eram mais experientes e aprendiam mais facilmente a resolver tarefas como sair de um labirinto (Bruer; Greenough, 2001).

Esses resultados de roedores foram impiedosamente reinterpretados pelo público: se os ambientes enriquecidos produziam ratos mais inteligentes com cérebros maiores, isso significaria que tínhamos que fornecer aos nossos bebês muitos estímulos para melhorar suas habilidades cognitivas. No entanto, além do salto de fé nada desprezível representado por fazer essa extrapolação entre roedores e humanos, há outro erro importante em tal interpretação. Para compreender o alcance desses experimentos, é primordial compreender o significado

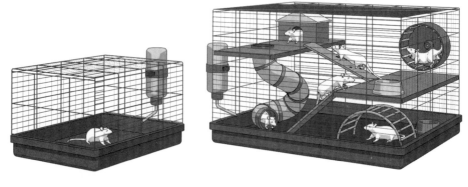

Ambiente pobre   Ambiente rico

FIGURA A.1 Ambientes de criação de ratos nos experimentos de Rosenzweig, Bennett e Diamond (1972).

que os pesquisadores deram aos conceitos de "ambiente pobre" e, sobretudo, "ambiente enriquecido". O ambiente enriquecido foi assim chamado apenas por ser mais rico em estímulos do que o ambiente pobre, o que representou uma situação de extrema privação para os roedores. Nenhum ambiente se assemelhava ao ambiente natural dos ratos, mas ambos representavam situações de reclusão que só diferiam entre si porque os "enriquecidos" incluíam a companhia de outros ratos e alguns brinquedos. Sem dúvida, a vida em liberdade oferece desafios muito mais estimulantes.

O que esses estudos refletiram, na realidade, não foi que quanto mais estímulos fornecidos, maior o desenvolvimento cerebral, mas o inverso: que a privação de estímulos produz um cérebro menos desenvolvido. Esses experimentos não podem nos dizer o que acontece quando se atinge o limiar de estimulação oferecido pela mera vida em liberdade no ambiente natural.

Basicamente, os trabalhos descritos contribuem para a noção de que as experiências modulam a estrutura do cérebro, que a aprendizagem é o resultado da proliferação de conexões entre neurônios. Estudos posteriores mostraram que as alterações observadas no cérebro de ratos ocorrem em qualquer idade, em resposta às experiências proporcionadas pelo ambiente (Van Praag; Kempermann; Gage, 2000). Trata-se, portanto, de um fenômeno relacionado à neuroplasticidade dependente da experiência, que não está sujeita a períodos sensíveis.

Por fim, a ideia de "reduzir a poda sináptica" expondo o bebê ao maior número possível de estímulos antes do fim do período sensível também não faz muito sentido. A poda sináptica é um processo natural e necessário, típico do desenvolvimento do córtex cerebral. Para que o cérebro funcione de forma eficiente, é essencial que ele selecione as conexões nervosas apropriadas e fortaleça-as com todos os recursos disponíveis. O cérebro não será mais eficaz por ter mais conexões nervosas. De fato, existe uma doença hereditária, conhecida como síndrome do X frágil, cujos pacientes sofrem de deficiência intelectual, embora tenham uma densidade sináptica maior do que a habitual (Irwin *et al.*, 2001). Não existe uma relação simples entre o número de sinapses e a inteligência de um indivíduo.

Além disso, a poda sináptica ocorre em taxas diferentes, dependendo da região do córtex cerebral, e dura muitos anos, até os 20 (Huttenlocher, 1979). As regiões que encerram antes o processo de maturação são sensoriais e motoras e, como já mencionei, necessitam apenas de estímulos muito básicos para se desenvolverem adequadamente.

Tudo isso não significa que não há diferenças entre os ambientes onde as crianças são criadas, o que posteriormente afeta sua capacidade de aprender. Já comentamos que a privação de certos estímulos pode ter consequências a longo prazo. No caso dos humanos, além da privação sensorial, que só seria possível em condições parentais subumanas, a privação social e afetiva nos primeiros anos de vida também parece ter efeitos prejudiciais. Estudos com crianças que sofreram uma situação tão infeliz indicam que a falta de socialização precoce pode ter efeitos difíceis de reverter em sua totalidade (O'Connor *et al.*, 1999; 2000).

Deixando de lado situações extremas, há também certas diferenças no ambiente das crianças que podem afetar sua capacidade de aprender no momento em que iniciam a educação escolar (Dawson; Ashman; Carver, 2000). Por exemplo, como discuti no Capítulo 14, "Autocontrole", ambientes que fornecem suporte emocional e cognitivo parecem estar associados a melhores habilidades de autorregulação (Schroeder; Kelley, 2010; Grolnick; Farkas, 2002).

Outra diferença relevante está na riqueza da linguagem à qual a criança é exposta diariamente desde a primeira infância. A proficiência linguística é essencial para a aprendizagem posterior (sobretudo para a compreensão da leitura) e, segundo alguns estudos, aos 3 anos de idade já pode haver enormes diferenças no vocabulário adquirido pelas crianças dependendo de seu ambiente (Hart; Risley, 1995), o que se traduz em diferenças importantes em sua capacidade de aprender. Nesse caso, novamente trata-se do conhecimento prévio com que as crianças chegam à escola.

POTENCIAL CEREBRAL

Não sabemos muito bem a quem atribuir a origem deste neuromito, mas é claro que todos já o ouvimos em algum momento: "só usamos 10% do cérebro". Foi erroneamente atribuído a Albert Einstein (que, aliás, era físico, não neurologista) e apareceu em todo tipo de produto cultural (Beyerstein, 2004). Sua ampla divulgação deve-se, provavelmente, à ideia cativante e reconfortante do "potencial oculto" que sugere. Seja como for, esse mito se intrometeu na cultura popular apesar de não ter nenhuma evidência científica. Pelo contrário, tudo o que sabemos sobre como o cérebro funciona é incompatível com essa noção.

Para começar, do ponto de vista evolutivo, é inconcebível que um órgão que constitui 2% do peso corporal, mas consome 20% da energia, seja subutilizado. Se precisássemos apenas de 10% do cérebro, a seleção natural teria beneficiado indivíduos com cérebros muito menores e mais eficientes (Beyerstein, 1999). A espada evolutiva de Dâmocles não permite que nada seja demais.

Em segundo lugar, as pessoas que sofrem lesões cerebrais sempre têm sequelas. Se usássemos apenas 10% do cérebro, as chances de sofrer sequelas após uma doença ou acidente seriam muito menores. As sequelas desses pacientes nos ensinaram que as diversas regiões do cérebro realizam funções muito específicas (talvez o leitor se lembre do caso de Henry Molaison, do qual falamos no Capítulo 2, "Componentes da memória"). Felizmente, algumas dessas funções podem ser desenvolvidas por outras regiões que não as originais, caso estas últimas tenham sido danificadas (Kleim; Jones, 2008). Mas o fato é que cada conjunto de neurônios no cérebro cumpre alguma função, e nenhum é supérfluo.

Em contrapartida, as técnicas de neuroimagem, que nos permitem observar o cérebro de pessoas saudáveis em ação, nos mostram que todo o cérebro está ativo a maior parte do tempo. Mesmo quando dormimos, a atividade é registrada de todas as regiões do cérebro (Kajimura et al., 1999). Isso porque, para realizar qualquer ação, é necessária a participação de múltiplas regiões cerebrais, cada uma contribuindo para sua função específica.

Usando uma analogia, poderíamos imaginar o cérebro como uma orquestra sinfônica neural que nunca pararia de tocar, na qual todos os seus músicos (os neurônios) interviriam continuamente, mas haveria conjuntos de músicos ou mesmo músicos solo que teriam maior destaque de acordo com a parte da sinfonia que estavam tocando, de acordo com a tarefa que estava sendo realizada a cada momento. Se algum grupo de músicos falhasse, fosse o que fosse, a sinfonia fracassaria.

Talvez haja quem defenda que o mito dos 10% não se refere a apenas 10% dos neurônios estarem ativos em determinado momento, mas que todos eles trabalham abaixo de suas possibilidades, a 10% de sua capacidade. De acordo com isso, a intensidade da ativação neuronal determinaria o desempenho cognitivo. No entanto, se assim fosse, não faria muito sentido que o cérebro de pessoas superdotadas não tenha necessariamente níveis mais altos de ativação do que o de pessoas normais, como mostram alguns estudos de neuroimagem (Mrazik; Dombrowski, 2010). Esse neuromito é insustentável à luz das evidências.

LATERALIDADE E HEMISFÉRIOS DOMINANTES

O fato de que várias partes do cérebro trabalham juntas para nos permitir realizar qualquer ação nos leva justamente a banir outro neuromito que é especialmente prevalente entre a comunidade educacional. É um dos mitos mais explorados por todos os tipos de empresas e indivíduos que oferecem produtos e serviços supostamente baseados no conhecimento científico do cérebro. Refiro-me à noção de que cada hemisfério do cérebro lida com determinadas tarefas e que diferenças na dominância de um hemisfério sobre o outro explicariam algumas diferenças entre os alunos (Lindell; Kidd, 2011).

Especificamente, esse neuromito argumenta que o hemisfério esquerdo é responsável pelo raciocínio lógico-analítico e pela linguagem verbal, enquanto o direito é responsável pela percepção visuoespacial, pela experiência emocional, pela criatividade e pela linguagem não verbal, incluindo a musical. Além disso, segundo essa ideia, as pessoas poderiam ser classificadas conforme o hemisfério dominante em si, o que supostamente lhes daria maior facilidade para um tipo de conhecimento e habilidade. Pessoas de "cérebro esquerdo" seriam verbais, analíticas e lógicas, e pessoas de "cérebro direito" seriam artísticas, emocionais e criativas (curiosamente o domínio da linguagem e da matemática dependeria do mesmo hemisfério). Consequentemente, o mito nos convida a oferecer diferentes experiências de aprendizagem a cada aluno, dependendo de qual hemisfério domina sobre o outro, a fim de facilitar a aprendizagem com base em suas preferências naturais. Algumas derivações do mito também afirmam que é necessário realizar certos exercícios para "equilibrar" o desenvolvimento de ambos os hemisférios, sugerindo que existem atividades que fortalecem seletivamente um hemisfério ou outro.

Para começar, esse neuromito se sobreporia em parte ao dos estilos de aprendizagem. Como comentei anteriormente, não há evidências conclusivas de que diferentes abordagens educacionais beneficiem alguns alunos em detrimento de outros com base em supostas características inatas, o que presumivelmente os levaria a aprender melhor quando a informação lhes é apresentada de uma determinada maneira (sempre falamos de alunos sem nenhum transtorno relevante).

Em segundo lugar, esse neuromito repousa sobre uma interpretação equivocada do fenômeno da lateralização cerebral. A lateralização é uma característica do cérebro dos vertebrados (e não apenas dos humanos). Algumas áreas do cérebro (as menores) não são anatômica e funcionalmente simétricas, mas existem algumas diferenças entre um hemisfério e outro. Voltando à analogia do cérebro e da orquestra sinfônica, poderíamos imaginar um arranjo em que a maioria dos músicos, dependendo do instrumento que tocavam, estavam distribuídos de forma igual e simétrica em ambos os lados do palco; seis violinos de um lado e seis do outro, quatro violoncelos à esquerda e quatro à direita, etc. Mas haveria alguma exceção: por exemplo, os oboés ficariam exclusivamente do lado esquerdo, enquanto, no mesmo lugar do lado direito, seriam colocadas as flautas.

Assim, embora algumas partes do cérebro não sejam realmente simétricas, isso não significa que elas operem de forma independente. Para realizar qualquer tarefa, é necessária a participação de múltiplas regiões do cérebro, localizadas em ambos os hemisférios. Os oboés sozinhos não podem tocar nenhuma sinfonia orquestral.

Os dois hemisférios trabalham sempre de forma integrada, comunicando-se continuamente através de um enorme feixe de 250 milhões de extensões nervosas, conhecido como corpo caloso (Nielsen *et al.*, 2013). Evidências neurocientíficas indicam inequivocamente que todas as pessoas, das mais lógicas e analíticas às mais emocionais e criativas, usam os dois hemisférios do cérebro simultaneamente ao realizar qualquer tarefa.

Mesmo no caso da articulação da linguagem, que é a tarefa mais claramente lateralizada do cérebro humano, são necessárias a ativação e a interação de múltiplos processos em ambos os hemisférios (Lindell, 2006). Evidências também mostram que qualquer tarefa criativa depende da integração de processos em ambos os lados do cérebro. Segundo um relatório da OCDE (2007), para esse neuromito, "não há evidências científicas [...] Isso sugere uma correlação entre o grau de criatividade e o nível de ativação no hemisfério direito".

Por exemplo, em um estudo que analisou a atividade cerebral usando técnicas de neuroimagem (Carlsson; Wendt; Risberg, 2000), verificou-se que a realização de tarefas criativas, como sugerir novos usos para um objeto comum, era acompanhada por ativação em ambos os hemisférios. Além disso, as pessoas que eram mais criativas mostraram maior ativação em ambos os lados do cérebro do que aquelas que eram menos criativas. Portanto, em vez de apoiar a ideia de que a criatividade depende do hemisfério direito, esses resultados sugerem que a criatividade depende de uma maior ativação global do cérebro, uma hipótese que tem sido apoiada pelo estudo da atividade cerebral de pessoas com profissões altamente criativas (artistas) em comparação com pessoas que exercem profissões menos criativas (Gibson; Folley; Park, 2009).

Em suma, nenhuma tarefa depende exclusivamente de um dos hemisférios e, portanto, nenhum exercício pode nos permitir fortalecer apenas um hemisfério. Não há evidências rigorosas de que qualquer um dos produtos ou das soluções oferecidos para "equilibrar" os hemisférios sejam eficazes, nem há evidências que apoiem as promessas de soluções enquadradas na chamada "ginástica cerebral" (Owen *et al.*, 2010).

Por fim, é possível que a ideia de que existe um "hemisfério dominante" determinando nossas habilidades seja, novamente, uma deturpação do significado do termo científico original. Na neurociência, esse conceito refere-se de forma simples e rasa ao hemisfério que, como consequência do processo de lateralização que ocorre durante o desenvolvimento cerebral, acabará abrigando algumas das regiões especializadas que contribuem para a articulação da linguagem (na maioria das pessoas, o hemisfério esquerdo). Em outras palavras, o termo *hemisfério dominante* corresponde sempre ao que, segundo o neuromito, é o lógico-analítico-verbal. Portanto, é incorreto dizer que o hemisfério dominante de uma pessoa pode ser um ou outro.

A lateralização cerebral é um fenômeno interessante dos pontos de vista médico, neurobiológico e evolutivo, mas não pode ser utilizada no contexto pedagógico para justificar uma classificação dos alunos de acordo com seus supostos estilos de aprendizagem. Qualquer referência a ela no âmbito do ensino deve nos alertar imediatamente de que provavelmente estamos entrando em território pseudocientífico. Isso não significa que não possa haver distúrbios neurológicos que afetem a aprendizagem como resultado de defeitos relacionados à lateralização, mas resta ver a eficácia dos métodos corretivos presumidos.

A existência desses e de outros mitos pseudocientíficos sobre o cérebro e a aprendizagem nos alerta para a necessidade de sermos muito cautelosos com as informações que nos chegam através de meios de comunicação, conferências, cursos e soluções educacionais das empresas. Como mencionei no primeiro capítulo deste livro, o interesse em conhecer as descobertas científicas nesse campo deve ser sempre acompanhado de grandes doses de prudência e da certeza de que nada é tão simples quanto parece. Nesse sentido, espero ter contribuído para fornecer algumas ferramentas que ajudem o leitor a reconhecer o rigor nesse campo de pesquisa tão fascinante.

REFERÊNCIAS

AHMED, A.; POLLITT, A. The support model for interactive assessment. *Assessment in Education: Principles, Policy and Practice*, v. 17, n. 2, 2010. Disponível em: https://www.tandfonline.com/doi/abs/10.1080/09695941003694425. Acesso em: 8 out. 2023.

AIRASIAN, P. W. *Classroom assessment*. New York: McGraw-Hill, 1997.

ALFIERI, L. *et al.* Does discovery-based instruction enhance learning? *Journal of Educational Psychology*, v. 103, n. 1, 2011. Disponível em: https://eric.ed.gov/?id=EJ933606. Acesso em: 8 out. 2023.

ALLOWAY, T. P. How does working memory work in the classroom? *Educational Research and Reviews*, v. 1, n. 4, 2006. Disponível em: https://eric.ed.gov/?id=EJ903186. Acesso em: 19 set. 2023.

ALLOWAY, T. P.; ALLOWAY, R. G. Investigating the predictive roles of working memory and IQ in academic attainment. *Journal of Experimental Child Psychology*, v. 106, n. 1, 2010. Disponível em: https://pubmed.ncbi.nlm.nih.gov/20018296/. Acesso em: 19 set. 2023.

ALLOWAY, T. P.; ALLOWAY, R. G. *Understanding working memory*. California: SAGE Publications, 2014.

AMBROSE, S. A. *et al. How learning works*: seven research-based principles for smart teaching. New Jersey: John Wiley & Sons, 2010.

ANDERSON, C. A. *et al.* Temperature and aggression. *In*: ZANNA, M. P. (ed.). *Advances in experimental social psychology*. Massachusetts: Academic Press, 2000. v. 32.

ANDERSON, J. R. Acquisition of cognitive skill. *Psychological Review*, v. 89, n. 4, 1982. Disponível em: http://act-r.psy.cmu.edu/wordpress/wp-content/uploads/2012/12/63ACS_JRA_PR.1982.pdf. Acesso em: 19 set. 2023.

ANDERSON, L. W. *et al.* (ed.). *A taxonomy for learning, teaching, and assessing*: a revision of Bloom's Taxonomy of Educational Objectives. New York: Longman, 2001.

ANDERSON, M.; DELLA SALA, S. Neuroscience in education: an (opinionated) introduction. *In*: DELLA SALA; ANDERSON, M. (ed.). *Neuroscience in education*: the good, the bad and the ugly. Oxford: Oxford University Press, 2012. p. 3-12.

ANDO, J.; ONO, Y.; WRIGHT, M. J. Genetic structure of spatial and verbal working memory. *Behavior Genetics*, v. 31, n. 6, p. 615-624, 2001. Disponível em: https://link.springer.com/article/10.1023/A:1013353613591. Acesso em: 8 out. 2023.

ANZAI, Y. Learning and use of representations for physics expertise. *In*: ERICSSON, K. A.; SMITH, J. (ed.). *Toward a general theory of expertise*. Cambridge: Cambridge University, 1991. p. 64–92

ARNSTEN, A. F. Stress signalling pathways that impair prefrontal cortex structure and function. *Nature Reviews Neuroscience*, v. 10, n. 6, p. 410-422, 2009. Disponível em: https://www.nature.com/articles/nrn2648. Acesso em: 19 set. 2023.

ARONSON, J.; FRIED, C. B.; GOOD, C. Reducing the effects of stereotype threat on African American college students by shaping theories of intelligence. *Journal of Experimental Social Psychology*, v. 38, n. 2, p. 113-125, 2002. Disponível em: https://www.sciencedirect.com/science/article/pii/S002210310191491X. Acesso em: 19 set. 2023.

ARZI, H. J.; BEN-ZVI, R.; GANIEL, U. Forgetting versus savings: the many facets of long-term retention. *Science Education*, v. 70, n. 2, p. 171-188, 1986. Disponível em: https://eric.ed.gov/?id=EJ336548. Acesso em: 19 set. 2023.

ATKINSON, R. C.; SHIFFRIN, R. M. Human memory: A proposed system and its control processes. *In*: SPENCE, K. W.; SPENCE, J. T. (ed.). *Psychology of learning and motivation* Massachusetts: Academic Press, 1968. v. 2. p. 89-195.

ATKINSON, R. K. et al. Learning from examples: Instructional principles from the worked examples research. *Review of Educational Research*, v. 70, n. 2, p. 181-214, 2000. Disponível em: http://jittdl.science.iupui.edu/JiTT_RESOURCES/WE/pdfs/Atkinson_2000.pdf. Acesso em: 8 out. 2023.

ATKINSON, R. K.; RENKL, A.; MERRILL, M. M. Transitioning from studying examples to solving problems: effects of self-explanation prompts and fading worked-out steps. *Journal of Educational Psychology*, v. 95, n. 4, p. 667-686, 2003. Disponível em: https://psycnet.apa.org/record/2003-09576-009. Acesso em: 8 out. 2023.

AUSUBEL, D. P. Learning by discovery. *Educational Leadership*, v. 20, n. 2, p. 113-117, 1962. Disponível em: https://files.ascd.org/staticfiles/ascd/pdf/journals/ed_lead/el_196211_ausubel.pdf. Acesso em: 8 out. 2023.

BABAD, E. Pygmalion-25 years after interpersonal expectations in the classroom. *In*: BLANCK, P. D. (ed.). *Interpersonal expectations*: theory, research, and applications — studies in emotionmal and social interaction. Cambridge: Cambridge University, 1993. p. 125-153.

BADDELEY, A.; EYSENCK, M. W.; ANDERSON, M. C. *Memory*. London: Psychology Press, 2015.

BADDELEY, A. D.; HITCH, G. J. Working memory. *In*: BOWER, G. A. (ed.). *The psychology of learning and motivation*. Massachusetts: Academic Press, 1974. p. 47-89.

BAHRICK, H. P. Maintenance of knowledge: questions about memory we forgot to ask. *Journal of Experimental Psychology: General*, v. 108, p. 296-308, 1979. Disponível em: https://psycnet.apa.org/record/1981-00448-001. Acesso em: 16 set. 2023.

BAHNÍK, Š.; VRANKA, M. A. Growth mindset is not associated with scholastic aptitude in a large sample of university applicants. *Personality and Individual Differences*, v. 117, p. 139-143, 2017. Disponível em: https://www.sciencedirect.com/science/article/pii/S0191886917303835. Acesso em: 16 set. 2023.

BALLARINI, F. et al. Memory in elementary school children is improved by an unrelated novel experience. *PloS One*, v. 8, n. 6, e66875, 2013. Disponível em: https://journals.plos.org/plosone/article?id=10.1371/journal.pone.0066875. Acesso em: 27 set. 2023.

BANDURA, A. *Self-efficacy*: the exercise of control. New York: Macmillan, 1997.

BARBIERI, S. M.; LIGHT, P. H. Interaction, gender and performance on a computer-based problem solving task. *Learning and Instruction*, v. 2, n. 3, p. 119-213, 1992. Disponível em: https://www.sciencedirect.com/science/article/pii/095947529290009B. Acesso em: 7 out. 2023.

BARNETT, S. M.; CECI, S. J. When and where do we apply what we learn?: A taxonomy for far transfer. *Psychological Bulletin*, v. 128, n. 4, p. 612-637, 2002. Disponível em: https://pubmed.ncbi.nlm.nih.gov/12081085/. Acesso em: 16 set. 2023.

BARRON, K. E.; HARACKIEWICZ, J. M. Achievement goals and optimal motivation: Testing multiple goal models. *Journal of Personality and Social Psychology*, v. 80, n. 5, p. 706-722, 2001. Disponível em: https://psycnet.apa.org/record/2001-17232-002. Acesso em: 4 out. 2023.

BARTLETT, F. C. *Remembering*: a study in experimental and social psychology. Cambridge: Cambridge University, 1932.

BAUMEISTER, R. F. Ego depletion and self-control failure: An energy model of the self's executive function. *Self and Identity*, v. 1, n. 2, p. 129-136, 2002. Disponível em: https://www.tandfonline.com/doi/abs/10.1080/152988602317319302. Acesso em: 7 out. 2023.

BAUMEISTER, R. F. et al. Does high self-esteem cause better performance, interpersonal success, happiness, or healthier lifestyles? *Psychological Science in the Public Interest*, v. 4, n. 1, p. 1-44, 2003. Disponível em: https://journals.sagepub.com/doi/10.1111/1529-1006.01431. Acesso em: 16 set. 2023.

BAUMEISTER, R. F.; VOHS, K. D.; TICE, D. M. The strength model of self-control. *Current Directions in Psychological Science*, v. 16, n. 6, p. 351-355, 2007. Disponível em: https://journals.sagepub.com/doi/10.1111/j.1467-8721.2007.00534.x. Acesso em: 16 set. 2023.

BAYLEY, P. J.; HOPKINS, R. O.; SQUIRE, L. R. The fate of old memories after medial temporal lobe damage. *Journal of Neuroscience*, v. 26, n. 51, p. 13311-13317, 2006. Disponível em: https://www.ncbi.nlm.nih.gov/pmc/articles/PMC2424208. Acesso em: 16 set. 2023.

BEAVER, K. M.; RATCHFORD, M.; FERGUSON, C. J. Evidence of genetic and environmental effects on the development of low self-control. *Criminal Justice and Behavior*, v. 36, n. 11, p. 1158-1172, 2009. Disponível em: https://journals.sagepub.com/doi/10.1177/0093854809342859. Acesso em: 16 set. 2023.

BECHARA, A. et al. Double dissociation of conditioning and declarative knowledge relative to the amygdala and hippocampus in humans. *Science*, v. 269, n. 5227, p. 1115-1118, 1995. Disponível em: https://pubmed.ncbi.nlm.nih.gov/7652558/. Acesso em: 16 set. 2023.

BEED, P.; HAWKINS, M.; ROLLER, C. Moving learners toward independence: the power of scaffolded instruction. *The Reading Teacher*, v. 44, n. 9, p. 648-655, 1991. Disponível em: https://www.jstor.org/stable/20200767. Acesso em: 8 out. 2023.

BERNIER, A.; CARLSON, S. M.; WHIPPLE, N. From external regulation to self-regulation: early parenting precursors of young children's executive functioning. *Child Development*, v. 81, n. 1, p. 326-339, 2010. Disponível em: https://srcd.onlinelibrary.wiley.com/doi/10.1111/j.1467-8624.2009.01397.x. Acesso em: 16 set. 2023.

BERRY, D. C. Metacognitive experience and transfer of logical reasoning. *The Quarterly Journal of Experimental Psychology Section A*, v. 35, n. 1, p. 39-49, 1983. Disponível em: https://www.tandfonline.com/doi/abs/10.1080/14640748308402115. Acesso em: 16 set. 2023.

BEYERSTEIN, B. L. Do we really use only 10 percent of our brains? *Scientific American*, v. 290, n. 6, p. 116, 2004. Disponível em: https://www.scientificamerican.com/article/do-we-really-use-only-10/. Acesso em: 8 out. 2023.

BEYERSTEIN, B. L. Whence cometh the myth that we only use ten percent of our brains. *In*: DELLA SALA, S. (ed.). *Mind myths*: exploring popular assumptions about the mind and brain. New Jersey: John Wiley & Sons, 1999. p. 1-24.

BIAN, L.; LESLIE, S. J.; CIMPIAN, A. Gender stereotypes about intellectual ability emerge early and influence children's interests. *Science*, v. 355, n. 6323, p. 389-391, 2017. Disponível em: https://www.science.org/doi/10.1126/science.aah6524. Acesso em: 16 set. 2023.

BIELACZYC, K.; PIROLLI, P. L.; BROWN, A. L. Training in self-explanation and self-regulation strategies: Investigating the effects of knowledge acquisition activities on problem solving. *Cognition and Instruction*, v. 13, n. 2, p. 221-252, 1995. Disponível em: https://psycnet.apa.org/record/1996-09552-001. Acesso em: 16 set. 2023.

BJORK, E. L.; BJORK, R. A. Making things hard on yourself, but in a good way: Creating desirable difficulties to enhance learning. *In*: GERNSACHER, M. A. *et al*. (ed.). *Psychology and the real world*: essays illustrating fundamental contributions to society. Hampshire: Worth Publishers, 2011. p. 59-68.

BJORK, R. A. Memory and metamemory considerations in the training of human beings. *In*: MET-CALFE, J.; SHIMAMURA, A. (ed.). *Metacognition*: knowing about knowing. Massachusetts: MIT, 1994. p. 185-206.

BJORK, R. A.; BJORK, E. L. A new theory of disuse and an old theory of stimulus fluctuation. *In*: HEALY, A. F.; KOSSLYN, S. M.; SHIFFRIN, R. M. (ed.). *From learning processes to cognitive processes*: essays in honor of William K. Estes. New York: Lawrence Erlbaum Associates, 1992. v. 2. p. 35–67.

BJORK, R. A.; DUNLOSKY, J.; KORNELL, N. Self-regulated learning: beliefs, techniques, and illusions. *Annual Review of Psychology*, v. 64, p. 417-444, 2013. Disponível em: https://www.annualreviews.org/doi/abs/10.1146/annurev-psych-113011-143823. Acesso em: 8 out. 2023.

BLACK, P.; WILIAM, D. Assessment and classroom learning. *Assessment in Education: Principles, Policy and Practice*, v. 5, n. 1, p. 7-74, 1998. Disponível em: https://www.gla.ac.uk/t4/learningandteaching/files/PGCTHE/BlackandWiliam1998.pdf. Acesso em: 8 out. 2023.

BLACKWELL, L. S.; TRZESNIEWSKI, K. H.; DWECK, C. S. Implicit theories of intelligence predict achievement across an adolescent transition: a longitudinal study and an intervention. *Child Development*, v. 78, n. 1, p. 246-263, 2007. Disponível em: https://srcd.onlinelibrary.wiley.com/doi/10.1111/j.1467-8624.2007.00995.x. Acesso em: 16 set. 2023.

BLAIR, C.; RAZZA, R. P. Relating effortful control, executive function, and false belief understanding to emerging math and literacy ability in kindergarten. *Child Development*, v. 78, n. 2, p. 647-663, 2007. Disponível em: https://pubmed.ncbi.nlm.nih.gov/17381795/. Acesso em: 16 set. 2023.

BLOOM, B. S. *Taxonomy of educational objectives*. [*S. l*]: David McKay, 1956. v. 1.

BLOOM, B. S. The nature of the study and why it was done. *In*: BLOOM, B. S. (ed.). *Developing talent in young people*. New York: Ballantine Books, 1985. p. 3-18.

BONG, M.; SKAALVIK, E. M. Academic self-concept and self-efficacy: How different are they really? *Educational Psychology Review*, v. 15, n. 1, p. 1-40, 2003. Disponível em: https://link.springer.com/article/10.1023/A:1021302408382. Acesso em: 16 set. 2023.

BORKOWSKI, J. G.; WEYHING, R. S.; CARR, M. Effects of attributional retraining on strategy-based reading comprehension in learning-disabled students. *Journal of Educational Psychology*, v. 80, n. 1, p. 46-53, 1988. Disponível em: https://

psycnet.apa.org/record/1988-24845-001. Acesso em: 16 set. 2023.

BRANSFORD, J. D.; BROWN, A. L.; COCKING, R. R. *How people learn*: brain, mind, experience, and school. Washington: National Academy Press, 2000.

BRANSFORD, J. D. *et al.* Teaching thinking and content knowledge: toward an integrated approach. *In*: JONES, B. F.; IDOL, L. (ed.). *Dimensions of thinking and cognitive instruction*. New York: Lawrence Erlbaum Associates, 1990. v. 1. p. 381-413.

BRANSFORD, J. D.; JOHNSON, M. K. Contextual prerequisites for understanding: Some investigations of comprehension and recall. *Journal of Verbal Learning and Verbal Behavior*, v. 11, n. 6, p. 717-726, 1972. Disponível em: http://www.cogsci.umn.edu/docs/pdfs/Bransford1972-JVLVB.pdf. Acesso em: 16 set. 2023.

BRANSFORD, J. D.; SCHWARTZ, D. L. Rethinking transfer: a simple proposal with multiple implications. *Review of Research in Education*, v. 24, n. 1, p. 61-100, 1999. Disponível em: https://aaalab.stanford.edu/assets/papers/earlier/Rethinking_transfer_a_simple_proposal_with_multiple_implications.pdf. Acesso em: 8 out. 2023.

BREWER, J. *et al.* Making memories: Brain activity that predicts how well visual experience will be remembered. *Science*, v. 281, n. 5280, p. 1185-1187, 1998. Disponível em: https://pubmed.ncbi.nlm.nih.gov/9712581/. Acesso em: 16 set. 2023.

BROCKNER, J.; DERR, W. R.; LAING, W. N. Self-esteem and reactions to negative feedback: Towards greater generalizability. *Journal of Research in Personality*, v. 21, n. 3, p. 318-333, 1987. Disponível em: https://www.sciencedirect.com/science/article/pii/0092656687900146. Acesso em: 8 out. 2023.

BROPHY, J. E.; GOOD, T. L. *Teacher-student relationships*: causes and consequences. [S. l.]: Holt, Rinehart and Winston, 1974.

BROWN, D. E.; CLEMENT, J. Overcoming misconceptions via analogical reasoning: abstract transfer versus explanatory model construction. *Instructional Science*, v. 18, n. 4, p. 237-261, 1989. Disponível em: https://link.springer.com/article/10.1007/BF00118013. Acesso em: 16 set. 2023.

BROWN, R.; KULIK, J. Flashbulb memories. *Cognition*, v. 5, n. 1, p. 73-99, 1977. Disponível em: https://psycnet.apa.org/record/1978-11559-001. Acesso em: 24 set. 2023.

BRUER, J. T. *The myth of the first three years*: a new understanding of early brain development and lifelong learning. [S. l.]: Free Press, 1999.

BRUER, J. T.; GREENOUGH, W. T. The subtle science of how experience affects the brain. *In*: BAILEY, D. B. *et al.* (ed.). *Critical thinking about critical periods*. Baltimore: Brookes Publishing, 2001. p. 209-232.

BRUNER, J. The art of discovery learning. *In*: BRUNER, J. *On knowing*: essays for the left hand. Harvard University, 1962.

BUCKNER, R. L.; KOUTSTAAL, W. Functional neuroimaging studies of encoding, priming, and explicit memory retrieval. *Proceedings of the National Academy of Sciences of the United States of America*, v. 95, n. 3, p. 891-898, 1998. Disponível em: https://www.pnas.org/doi/10.1073/pnas.95.3.89. Acesso em: 16 set. 2023.

BUDÉ, L. *et al.* The effect of distributed practice on students' conceptual understanding of statistics. *Higher Education*, v. 62, n. 1, p. 69-79, 2011. Disponível em: https://link.springer.com/article/10.1007/s10734-010-9366-y. Acesso em: 16 set. 2023.

BUSHMAN, B. J. Does venting anger feed or extinguish the flame? Catharsis, rumination, distraction, anger, and aggressive responding. *Personality and Social Psychology Bulletin*, v. 28, n. 6, p. 724-731, 2002. Disponível em: https://journals.sagepub.com/doi/10.1177/0146167202289002. Acesso em: 16 set. 2023.

BUSHMAN, B. J.; BAUMEISTER, R. F.; PHILLIPS, C. M. Do people aggress to improve their mood? Catharsis beliefs, affect regulation opportunity, and aggressive responding. *Journal of Personality and Social Psychology*, v. 81, n. 1, p. 17-32, 2001. Disponível em: https://pubmed.ncbi.nlm.nih.gov/11474722/. Acesso em: 16 set. 2023.

BUTLER, A. C. Repeated testing produces superior transfer of learning relative to repeated studying. *Journal of Experimental Psychology: learning, memory, and cognition*, v. 36, n. 5, p. 1118-1133, 2010. Disponível em: https://psycnet.apa.org/record/2010-17631-003. Acesso em: 16 set. 2023.

BUTLER, R. Enhancing and undermining intrinsic motivation: the effects of task-involving and ego-involving evaluation of interest and performance. *British Journal of Educational Psychology*, v. 58, n. 1, p. 1-14, 1988. Disponível em: https://bpspsychub.onlinelibrary.wiley.com/doi/abs/10.1111/j.2044-8279.1988.tb00874.x. Acesso em: 8 out. 2023.

BUTLER, R. Task-involving and ego-involving properties of evaluation: effects of different feedback conditions on motivational perceptions, interest, and performance. *Journal of Educational*

Psychology, v. 79, n. 4, p. 474-482, 1987. Disponível em: https://psycnet.apa.org/record/1988-21628-001. Acesso em: 24 set. 2023.

CAHILL, L. *et al.* The amygdala and emotional memory. *Nature*, v. 377, n. 6547, p. 295-296, 1995. Disponível em: https://www.nature.com/articles/377295a0. Acesso em: 24 set. 2023.

CAHILL, L.; MCGAUGH, J. L. A novel demonstration of enhanced memory associated with emotional arousal. *Consciousness and Cognition*, v. 4, n. 4, p. 410-421, 1995. Disponível em: https://pubmed.ncbi.nlm.nih.gov/8750416/. Acesso em: 24 set. 2023.

CALKINS, S. D. *et al.* Maternal interactive style across contexts: relations to emotional, behavioral and physiological regulation during toddlerhood. *Social Development*, v. 7, n. 3, p. 350-369, 1998. Disponível em: https://psycnet.apa.org/record/1998-11141-005. Acesso em: 24 set. 2023.

CAREY, S. *Conceptual change in childhood*. Massachusetts: MIT, 1985.

CAREY, S. Knowledge acquisition: Enrichment or conceptual change? *In*: CAREY, S.; GELMAN, R. (ed.). *The epigenesis of mind*: essays on biology and cognition. New York: Lawrence Erlbaum Associates, 1991. p. 257291.

CAREY, S. Sources of conceptual change. *In*: SCHOLNICK, E. *et al.* (ed.). *Conceptual development*: Piaget's legacy. New York: Lawrence Erlbaum Associates, 1999. p. 293-326.

CAREY, L. J. *et al.* Differences in writers' initial task representations. *Technical Report no. 34*, 1989. Disponível em: https://eric.ed.gov/?id=ED310403. Acesso em: 16 set. 2023.

CARLSSON, I.; WENDT, P. E.; RISBERG, J. On the neurobiology of creativity: Differences in frontal activity between high and low creative subjects. *Neuropsychologia*, v. 38, n. 6, p. 873-885, 2000. Disponível em: https://pubmed.ncbi.nlm.nih.gov/10689061/. Acesso em: 8 out. 2023.

CARLSON, S. M.; WANG, T. S. Inhibitory control and emotion regulation in preschool children. *Cognitive Development*, v. 22, n. 4, p. 489-510, 2007. Disponível em: https://www.sciencedirect.com/science/article/pii/S088520140700055X. Acesso em: 16 set. 2023.

CARPENTER, G. A. Neural-network models of learning and memory: leading questions and an emerging framework. *Trends in Cognitive Sciences*, v. 5, n. 3, p. 114-118, 2001. Disponível em: https://www.cell.com/trends/cognitive-sciences/fulltext/S1364-6613(00)01591-6. Acesso em: 16 set. 2023.

CARPENTER, S. K. Testing enhances the transfer of learning. *Current Directions in Psychological Science*, v. 21, n. 5, p. 279-283, 2012. Disponível em: https://journals.sagepub.com/doi/10.1177/0963721412452728. Acesso em: 16 set. 2023.

CARPENTER, S. K.; DELOSH, E. L. Impoverished cue support enhances subsequent retention: Support for the elaborative retrieval explanation of the testing effect. *Memory and Cognition*, v. 34, n. 2, p. 268-276, 2006.

CARPENTER, S. K.; PASHLER, H.; CEPEDA, N. J. Using tests to enhance 8th grade students' retention of U. S. history facts. *Applied Cognitive Psychology*, v. 23, n. 6, p. 760-771, 2009. Disponível em: https://psycnet.apa.org/record/2009-12485-002. Acesso em: 16 set. 2023.

CARVER, C. S.; SCHEIER, M. F. *On the self-regulation of behavior*. Cambridge: Cambridge University, 2001.

CARVER, C. S.; SCHEIER, M. F. Origins and functions of positive and negative affect: a control-process view. *Psychological Review*, v. 97, n. 1, p. 19-35, 1990. Disponível em: https://psycnet.apa.org/record/1990-13921-001. Acesso em: 4 out. 2023.

CASTLES, A.; RASTLE, K.; NATION, K. Ending the reading wars: Reading acquisition from novice to expert. *Psychological Science in the Public Interest*, v. 19, n. 1, p. 5-51, 2018. Disponível em: https://journals.sagepub.com/doi/full/10.1177/1529100618772271. Acesso em: 16 set. 2023.

CHAPELL, M. S. *et al.* Test anxiety and academic performance in undergraduate and graduate students. *Journal of Educational Psychology*, v. 97, n. 2, p. 268-274, 2005. Disponível em: https://psycnet.apa.org/record/2005-05100-011. Acesso em: 16 set. 2023.

CHAPPUIS, S.; STIGGINS, R. J. Classroom assessment for learning. *Educational Leadership*, v. 60, n. 1, p. 40-44, 2002. Disponível em: https://www.ascd.org/el/articles/classroom-assessment-for-learning. Acesso em: 8 out. 2023.

CHASE, W. G.; SIMON, H. A. Perception in chess. *Cognitive Psychology*, v. 4, n. 1, p. 55-81, 1973. Disponível em: https://www.sciencedirect.com/science/article/pii/0010028573900042. Acesso em: 16 set. 2023.

CHI, M. T. *et al.* Eliciting self-explanations improves understanding. *Cognitive science*, v. 18, n. 3, p. 439-477, 1994. Disponível em: https://www.sciencedirect.com/science/article/pii/0364021394900167. Acesso em: 16 set. 2023.

CHI, M. T. *et al.* Self-explanations: how students study and use examples in learning to solve problems. *Cognitive science*, v. 13, n. 2, p. 145-182, 1989. Disponível em: https://onlinelibrary.wiley.com/doi/10.1207/s15516709cog1302_1. Acesso em: 7 out. 2023.

CHI, M. T.; FELTOVICH, P. J.; GLASER, R. Categorization and representation of physics problems by experts and novices. *Cognitive Science*, v. 5, n. 2, p. 121-152, 1981. Disponível em: https://onlinelibrary.wiley.com/doi/abs/10.1207/s15516709cog0502_2. Acesso em: 8 out. 2023.

CHI, M. T. H. Self-explaining: the dual processes of generating inference and repairing mental models. In: GLASER, R. (ed.). *Advances in instructional psychology*: educational design and cognitive science. New York: Lawrence Erlbaum Associates, 2000. V. 5, p. 161–238.

CHINN, C. A.; O'DONNELL, A. M.; JINKS, T. S. The structure of discourse in collaborative learning. *The Journal of Experimental Education*, v. 69, n. 1, p. 77-97, 2000. Disponível em: https://www.jstor.org/stable/20152650. Acesso em: 16 set. 2023.

CLARIANA, R. B.; WAGNER, D.; MURPHY, L. C. R. Applying a connectionist description of feedback timing. *Educational Technology Research and Development*, v. 48, n. 3, p. 5-22, 2000. Disponível em: https://link.springer.com/article/10.1007/BF02319855. Acesso em: 8 out. 2023.

CLARK, R. C.; MAYER, R. E. *E-learning and the science of instruction*: proven guidelines for consumers and designers of multimedia learning. New Jersey: John Wiley & Sons, 2016.

CLARK, R. C.; NGUYEN, F.; SWELLER, J. *Efficiency in learning*: evidence-based guidelines to manage cognitive load. [S. l.]: Pfeiffer, 2006.

CLARK, R. E.; KIRSCHNER, P. A.; SWELLER, J. Putting students on the path to learning: The case for fully guided instruction. *American Educator*, v. 36, n. 1, p. 6-11, 2012. Disponível em: https://www.aft.org/sites/default/files/Clark.pdf. Acesso em: 8 out. 2023.

CLARK, J. M.; PAIVIO, A. Dual coding theory and education. *Educational Psychology Review*, v. 3, n. 3, p. 149-210, 1991. Disponível em: https://link.springer.com/article/10.1007/BF01320076. Acesso em: 8 out. 2023.

COFFIELD, F. et al. *Learning styles and pedagogy in post-16 learning*: asystematic and critical review. [S. l.]: Learning and Skills Research Centre, 2004.

COHEN, E. G. Restructuring the classroom: conditions for productive small groups. *Review of educational research*, v. 64, n. 1, p. 1-35, 1994. Disponível em: https://journals.sagepub.com/doi/10.3102/00346543064001001. Acesso em: 7 out. 2023.

COHEN, J. R.; LIEBERMAN, M. D. The common neural basis of exerting self-control in multiple domains. In: HASSIN, R.; OCHSNER, K.; TROPE, Y. (ed.). *Self control in society, mind, and brain*. Oxford: Oxford University, 2010. p. 141-162.

CONNOR, C. M. et al. First graders' literacy and self-regulation gains: the effect of individualizing student instruction. *Journal of School Psychology*, v. 48, n. 5, p. 433-455, 2010. Disponível em: https://www.ncbi.nlm.nih.gov/pmc/articles/PMC2976978/. Acesso em: 16 set. 2023.

CORKIN, S. Acquisition of motor skill after bilateral medial temporal-lobe excision. *Neuropsychologia*, v. 6, n. 3, p. 255-265, 1968. Disponível em: https://www.sciencedirect.com/science/article/pii/0028393268900249. Acesso em: 16 set. 2023.

CORNFORD, I. R. Learning-to-learn strategies as a basis for effective lifelong learning. *International Journal of Lifelong Education*, v. 21, n. 4, p. 357-368, 2002. Disponível em: https://www.tandfonline.com/doi/abs/10.1080/02601370210141020. Acesso em: 16 set. 2023.

COTTON, K. Classroom questioning. *School improvement research series*, v. 5, p. 1-22, 1988. Disponível em: https://educationnorthwest.org/sites/default/files/ClassroomQuestioning.pdf. Acesso em: 8 out. 2023.

COWAN, N. Sensory memory. In: BYRNE, J. H. (ed.). *Learning and memory*: a comprehensive reference. [S. l.]: Elsevier, 2008. v. 2. p. 23-32.

CRAIK, F. I. M.; LOCKHART, R. S. Levels of processing: a framework for memory research. *Journal of Verbal Learning and Verbal Behavior*, v. 11, n. 6, p. 671-684, 1972. Disponível em: https://www.sciencedirect.com/science/article/pii/S002253717280001X. Acesso em: 16 set. 2023.

CREDÉ, M.; TYNAN, M. C.; HARMS, P. D. Much ado about grit: a meta-analytic synthesis of the grit literature. *Journal of Personality and Social Psychology*, v. 113, n. 3, p. 492-511, 2017. Disponível em: https://psycnet.apa.org/record/2016-29674-001. Acesso em: 8 out. 2023.

CROCKARD, A. Confessions of a brain surgeon. *New Science*, n. 2061, p. 68-69, 1996. Disponível em: https://www.newscientist.com/article/mg15220616-800-review-confessions-of-a-brain-surgeon/. Acesso em: 8 out. 2023.

CROOKS, T. J. The impact of classroom evaluation practices on students. *Review of Educational Research*, v. 58, n. 4, p. 438-481, 1988. Disponível em: https://journals.sagepub.com/doi/10.3102/00346543058004438. Acesso em: 8 out. 2023.

CROIZET, J. C.; CLAIRE, T. Extending the concept of stereotype threat to social class: The intellectual underperformance of students from low socioeconomic backgrounds. *Personality and Social Psychology Bulletin*, v. 24, n. 6, p. 588-594, 1998. Disponível em: https://journals.sagepub.com/doi/abs/10.1177/0146167298246003. Acesso em: 16 set. 2023.

CUEVAS, J.; DAWSON, B. L. A test of two alternative cognitive processing models: Learning styles and dual coding. *Theory and Research in Education*, v. 16, n. 1, p. 40-64, 2018. Disponível em: https://journals.sagepub.com/doi/full/10.1177/1477878517731450. Acesso em: 8 out. 2023.

CURTIS, K. A. Altering beliefs about the importance of strategy: an attributional intervention. *Journal of Applied Social Psychology*, v. 22, n. 12, p. 953-972, 1992. Disponível em: https://onlinelibrary.wiley.com/doi/abs/10.1111/j.1559-1816.1992.tb00936.x. Acesso em: 16 set. 2023.

DANEMAN, M.; CARPENTER, P. A. Individual differences in working memory and reading. *Journal of Verbal Learning and Verbal Behavior*, v. 19, n. 4, p. 450-466, 1980. Disponível em: https://www.sciencedirect.com/science/article/pii/S0022537180903126. Acesso em: 16 set. 2023.

DAWSON, G.; ASHMAN, S. B.; CARVER, L. J. The role of early experience in shaping behavioral and brain development and its implications for social policy. *Development and Psychopathology*, v. 12, n. 4, p. 695-712, 2000. Disponível em: https://pubmed.ncbi.nlm.nih.gov/11202040/. Acesso em: 8 out. 2023.

DE LA FUENTE, I. M. *et al*. Evidence of conditioned behavior in amoebae. *Nature Communications*, v. 10, n. 1, p. 1-12, 2019. Disponível em: https://www.nature.com/articles/s41467-019-11677-w. Acesso em: 16 set. 2023.

DEKKER, S. *et al*. Neuromyths in education: Prevalence and predictors of misconceptions among teachers. *Frontiers in Psychology*, v. 3, p. 1-8, 2012. Disponível em: https://www.ncbi.nlm.nih.gov/pmc/articles/PMC3475349/. Acesso em: 8 out. 2023.

DEWEY, J. *Interest and effort in education*. Boston: Houghton Mifflin, 1913.

DIAMOND, A. Executive functions. *Annual Review of Psychology*, v. 64, p. 135-168, 2013. Disponível em: https://www.annualreviews.org/doi/abs/10.1146/annurev-psych-113011-143750. Acesso em: 16 set. 2023.

DIAMOND, A. *et al*. Preschool program improves cognitive control. *Science*, v. 318, n. 5855, p. 1387-1388, 2007. Disponível em: https://www.ncbi.nlm.nih.gov/pmc/articles/PMC2174918/. Acesso em: 7 out. 2023.

DIAMOND, M. C.; KRECH, D.; ROSENZWEIG, M. R. The effects of an enriched environment on the histology of the rat cerebral cortex. *Journal of Comparative Neurology*, v. 123, n. 1, p. 111-119, 1964. Disponível em: https://pubmed.ncbi.nlm.nih.gov/14199261/. Acesso em: 8 out. 2023.

DIAMOND, A.; LEE, K. Interventions shown to aid executive function development in children 4 to 12 years old. *Science*, v. 333, n. 6045, p. 959-964, 2011. Disponível em: https://www.ncbi.nlm.nih.gov/pmc/articles/PMC3159917/. Acesso em: 7 out. 2023.

DIDAU, D. *Making kids cleverer:* a manifesto for closing the advantage gap. London: Crown House Publishing, 2018.

DOVAL, H. O. El examen, herramienta fundamental para la evaluación certificativa. *In*: CONTRERAS IZQUIERDO, N. M. (ed.). *La enseñanza del español como LE/L2 en el siglo XXI*. Málaga: ASELE, 2014. p. 553-562.

DRAGANSKI, B. *et al*. Neuroplasticity: changes in grey matter induced by training. *Nature*, v. 427, n. 6972, p. 311-312, 2004. Disponível em: https://pubmed.ncbi.nlm.nih.gov/14737157/. Acesso em: 8 out. 2023.

DUCKWORTH, A. L.; ESKREIS-WINKLER, L. True grit. *Observer*, v. 26, n. 4, 2013. Disponível em: https://www.psychologicalscience.org/observer/true-grit. Acesso em: 7 out. 2023.

DUCKWORTH, A. L. *et al*. Cognitive and noncognitive predictors of success. *Proceedings of the National Academy of Sciences*, v. 116, n. 47, p. 23499-23504, 2019. Disponível em: https://pubmed.ncbi.nlm.nih.gov/31685624/. Acesso em: 7 out. 2023.

DUCKWORTH, A. L. *et al*. Grit: Perseverance and passion for long-term goals. *Journal of Personality and Social Psychology*, v. 92, n. 6, p. 1087-1101, 2007. Disponível em: https://psycnet.apa.org/record/2007-07951-009. Acesso em: 7 out. 2023.

DUCKWORTH, A. L. *Grit*: the power of passion and perseverance. [*S. l.*]: Scribner, 2016.

DUCKWORTH, A. L.; KERN, M. L. A meta-analysis of the convergent validity of self-control measures. *Journal of Research in Personality*, v. 45, n. 3, p. 259-268, 2011. Disponível em: https://www.sciencedirect.com/science/article/pii/S0092656611000286. Acesso em: 7 out. 2023.

DUCKWORTH, A. L.; SELIGMAN, M. E. Self-discipline outdoes IQ in predicting academic performance of adolescents. *Psychological Science*, v. 16,

n. 12, p. 939-944, 2005. Disponível em: https://pubmed.ncbi.nlm.nih.gov/16313657/. Acesso em: 7 out. 2023.

DUNBAR, K. N.; FUGELSANG, J. A.; STEIN, C. Do naïve theories ever go away? Using brain and behavior to understand changes in concepts. *In*: LOVETT, M. C.; SHAH, P. (ed.). *Thinking with data*. New York: Lawrence Erlbaum Associates, 2007. P. 193-205.

DUNN, K. E.; MULVENON, S. W. A critical review of research on formative assessment: The limited scientific evidence of the impact of formative assessment in education. *Practical Assessment Research and Evaluation*, v. 14, n. 7, p. 1-11, 2009. Disponível em: https://scholarworks.umass.edu/pare/vol14/iss1/7/. Acesso em: 8 out. 2023.

DUNNING, D. *Self-insight*: roadblocks and detours on the path to knowing thyself. London: Taylor & Francis, 2004.

DUSCHL, R. A.; DUNCAN, R. G. Beyond the fringe: building and evaluating scientific knowledge systems. *In*: TOBIAS, S.; DUFFY, T. M. (ed.). *Constructivist instruction*: success or failure?. Abingdon: Routledge, 2009. p. 311-332.

DUSCHL, R. A.; SCHWEINGRUBER, H. A.; SHOUSE, A. W. (ed.). *Taking science to school*: learning and teaching science in grades K-8. Washington: National Academies, 2007.

DWECK, C. S. *Mindset*: the new psychology of success. New York: Random House Digital, 2008.

DWECK, C. S. Motivational processes affecting learning. *American Psychologist*, v. 41, n. 10, p. 1040-1048, 1986. Disponível em: https://psycnet.apa.org/record/1987-08696-001. Acesso em: 4 out. 2023.

DWECK, C. S. *Self-theories*: their role in motivation, personality, and development. London: Psychology Press, 1999.

DWECK, C. S. *Self-theories*: their role in motivation, personality, and development. London: Psychology Press, 2000.

DWECK, C. S.; LEGGETT, E. L. A social-cognitive approach to motivation and personality. *Psychological Review*, v. 95, n. 2, p. 256-273, 1988. Disponível em: https://psycnet.apa.org/record/1988-29536-001/. Acesso em: 16 set. 2023.

DWECK, C.; WALTON, G.; COHEN, G. *Academic tenacity*: mindsets and skills that promote long-term learning. Seatle: Bill & Melinda Gates Foundation, 2014. Disponível em: https://www.researchgate.net/publication/326191078_ Teaching_Tenacity. Acesso em: 8 out. 2023.

EBBINGHAUS, H. Memory: a contribution to experimental psychology. *Annals of Neurosciences*, v. 20, n. 4, p. 155-156, 2013. Disponível em: https://www.ncbi.nlm.nih.gov/pmc/articles/PMC4117135/. Acesso em: 16 set. 2023.

EISENBERG, N. Temperamental effortful control (self-regulation). *In*: CEECD. *Encyclopedia on early childhood development*. Quebec: CEECD, 2012. Disponível em: http://www.child-encyclopedia.Com/temperament/according-experts/temperamental-effortful-control-self-regulation. Acesso em: 7 out. 2023.

EGAN, D. E.; SCHWARTZ, B. J. Chunking in recall of symbolic drawings. *Memory and Cognition*, v. 7, n. 2, p. 149-158, 1979. Disponível em: https://link.springer.com/article/10.3758/BF03197595. Acesso em: 16 set. 2023.

EKMAN, P. An argument for basic emotions. *Cognition and Emotion*, v. 6, n. 3-4, p. 169-200, 1992. Disponível em: https://www.paulekman.com/wp-content/uploads/2013/07/An-Argument-For-Basic-Emotions.pdf. Acesso em: 24 set. 2023.

ELLIOT, A. J. Approach and avoidance motivation and achievement goals. *Educational Psychologist*, v. 34, n. 3, p. 169-189, 1999. Disponível em: https://www.paulekman.com/wp-content/uploads/2013/07/An-Argument-For-Basic-Emotions.pdf. Acesso em: 24 set. 2023.

EREV, I.; LURIA, A.; EREV, A. On the effect of immediate feedback. *In*: ESHET-ALKALAI, Y.; CASPI, A.; YAIR, Y. (ed.). *Learning in the technological era*: proceedings of the chais conference. [S. l.]: Open University, 2006. p. 26-30.

ERICSSON, A.; CRUTCHER, R. The nature of exceptional performance. *In*: BALTES, P.; FEATHERMAN, D.; LERNER, R. M. (ed.). *Life-span development and behavior*. New York: Lawrence Erlbaum Associates, 1990. V. 10, p. 187-217.

ERICSSON, K. A.; CHASE, W. G.; FALOON, S. Acquisition of a memory skill. *Science*, v. 208, n. 4448, p. 1181-1182, 1980. Disponível em: https://pubmed.ncbi.nlm.nih.gov/7375930/. Acesso em: 16 set. 2023.

ERICSSON, K. A., KRAMPE, R. T., Y TESCHRÖMER, C. The role of deliberate practice in the acquisition of expert performance. *Psychological Review*, v. 100, n. 3, p. 363-406, 1993. Disponível em: https://graphics8.nytimes.com/images/blogs/freakonomics/pdf/DeliberatePractice(PsychologicalReview).pdf. Acesso em: 16 set. 2023.

ERICSSON, A.; POOL, R. *Peak*: secrets from the new science of expertise. Boston: Houghton Mifflin Harcourt, 2016. p. 167-168.

EVANS, G. W.; ROSENBAUM, J. Self-regulation and the income-achievement gap. *Early Childhood*

Research Quarterly, v. 23, n. 4, p. 504-514, 2008. Disponível em: https://www.sciencedirect.com/science/article/pii/S0885200608000549. Acesso em: 16 set. 2023.

FERRERO, M.; GARAIZAR, P.; VADILLO, M. A. Neuromyths in education: prevalence among Spanish teachers and an exploration of cross-cultural variation. *Frontiers in Human Neuroscience*, v. 10, n. 496, 2016. Disponível em: https://pubmed.ncbi.nlm.nih.gov/27790104/. Acesso em: 8 out. 2023.

FESTINGER, L. *A theory of cognitive dissonance*. California: Stanford University, 1957.

FIELD, S. The effect of temperature on crime. *British Journal of Criminology*, v. 32, n. 3, p. 340-351, 1992. Disponível em: https://www.jstor.org/stable/23637533. Acesso em: 16 set. 2023.

FINN, B.; METCALFE, J. Scaffolding feedback to maximize long-term error correction. *Memory and Cognition*, v. 38, n. 7, p. 951-961, 2010. Disponível em: https://link.springer.com/article/10.3758/MC.38.7.951. Acesso em: 8 out. 2023.

FISHBACH, A. T.; EYAL, T.; FINKELSTEIN, S. R. How positive and negative feedback motivate goal pursuit. *Social and Personality Psychology Compass*, v. 4, n. 8, p. 517-530, 2010. Disponível em: https://compass.onlinelibrary.wiley.com/doi/abs/10.1111/j.1751-9004.2010.00285.x. Acesso em: 8 out. 2023.

FISHER, A. V.; GODWIN, K. E.; SELTMAN, H. Visual environment, attention allocation, and learning in young children: When too much of a good thing may be bad. *Psychological Science*, v. 25, n. 7, p. 1362-1370, 2014. Disponível em: https://journals.sagepub.com/doi/abs/10.1177/0956797614533801. Acesso em: 16 set. 2023.

FOERDE, K.; POLDRACK, R. A. Procedural learning in humans. *In*: SQUIRE, L. R. (ed.). *Encyclopedia of neuroscience*. [S. l.]: Elsevier, 2009. p. 1083-1091.

FOLIANO, F. *et al*. *Changing mindsets: effectiveness trial*. Education Endowment Foundation, 2019. Disponível em: https://educationendowmentfoundation.org.uk/public/files/Projects/Evaluation_Reports/Changing_Mindsets.pdf. Acesso em: 16 set. 2023.

FONSECA, B. A.; CHI, M. T. Instruction based on self-explanation. *In*: MAYER, R. E.; ALEXANDER, P. A. (ed.). *The handbook of research on learning and instruction*. Abingdon: Routledge, 2011. p. 296-321.

FORD, M. E. *Motivating humans*: goals, emotions, and personal agency beliefs. California: SAGE Publications, 1992.

FORMAN, E. A.; MCPHAIL, J. Vygotskian perspective on children's collaborative problem solving activities. *In*: FORMAN, E. A.; MINICK, N.; STONE, C. A. (ed.). *Education and mind*: the integration of institutional, social and developmental processes. Oxford: Oxford University, 1993. p. 213-229.

FREEDBERG, M. *et al*. Comparing the effects of positive and negative feedback in information-integration category learning. *Memory and Cognition*, v. 45, n. 1, p. 12-25, 2017. Disponível em: https://link.springer.com/article/10.3758/s13421-016-0638-3. Acesso em: 8 out. 2023.

FRIED, L. Understanding and enhancing emotion and motivation regulation strategy use in the classroom. *International Journal of Learning*, v. 17, n. 6, 2010. Disponível em: https://cgscholar.com/bookstore/works/understanding-and-enhancing-emotion-and-motivation-regulation-strategy-use-in-the-classroom. Acesso em: 7 out. 2023.

FRIEND, R. Effects of strategy instruction on summary writing of college students. *Contemporary Educational Psychology*, v. 26, n. 1, p. 3-24, 2001. Disponível em: https://www.sciencedirect.com/science/article/pii/S0361476X99910226. Acesso em: 16 set. 2023.

FU, W. T.; GRAY, W. D. Resolving the paradox of the active user: stable suboptimal performance in interactive tasks. *Cognitive Science*, v. 28, n. 6, p. 901-935, 2004. Disponível em: https://onlinelibrary.wiley.com/doi/abs/10.1207/s15516709cog2806_2. Acesso em: 7 out. 2023.

FUGELSANG, J. A.; DUNBAR, K. N. Brain-based mechanisms underlying complex causal thinking. *Neuropsychologia*, v. 43, n. 8, p. 1204-1213, 2005. Disponível em: https://pubmed.ncbi.nlm.nih.gov/15817178/. Acesso em: 16 set. 2023.

FURTAK, E. M. *et al*. Experimental and quasi-experimental studies of inquiry-based science teaching: a meta-analysis. *Review of educational research*, v. 82, n. 3, p. 300-329, 2012. Disponível em: https://journals.sagepub.com/doi/full/10.3102/0034654312457206. Acesso em: 8 out. 2023.

GARTON, A. F. *Exploring cognitive development*: the child as problem solver. New Jersey: Blackwell Publishers, 2004.

GARTON, A. F. *Social interaction and the development of language and cognition*. New York: Lawrence Erlbaum Associates, 1992.

GATHERCOLE, S. E. Working memory. *In*: BYRNE, J. H. (ed.). *Learning and memory*: a comprehensive reference. [S. l.]: Elsevier, 2008. v. 2. p. 33-51.

GATHERCOLE, S. E. *et al*. The structure of working memory from 4 to 15 years of age. *Developmental Psychology*, v. 40, n. 2, p. 177-190, 2004. Disponível em: https://pubmed.ncbi.nlm.nih.gov/14979759/. Acesso em: 16 set. 2023.

GASCA, L.; GUBERN, R. *El discurso del cómic*. [*S. l.*]: Cátedra, 2001.

GEAKE, J. Neuromythologies in education. *Educational Research*, v. 50, n. 2, p. 123-133, 2008. Disponível em: https://www.tandfonline.com/doi/full/10.1080/00131880802082518. Acesso em: 16 set. 2023.

GEARY, D. C. Educating the evolved mind: conceptual foundations for an evolutionary educational psychology. *In*: CARLSON, J. S.; LEVIN, J. R. (ed.). *Educating the evolved mind*: conceptual foundations for an evolutionary educational psychology. Charlotte: Information Age Publishing, 2007. p. 1-99.

GENTNER, D.; LOEWENSTEIN, J.; THOMPSON, L. Analogical encoding: facilitating knowledge transfer and integration. *In*: FORBUS, K.; GENTNER, D.; REGIER, T. (ed.). *Proceedings of the Annual Meeting of the Cognitive Science Society*. [*S. l.*]: Cognitive Science Society, 2004. p. 452-457.

GIBSON, C.; FOLLEY, B. S.; PARK, S. Enhanced divergent thinking and creativity in musicians: A behavioral and nearinfrared spectroscopy study. *Brain and Cognition*, v. 69, p. 162-169, 2009. Disponível em: https://www.sciencedirect.com/science/article/pii/S0278262608002303. Acesso em: 8 out. 2023.

GICK, M. L.; HOLYOAK, K. J. Analogical problem solving. *Cognitive Psychology*, v. 12, n. 3, p. 306-355, 1980. Disponível em: https://www.sciencedirect.com/science/article/pii/0010028580900134. Acesso em: 16 set. 2023.

GICK, M. L.; HOLYOAK, K. J. Schema induction and analogical transfer. *Cognitive Psychology*, v. 15, n. 1, p. 1-38, 1983. Disponível em: https://deepblue.lib.umich.edu/bitstream/2027.42/25331/1/0000776.pdf. Acesso em: 16 set. 2023.

GLASER, R. Expert knowledge and processes of thinking. *In*: HALPERN, D. F. (ed.). *Enhancing thinking skills in the sciences and mathematics*. New York: Lawrence Erlbaum Associates, 1992. p. 63-75.

GLERUM, J. *et al*. The effects of praise for effort versus praise for intelligence on vocational education students. *Educational Psychology*, p. 1-17, 2019. Disponível em: https://www.tandfonline.com/doi/full/10.1080/01443410.2019.1625306. Acesso em: 16 set. 2023.

GOLDSMITH, H. H.; BUSS, K. A.; LEMERY, K. S. Toddler and childhood temperament: expanded content, stronger genetic evidence, new evidence for the importance of environment. *Developmental Psychology*, v. 33, n. 6, p. 891-905, 1997. Disponível em: https://psycnet.apa.org/record/1997-43226-001. Acesso em: 16 set. 2023.

GOMES, C. M. A.; GOLINO, H. F.; MENEZES, I. G. Predicting school achievement rather than intelligence: does metacognition matter? *Psychology*, v. 5, n. 9, p. 1095-1110, 2014. Disponível em: https://www.scirp.org/journal/paperinformation.aspx?paperid=48080. Acesso em: 16 set. 2023.

GOOD, C.; ARONSON, J.; INZLICHT, M. Improving adolescents' standardized test performance: an intervention to reduce the effects of stereotype threat. *Journal of Applied Developmental Psychology*, v. 24, n. 6, p. 645-662, 2003. Disponível em: https://psycnet.apa.org/record/2004-10379-003. Acesso em: 3 out. 2023.

GOOD, T. L.; GROUWS, D. A. The Missouri mathematics effectiveness project: an experimental study in fourth-grade classrooms. *Journal of Educational Psychology*, v. 71, n. 3, p. 355-362, 1979. Disponível em: https://psycnet.apa.org/record/1979-29622-001. Acesso em: 8 out. 2023.

GOTTFREDSON, L. S. Why g matters: the complexity of everyday life. *Intelligence*, v. 24, p. 79-132, 1997. Disponível em: https://www1.udel.edu/educ/gottfredson/reprints/1997whygmatters.pdf. Acesso em: 8 out. 2023.

GRAUE, M. E. Integrating theory and practice through instructional assessment. *Educational Assessment*, v. 1, n. 4, p. 283-309, 1993. Disponível em: https://www.tandfonline.com/doi/abs/10.1207/s15326977ea0104_1. Acesso em: 8 out. 2023.

GRAZIANO, P. A. *et al*. The role of emotion regulation in children's early academic success. *Journal of School Psychology*, v. 45, n. 1, p. 3-19, 2007. Disponível em: https://www.ncbi.nlm.nih.gov/pmc/articles/PMC3004175/. Acesso em: 3 out. 2023.

GREENBERG, D. L.; VERFAELLIE, M. Interdependence of episodic and semantic memory: Evidence from neuropsychology. *Journal of the International Neuropsychological Society*, v. 16, n. 5, p. 748-753, 2010. Disponível em: https://www.ncbi.nlm.nih.gov/pmc/articles/PMC2952732/. Acesso em: 16 set. 2023.

GREENOUGH, W. T.; BLACK, J. E.; WALLACE, C. S. Experience and brain development. *In*: JOHNSON, M. H. *et al*. (ed.). *Brain development and cognition*: a reader. 2nd ed. New Jersey: Blackwell Publishers, 1987. p. 186-216.

GROLNICK, W. S.; FARKAS, M. Parenting and the development of children's self-regulation. *In*: BORNSTEIN, M. H. (ed.). *Handbook of parenting*. New York: Lawrence Erlbaum Associates, 2002. p. 89-110.

GROLNICK, W. S.; RYAN, R. M. Parent styles associated with children's self-regulation and competence in school. *Journal of Educational Psychology*, v. 81, n. 2, p. 143-154, 1989. Disponível em: https://psycnet.apa.org/record/1989-34682-001. Acesso em: 7 out. 2023.

GROSS, J. J. Antecedent-and response-focused emotion regulation: divergent consequences for experience, expression, and physiology. *Journal of Personality and Social Psychology*, v. 74, n. 1, p. 224-237, 1998. Disponível em: https://pubmed.ncbi.nlm.nih.gov/9457784/. Acesso em: 7 out. 2023.

GROSS, J. J. Emotion regulation: affective, cognitive and social consequences. *Psychophysiology*, v. 39, n. 3, p. 281-291, 2002. Disponível em: https://pubmed.ncbi.nlm.nih.gov/12212647/. Acesso em: 7 out. 2023.

GROSS, J. J.; JOHN, O. P. Individual differences in two emotion regulation processes: implications for affect, relationships, and well-being. *Journal of Personality and Social Psychology*, v. 85, n. 2, p. 348-362, 2003. Disponível em: https://pubmed.ncbi.nlm.nih.gov/12916575/. Acesso em: 7 out. 2023.

GROSS, J. J.; THOMPSON, R. A. Emotion regulation: conceptual foundations. *In*: GROSS, J. J. (ed.). *Handbook of emotion regulation*. New York: Guildford, 2007. p. 3-24.

GROVER, S.; PEA, R. D. Computational thinking in K–12: a review of the state of the field. *Educational Researcher*, v. 42, n. 1, p. 38-43, 2013. Disponível em: https://journals.sagepub.com/doi/abs/10.3102/0013189X12463051/. Acesso em: 16 set. 2023.

GRUBER, M. J.; GELMAN, B. D.; RANGANATH, C. States of curiosity modulate hippocampus-dependent learning via the dopaminergic circuit. *Neuron*, v. 84, n. 2, p. 486-496, 2014. Disponível em: https://pubmed.ncbi.nlm.nih.gov/25284006/. Acesso em: 3 out. 2023.

HACKER, D. J. *et al*. Test prediction and performance in a classroom context. *Journal of Educational Psychology*, v. 92, n. 1, p. 160-170, 2000. Disponível em: https://psycnet.apa.org/record/2000-03003-015. Acesso em: 3 out. 2023.

HAGGER, M. S. *et al*. Ego depletion and the strength model of self-control: a meta-analysis. *Psychological Bulletin*, v. 136, n. 4, p. 495-525, 2010. Disponível em: https://pubmed.ncbi.nlm.nih.gov/20565167/. Acesso em: 3 out. 2023.

HALPERN, D. F. *et al*. *Encouraging girls in math and science*. Washington: National Center for Education Research, 2007.

HAMBRICK, D. Z.; ENGLE, R. W. Effects of domain knowledge, working memory capacity, and age on cognitive performance: an investigation of the knowledge-is-power hypothesis. *Cognitive Psychology*, v. 44, n. 4, p. 339-387, 2002. Disponível em: https://pubmed.ncbi.nlm.nih.gov/12018938/. Acesso em: 16 set. 2023.

HANSEN, D. A. Lesson evading and lesson dissembling: ego strategies in the classroom. *American Journal of Education*, v. 97, n. 2, p. 184-208, 1989. Disponível em: https://www.jstor.org/stable/1084910. Acesso em: 16 set. 2023.

HARACKIEWICZ, J. M. *et al*. Revision of achievement goal theory: Necessary and illuminating. *Journal of Educational Psychology*, v. 94, n. 3, p. 638-645, 2002. Disponível em: https://psycnet.apa.org/record/2002-18006-014. Acesso em: 4 out. 2023.

HART, B.; RISLEY, T. R. *Meaningful differences in the everyday experience of young American children*. Baltimore: Brookes, 1995.

HATTIE, J. *Visible learning*: a synthesis of meta-analyses relating to achievement. Abingdon: Routledge, 2009.

HATTIE, J.; CLARKE, S. *Visible learning*: feedback. Abingdon: Routledge, 2019.

HATTIE, J.; TIMPERLEY, H. The power of feedback. *Review of Educational Research*, v. 77, n. 1, p. 81-112, 2007. Disponível em: http://www.columbia.edu/~mvp19/ETF/Feedback.pdf. Acesso em: 8 out. 2023.

HAYES, J. R. Three problems in teaching problem solving skills. *In*: CHIPMAN, S.; SEGAL, J. W.; GLASER, R. (ed.). *Thinking and learning: Research and open questions*. New York: Lawrence Erlbaum Associates, 1985. V. 2, p. 391-405.

HAYNES, T. L. *et al*. A review of attributional retraining treatments: Fostering engagement and persistence in vulnerable college students. *In*: SMART, J. C. (ed.). *Higher education*: handbook of theory and research. Dordrecht: Springer, 2009. v. 24. p. 227-272.

HEIDER, F. *The psychology of interpersonal relations*. New Jersey: John Wiley & Sons, 1958.

HERMAN, P.; GOMEZ, L. M. Taking guided learning theory to school: reconciling the cognitive, motivational, and social contexts of instruction. *In*: TOBIAS, S.; DUFFY, T. M. (ed.). *Constructivist instruction*. Abingdon: Routledge, 2009. p. 62-81.

HERRNSTEIN, R. J. *et al*. Utility maximization and melioration: internalities in individual choice. *Journal of Behavioral Decision Making*, v. 6, n. 3, p. 149-185, 1993. Disponível em: https://onlinelibrary.wiley.com/doi/abs/10.1002/bdm.3960060302. Acesso em: 8 out. 2023.

HIDI, S.; HARACKIEWICZ, J. M. Motivating the academically unmotivated: A critical issue for the 21st century. *Review of Educational Research*, v. 70, n. 2, p. 151-179, 2000. Disponível em: https://www.jstor.org/stable/1170660. Acesso em: 4 out. 2023.

HIDI, S.; RENNINGER, K. A. The four-phase model of interest development. *Educational Psychologist*, v. 41, n. 2, p. 111-127, 2006. Disponível em: https://www.informalscience.org/four-phase-model-interest-development. Acesso em: 4 out. 2023.

HMELO-SILVER, C. E.; DUNCAN, R. G.; CHINN, C. A. Scaffolding and achievement in problem-based and inquiry learning: a response to Kirschner, Sweller and Clark. *Educational Psychologist*, v. 42, n. 2, p. 99-107, 2007. Disponível em: https://www.tandfonline.com/doi/abs/10.1080/00461520701263368. Acesso em: 8 out. 2023.

HOCHANADEL, A.; FINAMORE, D. Fixed and growth mindset in education and how grit helps students persist in the face of adversity. *Journal of International Education Research*, v. 11, n. 1, p. 47-50, 2015. Disponível em: https://files.eric.ed.gov/fulltext/EJ1051129.pdf. Acesso em: 8 out. 2023.

HODGES, J. R.; PATTERSON, K. Semantic dementia: a unique clinicopathological syndrome. *The Lancet Neurology*, v. 6, n. 11, p. 1004-1014, 2007. Disponível em: https://pubmed.ncbi.nlm.nih.gov/17945154/. Acesso em: 16 set. 2023.

HOFER, S. B. *et al.* Experience leaves a lasting structural trace in cortical circuits. *Nature*, v. 457, p. 313-317, 2009. Disponível em: https://pubmed.ncbi.nlm.nih.gov/19005470/. Acesso em: 16 set. 2023.

HOFMANN, S. G. Cognitive processes during fear acquisition and extinction in animals and humans: Implications for exposure therapy of anxiety disorders. *Clinical Psychology Review*, v. 28, n. 2, p. 199-210, 2008. Disponível em: https://pubmed.ncbi.nlm.nih.gov/17532105/. Acesso em: 16 set. 2023.

HOFMANN, W.; SCHMEICHEL, B. J.; BADDELEY, A. D. Executive functions and self-regulation. *Trends in Cognitive Sciences*, v. 16, n. 3, p. 174-180, 2012. Disponível em: https://pubmed.ncbi.nlm.nih.gov/22336729/. Acesso em: 16 set. 2023.

HOWES, C.; MATHESON, C; HAMILTON, C. Maternal, teacher, and child care history correlates of children's relationships with peers. *Child Development*, v. 65, n. 1, p. 264-273, 1994. Disponível em: https://www.jstor.org/stable/1131380. Acesso em: 16 set. 2023.

HUTTENLOCHER, P. R. Synaptic density in human frontal cortex-developmental changes and effects of aging. *Brain Research*, v. 163, n. 2, p. 195-205, 1979. Disponível em: https://pubmed.ncbi.nlm.nih.gov/427544/. Acesso em: 8 out. 2023.

HYDE, T. S.; JENKINS, J. J. Recall for words as a function of semantic, graphic, and syntactic orienting tasks. *Journal of Verbal Learning and Verbal Behavior*, v. 12, n. 5, p. 471-480, 1973. Disponível em: https://www.sciencedirect.com/science/article/pii/S0022537173800271. Acesso em: 16 set. 2023.

INZLICHT, M.; BEN-ZEEV, T. A threatening intellectual environment: Why females are susceptible to experiencing problem-solving deficits in the presence of males. *Psychological Science*, v. 11, n. 5, p. 365-371, 2000. Disponível em: https://psycnet.apa.org/record/2000-00950-003. Acesso em: 16 set. 2023.

IRWIN, S. A. *et al.* Abnormal dendritic spine characteristics in the temporal and visual cortices of patients with fragile-X syndrome: a quantitative examination. *American Journal of Medical Genetics*, v. 98, n. 2, p. 161-167, 2001. Disponível em: https://pubmed.ncbi.nlm.nih.gov/11223852/. Acesso em: 8 out. 2023.

JACK, R. E.; GARROD, O. G.; SCHYNS, P. G. Dynamic facial expressions of emotion transmit an evolving hierarchy of signals over time. *Current Biology*, v. 24, n. 2, p. 187-192, 2014. Disponível em: https://www.sciencedirect.com/science/article/pii/S0960982213015194. Acesso em: 8 out. 2023.

JAMES, W. *The principles of psychology*. New York: Henry Holt and Company, 1890.

JAMIESON, J. P. *et al.* Turning the knots in your stomach into bows: reappraising arousal improves performance on the GRE. *Journal of Experimental Social Psychology*, v. 46, n. 1, p. 208-212, 2010. Disponível em: https://dash.harvard.edu/bitstream/handle/1/4214916/Mendes_ReappraisingArousal.pdf. Acesso em: 16 set. 2023.

JENG, M. A selected history of expectation bias in physics. *American Journal of Physics*, v. 74, p. 578-583, 2006. Disponível em: https://pubs.aip.org/aapt/ajp/article-abstract/74/7/578/1056232/A-selected-history-of-expectation-bias-in-physics?redirectedFrom=fulltext. Acesso em: 16 set. 2023.

JOHNSON, D. W.; JOHNSON, R. T. An educational psychology success story: Social interdependence theory and cooperative learning. *Educational researcher*, v. 38, n. 5, p. 365-379, 2009. Disponível em: https://psycnet.apa.org/record/2010-10175-004. Acesso em: 7 out. 2023.

JOHNSON, D. W.; JOHNSON, R. T. Collaborative learning and argumentation. *In*: KUTNICK, P.;

ROGERS, C. (ed.). *Groups in schools*. [S. l.]: Cassell Education, 1994. p. 66-86.

JOHNSON, D. W.; JOHNSON, R. T. Making cooperative learning work. *Theory into practice*, v. 38, n. 2, p. 67-73, 1999. Disponível em: https://www.tandfonline.com/doi/abs/10.1080/00405849909543834. Acesso em: 8 out. 2023.

JOORMANN, J.; GOTLIB, I. H. Emotion regulation in depression: relation to cognitive inhibition. *Cognition and Emotion*, v. 24, n. 2, p. 281-298, 2010. isponível em: https://www.ncbi.nlm.nih.gov/pmc/articles/PMC2839199/. Acesso em: 16 set. 2023.

JUDD, C. H. The relation of special training to general intelligence. *Educational Review*, v. 36, p. 28-42, 1908.

JUSSIM, L. Teacher expectations: self-fulfilling prophecies, perceptual biases, and accuracy. *Journal of Personality and Social Psychology*, v. 57, n. 3, p. 469-480, 1989. Disponível em: https://psycnet.apa.org/record/1990-02881-001. Acesso em: 16 set. 2023.

JUSSIM, L.; HARBER, K. D. Teacher expectations and self-fulfilling prophecies: Knowns and unknowns, resolved and unresolved controversies. *Personality and Social Psychology Review*, v. 9, n. 2, p. 131-155, 2005. Disponível em: http://nwkpsych.rutgers.edu/~kharber/publications/Jussim.&.Harber.2005.%20Teacher%20Expectations%20and%20Self-Fulfilling%20Prophesies.pdf. Acesso em: 16 set. 2023.

KAHNEMAN, D. *Thinking, fast and slow*. New York: Macmillan, 2011.

KAHNEMAN, D.; TVERSKY, A. Subjective probability: a judgment of representativeness. *Cognitive Psychology*, v. 3, n. 3, 1972. Disponível em: https://www.sciencedirect.com/science/article/pii/0010028572900163. Acesso em: 16 set. 2023.

KAJIMURA, N. *et al*. Activity of midbrain reticular formation and neocortex during the progression of human non-rapid eye movement sleep. *Journal of Neuroscience*, v. 19, n. 22, p. 10065-10073, 1999. Disponível em: https://www.ncbi.nlm.nih.gov/pmc/articles/PMC6782956/. Acesso em: 8 out. 2023.

KALYUGA, S. *et al*. When problem solving is superior to studying worked examples. *Journal of Educational Psychology*, v. 93, n. 3, p. 579-588, 2001. Disponível em: https://psycnet.apa.org/record/2001-18059-013. Acesso em: 8 out. 2023.

KANG, S. H. K. The benefits of interleaved practice for learning. *In*: HORVATH, J. C.; LODGE, J.; HATTIE, J. *From the laboratory to the classroom*. Abingdon: Routledge, 2016. p. 91-105.

KARIMI, L.; FARAMARZI, S.; YARMOHAMMADIAN, A. The effectiveness of training metacognition-based study skill on the students' achievement motivation, self-efficacy, satisfaction with school and resilience. *Interdisciplinary Journal of Virtual Learning in Medical Sciences*, v. 7, n. 2, 2016. Disponível em: https://ijvlms.sums.ac.ir/article_44779.html. Acesso em: 8 out. 2023.

KARPICKE, J. D. Retrieval-based learning: Active retrieval promotes meaningful learning. *Current Directions in Psychological Science*, v. 21, n. 3, p. 157-163, 2012. Disponível em: https://journals.sagepub.com/doi/10.1177/0963721412443552. Acesso em: 16 set. 2023.

KARPICKE, J. D.; BLUNT, J. R. Retrieval practice produces more learning than elaborative studying with concept mapping. *Science*, v. 331, n. 6018, p. 772-775, 2011. Disponível em: https://www.science.org/doi/10.1126/science.1199327. Acesso em: 16 set. 2023.

KARPICKE, J. D.; BUTLER, A. C.; ROEDIGER, H. L. Metacognitive strategies in student learning: Do students ractice retrieval when they study on their own? *Memory*, v. 17, n. 4, 2009. Disponível em: https://pubmed.ncbi.nlm.nih.gov/19358016/. Acesso em: 16 set. 2023.

KARPICKE, J. D.; ROEDIGER, H. L. Expanding retrieval practice promotes short-term retention, but equally spaced retrieval enhances long-term retention. *Journal of Experimental Psychology Learning Memory and Cognition*, v. 33, n. 4, p. 704-719, 2007. Disponível em: https://pubmed.ncbi.nlm.nih.gov/17576148/. Acesso em: 16 set. 2023.

KARPICKE, J. D.; ROEDIGER, H. L. The critical importance of retrieval for learning. *Science*, v. 319, n. 5865, p. 966-968, 2008. Disponível em: https://www.science.org/doi/10.1126/science.1152408. Acesso em: 16 set. 2023.

KARREMAN, A. *et al*. Parenting and self-regulation in preschoolers: a meta-analysis. *Infant and Child Development*, v. 15, n. 6, p. 561-579, 2006. Disponível em: https://psycnet.apa.org/record/2007-01619-001. Acesso em: 16 set. 2023.

KEPPEL, G. Facilitation in short-and long-term retention of paired associates following distributed practice in learning. *Journal of Verbal Learning and Verbal Behavior*, v. 3, n. 2, p. 91-111, 1964. Disponível em: https://psycnet.apa.org/record/1965-03924-001. Acesso em: 16 set. 2023.

KIM, C. M.; PEKRUN, R. Emotions and motivation in learning and performance. *In*: SPECTOR, J. *et al*. (ed.). *Handbook of research on educational communi-*

cations and technology. Dordrecht: Springer, 2014. p. 65-75.

KING, A. Guiding knowledge construction in the classroom: effects of teaching children how to question and how to explain. *American Educational Research Journal*, v. 31, n. 2, p. 338-368, 1994. Disponível em: https://journals.sagepub.com/doi/10.3102/00028312031002338. Acesso em: 8 out. 2023.

KING, A. Structuring peer interaction to promote high-level cognitive processing. *Theory into Practice*, v. 41, n. 1, p. 33-39, 2002. Disponível em: https://www.jstor.org/stable/1477535. Acesso em: 16 set. 2023.

KINGSTON, N.; NASH, B. Formative assessment: A meta-analysis and a call for research. *Educational Measurement: Issues and Practice*, v. 30, n. 4, p. 28-37, 2011. Disponível em: https://onlinelibrary.wiley.com/doi/abs/10.1111/j.1745-3992.2011.00220.x. Acesso em: 8 out. 2023.

KIRSCHNER, P. A. Stop propagating the learning styles myth. *Computers and Education*, v. 106, p. 166-171, 2017. Disponível em: https://www.sciencedirect.com/science/article/pii/S0360131516302482 . Acesso em: 8 out. 2023.

KIRSCHNER, P. A.; SWELLER, J.; CLARK, R. E. Why minimal guidance during instruction does not work: an analysis of the failure of constructivist, discovery, problem-based, experiential, and inquiry-based teaching. *Educational Psychologist*, v. 41, n. 2, p. 75-86, 2006. Disponível em: https://www.tandfonline.com/doi/abs/10.1207/s15326985ep4102_1. Acesso em: 8 out. 2023.

KLATTE, M.; BERGSTRÖM, K.; LACHMANN, T. Does noise affect learning? A short review on noise effects on cognitive performance in children. *Frontiers in Psychology*, v. 4, 578, 2013. Disponível em: https://www.ncbi.nlm.nih.gov/pmc/articles/PMC3757288. Acesso em: 16 set. 2023.

KLEIM, J. A.; JONES, T. A. Principles of experience-dependent neural plasticity: Implications for rehabilitation after brain damage. *Journal of Speech, Language, and Hearing Research*, v. v. 51, n. 1, S225-S239, 2008. Disponível em: https://pubmed.ncbi.nlm.nih.gov/18230848/. Acesso em: 8 out. 2023.

KLUGER, A. N.; DENISI, A. The effects of feedback interventions on performance: A historical review, a meta-analysis, and a preliminary feedback intervention theory. *Psychological Bulletin*, v. 119, n. 2, p. 254-284, 1996. Disponível em: https://psycnet.apa.org/record/1996-02773-003. Acesso em: 8 out. 2023.

KOENKA, A. C. *et al*. A meta-analysis on the impact of grades and comments on academic motivation and achievement: a case for written feedback. *Educational Psychology*, v. 41, n. 7, p. 922-947, 2019. Disponível em: https://www.tandfonline.com/doi/epdf/10.1080/01443410.2019.1659939?needAccess=true. Acesso em: 8 out. 2023.

KOOLE, S. L. The psychology of emotion regulation: an integrative review. *Cognition and Emotion*, v. 23, n. 1, p. 4-41, 2009. Disponível em: https://www.tandfonline.com/doi/abs/10.1080/02699930802619031. Acesso em: 16 set. 2023.

KORETZ, D. M. *Measuring up*. Cambridge: Harvard University, 2008.

KRUGER, A. C. The effect of peer and adult-child transactive discussions on moral reasoning. *Merrill-Palmer Quarterly*, v. 38, n. 2, p. 191-211, 1992. Disponível em: https://scholarworks.gsu.edu/cgi/viewcontent.cgi?referer=&httpsredir=1&article=1003&context=epse_facpub. Acesso em: 16 set. 2023.

KUHL, P. K. Learning and representation in speech and language. *Current Opinion in Neurobiology*, v. 4, n. 6, p. 812-822, 1994. Disponível em: https://www.sciencedirect.com/science/article/pii/0959438894901287. Acesso em: 8 out. 2023.

KUHL, P. K.; TSAO, F. M.; LIU, H. M. Foreign-language experience in infancy: effects of short-term exposure and social interaction on phonetic learning. *Proceedings of the National Academy of Sciences*, v. 100, n. 15, p. 9096-9101, 2003. Disponível em: https://www.pnas.org/doi/10.1073/pnas.1532872100. Acesso em: 8 out. 2023.

KUHN, D. Is direct instruction an answer to the right question? *Educational Psychologist*, v. 42, n. 2, p. 109-113, 2007. Disponível em: https://www.tandfonline.com/doi/full/10.1080/ 00461520701263376. Acesso em: 8 out. 2023.

KULIK, J. A.; KULIK, C. C. Timing of feedback and verbal learning. *Review of Educational Research*, v. 58, n. 1, p. 79-97, 1988. Disponível em: https://journals.sagepub.com/doi/10.3102/00346543058001079. Acesso em: 8 out. 2023.

KUNDA, Z. The case for motivated reasoning. *Psychological Bulletin*, v. 108, n. 3, p. 480-498, 1990. Disponível em: https://psycnet.apa.org/record/1991-06436-001/. Acesso em: 16 set. 2023.

LABERGE, D.; SAMUELS, S. J. Toward a theory of automatic information processing in reading. *Cognitive Psychology*, v. 6, n. 2, p. 293-323, 1974. Disponível em: https://www.sciencedirect.com/science/article/pii/0010028574900152. Acesso em: 16 set. 2023.

LACHMAN, R.; LACHMAN, J. L.; BUTTERFIELD, E. C. *Cognitive psychology and information processing:*

an introduction. New York: Lawrence Erlbaum Associates, 1979.

LAJOIE, S. P. Extending the scaffolding metaphor. *Instructional Science*, v. 33, n. 5-6, p. 541-557, 2005. Disponível em: https://link.springer.com/article/10.1007/s11251-005-1279-2. Acesso em: 16 set. 2023.

LAMBORN, S. D. *et al.* Patterns of competence and adjustment among adolescents from authoritative, authoritarian, indulgent, and neglectful families. *Child Development*, v. 62, n. 5, p. 1049-1065, 1991. Disponível em: https://pubmed.ncbi.nlm.nih.gov/1756655/. Acesso em: 16 set. 2023.

LANEY, C.; HEUER, F.; REISBERG, D. Thematically-induced arousal in naturally-occurring emotional memories. *Applied Cognitive Psychology*, v. 17, n. 8, p. 995-1004, 2003. Disponível em: https://psycnet.apa.org/record/2004-10074-007. Acesso em: 16 set. 2023.

LEDOUX, J. E. Emotion circuits in the brain. *Annual Review of Neuroscience*, v. 23, n. 1, p. 155-184, 2000. Disponível em: https://www.annualreviews.org/doi/abs/10.1146/annurev.neuro.23.1.155. Acesso em: 16 set. 2023.

LEIBENSTEIN, H. Bandwagon, snob, and Veblen effects in the theory of consumers' demand. *The Quarterly Journal of Economics*, v. 64, n. 2, p. 183-207, 1950. Disponível em: https://www.jstor.org/stable/1882692. Acesso em: 16 set. 2023.

LESLIE, S. J. *et al.* Expectations of brilliance underlie gender distributions across academic disciplines. *Science*, v. 347, n. 6219, p. 262-265, 2015. Disponível em: https://www.science.org/doi/10.1126/science.1261375. Acesso em: 16 set. 2023.

LEVY, B. Improving memory in old age through implicit self-stereotyping. *Journal of Personality and Social Psychology*, v. 71, n. 6, p. 1092-1107, 1996. Disponível em: https://pubmed.ncbi.nlm.nih.gov/8979380/. Acesso em: 7 out. 2023.

LI, Y.; BATES, T. C. You can't change your basic ability, but you work at things, and that's how we get hard things done: testing the role of growth mindset on response to setbacks, educational attainment, and cognitive ability. *Journal of Experimental Psychology. General*, v. 148, n. 9, p. 1640-1655, 2019.

LINDELL, A. K. In your right mind: Right hemisphere contributions to human language processing and production. *Neuropsychology Review*, v. 16, n. 3, p. 131-148, 2006. Disponível em: https://link.springer.com/article/10.1007/s11065-006-9011-9. Acesso em: 8 out. 2023.

LINDELL, A. K.; KIDD, E. Why right-brain teaching is half-witted: a critique of the misapplication of neuroscience to education. *Mind, Brain, and Education*, v. 5, n. 3, p. 121-127, 2011. Disponível em: https://onlinelibrary.wiley.com/doi/full/10.1111/j.1751-228X.2011.01120.x. Acesso em: 8 out. 2023.

LISI, R.; GOLBECK, S. L. Implications of Piagetian theory for peer learning. *In*: O'DONNELL; A. M.; KING, A. (ed.). *Cognitive perspectives on peer learning*. New York: Lawrence Erlbaum Associates, 1999. p. 3-37.

LOCKE, J. *Of the conduct of understanding*. Oxford: Clarendon, 1894.

LORD, C. G.; ROSS, L.; LEPPER, M. R. Biased assimilation and attitude polarization: the effects of prior theories on subsequently considered evidence. *Journal of Personality and Social Psychology*, v. 37, n. 11, 1979. Disponível em: https://psycnet.apa.org/record/1981-05421-001. Acesso em: 16 set. 2023.

LOVETT, M. A collaborative convergence on studying reasoning processes: a case study in statistics. *In*: CARVER, S.; KLAHR, D. (ed.). *Cognition and instruction*: twenty-five years of progress. New York: Lawrence Erlbaum Associates, 2001. p. 347-384.

LURIA, A. R. *The mind of the mnemonist*. New York: Basic Books, 1968.

MAIER, S. F.; SELIGMAN, M. E. Learned helplessness: theory and evidence. *Journal of Experimental Psychology: General*, v. 105, n. 1, p. 3-46, 1976. Disponível em: https://ppc.sas.upenn.edu/sites/default/files/lhtheoryevidence.pdf. Acesso em: 5 out. 2023.

MANNS, J. R.; HOPKINS, R. O.; SQUIRE, L. R. Semantic memory and the human hippocampus. *Neuron*, v. 38, n. 1, p. 127-133, 2003. Disponível em: https://www.sciencedirect.com/science/article/pii/S0896627303001466. Acesso em: 16 set. 2023.

MARKANT, D. B. *et al.* Enhanced memory as a common effect of active learning. *Mind, Brain, and Education*, v. 10, n. 3, p. 142-152, 2016. Disponível em: https://pure.mpg.de/rest/items/item_2358901/component/file_2603339/content. Acesso em: 19 set. 2023.

MARTIN, V. L.; PRESSLEY, M. Elaborative-interrogation effects depend on the nature of the question. *Journal of Educational Psychology*, v. 83, n. 1, p. 113-119, 1991. Disponível em: https://psycnet.apa.org/fulltext/1991-17537-001.pdf. Acesso em: 19 set. 2023.

MARTÍNEZ RIZO, F. Investigación empírica sobre el impacto de la evaluación formativa. Revisión de literatura. *Revista Electrónica de Investigación Educativa*, v. 14, n. 1, p. 1-15, 2012. Disponível em: https://www.scielo.org.mx/scielo.php?pid=S1607-40412012000100001&script=sci_abstract. Acesso em: 8 out. 2023.

MAYER, R. E. Constructivism as a theory of learning versus constructivism as a prescription for instruction. *In*: TOBIAS, S.; DUFFY, T. M. (ed.). *Constructivist instruction*: success or failure. Abingdon: Routledge, 2009. p. 184-200.

MAYER, R. E. Rote versus meaningful learning. *Theory into Practice*, v. 41, n. 4, p. 226-232, 2002. Disponível em: https://www.tandfonline.com/doi/abs/10.1207/s15430421tip4104_4. Acesso em: 16 set. 2023.

MAYER, R. E. Should there be a three-strikes rule against pure discovery learning? The case for guided methods of instruction. *American Psychologist*, v. 59, n. 1, p. 14–19, 2004. Disponível em: https://pubmed.ncbi.nlm.nih.gov/14736316/. Acesso em: 8 out. 2023.

MAYER, R. E.; WITTROCK, M. C. Problem-solving transfer. *In*: BERLINER, D. C.; CALFEE, R. C. (ed.). *Handbook of educational psychology*. [S. l.]: Macmillan, 1996. p. 47-62.

MCCLELLAND, M. M.; CAMERON, C. E. Self-regulation and academic achievement in elementary school children. *New Directions for Child and Adolescent Development*, v. 133, p. 29-44, 2011. Disponível em: https://pubmed.ncbi.nlm.nih.gov/21898897/. Acesso em: 16 set. 2023.

MCCLOSKEY, M.; WIBLE, C. G.; COHEN, N. J. Is there a special flashbulb-memory mechanism? *Journal of Experimental Psychology: general*, v. 117, n. 2, p. 171-181, 1988. Disponível em: https://psycnet.apa.org/record/1988-28560-001. Acesso em: 16 set. 2023.

MCGAUGH, J. L. Making lasting memories: remembering the significant. *Proceedings of the National Academy of Sciences*, v. 110, supl. 2, p. 10402-10407, 2013. Disponível em: https://www.sciencedirect.com/science/article/pii/S0896627303001466. Acesso em: 27 set. 2023.

MCRAE, K. *et al.* Individual differences in reappraisal ability: links to reappraisal frequency, well-being, and cognitive control. *Journal of Research in Personality*, v. 46, n. 1, p. 2-7, 2012a. Disponível em: https://psycnet.apa.org/record/2011-26256-001. Acesso em: 27 set. 2023.

MCRAE, K. *et al.* The development of emotion regulation: an fMRI study of cognitive reappraisal in children, adolescents and young adults. *Social Cognitive and Affective Neuroscience*, v. 7, n. 1, p. 11-22, 2012b. Disponível em: https://pubmed.ncbi.nlm.nih.gov/22228751/. Acesso em: 27 set. 2023.

MEICHENBAUM, D. H.; GOODMAN, J. Training impulsive children to talk to themselves: A means of developing self-control. *Journal of Abnormal Psychology*, v. 77, n. 2, p. 115-126, 1971. Disponível em: https://psycnet.apa.org/record/1971-23785-001. Acesso em: 27 set. 2023.

MEGA, C.; RONCONI, L.; BENI, R. What makes a good student? How emotions, self-regulated learning, and motivation contribute to academic achievement. *Journal of Educational Psychology*, v. 106, n. 1, p. 121-131, 2014. Disponível em: https://eric.ed.gov/?id=EJ1054515. Acesso em: 16 set. 2023.

MERTON, R. K. The self-fulfilling prophecy. *The Antioch Review*, v. 8, n. 2, p. 193-210, 1948. Disponível em: https://www.jstor.org/stable/4609267. Acesso em: 16 set. 2023.

MILLER, G. A. The magical number seven, plus or minus two: some limits on our capacity for processing information. *Psychological Review*, v. 63, n. 2, p. 81-97, 1956. Disponível em: https://psycnet.apa.org/record/1957-02914-001. Acesso em: 16 set. 2023.

MISCHEL, W.; SHODA, Y.; PEAKE, P. K. The nature of adolescent competencies predicted by preschool delay of gratification. *Journal of Personality and Social Psychology*, v. 54, n. 4, p. 687-696, 1988. Disponível em: https://pubmed.ncbi.nlm.nih.gov/3367285/. Acesso em: 16 set. 2023.

MISCHEL, W.; SHODA, Y.; RODRIGUEZ, M. I. Delay of gratification in children. *Science*, v. 244, n. 4907, p. 933-938, 1989. Disponível em: https://www.science.org/doi/10.1126/science.2658056. Acesso em: 16 set. 2023.

MORRIS, C. D.; BRANSFORD, J. D.; FRANKS, J. J. Levels of processing versus transfer appropriate processing. *Journal of Verbal Learning and Verbal Behavior*, v. 16, n. 5, p. 519-533, 1977. Disponível em: https://www.sciencedirect.com/science/article/pii/S0022537177800169. Acesso em: 16 set. 2023.

MORRIS, A. S. *et al.* The role of the family context in the development of emotion regulation. *Social Development*, v. 16, n. 2, p. 361-388, 2007. Disponível em: https://www.ncbi.nlm.nih.gov/pmc/articles/PMC2743505/. Acesso em: 16 set. 2023.

MOUSAVI, S. Y.; LOW, R.; SWELLER, J. Reducing cognitive load by mixing auditory and visual presentation modes. *Journal of Educational Psychology*, v.

87, n. 2, p. 319-334, 1995. Disponível em: https://psycnet.apa.org/record/1995-38914-001. Acesso em: 16 set. 2023.

MRAZIK, M.; DOMBROWSKI, S. C. The neurobiological foundations of giftedness. *Roeper Review*, v. 32, n. 4, p. 224-234, 2010. Disponível em: https://www.tandfonline.com/doi/full/10.1080/02783193.2010.508154. Acesso em: 8 out. 2023.

MUELLER, C. M.; DWECK, C. S. Praise for intelligence can undermine children's motivation and performance. *Journal of Personality and Social Psychology*, v. 75, *n.* 1, p. 33-52, 1998. Disponível em: https://pubmed.ncbi.nlm.nih.gov/9686450/. Acesso em: 16 set. 2023.

MUENKS, K.; YANG, J. S.; WIGFIELD, A. Associations between grit, motivation, and achievement in high school students. *Motivation Science,* v. 4, n. 2, p. 158-176, 2018. Disponível em: https://psycnet.apa.org/record/2017-43586-001. Acesso em: 8 out. 2023.

MUIJS, D.; REYNOLDS, D. *Effective teaching:* evidence and practice. California: SAGE Publishing, 2017.

MURAVEN, M. Ego depletion: theory and evidence. *In:* RYAN, R. M. (ed.). *The Oxford handbook of human motivation.* Oxford: Oxford University, 2012. p. 111-126.

NATIONAL VITAL STATISTICS REPORTS. Divorce rate in Maine correlates with per capita consumption of margarine. *In:* TYLERVIGEN. [*S. l.: s. n.*], 2009. Disponível em: https://www.tylervigen.com/spurious-correlations. Acesso em: 16 set. 2023.

NEISSER, U. *et al.* Intelligence: Knowns and unknowns. *American Psychologist*, v. 51, n. 2, p. 77-101, 1996. Disponível em: https://psycnet.apa.org/record/1996-02655-001. Acesso em: 8 out. 2023.

NICKERSON, R. S. Confirmation bias: a ubiquitous phenomenon in many guises. *Review of General Psychology*, v. 2, n. 2, 1998. Disponível em: https://journals.sagepub.com/doi/10.1037/1089-2680.2.2.175. Acesso em: 16 set. 2023.

NIELSEN J. A. *et al.* An evaluation of the left-brain vs. right-brain hypothesis with resting state functional connectivity magnetic resonance imaging. *PLoS One*, v. 8, n. 8, 2013. Disponível em: https://journals.plos.org/plosone/article?id=10.1371/journal.pone.0071275. Acesso em: 8 out. 2023.

NIELSON, K. A.; ARENTSEN, T. J. Memory modulation in the classroom: Selective enhancement of college examination performance by arousal induced after lecture. *Neurobiology of Learning and Memory*, v. 98, n. 1, p. 12-16, 2012. Disponível em: https://pubmed.ncbi.nlm.nih.gov/22521412/. Acesso em: 3 out. 2023.

NIELSON, K. A.; YEE, D.; ERICKSON, K. I. Memory enhancement by a semantically unrelated emotional arousal source induced after learning. *Neurobiology of Learning and Memory*, v. 84, n. 1, p. 49-56, 2005. Disponível em: https://pubmed.ncbi.nlm.nih.gov/15890540/. Acesso em: 24 set. 2023.

NUNES-CARRAHER, T. N.; CARRAHER, D. W.; SCHLIEMANN, A. D. Mathematics in the streets and in schools. *British Journal of Developmental Psychology*, v. 3, n. 1, p. 21-29, 1985. Disponível em: https://bpspsychub.onlinelibrary.wiley.com/doi/abs/10.1111/j.2044-835X.1985.tb00951.x. Acesso em: 16 set. 2023.

OAKES, J. *Keeping track:* how schools structure inequality. New Haven: Yale University, 2005.

OCHSNER, K. N. *et al.* Rethinking feelings: an fMRI study of the cognitive regulation of emotion. *Journal of Cognitive Neuroscience*, v. 14, n. 8, p. 1215-1229, 2002. Disponível em: https://mcgovern.mit.edu/wp-content/uploads/2019/01/089892902760807212.pdf. Acesso em: 16 set. 2023.

O'CONNOR, T. G. *et al.* Attachment disturbances and disorders in children exposed to early severe deprivation. Attachment disturbances and disorders in children exposed to early severe deprivation. *Infant Mental Health Journal*, v. 20, n. 1, p. 10-29, 1999. Disponível em: https://onlinelibrary.wiley.com/doi/10.1002/(SICI)1097-0355(199921)20:1%3C10::AID-IMHJ2%3E3.0.CO;2-S. Acesso em: 5 out. 2023.

O'CONNOR, T. *et al.* The effects of global severe privation on cognitive competence: extension and longitudinal follow-up. English and Romanian Adoptees Study Team. *Child Development*, v. 71, n. 2, p. 376-390, 2000. Disponível em: https://pubmed.ncbi.nlm.nih.gov/10834471/. Acesso em: 5 out. 2023.

OECD. *Assessment for learning formative assessment.* Paris: OECD, 2008. Disponível em: https://www.oecd.org/site/educeri21st/40600533.pdf. Acesso em: 8 out. 2023.

OECD. *Understanding the brain:* the birth of a learning science. Paris: OECD, 2007. Disponível em: https://www.oecd.org/education/ceri/understandingthebrainthebirthofalearningscience.htm. Acesso em: 8 out. 2023.

OECD. *Understanding the brain:* towards a new learning science. Paris: OECD, 2002. Disponível em: https://www.oecd-ilibrary.org/education/understanding-the-brain_9789264174986-en. Acesso em: 8 out. 2023.

OSWALD, M. E.; GROSJEAN, S. Confirmation bias. *In:* POHL, R. F. (ed.). *Cognitive illusions:* a handbook on fallacies and biases in thinking, judgement and memory. London: Psychology Press, 2004. p. 79-96.

OWEN, A. M. *et al.* Putting brain training to the test. *Nature*, v. 465, n. 7299, p. 775-778, 2010. Disponível em: https://www.nature.com/articles/nature09042. Acesso em: 8 out. 2023.

PAAS, F.; RENKL, A.; SWELLER, J. Cognitive load theory and instructional design: recent developments. *Educational Psychologist*, v. 38, n. 1, p. 1-4, 2003. Disponível em: https://www.tandfonline.com/doi/abs/10.1207/S15326985EP3801_1. Acesso em: 8 out. 2023.

PAIGE, J.; SIMON, H. Cognition processes in solving algebra word problems. *In:* KLEINMUNTZ, B. (ed.). *Problem solving*. New Jersey: Wiley, 1966. p. 119-151.

PAIVIO, A. Dual coding theory: retrospect and current status. *Canadian Journal of Psychology*, v. 45, n. 3, p. 255, 1991. Disponível em: https://psycnet.apa.org/record/1983-04402-001. Acesso em: 16 set. 2023.

PAIVIO, A. *Imagery and verbal processes.* [S. l.]: Holt, Rinehart, and Winston, 1971.

PAJARES, F. Current directions in self-efficacy research. *In:* MAEHR, M.; PINTRICH, P. R. (ed.). *Advances in motivation and achievement.* [S. l.]: JAI, 1997. v. 10. p. 1-49.

PASHLER, H. *et al.* Learning styles: concepts and evidence. *Psychological Science in the Public Interest*, v. 9, n. 3, p. 105–119, 2009. Disponível em: https://journals.sagepub.com/doi/full/10.1111/j.1539-6053.2009.01038.x. Acesso em: 8 out. 2023.

PASQUINELLI, E. Neuromyths: why do they exist and persist? *Mind, Brain, and Education*, v. 6, n. 2, p. 89-96, 2012. Disponível em: https://onlinelibrary.wiley.com/doi/full/10.1111/j.1751-228X.2012.01141.x. Acesso em: 8 out. 2023.

PATEL, V. L.; GROEN, G. J. The general and specific nature of medical expertise: a critical look. *In:* ERICSSON, K. A.; SMITH, J. (ed.). *Towards a general theory of expertise. Prospects and limits.* Cambridge: Cambridge University, 1991. p. 93-125.

PATRICK, H.; MANTZICOUPOULOS, P.; SEARS, D. Effective classrooms. *In:* HARRIS, K. R.; GRAHAM, S.; URDAN, T. (ed.). *APA educational psychology handbook*. Washington: American Psychological Association, 2012. p. 443-469.

PAVLOV, I. P. *Conditioned reflexes:* an investigation of the physiological activity of the cerebral cortex. Oxford: Oxford University, 1927.

PAUNESKU, D. *Scaled-up social psychology:* intervening wisely and broadly in education. 2013. 195 p. (Tesis doctoral) – Stanford University, California, 2013. Disponível em: https://web.stanford.edu/~paunesku/paunesku_2013.pdf. Acesso em: 16 set. 2023.

PAUNESKU, D. *et al.* Mind-set interventions are a scalable treatment for academic underachievement. *Psychological Science*, v. 26, n. 6, p. 784-793, 2015. Disponível em: https://pubmed.ncbi.nlm.nih.gov/25862544/. Acesso em: 16 set. 2023.

PEECK, J.; BOSCH VAN DEN, A. B.; KRUEPELING, W. J. The effect of mobilizing prior knowledge on learning from text. *Journal of Educational Psychology*, v. 74, p. 771–777, 1982. Disponível em: https://psycnet.apa.org/record/1983-04402-001. Acesso em: 16 set. 2023.

PEKRUN, R. *et al.* The control-value theory of achievement emotions: An integrative approach to emotions in education. *In:* SCHULZ, P. A.; PEKRUN, R. (ed.). *Emotion in education.* [S. l.]: Academic Press, 2007. p. 1336.

PEKRUN, R.; LINNENBRINK-GARCIA, L. Introduction to emotions in education. *In:* PEKRUN, R.; LINNENBRINK-GARCIA, L. (ed.). *International handbook of emotions in education.* Abingdon: Routledge, 2014. p. 11-20.

PERKINS, D. N.; SALOMON, G. Transfer of learning. *In:* HUSEN, T.; POSTLETHWAITE, T. N. (ed.). *International Encyclopedia of Education.* 2nd ed. Oxford: Pergamon, 1992.

PHELPS, E. A. Emotion and cognition: insights from studies of the human amygdala. *Annual Review of Psychology*, v. 57, p. 27-53, 2006. Disponível em: https://pubmed.ncbi.nlm.nih.gov/16318588/. Acesso em: 16 set. 2023.

PHILIPPOT, P.; CHAPELLE, G.; BLAIRY, S. Respiratory feedback in the generation of emotion. *Cognition and Emotion*, v. 16, n. 5, p. 605-627, 2002. Disponível em: https://www.tandfonline.com/doi/abs/10.1080/ 02699930143000392. Acesso em: 4 out. 2023.

PHILLIPS, N. Carol Dweck says mindset is not 'a tool to make children feel Good. *Schoolsweek*, Jun., 2015. Disponível em: https://schoolsweek.co.uk/why-mindset-is-not-atool-to-make-children-feel-good/. Acesso em: 4 out. 2023.

PIAGET, J. *Genetic epistemology*. New York: Columbia University, 1968.

PIAGET, J. *The language and thought of the child*. 3rd. ed. Abingdon: Routledge and Kegan Paul, 1959.

PICKERING, S. J.; HOWARD-JONES, P. Educators' view on the role of neuroscience in education: findings from a study of UK and international perspectives. *Mind, Brain, and Education*, v. 1, p. 109-113, 2007. Disponível em: https://onlinelibrary.wiley.com/doi/full/10.1111/j.1751-228X.2007.00011.x. Acesso em: 8 out. 2023.

PINTRICH, P. R. Motivation and classroom learning. *In*: REYNOLDS, W. M.; MILLER, C. E. (ed.). *Handbook of psychology*. New Jersey: John Wiley & Sons, 2003a. v. 7. p. 103-122.

PINTRICH, P. R. A motivational science perspective on the role of student motivation in learning and teaching contexts. *Journal of Educational Psychology*, v. 95, n. 4, p. 667-686, 2003b. Disponível em: https://psycnet.apa.org/record/2003-09576-001. Acesso em: 16 set. 2023.

PLATÃO. *Libro VII de La República*. [*S. l.*]: Tilde, 2003.

POLDRACK, R. A. The future of fMRI in cognitive neuroscience. *Neuroimage*, v. 62, n. 2, p. 1216-1220, 2012. Disponível em: https://pubmed.ncbi.nlm.nih.gov/21856431/. Acesso em: 16 set. 2023.

POLDRACK, R. A.; PACKARD, M. G. Competition among multiple memory systems: converging evidence from animal and human brain studies. *Neuropsychologia*, v. 41, n. 3, p. 245-251, 2003. Disponível em: https://www.sciencedirect.com/science/article/pii/S0028393202001574?casa_token=LpFnIH2uZlUAAAAA:ptmqOzY0ZpshcfEYch4lhpx4KP3nqMqel8bqe3jr6DdSfWjPrhBUOu2Qivb9hlUQWDTOC-1zM24. Acesso em: 16 set. 2023.

POSNER, G. J. *et al.* Toward a theory of conceptual change. *Science Education*, v. 66, n. 2, p. 211-227, 1982. Disponível em: https://edisciplinas.usp.br/pluginfile.php/4087814/mod_resource/content/1/Posner_et_al_1982.pdf. Acesso em: 16 set. 2023.

PRINCE, M. Does active learning work? A review of the research. *Journal of Engineering Education*, v. 93, n. 3, p. 223-231, 2004. Disponível em: https://www.engr.ncsu.edu/wp-content/uploads/drive/1sm-Spn4AiHSh8z7a0MHDBwhb_JhcoLQmI/2004-Prince_AL.pdf. Acesso em: 16 set. 2023.

PINTRICH, P. R.; MARX, R. W.; BOYLE, R. A. Beyond cold conceptual change: the role of motivational beliefs and classroom contextual factors in the process of conceptual change. *Review of Educational Research*, v. 63, n. 2, p. 167-199, 1993. Disponível em: https://journals.sagepub.com/doi/10.3102/00346543063002167. Acesso em: 16 set. 2023.

RAUDENBUSH, S. W. Magnitude of teacher expectancy effects on pupil IQ as a function of the credibility of expectancy induction: a synthesis of findings from 18 experiments. *Journal of Educational Psychology*, v. 76, n. 1, p. 85-97, 1984. Disponível em: https://psycnet.apa.org/record/1984-16218-001. Acesso em: 16 set. 2023.

RAWSON, K. A.; DUNLOSKY, J.; SCIARTELLI, S. M. The power of successive relearning: Improving performance on course exams and long-term retention. *Educational Psychology Review*, v. 25, n. 4, p. 523-548, 2013. Disponível em: https://link.springer.com/article/10.1007/s10648-013-9240-4. Acesso em: 8 out. 2023.

RENKL, A.; ATKINSON, R. K.; GROßE, C. S. How fading worked solution steps works – A cognitive load perspective. *Instructional Science*, v. 32, n. 1-2, p. 59-82, 2004. Disponível em: https://link.springer.com/article/10.1023/B:TRUC.0000021815.74806.f6. Acesso em: 8 out. 2023.

REUSSER, K. Tutoring systems and pedagogical theory: Representational tools for understanding, planning, and reflection in problem solving. *In*: LAJOIE, S. P.; DERRY, S. J. (ed.). *Computers as cognitive tools*. New York: Lawrence Erlbaum Associates, 1993.

RIENER, C.; WILLINGHAM, D. The myth of learning styles. *Change: The magazine of higher learning*, v. 42, n. 5, p. 32-35, 2010. Disponível em: https://www.tandfonline.com/doi/full/10.1080/00091383.2010.503139 . Acesso em: 8 out. 2023.

RIENZO, C.; ROLFE, H.; WILKINSON, D. *Changing mindsets: evaluation report and executive summary*. [*S. l.*]: Education Endowment Foundation, 2015.

RIMFELD, K. *et al.* True grit and genetics: Predicting academic achievement from personality. *Journal of Personality and Social Psychology*, v. 111, n. 5, p. 780-789, 2016. Disponível em: https://pubmed.ncbi.nlm.nih.gov/26867111/. Acesso em: 8 out. 2023.

RIMM-KAUFMAN, S. E. *et al.* Early behavioral attributes and teachers' sensitivity as predictors of competent behavior in the kindergarten classroom. *Journal of Applied Developmental Psychology*, v. 23, n. 4, p. 451-470, 2002. Disponível em: https://www.sciencedirect.com/science/article/pii/S0193397302001284. Acesso em: 16 set. 2023.

ROBERTSON, J. S. Is attribution training a worthwhile classroom intervention for K–12 students with learning difficulties? *Educational Psychology Review*, v. 12, n. 1, p. 111-134, 2000. Disponível em: https://link.springer.com/article/10.1023/A:1009089118008. Acesso em: 16 set. 2023.

ROEDIGER, H. L. *et al.* Test-enhanced learning in the classroom: long-term improvements from quizzing. *Journal of Experimental Psychology. Applied*, v. 17, n. 4, p. 382-395, 2011. Disponível em: https://pubmed.ncbi.nlm.nih.gov/22082095/. Acesso em: 8 out. 2023.

ROEDIGER, H. L.; BUTLER, A. C. The critical role of retrieval practice in long-term retention. *Trends in Cognitive Science*, v. 15, n. 1, p. 20-27, 2011. Disponível em: https://www.sciencedirect.com/science/article/pii/S1364661310002081. Acesso em: 16 set. 2023.

ROEDIGER, H. L.; KARPICKE, J. D. (2006). Test-enhanced learning: taking memory tests improves long-term retention. *Psychological Science*, v. 17, n. (3), p. 249-55, 2006. Disponível em: https://www.jstor.org/stable/40064526. Acesso em: 16 set. 2023.

ROEDIGER, H. L.; PYC, M. A. Inexpensive techniques to improve education: applying cognitive psychology to enhance educational practice. *Journal of Applied Research in Memory and Cognition*, v. 1, n. 4, p. 242-248, 2012. Disponível em: https://www.sciencedirect.com/science/article/pii/S2211368112000915. Acesso em: 8 out. 2023.

ROEDIGER, H. L.; ZAROMB, F. M.; GOODE, M. K. A typology of memory terms. *In*: BYRNE, J. H. (ed.). *Learning and memory*: a comprehensive reference. [*S. l.*]: Elsevier, 2008. v. 1. p. 11-24.

ROHRER, D.; TAYLOR, K. The effects of overlearning and distributed practise on the retention of mathematics knowledge. *Applied Cognitive Psychology*, v. 20, n. 9, p. 1209-1224, 2006. Disponível em: https://onlinelibrary.wiley.com/doi/10.1002/acp.1266 . Acesso em: 8 out. 2023.

ROHRER, D.; TAYLOR, K. The shuffling of mathematics problems improves learning. *Instructional Science*, v. 35, n. 6, p. 481-498, 2007. Disponível em: https://link.springer.com/article/10.1007/s11251-007-9015-8. Acesso em: 18 set. 2023.

ROMERO, C. *et al.* Academic and emotional functioning in middle school: the role of implicit theories. *Emotion*, v. 14, n. 2, p. 227-234, 2014. Disponível em: https://pubmed.ncbi.nlm.nih.gov/24512251/. Acesso em: 18 set. 2023.

ROSENSHINE, B. *Principles of instruction*. Geneva: International Bureau of Education, 2010. Disponível em: https://www.ibe.unesco.org/fileadmin/user_upload/Publications/Educational_Practices/EdPractices_21.pdf. Acesso em: 18 set. 2023.

ROSENTHAL, R.; JACOBSON, L. Pygmalion in the classroom. *The Urban Review*, v. 3, n. 1, p. 16-20, 1968. Disponível em: https://link.springer.com/article/10.1007/BF02322211. Acesso em: 18 set. 2023.

ROSENZWEIG, M. R.; BENNETT, E. L.; DIAMOND, M. C. Brain changes in response to experience. *Scientific American*, v. 226, p. 22-29, 1972. Disponível em: https://www.scientificamerican.com/article/brain-changes-in-response-to-experi/. Acesso em: 8 out. 2023.

ROWLAND, C. A. The effect of testing versus restudy on retention: A meta-analytic review of the testing effect. *Psychological Bulletin*, v. 140, n. 6, p. 1432-1463, 2014. Disponível em: https://pubmed.ncbi.nlm.nih.gov/25150680/. Acesso em: 18 set. 2023.

RUBIN, D. C.; KOZIN, M. Vivid memories. *Cognition*, v. 16, n. 1, p. 81-95, 1984. Disponível em: https://psycnet.apa.org/record/1985-11377-001. Acesso em: 18 set. 2023.

SADLER, D. R. Formative assessment and the design of instructional systems. *Instructional Science*, v. 18, n. 2, p. 119-144, 1989. Disponível em: https://link.springer.com/article/10.1007/BF00117714. Acesso em: 8 out. 2023.

SAKAKIBARA, A. A longitudinal study of a process for acquiring absolute pitch. *The Japanese Journal of Educational Psychology*, v. 47, p. 19-27, 1999. Disponível em: https://journals.sagepub.com/doi/abs/10.1177/0305735612463948. Acesso em: 18 set. 2023.

SAKAKIBARA, A. A longitudinal study of the process of acquiring absolute pitch: A practical report of training with the 'chord identification method. *Psychology of Music*, v. 42, n. 1, p. 86-111, 2014. Disponível em: https://journals.sagepub.com/doi/abs/10.1177/0305735612463948. Acesso em: 18 set. 2023.

SALEH, M.; LAZONDER, A. W.; JONG, T. Structuring collaboration in mixed-ability groups to promote verbal interaction, learning, and motivation of average-ability students. *Contemporary Educational Psychology*, v. 32, n. 3, p. 314-331, 2007. Disponível em: https://www.sciencedirect.com/science/article/pii/S0361476X06000233. Acesso em: 18 set. 2023.

SALDEN, R. J.; PAAS, F.; VAN MERRIËNBOER, J. J. G. A comparison of approaches to learning task selection in the training of complex cognitive skills. *Computers in Human Behavior*, v. 22, n. 3, p. 321-333, 2006. Disponível em: https://www.sciencedirect.com/science/article/pii/S0747563204001141. Acesso em: 18 set. 2023.

SALKIND, N. J. *Statistics for people who (think they) hate statistics*. California: SAGE Publishing, 2016.

SANMARTÍ, N. *10 ideas clave*: evaluar para aprender. Barcelona: Graó, 2007.

SCHIEFELE, U.; KRAPP, A.; WINTELER, A. Interest as a predictor of academic achievement: a meta-analysis of research. *In*: RENNIGER, K. A.; HIDI, S.; KRAPP, A. (ed.). *The role of interest in learning and development*. New York: Lawrence Erlbaum Associates, 1992. P. 183-212.

SCHMEICHEL, B. J. *et al*. Ego depletion by response exaggeration. *Journal of Experimental Social Psychology*, v. 42, n. 2, p. 95-102, 2006. Disponível em: https://www.sciencedirect.com/science/article/pii/S0022103105000296. Acesso em: 7 out. 2023.

SCHMEICHEL, B. J.; TANG, D. The relationship between individual differences in executive functioning and emotion regulation: a comprehensive review. *In*: FORGAS, J. P.; HARMON-JONES, E. (ed.). *The control within*: motivation and its regulation. London: Psychology Press, 2014. p. 133-152. Disponível em: https://psycnet.apa.org/record/2014-19964-007. Acesso em: 7 out. 2023.

SCHMIDT, R. A. *et al*. Summary knowledge of results for skill acquisition: support for the guidance hypothesis. *Journal of Experimental Psychology. Learning, Memory, and Cognition*, v. 15, n. 2, p. 352-359, 1989. Disponível em: https://pubmed.ncbi.nlm.nih.gov/2522520/. Acesso em: 8 out. 2023.

SCHNEPS, M.; SADLER, P. *A private universe*. Santa Monica: Pyramid Films, 1988.

SCHOENFELD, A. H. What's all the fuss about metacognition. *In*: SCHOENFELD, A. H. (ed.). *Cognitive science and mathematics education*. New York: Lawrence Erlbaum Associates, 1987. p. 189-215.

SCHOMMER-AIKINS, M. An evolving theoretical framework for an epistemological belief system. *In*: HOFER, B. K.; PINTRICH, P. R. (ed.). *Personal epistemology*: the psychology of beliefs about knowledge and knowing. New York: Lawrence Erlbaum Associates, 2002. p. 103-118.

SCHROEDER, V. M.; KELLEY, M. L. Family environment and parent-child relationships as related to executive functioning in children. *Early Child Development and Care*, v. 180, n. 10, p. 1285-1298, 2010. Disponível em: https://www.tandfonline.com/doi/abs/10.1080/03004430902981512. Acesso em: 4 out. 2023.

SCHUNK, D. H. Self-efficacy and achievement behaviors. *Educational Psychology Review*, v. 1, n. 3, p. 173-208, 1989. Disponível em: https://libres.uncg.edu/ir/uncg/f/D_Schunk_Self_1989.pdf. Acesso em: 4 out. 2023.

SCHUNK, D. H. Self-efficacy and academic motivation. *Educational psychologist*, v. 26, n. 3-4, p. 207-231, 1991. Disponível em: http://libres.uncg.edu/ir/uncg/f/d_schunk_self_1991.pdf. Acesso em: 4 out. 2023.

SCHUNK, D. H., Y HANSON, A. R. Peer models: Influence on children's self-efficacy and achievement. *Journal of Educational Psychology*, v. 77, n. 3, p. 313-322, 1985. Disponível em: https://libres.uncg.edu/ir/uncg/f/D_Schunk_Peer_1985.pdf. Acesso em: 4 out. 2023.

SCHUNK, D. H.; PINTRICH, P. R.; MEECE, J. L. *Motivation in education*: theory, research, and applications. 4th. Ed. [*S. l*.]: Pearson, 2013.

SCHWARTZ, D. L. *et al*. Toward the development of flexibly adaptive instructional designs. *In*: REIGELUTH, C. M. (ed.). *Instructional-design theories and models*: a new paradigm of instructional theory. New York: Lawrence Erlbaum Associates, 1999. V. 2, p. 183-213.

SCHWARTZ, M. S. *et al*. Depth versus breadth: how content coverage in high school science courses relates to later success in college science coursework. *Science Education*, v. 93, p. 798-826, 2008. Disponível em: https://eric.ed.gov/?id=EJ850731. Acesso em: 18 set. 2023.

SCOVILLE, W. B.; MILNER, B. Loss of recent memory after bilateral hippocampal lesions. *Journal of Neurology, Neurosurgery, and Psychiatry*, v. 20, n. 1, p. 11, 1957. Disponível em: https://www.ncbi.nlm.nih.gov/pmc/articles/PMC497229/. Acesso em: 18 set. 2023.

SCRIVEN, M. The methodology of evaluation. *In*: TYLER, R. W.; GAGNÉ, R. M.; SCRIVEN, M. (ed.). *Perspectives of curriculum evaluation*. Chicago: Rand McNally, 1967. v. 1. p. 39-83.

SENN, D.; MARZANO, R. J. *Organizing for learning*: classroom techniques to help students interact within small groups. New York: Learning Sciences International, 2015.

SÉRÉ, M. G. Children's conceptions of the gaseous state, prior to teaching. *European Journal of Science Education*, v. 8, n. 4, p. 413-425, 1986. Disponível em: https://www.tandfonline.com/doi/abs/10.1080/0140528860080408/. Acesso em: 18 set. 2023.

SHARP, P. Behaviour modification in the secondary school: A survey of students' attitudes to rewards and praise. *Behavioral Approaches with Children*, v. 9, n. 4, p. 109-112, 1985.

SHUMAN, V.; SCHERER, K. R. Psychological structure of emotions. *In*: SMELSER; N. J.; BALTES, P. B. *International encyclopedia of the social and behavioral sciences*. [*S. l*.]: Elsevier, 2015. p. 526-533.

SIMPSON, M.; ARNOLD, B. Availability of prerequisite concepts for learning biology at certificate level. *Journal of Biological Education*, v. 16, n. 1, p. 65-72, 1982. Disponível em: https://www.tandfonline.com/doi/abs/10.1080/00219266.1982.9654420. Acesso em: 18 set. 2023.

SISK, V. F. et al. To what extent and under which circumstances are growth mind-sets important to academic achievement? Two meta-analyses. *Psychological Science*, v. 29, n. 4, p. 549-571, 2018. Disponível em: https://journals.sagepub.com/doi/10.1177/0956797617739704. Acesso em: 18 set. 2023.

SKIBBE, L. E. et al. Schooling effects on preschoolers' self-regulation, early literacy, and language growth. *Early Childhood Research Quarterly*, v. 26, n. 1, p. 42-49, 2011. Disponível em: https://www.ncbi.nlm.nih.gov/pmc/articles/PMC3780775/. Acesso em: 18 set. 2023.

SKINNER, B. F. Teaching machines: from the experimental study of learning come devices which arrange optimal conditions for self-instruction. *Science*, v. 128, p. 969-977, 1958. Disponível em: https://www.science.org/doi/10.1126/science.128.3330.969. Acesso em: 8 out. 2023.

SLAVIN, R. E. Are cooperative learning and untracking harmful to the gifted? *Educational Leadership*, v. 48, n. 6, p. 68-71, 1991. Disponível em: https://files.ascd.org/staticfiles/ascd/pdf/journals/ed_lead/el_199103_slavin.pdf. Acesso em: 18 set. 2023.

SLAVIN, R. E. *Cooperative learning:* theory, research, and practice. 2nd ed. [S. l.]: Allyn & Bacon, 1995.

SLAVIN, R. E. Cooperative learning and achievement: theory and research. *In*: REYNOLDS, W. M.; MILLER, G. E.; WEINER, I. B. (ed.). *Handbook of psychology*. 2nd ed. New Jersey: John Wiley & Sons, 2013. v. 7. p. 199-212.

SLAVIN, R. E. *Educational psychology:* theory and practice. [S. l.]: Pearson, 2018.

SMITH, C. et al. Teaching for understanding: a study of students' pre-instruction theories of matter and a comparison of the effectiveness of two approaches to teaching about matter and density. *Cognition and Instruction*, v. 15, n. 3, p. 317-393, 1997. Disponível em: https://www.jstor.org/stable/3233771. Acesso em: 8 out. 2023.

SMITH, M. A.; KARPICKE, J. D. Retrieval practice with short-answer, multiple-choice, and hybrid tests. *Memory*, v. 22, n. 7, p. 784-802, 2014. Disponível em: https://pubmed.ncbi.nlm.nih.gov/24059563/. Acesso em: 18 set. 2023.

SMITH, S. M. Enhancement of recall using multiple environmental contexts during learning. *Memory and Cognition*, v. 10, n. 5, p. 405-412, 1982. Disponível em: https://link.springer.com/article/10.3758/BF03197642. Acesso em: 18 set. 2023.

SMITH, S. M.; GLENBERG, A.; BJORK, R. A. Environmental context and human memory. *Memory and Cognition*, v. 6, n. 4, p. 342-353, 1978. Disponível em: https://link.springer.com/article/10.3758/BF03197465. Acesso em: 18 set. 2023.

SMITH, S. M.; VELA, E. Environmental context-dependent memory: a review and meta-analysis. *Psychonomic Bulletin and Review*, v. 8, n. 2, p. 203-220, 2001. Disponível em: https://link.springer.com/article/10.3758/BF03196157. Acesso em: 18 set. 2023.

SODERSTROM, N. C.; BJORK, R. A. Learning versus performance: an integrative review. *Perspectives on Psychological Science*, v. 10, n. 2, p. 176-199, 2015. Disponível em: https://pubmed.ncbi.nlm.nih.gov/25910388/. Acesso em: 18 set. 2023.

SPILICH, G. J. et al. Text processing of domain-related information for individuals with high and low domain knowledge. *Journal of Verbal Learning and Verbal Behavior*, v. 18, n. 3, p. 275-290, 1979. Disponível em: https://www.sciencedirect.com/science/article/pii/S0022537179901555. Acesso em: 18 set. 2023.

SOWELL, E. R. et al. Mapping cortical change across the human life span. *Nature Neuroscience*, v. 6, n. 3, p. 309-315, 2003. Disponível em: https://www.nature.com/articles/nn1008. Acesso em: 18 set. 2023.

SPELLMAN, K. V. et al. Metacognitive learning in the ecology classroom: A tool for preparing problem solvers in a time of rapid change? *Ecosphere*, v. 7, n. 8, 2016. Disponível em: https://esajournals.onlinelibrary.wiley.com/doi/full/10.1002/ecs2.1411. Acesso em: 8 out. 2023.

SQUIRE, L. R. Memory systems of the brain: a brief history and current perspective. *Neurobiology of Learning and Memory*, v. 82, n. 3, p. 171-177, 2004. Disponível em: https://www.sciencedirect.com/science/article/pii/S1074742704000735. Acesso em: 18 set. 2023.

SQUIRE, L. R. The legacy of patient HM for neuroscience. *Neuron*, v. 61, n. 1, p. 6-9, 2009. Disponível em: https://www.ncbi.nlm.nih.gov/pmc/articles/PMC2649674. Acesso em: 18 set. 2023.

SQUIRE, L. R.; ZOLA, S. M. Episodic memory, semantic memory, and amnesia. *Hippocampus*, v. 8, n. 3, p. 205-211, 1998. Disponível em: https://pubmed.ncbi.nlm.nih.gov/9662135/. Acesso em: 18 set. 2023.

STANGOR, C.; MCMILLAN, D. Memory for expectancy-congruent and expectancy-incongruent information: a review of the social and social developmental literatures. *Psychological Bulletin*, v. 111, n. 1, p. 42-61, 1992. Disponível em: https://

psycnet.apa.org/record/1992-16001-001. Acesso em: 16 set. 2023.

STAVY, R. Children's ideas about matter. *School Science and Mathematics*, v. 91, n. 6, p. 240-244, 1991. Disponível em: https://psycnet.apa.org/record/1992-16001-001. Acesso em: 16 set. 2023.

STEELE, C. M. A threat in the air: how stereotypes shape intellectual identity and performance. *American Psychologist*, v. 52, n. 6, p. 613-629, 1997. Disponível em: https://psycnet.apa.org/record/1997-04591-001. Acesso em: 16 set. 2023.

STEELE, C. M.; ARONSON, J. Stereotype threat and the intellectual test performance of African Americans. *Journal of Personality and Social Psychology*, v. 69, n. 5, p. 797-811, 1995. Disponível em: https://psycnet.apa.org/record/1996-12938-001. Acesso em: 16 set. 2023.

STEINBERG, L.; ELMEN, J. D.; MOUNTS, N. S. Authoritative parenting, psychosocial maturity, and academic success among adolescents. *Child Development*, v. 60, n. 6, p. 1424-1436, 1989. Disponível em: https://www.jstor.org/stable/1130932. Acesso em: 16 set. 2023.

STEWART, J.; CARTIER, J. L.; PASSMORE, C. M. Developing understanding through model-based inquiry. *In*: DONOVAN, M. S.; BRANSFORD, D. (ed.). *How students learn*: science in the classroom. [*S. l.*]: National Academies Press, 2005. p. 515-565.

STIPEK, D. J. Motivation and instruction. *In*: BERLINER, D. C.; CALFEE, R. C. (ed.). *Handbook of educational psychology*. New York: Macmillan, 1996. p. 85-113.

STIPEK, D. J.; GRALINSKI, J. H. Children's beliefs about intelligence and school performance. *Journal of Educational Psychology*, v. 88, n. 3, p. 397-407, 1996. Disponível em: https://psycnet.apa.org/record/1996-01787-002. Acesso em: 16 set. 2023.

STRAYHORN, J. M. Self-control: toward systematic training programs. *Journal of the American Academy of Child and Adolescent Psychiatry*, v. 41, n. 1, p. 17-27, 2002. Disponível em: https://psycnet.apa.org/record/2002-06680-009. Acesso em: 16 set. 2023.

SWANSON, J. *et al.* Predicting early adolescents' academic achievement, social competence, and physical health from parenting, ego resilience, and engagement coping. *Journal of Early Adolescence*, v. 31, n. 4, p. 548-576, 2011. Disponível em: https://journals.sagepub.com/doi/10.1177/0272431610366249. Acesso em: 8 out. 2023.

SWELLER, J. Cognitive load during problem solving: effects on learning. *Cognitive Science*, v. 12, p. 257-285, 1988. Disponível em: https://www.sciencedirect.com/science/article/pii/0364021388900237. Acesso em: 16 set. 2023.

SWELLER, J. Cognitive load theory, learning difficulty, and instructional design. *Learning and Instruction*, v. 4, n. 4, p. 295-312, 1994. Disponível em: https://www.sciencedirect.com/science/article/pii/0959475294900035. Acesso em: 16 set. 2023.

SWELLER, J. Element interactivity and intrinsic, extraneous and germane cognitive load. *Educational Psychology Review*, v. 22, n. 2, p. 123-138, 2010. Disponível em: https://link.springer.com/article/10.1007/s10648-010-9128-5. Acesso em: 16 set. 2023.

SWELLER, J. *et al.* The expertise reversal effect. *Educational Psychologist*, v. 38, n. 1, p. 23-31, 2003. Disponível em: https://www.tandfonline.com/doi/abs/10.1207/S15326985EP3801_4. Acesso em: 8 out. 2023.

SWELLER, J. The worked example effect and human cognition. *Learning and Instruction*, v. 16, n. 2, p. 165-169, 2006. Disponível em: http://browningmedportfolio.weebly.com/uploads/2/3/8/1/23811553/sweller_article_cognitive_load.pdf. Acesso em: 8 out. 2023.

SWELLER, J.; VAN MERRIËNBOER, J. J. G.; PAAS, F. Cognitive architecture and instructional design. *Educational Psychology Review*, v. 10, n. 3, p. 251-296, 1998. Disponível em: https://link.springer.com/article/10.1023/A:1022193728205. Acesso em: 16 set. 2023.

TALARICO, J. M.; RUBIN, D. C. Confidence, not consistency, characterizes flashbulb memories. *Psychological Science*, v. 14, n. 5, p. 455-461, 2003. Disponível em: https://pubmed.ncbi.nlm.nih.gov/12930476/. Acesso em: 24 set. 2023.

TANGNEY, J. P.; BAUMEISTER, R. F.; BOONE, A. L. High self-control predicts good adjustment, less pathology, better grades, and interpersonal success. *Journal of Personality*, v. 72, n. 2, p. 271-324, 2004. Disponível em: https://pubmed.ncbi.nlm.nih.gov/15016066/. Acesso em: 24 set. 2023.

TAYLOR, V. J.; WALTON, G. M. Stereotype threat undermines academic learning. *Personality and Social Psychology Bulletin*, v. 37, *n.* 8, p. 1055-1067, 2011. Disponível em: https://psycnet.apa.org/record/2011-13197-005. Acesso em: 24 set. 2023.

TAU, G. Z.; PETERSON, B. S. Normal development of brain circuits. *Neuropsychopharmacology*, v. 35, *n.* 1, p. 147-168, 2010. Disponível em: https://www.nature.com/articles/npp2009115. Acesso em: 8 out. 2023.

TEASLEY, S. D. The role of talk in children's peer collaborations. *Developmental Psychology*, v. 31, n. 2, p. 207-220, 1995. Disponível em: https://psycnet.apa.org/record/1995-24709-001. Acesso em: 24 set. 2023.

THORNDIKE, E. L. The influence of first year Latin upon the ability to read English. *School Sociology*, v. 17, p. 165-168, 1923.

THORNDIKE, E. L.; WOODWORTH, R. S. The influence of improvement in one mental function upon the efficiency of other functions. (I). *Psychological Review*, v. 8, n. 3, p. 247-261, 1901. Disponível em: https://psycnet.apa.org/record/1926-02960-001. Acesso em: 16 set. 2023.

THORNDIKE, R. L. Reviewed work: Pygmalion in the classroom by Robert Rosenthal and Lenore Jacobson. *American Educational Research Journal*, v. 5, n. 4, p. 708–711, 1968. Disponível em: https://psycnet.apa.org/record/1926-02960-001. Acesso em: 16 set. 2023.

TICE, D. M.; BRATSLAVSKY, E. Giving in to feel good: the place of emotion regulation in the context of general self-control. *Psychological inquiry*, v. 11, n. 3, p. 149-159, 2000. Disponível em: https://psycnet.apa.org/record/2000-12370-003. Acesso em: 7 out. 2023.

TRACY, J. L.; ROBINS, R. W. Putting the self into self-conscious emotions: a theoretical model. *Psychological Inquiry*, v. 15, n. 2, p. 103-125, 2004. Disponível em: https://psycnet.apa.org/record/2004-17286-001. Acesso em: 24 set. 2023.

TRICOMI, E.; DEPASQUE, S. The role of feedback in learning and motivation. *In*: KIM, S.; REEVE, J.; BONG, M. (ed.). *Advances in motivation and achievement*: recent developments in neuroscience research on human motivation. London: Emerald Group Publishing Limited, 2016. p. 175-202.

TULVING, E. Episodic memory: from mind to brain. *Annual Review of Psychology*, v. 53, n. 1, p. 1-25, 2002. Disponível em: https://onlinelibrary.wiley.com/doi/10.1111/j.1949-8594.1991.tb12090.x. Acesso em: 16 set. 2023.

ULLMAN, M. T. The declarative/procedural model: a neurobiological model of language learning, knowledge, and use. *In*: HICKOK, G.; SMALL, S. L. (ed.). *Neurobiology of language*. [*S. l.*]: Elsevier, 2016. p. 953-968.

ULLMAN, M. T.; LOVELETT, J. T. Implications of the declarative/procedural model for improving second language learning: The role of memory enhancement techniques. *Second Language Research*, v. 34, n. 1, p. 39-65, 2016. Disponível em: https://journals.sagepub.com/doi/full/10.1177/0267658316675195. Acesso em: 16 set. 2023.

UPCHURCH, R.; SIMS-KNIGHT, J. What's wrong with giving students feedback? *In*: ASEEPEER, 2001. *Proceeding* [...]. Albuquerque, 2001. Disponível em: https://peer.asee.org/10027. Acesso em: 3 out. 2023.

VALENTINE, J. C.; DUBOIS, D. L.; COOPER, H. The relation between self-beliefs and academic achievement: A meta-analytic review. *Educational Psychologist*, v. 39, n. 2, p. 111-133, 2004. Disponível em: https://www.tandfonline.com/doi/abs/10.1207/s15326985ep3902_3. Acesso em: 3 out. 2023.

VAN DILLEN, L. F.; KOOLE, S. L. Clearing the mind: a working memory model of distraction from negative mood. *Emotion*, v. 7, n. 4, p. 715-723, 2007. Disponível em: https://pubmed.ncbi.nlm.nih.gov/18039038/. Acesso em: 3 out. 2023.

VAN OVERWALLE, F.; METSENAERE, M. The effects of attribution-based intervention and study strategy training on academic achievement in college freshmen. *British Journal of Educational Psychology*, v. 60, n. 3, p. 299-311, 1990. Disponível em: https://bpspsychub.onlinelibrary.wiley.com/doi/abs/10.1111/j.2044-8279.1990.tb00946.x. Acesso em: 3 out. 2023.

VAN PRAAG, H.; KEMPERMANN, G.; GAGE, F. H. Neural consequences of enviromental enrichment. *Nature Reviews Neuroscience*, v. 1, n. 3, p. 191-198, 2000. Disponível em: https://www.nature.com/articles/35044558. Acesso em: 8 out. 2023.

VON CULIN, K. R.; TSUKAYAMA, E.; DUCKWORTH, A. L. Unpacking grit: motivational correlates of perseverance and passion for long-term goals. *The Journal of Positive Psychology*, v. 9, n. 4, p. 306-312, 2014. Disponível em: https://www.ncbi.nlm.nih.gov/pmc/articles/PMC6688745/. Acesso em: 8 out. 2023.

VARVOGLI, L.; DARVIRI, C. Stress management techniques: evidence-based procedures that reduce stress and promote health. *Health Science Journal*, v. 5, n. 2, p. 74-89, 2011. Disponível em: https://www.itmedicalteam.pl/articles/stress-management-techniques-evidencebased-procedures-that-reduce-stress-and-promote-health-105632.html. Acesso em: 3 out. 2023.

VOGEL, S.; SCHWABE, L. Learning and memory under stress: implications for the classroom. *NPJ Science of Learning*, v. 1, n. 1, p. 1-10, 2016. Disponível em: https://www.nature.com/articles/npjscilearn201611. Acesso em: 3 out. 2023.

VOSNIADOU, S.; BREWER, W. F. Mental models of the earth: A study of conceptual change in childhood.

Cognitive Psychology, v. 24, n. 4, p. 535-585, 1992. Disponível em: https://www.sciencedirect.com/science/article/pii/001002859290018W. Acesso em: 16 set. 2023.

VYGOTSKY, L. S. *Mind in society*. Cambridge: Harvard University, 1978.

WADE, S. E. How interest affects learning from text. In: RENNINGER, K. A.; HIDI, S.; KRAPP, A. (ed.). *The role of interest in learning and development*. New York: Lawrence Erlbaum Associates, 1992. p. 255-277.

WEBB, N. M. Testing a theoretical model of student interaction and learning in small groups. In: HERTZ-LAZAROWITZ, R.; MILLER, N. (ed.). *Interaction in cooperative groups*: the theoretical anatomy of group learning. Cambridge: Cambridge University, 1992. p. 102-119.

WEBB, N. M. The teacher's role in promoting collaborative dialogue in the classroom. *British Journal of Educational Psychology*, v. 79, n. 1, p. 1-28, 2009. Disponível em: https://bpspsychub.onlinelibrary.wiley.com/doi/abs/10.1348/000709908x380772. Acesso em: 16 set. 2023.

WEINER, B. *An attributional theory of motivation and emotion*. Switzerland: Springer, 1986.

WEINER, B. History of motivational research in education. *Journal of Educational Psychology*, v. 82, n. 4, p. 616-622, 1990. Disponível em: https://psycnet.apa.org/record/1991-13771-001. Acesso em: 3 out. 2023.

WEGNER, D. M. Ironic processes of mental control. *Psychological review*, v. 101, n. 1, p. 34-52, 1994. Disponível em: https://pubmed.ncbi.nlm.nih.gov/8121959/. Acesso em: 3 out. 2023.

WERTHEIMER, M. *Productive thinking*. New York: Harper and Row, 1959.

WIGFIELD, A.; ECCLES, J. S. Expectancy-value theory of achievement motivation. *Contemporary Educational Psychology*, v. 25, n. 1, p. 68-81, 2000. Disponível em: https://www.sciencedirect.com/science/article/pii/S0361476X99910159. Acesso em: 4 out. 2023.

WIGFIELD, A.; ECCLES, J. S. The development of achievement task values: a theoretical analysis. *Developmental Review*, v. 12, n. 3, p. 265-310, 1992. Disponível em: https://www.sciencedirect.com/science/article/pii/027322979290011P. Acesso em: 4 out. 2023.

WIGHTMAN, D.; LINTERN, G. Part-task training for tracking and manual control. Human Factors, *The Journal of the Human Factors and Ergonomics Society*, v. 27, p. 267-283, 1985. Disponível em: https://journals.sagepub.com/doi/10.1177/001872088502700304. Acesso em: 16 set. 2023.

WILEN, W. W. *Questioning skills, for teachers. What research says to the teacher*. Philadelphia: National Education Association, 1991.

WILIAM, D. *Embedded formative assessment*. [S. l.]: Solution Tree, 2011.

WILIAM, D.; BLACK, P. Meanings and consequences: a basis for distinguishing formative and summative functions of assessment? *British Educational Research Journal*, v. 22, n. 5, p. 537-548, 1996. Disponível em: https://www.jstor.org/stable/1501668. Acesso em: 8 out. 2023.

WILLINGHAM, D. T. Ask the cognitive scientist: Inflexible knowledge: The first step to expertise. *American Educator*, v. 26, n. 4, p. 31-33, 2002. Disponível em: https://www.aft.org/ae/winter2002/willingham. Acesso em: 8 out. 2023.

WILLINGHAM, D. T. Ask the cognitive scientist: do visual, auditory, and kinesthetic learners need visual, auditory, and kinesthetic instruction? *American Educator*, v. 29, n. 2, p. 31, 2005. Disponível em: https://www.aft.org/ae/summer2005/willingham. Acesso em: 8 out. 2023.

WILLINGHAM, D. T. Ask the cognitive scientist: Does tailoring instruction to "learning styles" help students learn? *American Educator*, v. 42, n. 2, p. 28-32, 2018. Disponível em: https://files.eric.ed.gov/fulltext/EJ1182080.pdf. Acesso em: 8 out. 2023.

WILLINGHAM, D. T. Ask the cognitive scientist: why does family wealth affect learning? *American Educator*, v. 36, n. 1, p. 33-39, 2012. Disponível em: https://eric.ed.gov/?id=EJ971756. Acesso em: 16 set. 2023.

WILLINGHAM, D. T. Critical thinking: why is it so hard to teach? *Arts Education Policy Review*, v. 109, n. 4, p. 21-32, 2008. Disponível em: https://www.tandfonline.com/doi/abs/10.3200/AEPR.109.4.21-32. Acesso em: 16 set. 2023.

WILLINGHAM, D. T. Strategies that make learning last. *Educational Leadership*, v. 72, n. 2, p. 10-15, 2014. Disponível em: https://www.ascd.org/el/articles/strategies-that-make-learning-last. Acesso em: 16 set. 2023.

WILLINGHAM, D. T. *The reading mind*: a cognitive approach to understanding how the mind reads. New Jersey: John Wiley & Sons, 2017.

WILLINGHAM, D. T. What will improve a student's memory? *American Educator*, v. 32, n. 4, p. 17-25, 2008. Disponível em: https://www.aft.org/ae/winter2008-2009/willingham. Acesso em: 16 set. 2023.

WILLINGHAM, D. T. *Why don't students like school?* A cognitive scientist answers questions about how the mind works and what it means for the classroom. New Jersey: Jossey-Bass, 2009.

WING, J. M. Computational thinking. *Communications of the ACM*, v. 49, n. 3, p. 33-35, 2006. Disponível em: https://dl.acm.org/doi/10.1145/1118178.1118215. Acesso em: 16 set. 2023.

WHITE, B. Y.; FREDERIKSEN, J. R. Causal models progressions as a foundation for intelligent learning environments. *Artificial Intelligence*, v. 42, p. 99-157, 1990. Disponível em: https://www.sciencedirect.com/science/article/pii/000437029090095H. Acesso em: 16 set. 2023.

WOLTERS, C. A. Advancing achievement goal theory: using goal structures and goal orientations to predict students' motivation, cognition, and achievement. *Journal of Educational Psychology*, v. 96, n. 2, p. 236-250, 2004. Disponível em: https://psycnet.apa.org/record/2004-95233-004. Acesso em: 4 out. 2023.

WOOD, D.; BRUNER, J. S.; ROSS, G. The role of tutoring in problem solving. *Journal of Child Psychology and Psychiatry*, v. 17, n. 2, p. 89-100, 1976. Disponível em: https://acamh.onlinelibrary.wiley.com/doi/10.1111/j.1469-7610.1976.tb00381.x. Acesso em: 8 out. 2023.

YEAGER, D. S. *Re-analysis of descriptive statistics from Mueller & Dweck (1998)*. In: OSF HOME, 2018. Disponível em: https://osf.io/ngwn8. Acesso em: 4 out. 2023.

YEAGER, D. S.; DWECK, C. S. Mindsets that promote resilience: when students believe that personal characteristics can be developed. *Educational Psychologist*, v. 47, n. 4, p. 302-314, 2012. Disponível em: https://www.tandfonline.com/doi/abs/10.1080/00461520.2012.722805. Acesso em: 8 out. 2023.

YEAGER, D. S. *et al.* A national experiment reveals where a growth mindset improves achievement. *Nature*, v. 573, p. 364-369, 2019. Disponível em: https://www.nature.com/articles/s41586-019-1466-y. Acesso em: 4 out. 2023.

YERKES, R. M.; DODSON, J. D. The relation of strength of stimulus to rapidity of habit-formation. *Journal of Comparative Neurology and Psychology*, v. 18, n. 5, p. 459-482, 1908. Disponível em: https://onlinelibrary.wiley.com/doi/10.1002/cne.920180503. Acesso em: 8 out. 2023.

ZIMMERMAN, B. J. Theories of self-regulated learning and academic achievement: an overview and analysis. *In*: ZIMMERMAN, B. J.; SCHUNK, D. H. (ed.). *Self-regulated learning and academic achievement: Theoretical perspectives*. New York: Lawrence Erlbaum Associates, 2001. p. 1-37.

ZIMMERMAN, B. J.; MARTINEZ-PONS, M. Development of a structured interview for assessing student use of self-regulated learning strategies. *American Educational Research Journal*, v. 23, n. 4, p. 614-628, 1986. Disponível em: https://journals.sagepub.com/doi/10.3102/00028312023004614. Acesso em: 4 out. 2023.

ZINS, J. E. *et al.* The scientific base linking social and emotional learning to school success. *Journal of educational and psychological consultation*, v. 17, n. 2-3, p. 191-210, 2007. Disponível em: https://www.tandfonline.com/doi/abs/10.1080/ 10474410701413145. Acesso em: 7 out. 2023.